R&L

EUGÈNE FLANDIN

◆

DIE PERSISCHE REISE

Deutsch von
Horst Lothar Teweleit

Rütten & Loening · Berlin

Titel der französischen Originalausgabe
Voyage en Perse

Mit einem Nachwort von Werner Sundermann
Mit 25 zeitgenössischen Illustrationen

ISBN 3-352-00427-7

1. Auflage 1991

Gesamtgestaltung Torsten Lemme
Satz Dörlemann-Satz GmbH, Lemförde
Reproduktion Förster & Borries, Zwickau
Druck Ratzlow-Druck, Berlin
Buchbinderische Verarbeitung Lüderitz & Bauer, Berlin
Printed in Germany

Von der Grenze nach Choj

Am 11. Januar 1840 drei Uhr nachmittags setzten wir unseren Fuß auf persischen Boden. Am Übergang erwartete uns ein Reitertrupp, dessen zwei Anführer, der Sohn und der Neffe des Grenzkommandanten, unserem Gesandten zum Empfang entgegengeschickt worden waren. Sie erschienen in einer Art europäischer Uniform. Einer der beiden, der kaum vierzehn Jahre zählen mochte, trug einen kurzen grünen Reitrock mit Silberknöpfen, Schulterkragen und amarantenem Samtbesatz. Die Achseln waren mit Goldepauletten von unverhältnismäßigen Ausmaßen bestückt, was seiner Statur nicht entsprechen wollte. An schimmerndem Wehrgehänge war ein langer Säbel befestigt. Die kurzen Beine steckten in weiten Hosen und verloren sich in gewaltigen Kriegerstiefeln. Der zweite war ebenso gekleidet, nur daß er einen Soldatenmantel aus scharlachrotem Tuch trug. Er stand im Range eines Obersts, obgleich er nicht viel älter war als der andere.

Etwa hundert Berittene scharten sich um sie. Als wir uns ihnen bis auf wenige Schritt genähert hatten, lösten sich die beiden jungen Herren von ihrem Trupp, ritten dem Gesandten entgegen und begrüßten ihn auf das liebenswürdigste, voll Ungezwungenheit und einnehmender Höflichkeit. Sie luden uns ein, ihnen zu folgen, und wiesen auf ein Dorf in der Nähe, wo wir die Nacht verbringen sollten.

Während der Iltschi und die beiden jungen Leute Komplimente austauschten, warteten die in ihrer Begleitung befindlichen Berittenen regungslos in ehrerbietiger Haltung. In ihren Blicken mischten sich brennende Neugier und Erstaunen über die Männer aus einem fremden Land, die sie auf andere Art als die ihre gekleidet sahen.

Als die Begrüßungszeremonie beendet war, entstand plötzlich eine Bewegung in der dichtgedrängt verharrenden Menge. Man ordnete sich hinter uns und zu beiden Seiten, so daß ein weiter Halbkreis entstand. Mit dieser Eskorte bewegten wir uns voran, ins Land des Schâhs hinein. Das alles hatte eher den Anschein, als würden wir von einer Räuberbande in die Gefangenschaft geführt, und nicht, als befänden wir uns in Begleitung von Leuten, die distinguierten Fremdlingen die Ehrenbezeigungen erweisen wollten. Ihr Aufzug war das Bizarrste und Malerischste, was wir je gesehen hatten. Diesseits und jenseits der Grenze trug man in jenen entlegenen Landesteilen eine ausgefallene Kleidung, besonders die Kurden zeichneten sich durch die ungebändigte Originalität ihrer Ausstaffierung aus. Sie trugen grelle Wämser, hellblau, hochrot, knallgelb, darüber gestreifte Gilets, außerdem hatten sie eine Schärpe umgebunden oder einen breiten, bestickten Ledergürtel umgeschnallt. An ihrer rechten Hüfte hing ein kleiner Schild aus Rhinozeroshaut, nach außen gewölbt und innen mit Goldverzierungen geschmückt, die aber von der Zeit und von den empfangenen Stößen arg mitgenommen waren, an ihrer linken ein stark gekrümmter Säbel, der kein Stichblatt aufwies und dessen Klinge in einer Scheide aus schwarzem Chagrinleder steckte. Manche hatten hinten am Gürtel eine Pistole befestigt, daneben zwei oder drei Ledersäckchen mit Pulver und Kugeln. Ihre weiten weißen Hosen flatterten um den Spann oder wurden von breiten Bändern über dem Knöchel zusammengehalten. Die Stiefel der einen ebenso wie die Schuhe der anderen liefen in eine lange, nach chinesischer Art hochgezogene Spitze aus. Den Kopf hatten sie mit einer hohen, spitzen Filzmütze von fahler Farbe bedeckt oder mit einer auf der Stirn von einem Turban gehaltenen, einstmals roten Kappe; des Turbans Farbe, Form und Größe waren unterschiedlich. Über der Schulter wippte ein riesiger Lanzenschaft aus Bambus, der in einer scharfen Eisenspitze endete, an der zwei schwarze Quasten aus Straußenfedern schaukelten.

Einige Perser in seriöserer Bekleidung mischten sich unter sie. Diese fielen durch ihre langen Gewänder auf, über die sie wallende Umhänge mit weiten, bis zu den Ellbogen reichenden oder zu beiden Seiten herabfallenden gefältelten Ärmeln gestreift hatten. Ihr langer Bart schien die Fortsetzung der landesüblichen, spitz auslaufenden schwarzen Lammfellmütze zu sein, die über die Ohren gezogen war und einen ausgezeichneten Schutz gegen die Kälte bot. Fast alle hatten lange Flinten entweder über die Schulter gehängt oder quer vor den Sattel gelegt, einige davon mit Luntenschloß.

Nach und nach geriet diese anfangs ruhige Menge in Bewegung, und als sich einige Reiter aus ihr lösten, begann sie nach links und rechts auszuschwärmen, wobei die einen ihr biegsames Bambusrohr schwenkten und die anderen den geschickten Umgang mit ihrem Gewehr bewiesen; dann berannten sie einander, wichen sich aus, schlossen sich wieder zusammen und führten als ausgezeichnete, kühne, wendige Reiter ein Kriegsspiel vor. Einen Kurden sah man einen Perser verfolgen, ihn mit der Lanze bedrohend, die er in Schulterhöhe hielt, während der Perser, auf sein Pferd geduckt, dem Stoß auszuweichen suchte; dieser ließ die Zügel seines galoppierenden Tieres locker, kehrte sich um, aufgerichtet in den Steigbügeln, und gab seinen Schuß auf den Gegner ab. Davon erzählt auch Quintus Curtius, der die Kämpfe mit den Parthern erwähnt, die, wenn sie flohen, ihre Pfeile aus der Entfernung abschossen. Die Reiter in ihrem Lauf schnitten sich, jagten aufeinander zu, umgingen sich, vereinigten sich und stoben dann wieder mit staunenswerter Behendigkeit auseinander.

Uns wurde klargemacht, daß das ein Zeichen höchster Wertschätzung sei, mit der man uns bedachte. Man erwies uns die Ehre, indem man alle Geschicklichkeit, die Leichtigkeit und Wendigkeit der Pferde vorführte, deren Gelehrigkeit wir hatten miterleben können. Doch bemerkten wir auch einen gewissen Ausdruck von Eitelkeit und Selbstzufriedenheit auf den Gesichtern einiger Männer, so daß man annehmen darf, daß sie, wenn der Iltschi ein echtes Ziel bei ihren militärischen Übungen geboten hätte, liebend gern eine Gelegenheit gesucht hätten, ihre Überlegenheit in solcher Art Umgang mit den Waffen zur Geltung zu bringen.

Das war also der jähe Übergang von dem bedächtigen

und lässigen Gehabe der Türken zu den lebhaften Spielen und den Prahlhansgebärden der Perser. Es war einfach nicht zu übersehen, daß wir von einem Land in das andere gekommen waren: Die wechselnden Szenerien, die ständig neuen Episoden, dieses Schauspiel, das wir mit Aufmerksamkeit verfolgten, weil alle Neuheit das Interesse erregt, ließen uns die Wegstrecke kurz erscheinen, und so erreichten wir, uns schon fern der türkischen Grenze wähnend, das erste persische Dorf, das Bâsargân hieß. Uns erwartete dort eine Ehrengarde von Tofangtschis oder Füsilieren der regulären Infanterie. Zwischen den Hütten dieser Ortschaft und jenen, die wir in der Türkei hinter uns gelassen hatten, bemerkten wir nicht den gleichen Unterschied, wie er zwischen der Kleidung dieser und jener Bewohner bestand. Es waren wieder die eher für Tiere als für Menschen gegrabenen Erdlöcher. Dort verbrachten wir eine ziemlich schlechte Nacht, dann brachen wir nach Mâku auf, dem Sitz des Gouverneurs dieser Grenzregion. Dieser Herr kam dem Gesandten entgegen, und zwar an der Spitze mehrerer Reiter gleichen Aussehens und gleicher Haltung, ähnlich jenen, die uns tags zuvor als Begleitung gedient hatten.

Wir waren sehr gespannt, eine persische Stadt zu sehen. Um ein Uhr mittags erreichten wir Mâku, das aber zu klein ist, als daß es unsere Neugier hätte befriedigen können. Nun, mag es auch von geringem Ausmaß sein, so bietet es doch einen sehr wunderlichen Anblick, weil es an einen Steilhang gebaut ist, der es im weiten Halbrund umgibt. Im oberen Teil der Stadt fällt der behauene Fels senkrecht ab, darüber springt er fünfzig oder sechzig Fuß vor, so daß er höchst beängstigend über der Stadt hängt. Es scheint wirklich so, daß dieser Felsüberhang eines Tages herabstürzen und die Bevölkerung unter der Masse der Trümmer begraben müsse. Man hatte uns ja gesagt, Regenfälle und die Schneeschmelze würden Felsbrocken mit sich reißen und eine Anzahl Häuser zermalmen, nur schreckte das die Bewohner nicht allzusehr. Sie trösten sich mit »Allâh karim!«, was soviel wie »Gott hat es gewollt« heißt, ein Ausdruck der Schicksalsergebung, und danach bauen sie an derselben Stelle alles wieder auf, ohne sich um die Zukunft zu scheren. Was ich jetzt am ehesten erwartete, war das Abbrechen der riesigen Eiszapfen, die wie Stalaktiten von der Wölbung des Felsens herabhingen und Damoklesschwertern glichen. Drei Erhebungen inmitten der Stadt, jeweils von einem Turm oder Ausguck gekrönt, verleihen ihr ein kriegerisches Äußeres, halten aber keineswegs die Kurden davon ab, ihre Streifzüge bis zu den Mauern auszudehnen.

Im unteren Teil der Stadt befinden sich die Karawanserei, die Basare und einige Brunnen. Die Häuser auf dem massiven felsigen Grund steigen gleich einem Amphitheater stufenförmig an, bis hinauf zu der bedrohlichen Wölbung, die für das Serail des Gouverneurs eine Art Unterstand bietet. Außerhalb, aber im Schutz der zinnenbewehrten Stadtmauer, liegen große, von Mauern umfriedete Obstgärten.

Wir erklommen auf einem sehr steilen, gewundenen Pfad die Stadt. Wegen der Glätte war der Weg äußerst gefährlich, und nur mit viel Mühe erreichten wir das Serail, wo unsere Unterkunft vorbereitet war. Aus den Kaminen sahen wir Rauch aufsteigen, was uns ein besseres Feuer zu versprechen schien als das, was wir bisher gehabt hatten. Unser Gastgeber ließ uns Gebäck, Süßigkeiten, Limonade, auch Scherbett genannt, und Tee bringen, dann wurden die Wasserpfeifen gereicht. Bei dieser Gelegenheit sahen wir zum erstenmal statt des türkischen Tschoboks andersartige Pfeifen, bestehend aus einem gläsernen oder metallenen Behälter oder einfach aus einer Kokosnuß, etwa zu zwei Dritteln mit Wasser gefüllt. Da hinein führt man ein Röhrchen, das an seinem oberen Ende einen Aufsatz trägt, der je nach Belieben des Rauchers mit Gold, mit ziseliertem oder emailliertem Silber oder nur mit Kupfer verkleidet ist. Auf ihn legt man den angefeuchteten Tabak, Tombaki genannt, und darauf die glühende Kohle. Von diesem Aufsatz oder Öfchen hängen gewöhnlich kleine Ketten wie Girlanden herab, was ihm eine gefällige Form verleiht. Durch eine zweite Öffnung im Wasserbehälter führt man ein zweites Röhrchen aus Holz, dessen Ende über dem Spiegel der Flüssigkeit liegt. Mit diesem Röhrchen atmet man den Rauch ein, der von dem Aufsatz in das Wasser hinabsteigt, es durchdringt, den nicht gefüllten Teil des Gefäßes erreicht und von dort, angesaugt, in den Mund gelangt. Dieses Gerät, das die Perser Kaliân nennen, dient ihnen zum Rauchen eines Tabaks, dessen Blätter ein sehr scharfes, sehr aromatisches ätherisches Öl enthalten. Dadurch, daß der Rauch das Wasser durchdringt, wird er mild und strömt als Erfrischung in den Mund. Einige von uns haben diese mit unendlicher Sorgfalt vorbereiteten Pfeifen geraucht und fanden Gefallen daran, den Tabak auf diese Art zu genießen. Die Perser rauchen nicht so, wie es in Europa üblich ist; sie ziehen den Rauch nicht einfach nur in den Mund ein, sie geben sich der Sache ganz anders hin: sie saugen den Rauch tief ein, so daß er ihre Lungen füllt, und halten ihn ein paar Sekunden, dann erst stoßen sie ihn in dichten Wolken, durch die man sie kaum sehen kann, wieder aus. Diese Art zu rauchen scheint ihnen höchsten Genuß zu verschaffen, bei einem Neuling aber verursacht dies einen Rausch und ruft Übelkeit hervor.

Statt des kurzen Holzröhrchens, das man in den Mund nimmt und das in Persien am verbreitetsten ist, gebraucht man zuweilen auch einen biegsamen ledernen Schlauch, den man entweder lang läßt oder einrollt. Dieser heißt Mârpitsch. Ihn benutzen die Türken für ihre Wasserpfeife, die sie Nârgile nennen. Die Perser bedienen sich seiner lediglich zu Pferd, wenn sie den Kaliân bequem von einem Diener, der zwei, drei Schritt von ihnen entfernt reitet, halten lassen können und das Ende des Mârpitschs nur an den Mund zu führen brauchen. Dieser Diener, der Kaliântschi genannt wird, ist auf eine so malerische Art ausgerüstet, wie es sich nur denken läßt: vom Sattelknopf gehalten, hängt auf der einen Seite, wie Pistolenhalfter, eine kleine Schachtel oder ein Behältnis zum Aufbewahren des Kaliâns und auf der anderen der zusammengerollte Mârpitsch und der Tombaki-Beutel. An der einen Sattelseite ist eine Kette befestigt, an der das Eisenöfchen schaukelt, in dem das Feuer für die Reise aufbewahrt wird. Auf der anderen Seite des Sattels hängt eine Lederflasche mit Wasser, das oft erneuert werden muß, damit sich dem Rauch, der durch das Wasser gereinigt werden soll, keine Schärfe beimischt. Zur Vervollständigung seiner Gerätschaft muß der Kaliântschi eine Greifzange im Gürtel stecken haben, um nach der nötigen Kohle für den anzusteckenden Tabak langen zu können. Dieser Diener, der unerläßlichste im Gefolge eines Persers auf Reisen, wollte mir als der merkwürdigste Akteur in jenen Sittenbildern erscheinen, die ich zum erstenmal in Augenschein nahm. Nichts war komischer, als ihm zuzusehen, wie er alle Sorgfalt auf seinen Kaliân verwendete und dabei den Gang seines Pferdes, das mit den anderen dahineilen wollte, zu mäßigen suchte, um mit dem Tabak, dem Wasser und dem Feuer zurechtzukommen; wie er dann, den Kaliân in der Hand, seinen Herrn wieder einholen mußte, immer das Gleichgewicht haltend, indem er sein Pferd in sanftem Trott laufen ließ, dem aber zwischen den Beinen das verwünschte Kohlebecken wie ein Weihrauchkessel baumelte, gegen das das arme Tier immer wieder stieß.

Man wird begreifen, wie unwiderstehlich die Lust zum Rauchen bei den Persern sein muß, da sie auf Reisen ein solches Instrumentarium mit sich schleppen. Der Gebrauch des Kaliâns ist bei ihnen wirklich sehr verbreitet, fast ohne Ausnahme, er ist noch nicht sehr alt, er tritt nicht vor dem sechzehnten Jahrhundert in Erscheinung. Unter der Regierung von Schâh Abbâs wurde er in Persien eingeführt. Da durch Unerfahrenheit eine ähnliche Wirkung wie bei Trunkenheit oder sogar bei Vergiftung auftrat, erließ der Herrscher äußerst strenge Anordnungen, um das Rauchen zu unterbinden. Es heißt, daß er so weit ging, denjenigen seiner Untertanen die Todesstrafe anzudrohen, die sich seinem Verbot widersetzten. Aber der Reiz der Neuheit und der Sinnentaumel, den die Perser beim Einatmen des Tombaki-Rauches empfanden, waren mächtiger als der Großkönig.

Man erzählt auch, daß Schâh Abbâs, des Erlassens unnützer Anweisungen müde, zu dem Mittel der Lächerlichkeit griff und sich einer List bediente, um seinen Höflingen die ganze Sinnwidrigkeit verständlich zu machen, die in ihrer Vorliebe für das narkotische Gewächs bestand, was ihnen seine Ungnade eintrug. Er soll ihnen eines Tages, als sie sich in großer Zahl im Palast versammelt hatten, Pfeifen haben bringen lassen, die mit Pferdemist gestopft waren. Alle rauchten seelenruhig und sogen genüßlich den Rauch dieses einzigartigen Tabaks ein. Völlig außer sich soll Schâh Abbâs ausgerufen haben: »Verflucht sei die Droge, welche von den Tierexkrementen nicht zu unterscheiden ist!« So blieb auch dieser Versuch wie die vorherigen vom Herrscher unternommenen Anstrengungen ohne Erfolg, und der Gebrauch des Kaliâns hielt sich auf unausrottbare Weise im persischen Volk.

Als wir im Hof des Serails abgesessen hatten, bemerkten wir, daß sich mehrere Frauenköpfe an den Haremsfenstern zeigten, was uns sehr erstaunte, denn wir hatten geglaubt, man hielte die Frauen mehr abgesondert, als es hier zu sein schien. Ihrer Lebhaftigkeit und ihren geschäftigen Bewegungen, mit denen sie sich den Platz hinter den dicken Eisenstäben, die die Sicht behinderten, streitig machten, konnten wir entnehmen, daß ihre Neugier beim Anblick von Europäern auf das höchste erregt wurde.

Den Beweis für das volle Ausmaß weiblicher Neugier und die sich daraus ergebende Findigkeit, selbst in einem muselmanischen Land, sollten wir auch bald erhalten. Kaum waren wir aus den Sätteln, da ließen schon die Bewohner des Harems nach dem Hakim der

Gesandtschaft rufen. In ernsten Fällen durften sie nämlich ein wenig kühner von der Toleranz Gebrauch machen, die den Ärzten die geheimsten Pforten des Andaruns auftat. Mit dem Gouverneur, dem Besitzer dieses Gemaches, schien gut auszukommen zu sein, denn er widersprach nicht im geringsten den unbescheidenen Wünschen seiner Frauen, und so wurde unser Arzt zu ihnen geführt. Aus der Frage, die einer unserer Gastgeber, der neben mir Platz genommen hatte, an mich richtete, schloß ich aber auch, daß die Männer nicht minder neugierig waren. Er wollte nämlich wissen, ob der Iltschi französische Frauen für den Schâh mitbringe. In diesem Fall hätte er zweifellos, als Gegengabe, auf dem Vorzug für sich und für den Gouverneur, sie sehen zu dürfen, bestanden. Doch in dieser Hinsicht konnten wir ihn nicht zufriedenstellen.

Am 13. brachen wir in Begleitung des Sohnes des Gouverneurs von Mâku auf. Wir durchquerten einen Landstrich voll gewaltiger, von den Bergen zu beiden Seiten herabgestürzter Felsbrocken. Der Weg führte durch ein vulkanisches Tal, wo wir auf Schritt und Tritt auf ausgehöhltes Gelände stießen, das Kratern glich, die mit Lava und Schlacke gefüllt und ebenso von diesen umgeben waren. Die ganze Gegend zeigte deutliche Spuren der Verheerungen, die in weit zurückliegenden Epochen von unterirdischen Feuern verursacht worden waren. Auch wenn die Vulkane nun erloschen waren, wurde der Boden noch oft von Beben erschüttert, die zu immer wiederkehrenden Katastrophen führten. Jenseits dieser ausgeglühten Täler nahmen die Wasser des Araxes ihren einsamen, trübseligen Lauf zum Kaspischen Meer.

An diesem Tag schliefen wir in Sufjân, das von Kurden bewohnt wird, die dem Schâh untertan und abgabepflichtig sind. Dieses Dorf zeichnete sich durch ein gefälligeres Äußeres gegenüber jenen aus, die wir bisher gesehen hatten, und wir begannen zu hoffen, daß Persien besser sei als die Türkei. Viele Gärten mit sehr schönen Bäumen umgaben die Häuser, die uns schon eher gefielen und die weniger schmutzig waren als jene in Armenien; alles verriet geschäftiges Treiben und etwas Wohlstand, woran die Landwirtschaft den wichtigsten Anteil zu haben schien. Wir lernten eine neue Art zu heizen kennen, die uns einfallsreich und auch haushälterisch dünkte. Im Hauptraum eines jeden Hauses befindet sich ein etwa vier Fuß tiefes und drei Fuß breites rundes Loch im Boden, ungefähr einem großen Tonkrug ähnlich. Es hat nur eine enge Öffnung, etwa einen Fuß im Durchmesser, und das Innere ist mit schwarzen Steinen verkleidet. Der Morgen gehört dem Ofen; da wird mit Dungballen oder mit kleingebrochenem Reisig angeheizt und das Brot für die Familie gebacken. Danach wird er zum Wärmespender. Auf seine Öffnung wird ein Holzrahmen gelegt, und darüber werden große Decken gebreitet, so daß sich die Wärme hält. Betritt man ein solches Haus, sieht man Vater, Mutter und Kinder auf dem Boden hocken, die Beine und auch die Hände unter den Decken, in völlig regloser Haltung. So verbringen sie in Erstarrung und mit Nichtstun den Tag. Diese wärmende Höhlung nennt man Tandur.

Tags darauf trafen wir auf einen Mann, den der Gouverneur von Choj dem Gesandten entgegenschickte. Dieser unterrichtete uns, daß wir bald dem Mehmândâr begegnen würden, der von dem Schâhsâde, welcher in Aserbaidshan befehligte, beauftragt sei, uns bis nach Tabris, seiner Residenz, zu begleiten. Tatsächlich sahen wir kurz darauf einen großen Reitertrupp mit einem hochgewachsenen, langbärtigen Alten an der Spitze herankommen: Das war der angekündigte Mehmândâr. Diesem Herrn, bei dem der Titel das Amt anzeigt, obliegt es, einem vornehmen Besuch die Aufmerksamkeiten der Gastfreundschaft zu erweisen. Zu diesem Zweck erhält er vom Schâh oder von jedwedem anderen Übergeordneten, in dessen Besitzungen der Gastfreundschaft Genüge zu tun ist, den Auftrag, den betreffenden Fremden zu eskortieren, ihm die seinem Rang entsprechenden Ehrenbezeigungen zu erweisen, ihn in seine Obhut zu nehmen und mit allem, was ihm und den Seinen vonnöten sein könnte, zu versorgen.

Der Gesandte Frankreichs und sein Gefolge galten als Gäste des Schâhs von dem Tage an, an dem wir den Fuß auf persisches Gebiet gesetzt hatten. Dieser Herrscher hatte Befehl erteilt, daß wir von da an täglich Unterkunft erhielten und mit allem, was auf den Tisch gehört und was Mensch und Tier benötigen, versorgt würden. Dieser fürstlichen Vorsorge, dieser ausgesuchten Gastfreundschaft entsprechend war der Gesandte an der Grenze von den Abgesandten des Gouverneurs von Mâku empfangen worden, die ihrerseits von dem neuen Mehmândâr abgelöst wurden, und dieser wiederum wurde durch eine höhergestellte Persönlichkeit, einen Offizier aus königlichem Hause, ersetzt und von Teheran dem Iltschi entgegengeschickt.

Um dem mit der Mission Beauftragten die Mittel für die Beweise der Gastfreundschaft zu geben, stattet man ihn gewöhnlich mit einer uneingeschränkten Vollmacht aus, der zufolge er der Bevölkerung des bereisten Gebietes alle erforderlichen Abgaben auferlegt. Dieser Tribut, der einem Brauch seit undenklichen Zeiten entspricht, heißt Sursât und ist Teil der Abgaben, die das Volk entrichtet. Man wird sich aber vorstellen können, was alles an Unregelmäßigkeiten vorkommen kann, an Willkür bei solcher Art Erhebung während des mehr oder weniger häufigen Durchzuges eines königlichen Gastes, je nach Wichtigkeit, je nach dem größeren oder geringeren Anspruch. Das ist das offene Tor für das Ausplündern und die Bedrückung durch einen jeden Mehmândâr, der die Gunst, in die er gelangt ist, nutzt, um sich die Taschen zu füllen. Im Namen der königlich betreuten Persönlichkeit pressen sie Geld und alles andere den Armen ab, auf denen nicht nur die Last der Gastfreundschaft ruht, sondern die auch gezwungen sind, die Gier desjenigen zu befriedigen, der sich so gastlich zu geben scheint. Die zeitlich begrenzte Tätigkeit als Mehmândâr wird als Glücksfall angesehen und als günstige Gelegenheit, sich die Börse prall zu füllen; deshalb wird dieses Amt mit Eifer erstrebt und oft auch teuer erkauft. Man versteht also, daß derjenige, der zunächst einmal gezahlt hat, seine Ausgaben wieder hereinholen und dann den erhofften Segen so hoch wie möglich ausfallen sehen will. Daher blicken die Städte und noch mehr die Dörfer mit Schrecken den Fremdlingen entgegen, wenn diese sich in Begleitung eines Mehmândârs ihren Mauern nähern.

Wir waren nicht Zeuge von dem Jammergeschrei und dem Aufbegehren, das überall, wo wir haltmachten, durch diese Ausplünderung entstehen mußte. Man war darauf bedacht, uns nur die glänzende Seite, nicht die Kehrseite der Medaille zu zeigen. Der Mehmândâr schickte zum Quartier immer Reiter voraus; diese fanden sich beim Katchodâ ein und regelten mit ihm gemeinsam die Beitreibung und deren Aufteilung auf die Einwohner, die ihren Anteil wohl oder übel entrichten mußten. Dem einen nahm man das Brot, dem anderen die Hühner, von anderen holte man Eier, Butter, Gerste, nicht gerechnet das, was wir nicht sahen. Die Widerspenstigen wurden erbarmungslos geprügelt, Nachsicht bei ihrer Armut, die aber oft genug die Entschuldigung für ihr Aufbegehren war, gab es nicht. Wenn wir schließlich eintrafen, hörten wir nicht selten noch ungestillte Klagen und Weinen unter Verwünschungen. Auf unserem Wege begegneten wir Bewohnern, deren Gesichter fast immer Unzufriedenheit ausdrückten, zuweilen auch Zorn; eigentlich sahen wir nie das geringste Anzeichen von Freude darüber, daß man uns empfing.

Der Mann, der uns in Empfang nahm, hieß Nâsser Ali Chân. Er war zu Beginn des Jahrhunderts mit seinem Onkel in Paris gewesen, den Fath Ali Schâh mit einer Gesandtschaft zum Kaiser Napoleon geschickt hatte. Dort hatte er der Krönung beigewohnt, war also nun schon betagt. Er war ein großer, hagerer, knochiger, braunhäutiger Alter mit lebhaften Augen, sein Bart war sehr lang und, weil nach der Mode aller Perser gefärbt, von einem leuchtenden Schwarz, das einen eigentümlichen Gegensatz zu den Runzeln im Gesicht bildete. Mit etwas rauher Stimme brachte er die übliche artige Begrüßung vor, und der Ton wurde immer tiefer, je mehr Nachdruck in seinen Worten lag. Er entschuldigte seine Verspätung mit ausgesuchter Höflichkeit und erkärte sie mit den falschen Hinweisen, die ihm hinsichtlich der Route des Gesandten gegeben worden waren. Im übrigen hatte er das Äußere eines Lebemannes, eines liebenswürdigen und gebildeten Menschen. Wir hatten während unseres Zusammenseins Gelegenheit genug, festzustellen, daß er aus seinem Frankreichaufenthalt den rechten Nutzen gezogen hatte.

Dieser neue Mehmândâr ließ uns in dem Dorf Kara-Sijâeddin absteigen, und am nächsten Tag kamen wir in Choj an. Schon vor der Stadt erwarteten uns die wichtigsten Standespersonen und eine starke Militärabteilung. Unter den vielen Reitern, die sich uns näherten, war der herausragendste, sowohl was die Achtung, die ihm die übrigen zollten, als auch die kostbare Kleidung aus Kaschmirtuch betraf, der Tuptschi-bâschi oder Kommandant der Artillerie der Provinz Aserbaidshan. Er war von einigen Offizieren umgeben, die halb europäisch gekleidet waren. Sie trugen weite Hosen, die nach Husarenart in Stiefeln steckten, Wämser mit Goldschnüren und mehreren Reihen Knöpfe und ein breites Wehrgehänge, an dem eine Patronentasche hing. Ihre schwarzen Bärte und hohen Fellmützen verliehen ihrem Aussehen jenes nationale Gepräge, das durch den zwittrigen Aufputz fast verlorenging, doch ihre recht kriegerische Haltung war unübersehbar.

Der Estekbâl bestand aus mehr als vierhundert Reitern. Sie kamen uns gemächlich entgegen; ein paar Schritt vor dem erwarteten Gesandten machten sie halt. Dann ließ der Tuptschi-bâschi die übliche Begrüßung vernehmen und lud uns zum Einzug in Choj ein. Die

Menge in ihrer buntscheckigen Gewandung gruppierte sich um uns herum, und uns zu Ehren begannen neben uns und uns voraus einige Reiter im Galopp loszustürmen; das war das Zeichen für alle, die begierig waren, ihre Geschicklichkeit und die Wendigkeit ihrer Pferde vorzuführen. Es waren die gleichen Reitkünste, die wir an der Grenze gesehen hatten, aber hier in Choj in größerem Stil und mit mehr Anmut oder Effekthascherei, was uns bewies, daß wir auf dieser militärischen Schaubühne nicht mehr wilde Kurden als Akteure vor uns hatten, sondern zivilisierte, elegante Städter, die im übrigen weder an Kraft noch an Beweglichkeit jenen nachstanden, die uns als erste mit dieser Art von Ritterspielen bekannt gemacht hatten.

Von Choj nach Tabris

Während meine Blicke nach rechts und links gingen und die Fantasias verfolgten, von denen ich einen Vorgeschmack schon in Algerien bekommen hatte, suchten meine Augen Choj, das man uns als große Stadt angekündigt hatte. Wir befanden uns in einer herrlichen Ebene, die in der Ferne von hohen, schönen Gebirgsketten begrenzt wurde. Vor uns zog sich eine zinnenbewehrte Mauer entlang, deren Braun sich scharf von dem Weiß des Schnees abhob; dahinter reckten sich Bäume empor, aber kein Haus, nicht einmal ein Minarett war zu sehen, das das Vorhandensein einer Stadt angezeigt hätte. Wir überquerten breite Gräben, es ging über Brücken, hinter denen sich auf recht martialische Weise Verteidigungswerke erhoben, die die europäische Bauart nicht verleugneten.

Wir gelangten durch ein erstes Tor, dann durch ein zweites, und dann waren wir in den Straßen der Stadt, wo unser Erstaunen, sie nicht bemerkt zu haben, schwand, als wir die Gebäude aus der Nähe betrachten konnten. Alle Häuser sind niedrig, sie sind ebenerdig gebaut, keins überragt die Höhe der Umfriedung. Im Unterschied zu dem, was man in türkischen Städten sieht, haben hier die Moscheen keine Minarette, und ihre Kuppeln erheben sich kaum über die bescheidenen Häuser. Mit Ziegeln zu bauen, wie es in Persien üblich ist, ist noch nicht überall verbreitet, die Eintönigkeit und Tristheit der Straßen, auf die übrigens kein Fenster geht, stach uns in die Augen. Die Straßen sind sehr eng, mit Ausnahme einiger, die in der Mitte von munteren Rinnsalen unter schattenspendenden Weidenbäumen durchzogen werden.

Soweit es im Orient möglich ist, die Anzahl einer Einwohnerschaft zu schätzen, wird sich die von Choj auf etwa zwanzigtausend Seelen belaufen. Man sagte uns, sie sei einst erheblich größer gewesen, aber durch die Wirren sei sie beträchtlich zurückgegangen, besonders während der unrechtmäßigen Herrschaft der Kâdschâren. Die Bewohner gelten als Abkömmlinge der Tataren, wie fast alle im Norden Persiens, aber es gibt unter ihnen auch eine Menge Armenier.

Das Gebiet um Choj ist, soweit wir es zu dieser Jahreszeit beurteilen konnten, eins der fruchtbarsten im Reich und daher auch eins, das der Schatzkammer des Schâhs einen bedeutenden Tribut zuführt.

Über die historischen Denkwürdigkeiten dieser Gegend kann man nichts Genaues erfahren. Die einen sagen, es sei Karim Chân Sand gewesen, der in der Mitte des letzten Jahrhunderts herrschte und unter dem der Stadt Choj erstmals Bedeutung zuzuschreiben sei. Anscheinend gehen die Anfänge der Mauerumfriedung auf diesen Herrscher zurück. Jedoch muß dieser Ort lange vorher, zu Beginn des sechzehnten Jahrhunderts, einer der bedeutendsten Plätze dieser Provinz gewesen sein. Denn hier, wie man weiß, erwartete Schâh Esmâ'il das Heer des Sultans Selim I., um ihm eine in den

Annalen Persiens berühmt gewordene Schlacht zu liefern.

Inmitten eines großen Auflaufs der Bevölkerung, die uns sehen wollte, wurden wir zu unserem Quartier geleitet, das Prinz Mohammad Rahim Mirsâ für uns hatte vorbereiten lassen. Es mußte früher einmal ein prächtiger Palast gewesen sein, nun aber, im Verfallen begriffen, konnte er uns wenig vor der beißenden Kälte schützen. Am Ende eines weiten, mit hohen Platanen bestandenen Hofes, wo eine Infanterieabteilung als Ehrenwache Aufstellung genommen hatte, stand ein Gebäude, dessen Fassade mehrere Zimmerfluchten anzeigte. Als Fenster dienten riesige verglaste Flächen, aus farbigen Scheiben zusammengesetzt, die von kunstvoll angeordnetem geschnitztem Gitterwerk aus zierlichen Holzstäben eingefaßt waren, so daß Rosetten und andere anmutige Gebilde entstanden waren. Aber diesen Fenstern, die verschiebbar waren und sich von unten nach oben öffnen ließen, fehlte der größte Teil der Scheiben, und wir sahen uns genötigt, schnell Papier als Ersatz davorzukleben. Die Öfen in diesen Zimmern und die mächtigen Holzstöße, die wir bemerkten, beruhigten uns jedoch wieder etwas.

Eine neue Persönlichkeit führte den Gesandten in die für ihn vorgesehenen Räumlichkeiten. Dort hatte man schöne Teppiche ausgebreitet, auf denen eine Vielzahl von Schalen mit mehreren Scherbetten, mit Tee, Gebäck, Zuckerzeug und Obst stand, so daß man nicht wußte, wohin man treten sollte. Unsere Reisekleidung, selbst die nicht so dick mit Pelz und Fell gefütterte, machte uns da das Hindurchgehen ganz und gar nicht leicht. Auch die derben Stiefel voller Schnee schienen bei unseren Gastgebern Entsetzen zu erregen, die doch gewohnt sind, daß ihre Teppiche schonend behandelt werden. Wir aber hatten noch nicht ihren Brauch, die Schuhe vor der Tür stehenzulassen, übernehmen können. Trotzdem taten wir es wie sie: wir setzten uns, weil es keine Sitzgelegenheiten gab, auf die Hacken und kosteten ihnen zum Gefallen von all den vor uns aufgestellten Süßigkeiten. Doch ganz zufrieden waren wir nicht; der Geschmack nach leicht ranziger Butter, nach Safran und nach schlecht raffiniertem Zucker beeinträchtigte den Versuch, guten Willen zu zeigen und von allen Schalen zu kosten.

Bald darauf erschien im Hof, von Mohammad Rahim Mirsâ beauftragt, ein Âschpas-bâschi oder Hauptkoch, dem Leute mit Fackeln vorausgingen und etwa ein Dutzend Küchenjungen folgten. Sie alle trugen auf dem Kopf Platten, über die goldbefranste, zur Mitte hochstrebende Deckchen gebreitet waren. Ein Duft der Tafelfreuden strömte unserem Geruchsorgan entgegen, an den es noch nicht gewöhnt war, von dem es aber nicht genug geschmeichelt werden konnte, zumal wir spät in Choj eingetroffen waren und einen langen Marsch hinter uns hatten. Dem Diner, das uns Prinz Mohammad Rahim Mirsâ schickte, fehlte es an nichts. Man trug mehrere Arten von Polou oder Reisgerichten auf, schmackhaft mit Kräutern oder Gewürzen zubereitet, gedünstetes Fleisch in gut gelungenen Saucen und kleine süße Speisen. Dazwischen stellte man große Schalen mit Rosen- oder Zitronenscherbetten, auf denen hölzerne Schöpflöffel mit großer Vertiefung und mit Stielen, wie Seidenspitze gezackt, schwammen. Dieses Diner fanden wir natürlich viel besser als die Süßigkeiten zuvor.

Nâsser Ali Chân unterhielt uns auf äußerst leutselige Weise. Er sagte, er habe in Paris richtig trinken gelernt, und wir konnten sehen, daß er einer Angewohnheit, die ihm offensichtlich sehr lieb geworden war, mit großem Erfolg pflegte. Der Wein des Gesandten hatte den Mehmândâr in fröhliche Stimmung versetzt, und nachdem er uns verschiedene Geschichtchen erzählt hatte, wobei einige Worte auf der Strecke blieben, wollte er uns die Stärke seines Gedächtnisses und der Erinnerungen beweisen und sang: »Ah! vous dirai-je, maman.« Leider erinnerte er sich nach fünfunddreißig Jahren noch an dieses Lied, bis zur letzten Zeile, und wiederholte es mehrere Male, weil er wahrscheinlich meinte, unseren Ohren und gleichzeitig unserem Patriotismus zu schmeicheln. Es schien jedoch, daß sich das, was er von der europäischen Zivilisation mitgebracht hatte, auf dieses Lied und auf seine Vorliebe für den Wein beschränkte. Aber es muß gesagt werden, um ihm Gerechtigkeit widerfahren zu lassen, daß er im Trinken besser war als im Singen.

Der Offizier, der den Gesandten in sein Quartier geleitet hatte, war auch zum Diner eingeladen worden. Da er weniger an den vom Koran verbotenen Saft gewöhnt war, hatte ihn dessen Genuß völlig überwältigt, und er war in einen Zustand der Dumpfheit geraten, so daß ihn ein paar Farrâschs forttragen mußten. Den alten Chân regte der Vorfall wenig auf. Erst als man seinen unglückseligen Landsmann weggeschafft hatte, sagte er halblaut: »Pessewenk!«, was die Entrüstung zum Ausdruck brachte, die er über die Haltlosigkeit seines Glaubensgenossen vor Giaurs und Farangis empfand. Er selbst hatte das Zehnfache getrunken, aber das war nur seiner blühenden Gesichtsfarbe und seiner Redseligkeit anzumerken.

Das Mißgeschick des armen Offiziers zog eine Bestrafung auf Befehl des Schâhsâdes nach sich, der sich durch die Pflichtvergessenheit eines seiner Diener verletzt fühlte, und diesem wurde untersagt, jemals wieder vor ihm zu erscheinen.

Wir hielten uns einen ganzen Tag in Choj auf, um dem Prinzen, der ein Bruder des Schâhs ist, einen Besuch abzustatten. Er empfing uns mit ausgesuchter Höflichkeit und Liebenswürdigkeit. Der Schâhsâde mochte etwa zwanzig Jahre alt sein, er war von gefälligem Äußeren, seine Gesichtszüge waren sehr weich, seine Worte klangen angenehm und natürlich. Er ersuchte den Gesandten auf das dringlichste, wenigstens noch einige Tage sein Gast zu sein, um uns, wie er sagte, mit Vergnügen öfter zu sehen und ein wenig über Farangestân zu reden, dessen Künste und Zivilisation ihm so sehr gerühmt worden seien. Aber da der Gesandte gerade erst in Persien angekommen war, hatte er nichts Eiligeres zu besorgen, als sich zum Schâh zu begeben, und alle Bitten des Prinzen konnten nicht verhindern, daß es am nächsten Morgen beim Aufbruch nach Tabris blieb.

Tags darauf durchquerten wir zwischen glitschigen Gesteinstrümmern, die dort seit dem Tag, da das Chaos geendet hatte, vergessen zu liegen schienen, einen Engpaß. Zu Fuß bewältigten wir den Abstieg von den vulkanischen Bergen. Rechter Hand zeigte eine hoch aufragende Gebirgskette die Lage des Wan-Sees an; vor uns erstreckte sich eine weite Ebene, die am Horizont von einer völlig geraden Linie, den Wassern des Urmia-

Stadttor von Tabris

Sees, begrenzt wurde. Wegen des Dunstes konnten wir ihn nur sehr undeutlich erkennen. Jedoch blieb er den ganzen Tag in Sichtweite, während wir uns auf die kleine Stadt Tassudsch zubewegten, die einst von Bedeutung, nun aber verfallen war. Dazu hatte verschiedenes beigetragen, sowohl die inneren Wirren, in denen die Bevölkerung Aserbaidshans dezimiert wurde, wie auch die häufigen Erdbeben, die sich in dieser Gegend ereigneten.

In Tassudsch suchte den Gesandten der neue Mehmândâr, Schâh Abbâs Chân, auf, vom Schâh ihm entgegengeschickt. Diese Persönlichkeit war der wirkliche Mehmândâr; er nämlich sollte dem Iltschi während der ganzen Zeit seines Aufenthaltes in Persien beigegeben sein. In Persien zeigt der Rang eines solcherart Beauftragten den Grad der Ehrerbietung an, die man einem zu begleitenden Gesandten erweist. Schâh Abbâs Chân war einer der hochgestellten Offiziere des Schâhs, ein persischer Würdenträger. Sein Eintreffen mußte also die außerordentliche Wertschätzung zum Ausdruck bringen, die der Landesherr schon im voraus für die Gesandtschaft Frankreichs hegte.

Von Tassudsch zogen wir, dem Urmia-See immer näher kommend, nach Tschabestar, wiederum einer kleinen Stadt inmitten von Gärten, die im Sommer einen recht angenehmen Aufenthalt zu versprechen schienen; selbst bei Schnee konnten wir an der Zahl der Gärten zu allen Seiten und an den Anzeichen von Wohlstand in den Häusern erkennen, daß dieser Teil Aserbaidshans gut bebaut, ertragreich und vermögend ist.

Unsere beiden Mehmândârs ließen uns ungeachtet unserer Ungeduld in kleinen Tagesreisen auf Tabris zureiten und behaupteten, es sei noch nicht alles für unseren Empfang vorbereitet, weil der Gouverneur der Stadt erst spät Nachricht von unserer Ankunft erhalten habe. So zwangen sie uns, in den Dörfern Nâserlu und Alwâr haltzumachen, obwohl sie nur zwei oder drei Farsach auseinanderliegen, letzteres ist schon ganz in der Nähe von Tabris.

Vier Tage waren wir durch eine herrliche weite Ebene geritten, die im Norden hohe Berge vulkanischen Ursprungs begrenzten und deren Südhälfte sich in den Sümpfen an den Gestaden des Urmia-Sees verlor.

Am 22. Januar brachen wir nach Tabris auf, begierig, endlich eine der großen Städte Persiens kennenzulernen. Schon gleich hinter Alwâr konnten wir die blasse, verschwommene Silhouette erkennen, einen grauen Schatten über der flachen Schneelandschaft, der uns die Hauptstadt Aserbaidshans erahnen ließ. Die uns begleitenden Perser wiesen auf die Stelle am Fuße eines Berges nordöstlich des Sees hin, aber wir vermochten noch kaum etwas auszumachen.

Bald erschien vor uns ein kleiner Reitertrupp, der auf uns zueilte. Obwohl sie spitze Mützen trugen, wollten wir sie nicht für Perser halten, in ihrer Haltung lag etwas, was an Europäer erinnerte. Als sie bei uns angelangt waren, erkannten wir wirklich unsere Landsleute, angeführt von Monsieur Eugène Boré. Dieser hielt sich seit einem Jahr in Persien auf, sein Name war uns schon zu Ohren gekommen. Wir wußten, daß er sich als Orientalist mit Forschungen über die semitischen Sprachen ausgezeichnet hatte und daß er in seinem glühenden Eifer als guter Christ den Versuch unternahm, die Wohltaten der Zivilisation im Orient zu verbreiten. Zu diesem Zweck hatte er in Tabris eine Schule gegründet, in der die französische Sprache als Grundlage und Vermittler einer Erziehung gelehrt wurde, die durch die Unterweisung in den Künsten Europas vervollständigt werden sollte.

Hinter Monsieur Boré erschienen Instrukteure; das waren Unteroffiziere aus unseren Regimentern, die dem persischen Gesandten Hossejn Chân, als er 1838 nach Paris gekommen war, als Gefolge, wie ich sagen möchte, zugebilligt worden waren. Sie trugen den Rock ihres Korps, jedoch durch die Kolâh des Landes, dem sie nun dienten, verunstaltet. Das war ein erster Schritt auf die fremden Gebräuche zu, von denen sie noch nicht ahnten, wie grausam sie unter ihnen zu leiden haben würden.

Alle hundert Schritt trafen wir auf neue Abordnungen: Konsuln der verschiedenen Nationen, die wichtigsten Kaufherren, schließlich auf den Militärgouverneur persönlich an der Spitze einer zahlreichen Reiterschar, alles hohe Offiziere der Provinz in großer Aufmachung.

Einen prächtigen Anblick bot diese Empfangszeremonie. Diese Menge Reiter in der verschiedenartigen Kleidung war ein einmaliges und sehr malerisches Bild, besonders beim Übergang über den Fluß Âdschi-su, auch Talch-tschâj genannt, das heißt »bitterer Fluß«, der seinen Namen dem salzhaltigen Wasser verdankt. Vor uns erschien eine schmale Brücke, und die ungeordnete, ungeduldige Schar, die nicht zurückbleiben wollte, teilte sich und zerstreute sich nach beiden Seiten. Die höheren Offiziere folgten uns, während die anderen, die nicht warten wollten, bis sie an der Reihe wären, ausschwärmten und trotz der Kälte ihre Pferde in den Fluß trieben und ihn rechts und links von der Brücke durchquerten.

Um zwei Uhr nachmittags hielten wir Einzug in Tabris, eskortiert von mindestens fünf- bis sechshundert Berittenen. Wir drängten uns in den engen Straßen durch eine aus allen Teilen der Stadt und von den Basaren herbeigeströmte Menschenmenge, die den Iltschi und die Farangis sehen wollten, zu deren Begrüßung in diesem Augenblick die Kanonen der Zitadelle donnerten.

In Tabris

Es kostete Mühe, sich durch die Menschenmenge zu zwängen, bis wir vor das Haus kamen, das dem Gesandten zur Verfügung gestellt worden war. Es war reichlicher und bequemer eingerichtet als alle bisherigen Unterkünfte, gebaut von einem englischen Geschäftsträger, der es an einen Armenier verkauft hatte, und beim Eintreten in das Haus sah man sogleich, daß letzterer in England, wo er einige Zeit geweilt hatte, Geschmack am Komfort und an einer Atmosphäre des Wohlbehagens gefunden hatte, was unter seinesgleichen sonst nicht anzutreffen ist.

Von dem Augenblick an, da der Iltschi-bejg von dieser Bleibe Besitz ergriffen hatte, bis zum späten Abend leerte sich sein Salon nicht von jenen, die ihn zu seinem glücklichen Eintreffen in Persien beglückwünschten. Pausenlos folgten aufeinander die Geschenke der Besucher, nämlich Tabletts, übervoll mit Scherbetten, Früchten und Süßigkeiten beladen, von den Farrâschs oder Hausdienern des einen herbeigebracht und von denen des andern sogleich ersetzt.

Für die Mitglieder der Gesandtschaft hatte man bescheidenere, aber auch sehr bequeme Unterkünfte vorbereitet. Jeder von uns bezog die ihm zugewiesene

Wohnung und richtete sich ein, um ein wenig Ruhe zu genießen, fern von allen Schmeichlern, die sich auf dem Teppich des Gesandten drängten und mit ein und denselben nichtssagenden Phrasen ermüdeten.

Nachdem wir in unsere Konaks eingezogen waren, galt es, sich für den offiziellen Besuchsantritt bei dem Prinzen Kahramân Mirsâ, einem Bruder des Schâhs, dem Bejgler-bej der Provinz, bereitzumachen. Dieser Besuch sollte am übernächsten Tag stattfinden, aber es fiel unaufhörlich Schnee, und wären wir durchnäßt vor dem Prinzen erschienen, hätte das Mißachtung eines der allerheikelsten Vorurteile der Perser bedeutet. Ein guter Muselman betrachtet tatsächlich seine Wohnung als besudelt, wenn Spuren der Nässe, die von den Kleidern eines Christen herabgetropft ist, zu bemerken sind. Unser Mehmândâr war viel zu gesittet, als daß er diesen Grund vorgebracht hätte, und sagte einfach, es sei angezeigt, zu warten, bis sich das Wetter gebessert habe, dann könne man sich in das Serail begeben. Wirklich, für uns wie für den Schâhsâde war es wünschenswerter, den Besuch aufzuschieben, und zwar um einen Tag. Das aber gab Anlaß zu Erörterungen, die, obwohl sie in unseren Augen kindisch erschienen, von ungeheurer Wichtigkeit für das Verständnis der Perser waren. Man muß wissen, daß es in Persien Brauch ist, unbeschuht bei den Großen einzutreten und stehend vor ihnen zu verharren. Es mußte also entschieden werden, ob wir gestiefelt vor den Schâhsâde hintreten und ob wir uns setzen dürften. Diese ernste Angelegenheit brachte den Schâh Abbâs Chân in arge Bedrängnis, da er darüber zu verhandeln hatte, und es bedurfte dieserhalb mehrerer Beratungen mit dem Prinzen höchstpersönlich. Bei Hofe haben die Gesandten die Freiheit, sich in Gegenwart des Schâhs zu setzen, obgleich Prinzen königlichen Geblüts stehen müssen. Zwischen dem Landesherrn und den Schâhsâdes besteht also ein sehr großer Unterschied. In Anbetracht dieses Verhältnisses war es demnach logisch, daß, wenn Botschafter, aber nicht die Prinzen, das Recht haben, sich in Anwesenheit des Herrschers zu setzen, es den Mitgliedern einer Gesandtschaft erlaubt sei, sich bei Prinzen zu setzen. Diese Folgerichtigkeit schien dem Kahramân Mirsâ keinerlei Kopfzerbrechen zu verursachen, er gab schnell nach, schneller als gedacht, und ließ für jeden von uns eine Sitzgelegenheit bereitstellen. Aber über das Anbehalten der Stiefel ließ er nicht mit sich reden.

Als man uns, die wir kompromißhalber Pantoffeln über die Stiefel gezogen hatten, durch den Garten geführt hatte, empfing uns auf der Schwelle des Palastes der Zeremonienmeister in seiner Amtstracht mit einem Stab in der Hand, seinem Rangzeichen. Er geleitete uns in einen Saal, dessen Wände gänzlich mit Spiegeln und Arabesken bedeckt und mit Gemälden behängt waren, die die Schlachten gegen die Türken darstellten, welche der Vater des Schâhsâdes, Abbâs Mirsâ, geschlagen hatte. Da sah man unter anderem die Einnahme von Toprak-kal'e in Armenien. Rechts und links der Bilder hingen vier Porträts, die Tschingis Chân, Schâh Esmâ'il, Rostam und Nâder Schâh wiedergaben, die vier beliebtesten Heldengestalten der Perser. Beiderseits waren Sessel aufgestellt, auf denen wir nach der Begrüßung des Prinzen Platz nahmen. Kahramân Mirsâ selbst saß im Hintergrund. Seine völlige Teilnahmslosigkeit und seine wenig liebenswürdige Miene schienen die

Unzufriedenheit auszudrücken, die er über die Regelung, das Schuhwerk betreffend, empfand.

Der Schâhsâde trug eine bis zum Kinn geschlossene grüne Tunika mit Kragen und amarantenem Samtbesatz. Die Hose nach europäischem Schnitt fiel auf kurze Socken aus Kaschmirseide, die einzige Fußbekleidung. Mächtige goldene Epauletten prangten auf den Schultern, der Großkordon mit Löwe und Sonne spannte sich quer über die Brust, wo auch der Stern der hohen Würdenträger dieses Ordens angeheftet war. Ein goldener Gürtel mit breiter diamantgeschmückter Spange umschloß seine Hüften. Neben ihm ruhte in einer samtenen, goldverzierten Scheide ein Säbel mit funkelndem Brillantknauf.

Der Prinz war von mittlerer Gestalt und erschien trotz seines gebräunten Teints und seines langen schwarzen Schnurrbarts äußerst weibisch. Er erachtete es wohl seiner Würde gemäß, die Förmlichkeit bei der Vorstellung des Gesandten durch völlige Regungslosigkeit zu unterstreichen, denn bevor die gebräuchliche Begrüßung nicht vollzogen war, erhob er sich nicht und gab auch mit der Hand kein Zeichen. Erst dann durften wir uns auf einen Wink hin setzen. Mit bemerkenswerter Kühle nahm er die ihm geltenden üblichen Höflichkeitsbezeigungen entgegen. Mochte der Dolmetscher die Ansprache noch so sehr im blumigen Stil halten, der Prinz schien von den Düften wenig angetan zu sein. Etwas aber mußte er zur Ankunft des Gesandten und zu seiner Reise sagen, doch waren es dürre und lakonische Worte.

Dieser Besuch war sehr kurz, wir nahmen einen wenig günstigen Eindruck von Kahramân Mirsâ mit. Glücklicherweise muß von der königlichen Familie gesagt werden, daß nicht alle Prinzen von dieser Art sind. Wir zogen, als wir von diesem Bruder des Schâhs kamen, einen Vergleich mit einem anderen Schâhsâde, nämlich mit dessen Onkel, Malek Kâssem Mirsâ. Er ist einer der siebzig Söhne des vorigen Herrschers, Fath Ali Schâhs, und, was Bildung, Ideenflug und Interessen für alles Wissenswerte aus Europa angeht, einer der bemerkenswertesten Männer des Orients. Er spricht sechs Sprachen, ohne die seine mitzurechnen: Französisch in ausgezeichneter Weise, Englisch, Russisch, Türkisch, Arabisch und Hindustani. Er war einer der eifrigsten Förderer der französischen Schule. Vom Schâh, seinem Neffen, hatte er für die Gründung dieser Schule und auch für die Einreise all jener Europäer, die ihre Kenntnisse dem Land zur Verfügung stellen wollten, Farmâne erhalten, die zu einem Aufenthalt in Persien nur ermutigen konnten. Später aber, so wie der Lauf der Dinge auf dieser Welt ist, vor allem in Persien, hatte der Schâh, vermutlich schlecht beraten, diese Farmâne, die er erst in einem Anflug von Geneigtheit den zivilisatorischen Ideen gegenüber hatte abfassen lassen, höchstpersönlich für nichtig erklärt. Intrigen aller Art und Widersetzlichkeit in der Verwaltung hatten den Aufschwung, den die Zivilisation in Persien nehmen zu wollen schien, zum Erliegen gebracht.

Ganz im Gegensatz zu der Begegnung mit dem Prinzen Kahramân Mirsâ war das Gespräch bei seinem Onkel sehr lebhaft und sehr interessant. Dieser schien geschmeichelt zu sein durch den Eindruck, den er auf uns machte, und durch das Erstaunen, das wir über seine Fähigkeit, sich so gut unserer Sprache zu bedienen, äußerten. Er sagte uns, er habe sie bei einer Madame de la Marinière erlernt; diese Dame würden wir in Teheran antreffen. Malek Kâssem Mirsâ ist ein sehr schöner Mann, noch jugendlich. Seine Gesichtszüge sind edel und sehr ausgeprägt. Den Bart trägt er sehr kurz, nach der Mode, die der jetzige Herrscher angenommen hat, dagegen ist sein Schnurrbart ganz besonders lang. Seine Kleidung ist halb persisch, halb europäisch: Über eine kurze einreihige Redingote, mit einem einfachen amarantenen Seidenschal gegürtet, hatte er eine mit Marderfell gefütterte Pelzmantille geworfen, er trug eine schwarze Lammfellmütze, europäische Hosen und weiße Socken mit Kaschmirmuster.

Am nächsten Tag schickte der Gesandte den beiden Schâhsâdes Geschenke. Eingedenk dieses orientalischen Brauches war er von Frankreich mit einer Riesenmenge von Verschenkbarem aufgebrochen, darunter Taschenuhren, Wanduhren, Waffen, Schmuck, auserlesene Stoffe, Sèvresporzellan und herrliche Gravüren. Nun mußte ich mich an die schwierigen, verschneiten Bergübergänge erinnern, wobei die Lasttiere in Abgründe rutschten, einige sogar dort liegenblieben. Unmöglich konnten alle die kostbaren, empfindlichen Gegenstände die Stürze und Stöße heil überstanden haben.

Der Gesandte bestimmte für Kahramân Mirsâ ein Service aus Sèvres. Leider hatte es wegen seiner Zierlichkeit, die an diesem Erzeugnis aus der königlichen Manufaktur so schätzenswert ist, einigen Schaden davongetragen. Aber da es nicht auszuwechseln noch zu reparieren war, mußte es in diesem Zustand überreicht werden. Doch der Prinz weigerte sich, es anzunehmen, und ließ dem Gesandten sagen: Eine Rose, von einem Freund dargeboten, habe in seinen Augen den Wert der Einkünfte der gesamten Welt – aber sie dürfe nicht verwelkt sein. Diese Ablehnung, obgleich in ein orientalisches Bild gekleidet, war recht unangenehm und mußte natürlich Befürchtungen hinsichtlich des Schicksals der anderen Hochherzigkeitsbeweise unserer Regierung hervorrufen.

Einige Tage später schickte Prinz Malek Kâssem Mirsâ, der uns die Ehre seines Landes erweisen und uns die Umgebung von Tabris zeigen wollte, einen seiner Offiziere zum Gesandten mit dem Auftrag, uns alle zu einer Jagd mit Falken und Windhunden einzuladen. Das sind die einzigen beiden Jagdarten der Perser, die weder den Gebrauch des Vorstehhundes noch das Vögelschießen kennen. Doch sind sie große Jäger, und zwar mit Hilfe von Stoßvögeln, die sie sehr geschickt abrichten. Sie haben wie zu Zeiten, als man in Frankreich die hohe und die niedere Jagd betrieb, eine große Vorliebe für die kühnen Falken und die geschickten Falkeniere.

Die Jagdpartie, zu der uns der Schâhsâde einlud, war für uns etwas völlig Neues. Wir waren viel zu neugierig, als daß wir die Einladung ausgeschlagen hätten. Wir brachen in die Berge nahe der Stadt auf, wo das Wild auch alsbald aufzuspüren war. Die Jagd verläuft folgendermaßen: Ein Falkner trägt auf seiner handschuhbewehrten Faust den Vogel, der mit den Füßen an einen Riemen gefesselt und dem eine Kappe über den Kopf gezogen ist. Diese Haube verdeckt die Augen und verhindert jegliche Ablenkung, damit das Erspähen der vorgesehenen Beute im richtigen Moment gewährleistet ist. Sie ist eine Art Kapuze aus rotem Stoff, manchmal bestickt und mit Edelsteinen und Goldglöckchen versehen. Zeigt sich nun ein Tier, dann befreit der Falkner den Vogel von der Kappe, hält ihn in Richtung der Beute und wirft ihn von der Faust, so daß er wie ein Pfeil losschießt, gerade draufzu, sich über die Beute erhebt und ungestüm auf sie niederstürzt und sie mit den Krallen und mit dem Schnabel packt. Hat der Falke das Tier überwältigt, läuft man zu ihm hin, reicht ihm einen Fetzen Fleisch, so daß er von der Beute abläßt, und entwindet sie ihm ohne Schwierigkeit. Auf diese Weise jagten die Falkeniere des Prinzen und der Prinz selbst einige Hasen und Rebhühner.

Man jagt mit diesen Falken auch noch Hochwild und größere Raubvögel, sogar Adler, auf die oft zwei Falken angesetzt werden. Jedes Tier kann man mit Falken zur Strecke bringen. Das letzte Mittel, das dem jagenden Vogel immer bleibt, und zwar stets mit Erfolg, ist das Sichniederlassen auf der Stirnpartie des Opfers und das Aushacken der Augen.

Seit wir Bekanntschaft mit den Persern geschlossen hatten, und das war erst seit kurzem, konnten wir bei ihnen eine ausgesprochene Vorliebe für alle Künste feststellen, vor allem für die Malerei. Davon zeugten die Bilder sowohl in den Palästen als auch in den einfachsten Häusern. In der Person des Prinzen Malek Kâssem Mirsâ begegnete mir einer der größten Liebhaber der Malerei in jenem Lande. Diese Neigung, die er mit seinen Landsleuten teilt, erstaunte mich um so mehr, als ich erst kürzlich gesehen hatte, mit welcher Verachtung die Türken, ihre Nachbarn, die Werke des Pinsels verschmähten. Er aber empfand deshalb ein ganz besonderes Wohlwollen für mich, er war mir ausgesprochen gewogen. Er überließ mir als Atelier sein Diwân-e chân e, wo er seine täglichen Audienzen abhielt, und gab mir Gelegenheit zum Zeichnen aller möglichen Kleidungsstücke, was mir sonst nur mit großer Mühe geglückt wäre. Die ersten Skizzen belustigten ihn, dann aber fand er ein solches Interesse daran, daß er mich zur Stunde, da ich eigentlich schon im Palast hätte sein müssen, holen ließ. Dieser Eifer, der seinerseits fast in Zwang ausartete, war mir jedoch sehr dienlich, weil er mich in den Stand versetzte, eine reiche Sammlung der mannigfaltigsten Gewänder aus den verschiedenen Provinzen Persiens zusammenzubringen.

Allmählich bildete sich zwischen dem Prinzen und mir eine Vertrautheit heraus, wodurch ich ihn immer besser kennenlernte. Ich will in keiner Weise Abstriche an der Meinung vornehmen, die wir uns alle bei unserer ersten Begegnung mit ihm gemacht hatten, aber ich entdeckte an diesem Schâhsâde Eigenschaften, die ich nicht im entferntesten bei einem Muselmanen erwartet hätte. So hegte er große Achtung vor der Freiheit des Gewissens, was die Religion anging, seine diesbezügliche Duldsamkeit kannte keine Grenzen. Er sprach mit bemerkenswerter Vorurteilslosigkeit über alles, was Frauen betraf oder die Beziehungen zwischen Muselmanen und Christen. Er war in Europa erzogen worden, in Frankreich, dem Land der Freiheit im wahrsten Sinn des Wortes, so daß er großzügig in seinen Ansichten war und ungebunden in der Art, sich darüber auszusprechen. Mein vertraulicher Umgang mit dem Schâhsâde und die Kenntnis seines Charakters erlaubten es mir, in der Unterhaltung mit ihm eine gewisse Lässigkeit walten zu lassen, auf die er durchaus einging, eine Ungezwungenheit, die er noch unterstützte. Durch die Gunst dieses offenherzigen Austausches unserer Ansichten ermuntert, wagte ich es, ihn eines Tages zu bitten, eine Frau im Haremsgewand zeichnen zu dürfen.

Nun muß man wissen, daß ich bisher eine solche Dame nicht gesehen hatte, weil das einfach unmöglich war. Die Perserinnen gehen wenig aus und sind auf der Straße derart verhüllt, hinter einem großen Schleier verborgen, der sie von Kopf bis Fuß verdeckt, so daß man überhaupt nichts erkennen kann; ihre Figur verschwindet unter den langen Falten eines Umhanges, den man Tschâdor nennt. Außerdem heften sie sich zu beiden Seiten der Stirn ein weißes Tüchlein an, das in der Mitte, genau vor den Augen, durchbrochen ist, was ihnen gestattet, sich zurechtzufinden, einen neugierigen Blick aber nicht hindurchläßt. Ihre Beine stecken bis zu den Füßen in weiten Hosen, und ihr Schuhwerk besteht aus kleinen gelben oder grünen Pantoffeln mit nach oben gebogener Spitze und sehr schmalem Absatz, der fast bis zur Mitte der Fußsohle reicht.

Sehen sie irgendwann einmal keinen Mann auf ihrem Weg, dann sind sie so frei, den Schleier, der als Maske dient, zu heben, um bequemer Luft zu schöpfen, aber sobald ein Mann erscheint, selbst ihr Gatte, lassen sie ihn wieder vor das Gesicht fallen. Eines Tages, als ich an einer Frau vorüberging, die wahrscheinlich nicht schnell genug ihren Vorhang heruntergelassen hatte, hörte ich, wie sie von einem Fanatiker gröblich beschimpft wurde, der sie überhaupt nicht kannte, der ihr aber auf das heftigste ihr Vergehen vorwarf und sie der

Schamlosigkeit bezichtigte. Ich glaube, die Vorhaltungen waren um so zorniger, als ich, ein Christ, anwesend war. Alle Tschâdors ähneln sich, und in den Augen von Europäern scheint die Taille einer jeden Frau ungefähr die gleiche zu sein. Doch die Perser haben mir versichert, daß es ihnen leichtfalle, die Frauen aus ihrem Bekanntenkreis zu erkennen.

Wegen der Schwierigkeiten, eine Frau ohne gefällige Vermittlung und ohne den Freundschaftsdienst eines Persers sehen zu können, drängte sich mir also der Gedanke auf, aus dem guten Einvernehmen mit dem Prinzen Malek Kâssem Mirsâ einigen Nutzen zu ziehen. Die Zuversicht, mit der ich ihm meinen Wunsch anvertraute, lockte ihm ein Lächeln ab, und nachdem er eine kleine Weile überlegt hatte, versprach er, er werde mich schon zufriedenstellen. Zwei oder drei Tage verstrichen, ohne daß ich wagte, auf mein Ansinnen zurückzukommen; übrigens ließ mich die Art, wie er unumwunden darauf geantwortet hatte, fest annehmen, er werde daran denken.

In der Tat erhielt ich eines Abends die Nachricht von dem Prinzen, er lade mich zum Speisen bei sich ein. Sein Arzt, der alte weißbärtige Farangi, dessen Kunst uns allen zwar unbekannt war, ebenso wie seine Herkunft, der aber ein braver Mann und ein Vertrauter des Schâhsâdes war, hatte es übernommen, mich zum Palast zu führen. Die Nacht war finster; wir folgten einem Farrâsch, der eine Stocklaterne trug, in der hinter weißem Tuch eine riesige Kerze brannte. Beim schwachen Schein dieser Beleuchtung, die uns nur den überall streunenden, wütend bellenden Hunden anzeigte, vermieden wir, so gut wie eben möglich, die Schneehaufen in den Straßen, denn die Einwohner warfen den Schnee einfach von ihren Flachdächern herab. So ging es erst durch dunkle, verlassene Gäßchen, dann die Mauer entlang, die das Ark umschließt, das heißt jenen Teil der Stadt, in dem sich die Serails der Prinzen und die Kasernen befinden. Aber statt vor dem Portal des Palastes anzukommen, durchschritten wir gebückt eine Ausfallpforte und gelangten in einen dunklen, stillen Hinterhof.

Unser Führer löschte die Lampe, und der Doktor, der mir durch ein Zeichen zu verstehen gab, ihm zu folgen, klopfte leise an ein Pförtchen, das sich vorsichtig öffnete. Das alles war recht geheimnisvoll, vielleicht auch nicht gefahrlos, aber von der Einzigartigkeit eines Abenteuers bezaubert, das sich bereits als verlockende Unternehmung abzeichnete, zögerte ich nicht, selbst wenn mir etwas zustoßen sollte.

Über die Schwelle, die wir wie Verschwörer überschritten, gelangten wir zunächst in einen dunklen Saal und von dort in einen schwarzen Gang, dessen ganzer Länge und Abbiegungen wir folgten. Wir stiegen Stufen empor und durchschritten einen zweiten, schwach erhellten Saal, wo ich schon eine große Anzahl von Bildnissen bemerken konnte, die alle tanzende oder musizierende Frauen darstellten, was ich sonst noch nirgends gesehen hatte. Daraus schloß ich, daß ich in jenem Teil des Hauses war, der den Fremden niemals zugänglich ist, dem San-châne, der Wohnung der Frauen.

Ich folgte immer weiter dem Hakim, der sich in allen Ein- und Ausgängen auszukennen schien, und wir befanden uns bald vor einem großen Türvorhang, genannt Parde, der sich plötzlich auftat. Ich war sofort von der

Helligkeit geblendet, die einen weiten Saal voller Lichterglanz, Gold, Gemälden und Spiegeln erfüllte. In der Mitte saßen etwa zwanzig Frauen, die, durch mein Erscheinen überrascht, Schreckensschreie ausstießen und ihr Gesicht zu verbergen suchten. Prinz Malek Kâssem Mirsâ, den ich am Ende dieses Raumes nicht gewahrt hatte, wo er zwischen Kissen auf einem Teppich lag, brach in schallendes Gelächter aus, als er meine Verwirrung sah, die, das muß ich bekennen, nicht geringer war als die der Damen. Der Schâhsâde bat mich, näher zu treten, und sagte mir, daß er mich in dem Bestreben, dem von mir geäußerten Wunsch nachzukommen, ohne über das Gut anderer verfügen zu können, am besten in seinem eigenen Andarun empfange. Ich dankte ihm auf die schicklichste Weise, um ihm meine Erkenntlichkeit zu bekunden für die liebenswürdige und, was meine Verschwiegenheit anging, schmeichelhafte Art, mit der er meiner kühnen Bitte entsprach.

Ich hatte schon lange unter Orientalen gelebt, um das ganze Vertrauen zu ermessen, das mir der Prinz so großmütig und ebenso verpflichtend erwies. Denn wäre es durch einen Vertrauensbruch meinerseits ruchbar geworden, daß er einem Christen Zutritt zum Inneren seines Harems gewährt hatte, wäre er gewiß beim Schâh in Ungnade gefallen, und selbst bei einem Prinzen hätte die Bevölkerung von Tabris gegen eine solche Verletzung der muslimischen Sitten, eine solche offenkundige Verachtung aller überlieferten Vorurteile laut aufbegehrt.

Die Damen aber, die durch meine Ankunft in ihren Vergnügungen und Tänzen gestört worden waren, überwanden bald ihren Schrecken. Erst ließen sie die

Falten ihres Schleiers ein wenig verrutschen, unter dem sie schnell wieder ihr Gesicht verbargen, kaum daß ich es gesehen hatte, dann ließen sie den Schleier mehr und mehr sinken, bis er gänzlich fiel. Die zunächst verschüchterten Herrinnen dieser Stätte gewannen ihre Sicherheit wieder und beruhigten sich. Schließlich hefteten sie ihre Blicke auf mich, die den meinigen an Neugier in nichts nachstanden. Sie fanden zu ihrer Natürlichkeit zurück, nachdem sie die Überraschung so plötzlich aufgeschreckt hatte, sie gewöhnten sich an meine Gegenwart und nahmen eine ungezwungene Haltung an, ein Bild des Haremslebens in Sorglosigkeit und Trägheit. Diejenigen, die ihre Musikinstrumente auf den Teppich geworfen hatten, griffen wieder nach ihnen. Ihre Finger strichen wie zufällig über die Saiten, und eine Tanzmelodie munterte diese Frauen bald wieder auf, für die die Unterbrechung des Vergnügens nur verlorene Zeit bedeutete.

Inmitten dieser Schar irdischer Huris eines Paradieses, das Prinz Malek Kâssem Mirsâ eigens für sich geschaffen hatte, saßen wir an einem Tischchen beim geschmackvoll zubereiteten Abendessen, wozu sich auch der Doktor und ein anderer Schâhsâde, Mossem Mirsâ, ein Cousin unseres Gastgebers, gesellten. Während des Essens – die Gerichte wurden mit ausgesuchter Sorgfalt und mit Anmut, in völliger Übereinstimmung mit der Umgebung, aufgetragen – setzten sich die Tänze fort. Meist tanzte eine Frau allein, manchmal kam eine zweite hinzu, nie aber waren es mehr als zwei. Mit den Fingern bewegten sie wie Kastagnetten kleine wohltönende Metallschalen, womit sie den Takt angaben und die Instrumente begleiteten. Das eine war eine Art bauchige Fiedel, aus Fischbein gefertigt, mit überlangem Hals und mit einer Spitze auf dem Boden stehend. Durch Streichen der drei Saiten mit einem Seidenbogen gab sie etwas heisere Töne von sich. Diese hier im Orchester des Prinzen befand sich in den Händen des einzigen männlichen Musikanten, der die besondere Gunst nur genoß, weil er blind war. Neben ihm riß eine Frau mit einem Schildpattplättchen die metallenen Saiten einer Mandoline an. Eine andere bearbeitete mit beiden Händen eine kleine Trommel, die sie sich unter den linken Arm geklemmt hatte. Eine dritte schlug zur Untermalung mit ihrer Rechten auf eine andere Trommel, die wie unsere Schellentrommel gebaut war.

Die Tänze wurden von nur kurzen Pausen unterbrochen. Die Frauen, die anfangs einzig zur Erheiterung ihres Herrn zu tanzen schienen, fanden schließlich solch großes Vergnügen daran und gerieten derart in Schwung, daß sie durch die Heftigkeit und Fremdheit ihrer Bewegungen wie Närrinnen wirkten. In den Augenblicken der Ausgelassenheit spielte das Orchester noch überstürzter und lauter, so daß die Tänzerinnen vor Erregung ganz außer sich gerieten und völlig benommen zu Boden sanken und in sonderbare nervöse Zuckungen verfielen.

Diese Tänze waren viel zu neu für mich, als daß sie nicht meine gespannte Aufmerksamkeit beansprucht hätten, doch muß ich sagen, daß sie mich überhaupt nicht befriedigten. Es waren ungestüme, wilde Bewegungen von einer gewissen Originalität, aber ohne Vornehmheit und Leichtigkeit. Ich wollte die Frauen lieber ohne diese Aufgeregtheit sehen, in der ihnen so natürlichen nachlässigen Haltung, und nicht durch solche barbarische Musik aufgeputscht, die sie zu Sprüngen veranlaßte, die ans Irresein grenzten.

Als die Tänze lange genug gedauert hatten und die Damen sich zur Ruhe geneigt zeigten, konnte ich ganz gemächlich die Beschaffenheit ihrer Ausstaffierung betrachten. Ihre Kleider waren alle nach demselben Modell geschneidert, das mir sehr einfach erschien. Der Prinz ergänzte liebenswürdigerweise das, was ich nicht sehen konnte. Die persischen Frauen tragen keine Hemden, sie tragen ein enganliegendes Mieder, das die Taille zusammenpreßt und das in der Länge bis über den Rock geht. Über der Brust ist das Mieder nicht geschlossen, es bleibt da ein mehr als handbreiter Zwischenraum, den ein mit Spangen befestigtes Tuch ausfüllt, das nicht zum Kleid gehört. Der in den Hüften enganliegende, lang herabwallende Rock reicht bis an die Füße. Ihr Haar wird genau über den Augenbrauen geschnitten und hängt hinten in langen Zöpfen herab, in die sie Blumen, Bänder oder anderen Zierat flechten. Das von den Perserinnen erstrebte Schönheitsideal besteht in den langgezogenen und über der Nase zusammengewachsenen Brauen, denen sie nachhelfen, falls die Natur sie ihnen verweigert hat. Doch sind diese Brauen sehr häufig natürlicher Art.

Die persischen Damen haben nach meinem Eindruck, wenn ich von denen des Andaruns ausgehe, in dem ich mich befand, einen sehr kleinen Mund, schöne Zähne, meist liebliche, feingeschnittene Gesichtszüge und auffallend geschlitzte Augen. Die Lidränder schwärzen sie sich nach ihrer Gewohnheit und verlängern mit spitzem Tuschpinsel den schwarzen Strich, von den Augenwinkeln bis zum Wimpernansatz. Die Raffiniertesten heften sich ein Schönheitsmal an und legen Rouge auf. Alle färben sich die Hände mir orangener Farbe, mit Henna, einer Tinktur, die extra aus Indien eingeführt wird, und das erzeugt die Vorstellung von Handschuhen, die bis an das Handgelenk reichen. Die Fußsohlen werden ebenso behandelt, damit sie wie beschuht wirken, und die Fußnägel werden karmesinrot angemalt. Sie tragen Halsketten und Armreifen. Ihr Haar ist von einem natürlichen, sehr schönen Blauschwarz, aber um es noch schwärzer, glänzender, gefälliger erscheinen zu lassen und in seiner Art zu bewahren, färben sie es von Zeit zu Zeit mit einem Mittel, das diese Eigenschaft noch verstärkt.

Es wurde spät. Der Arzt, der mich hergebracht hatte, bedeutete mir durch ein Zeichen, daß wir aufbrechen müßten, und wir verabschiedeten uns von den beiden Prinzen und von den Damen, die bei unserem Weggang mehr Anmut zeigten als bei unserem Erscheinen.

Wir durchquerten das Labyrinth, durch das wir gekommen waren, und fanden uns wieder an dem Pförtchen, das sich so geheimnisvoll geöffnet hatte, um uns an die verborgene Stätte gelangen zu lassen. Es schloß sich hinter uns, diesmal ganz sicherlich, um sich nie wieder einem anderen Mann, vor allem keinem anderen Farangi, aufzutun, denn das sind Mysterien, die man nicht ein zweites Mal zu entschleiern wagt. Tastend gingen wir durch die Gäßchen längs der hohen Mauern des Serails. Plötzlich wurden wir von den Wachen angerufen. Die Losung wußten wir nicht, und außerdem wäre es schwierig gewesen, sie auf persisch zu sagen. Glücklicherweise nahmen es die Wachsoldaten des Bejgler-bejs nicht so ernst mit der Losung. Sie ließen uns näher treten, und als sie meine europäische

Kleidung sahen, durften wir passieren. Wir brauchten nicht zu fürchten, in der Arrestkammer einer persischen Wachabteilung zu landen, und ich kehrte zurück, zufrieden über die Soiree und stolz, daß ich meinen Kameraden von dem Feenstück erzählen konnte, das ich gesehen hatte.

Von Tabris nach Sandschân

Gut ausgeruht von den Beschwernissen während des ersten Teils unserer Reise, zogen wir am 8. Februar durch die östlichen Vororte von Tabris weiter, in Begleitung all jener Europäer und Offiziere, die uns die Schâhsâdes beim Verlassen der Stadt zugeteilt hatten. Wir begaben uns auf den Weg nach Teheran, ungeduldig, tiefer in dieses Persien einzudringen, das uns allmählich lebhaft interessierte und dessen Aussehen beim weiteren Marsch nur noch origineller und noch merkwürdiger werden konnte. Wir schliefen in Bâsmendsch, einem großen Dorf inmitten von Obstgärten, ungefähr vier Farsach von Tabris entfernt.

Am nächsten Tag hielten wir uns nicht lange in der Karawanserei auf, die, nach ihrer Standfestigkeit und ihren Ausmaßen zu urteilen, einst ein bemerkenswertes Bauwerk gewesen zu sein schien, und erklommen ein ziemlich schwieriges, wenn auch nicht sehr hohes Gebirge. Dann ging es den Osthang nach Hâdschi Âghâ hinab, wo wir die Nacht verbringen mußten. Die Kälte hielt unvermindert an, der Schnee bedeckte das ganze Gebiet.

Am 10. mußten wir dem Wüten eines Sturmes trotzen, der uns den hochgewirbelten Schnee erbarmungslos ins Gesicht peitschte. Das erinnerte uns an die fürchterlichen Szenen vor Dar. Dort in der Türkei hatten wir uns im Schnee verirrt. Unsere Führer wußten selbst nicht mehr, wo sie waren. Und doch hieß es, weitermarschieren und irgendein schwaches Anzeichen finden, das uns aus der Not helfen würde. Unsere türkischen Offiziere schienen zu triumphieren. »Wir haben Sie gewarnt«, sagten sie, »aber Sie wollten es nicht glauben.« Als Antwort trieben wir unsere Pferde vorwärts, in den Schnee hinein, auf der Suche nach einer Spur. Nach unglaublichen Anstrengungen hatten wir mehrere der zugewehten Schluchten durchquert und bemerkten glücklicherweise in der Ferne eine Erhebung, die uns als Richtpunkt diente und uns die Orientierung wiederfinden ließ. Am Fuße dieser Erhebung lag Dar. Sechs beängstigende Stunden mußten wir gegen die Böen und gegen den Schnee ankämpfen, bis wir in diesem Dorf anlangten. Als wir in Sicherheit waren, wollte der Gesandte, wie ein General nach der Schlacht, die Verluste überschauen. Es fehlten vier Pferde, die der Schnee geschluckt hatte. Dieses Mal war unsere Lage jedoch nicht so entsetzlich.

Nach einigen Stunden legte sich der Sturm, und wir kamen nach Tekmedâsch, wo die Leute des Mehmândârs so aufmerksam gewesen waren, große Holzfeuer vorbereiten zu lassen, die uns unsere Leiden vergessen machten. Tags darauf hatte sich der Himmel aufgehellt. Nach kurzer Rast in einer Karawanserei, wo wir zu Mittag aßen, fanden wir ein Nachtlager in Kara-tschaman. Das ist ein großer Flecken in einem engen Tal, wo die Unterkünfte uns an die Ställe Armeniens erinnerten, während wir durch die sauberen Häuser der Perser inzwischen dergleichen entwöhnt waren.

Bei schlechtem Wetter brachen wir am folgenden Tag im dichten Nebel auf, dessen Nässe uns zu Eis werden ließ. Wir begegneten einem Tschâpâr oder Kurier, von dem wir erfuhren, daß der Schâh Teheran verlassen hatte, um nach dem Süden zu reisen.

Als wir allmählich die Häuser des Dorfes, wo haltzumachen war, unterscheiden konnten, sahen wir eine Schar Bauern auf uns zukommen, angeführt von Tänzern und Musikanten, von denen einer ein Lamm auf den Schultern trug. Er bot es dem Gesandten an, der ihm dafür ein paar Geldstücke geben ließ, und sogleich wurde dem unglücklichen Tier die Kehle durchgeschnitten, auf jene Art, daß das Blut unter den Hufen unserer Pferde hindurchsickerte. Dieser Brauch soll aus Kyros' Zeiten stammen und als Zeichen höchster Ehrerbietung gelten, die man einer Person erweisen kann. Vielleicht muß man noch weiter in der Zeit zurückgehen und darin eine Erinnerung an Abrahams Opfer sehen. Diese Sitte bedeutet heute nichts anderes als Respekt von seiten dessen, der das Blut des Opfers verströmen läßt.

Wir befanden uns in dem Dorf Torkamântschâj, berühmt durch den zwischen dem russischen und dem persischen Bevollmächtigten abgeschlossenen Friedensvertrag von 1827 am Ende jenes Krieges, der ganz Georgien in die Hände Rußlands hat fallen lassen. Der Vertrag besagt, daß Persiens Nordgrenze am Fluß Araxes verläuft, vom Berg Ararat bis hin zum Kaspischen Meer.

Nachdem wir bald zwischen steilen, schroffen Höhen, bald in einem engen Tal einem mehrmals zu kreuzenden Wasserlauf gefolgt waren, trafen wir am 13. in Miâne ein. Das ist eine kleine Stadt mit sechs- bis siebenhundert Häusern in einer schönen Ebene, die von Bergen umgeben ist. Zwei Flüsse, die unweit zusammenfließen, bewässern das Land und tränken beim Übertreten das umliegende niedere Gelände mit den Weideflächen, auf denen zahlreiche Herden stehen.

Der Name Miâne bezeichnet die Lage der Stadt, nämlich in der Mitte. Sie heißt so, weil sie auf der Trennlinie zwischen den Provinzen Aserbaidshan und Erâk-e adschami liegt.

Unsere Führer hatten uns diesen Ort als für Reisende unheilvoll geschildert wegen der Bisse gewisser Spinnen, die sich in den Häusern halten und eine Gefahr während des Schlafens darstellen. Sie erzählten uns unglaubliche Geschichten von der Wirkung des Giftes dieser Spinnen, die im ganzen Land als todbringend angesehen werden, sich aber nur auf die Fremden stürzen. Wir wußten gut, wie es um die Wahrhaftigkeit persischer Übertreibungen bestellt ist, dennoch beunruhigte uns der Gedanke, daß diese Tiere, wenn nicht bösartig, so doch vielleicht lästig sein könnten in der Nacht, die wir zu verbringen hatten. Als es Morgen wurde, war keiner von uns den Bissen erlegen, vor denen man uns das Fürchten hatte lehren wollen.

Als wir Miâne verließen, zogen wir wieder durch bergiges Gebiet mit schwierigen Steigungen. Überall sahen wir Felsbrocken von bizarrer Gestalt und ganz besonderer Färbung und dazwischen vegetationslosen Boden. Tiefe Schluchten durchschneiden es kreuz und quer, nach allen Richtungen. Der tauende Schnee bedeckte noch die Hänge, ließ aber hier und da schon Felsvorsprünge erkennen.

Im Osten sahen wir die Reste eines befestigten Schlosses, dessen Erbauung die Historiker in die Zeiten Ardaschîrs oder Artaxerxes' verlegen, der dort eine Prinzessin der königlichen Familie gefangenhalten ließ. Die Perser nennen es heute noch das Schloß der Jungfrau oder Kal'e-dochtar. Abbâs der Große zerstörte es vor etwa zweihundert Jahren, weil es die Zuflucht einer Räuberbande geworden war, die das Land bedrängte. Wir fanden dort nur Ruinen, deren unterschiedliche Baumaterialien davon zeugten, daß der Ort zu verschiedenen Epochen bewohnt und befestigt gewesen war.

Ich hatte mich von meinen Reisegefährten abgesondert, um mich dem Schloß zu nähern und es genauer in Augenschein zu nehmen, als ich plötzlich in eine Felsspalte stürzte. Mein Pferd war auf dem von der Schneeschmelze glitschig gewordenen Boden ausgeglitten, und ich rollte mit ihm in die Tiefe. Dank welchen Eingreifens der Vorsehung ich bei diesem Sturz keine Brüche erlitt, kann ich nicht sagen. Als ich mich meiner Unversehrtheit vergewissert hatte, galt mein nächster Gedanke dem armen Tier, das verschreckt und reglos dalag, als wäre es tot. Ich hoffte nur, daß es sich nichts gebrochen hatte, denn niemand hatte mich verschwinden sehen, und wie sollte ich meine Kameraden wieder erreichen? Gott sei Dank war mein Pferd durch den fürchterlichen Sturz nur verängstigt. Ich nahm ihm den Sattel ab und ließ es aufstehen. Aber ich steckte in einem Loch von mehr als zwanzig Fuß Tiefe, rundum senkrechte Wände und eine Enge, in der ich mein Pferd nicht wenden und unmöglich hinausbringen konnte. Was sollte nun aus mir werden?

Ich ließ den Mut nicht sinken. Das arme Tier mochte mit angelegten Ohren traurige Überlegungen über diesen Ort anstellen; um da wieder hinauszugelangen, gab es kein anderes Mittel, als eine der zwei Öffnungen, durch die sich das Schmelzwasser einen Ausgang gebahnt hatte, zu vergrößern, nur konnte ich dahinter ebenfalls in der Falle sitzen. Beim genaueren Hinsehen kam ich zu der Gewißheit, daß weiter oben kein solches Hindernis zu befürchten war. Der Entschluß war also gefaßt, und ich ging ans Werk. Glücklicherweise war der Boden nicht steinig. Da er durchweicht war, höhlte ich ihn mit den Händen und Füßen, mit den Stiefelabsätzen, aus, mit dem Säbel trug ich den oberen Teil der Wölbung ab. Ich mühte mich lange, die Öffnung zu erweitern, aber es fehlte noch viel, damit auch mein Pferd hindurchkommen konnte.

Mit äußerster Anstrengung setzte ich die Arbeit fort, bis ich, am Ende meiner Kräfte, glaubte, ich hätte einen genügend weiten Ausgang geschaffen. Ich führte mein Pferd heran, ließ es sich beugen, der Kopf ging hindurch, doch es war zum Verzweifeln, der Widerrist blieb stekken. Da entspann sich zwischen mir und dem Pferd ein verzweifelter Kampf: Ich wollte es vorwärts stoßen, es blieb unbeweglich, ich schob, es bockte. Ich versuchte alles, mit gutem Zureden, mit Gewalt, auch mit Wut. Das unglückliche Tier machte einige Anstrengungen, als hätte es schließlich verstanden, daß davon unser beider gemeinsames Heil abhinge. Sein Widerrist riß auf, blutete, aber paßte nicht hindurch. Ich stellte fest, daß nur noch sehr wenig fehlte. Der Schmerz hinderte jedoch das arme Tier, sich hindurchzuquetschen, und ich allein konnte es nicht zwingen, man hätte es am Zügel ziehen und gleichzeitig von hinten peitschen müssen, das wäre die einzige Möglichkeit gewesen.

Schon waren drei entsetzliche Stunden verstrichen, und ich befand mich immer noch in diesem Loch. Der Tag ging zur Neige, die Nacht würde hereinbrechen, und was sollte dann aus mir werden? Dieser düstere Gedanke ließ mich eifrig lauschen, ob nicht in der Ferne irgendein Reisender oder ein Nachzügler unserer Karawane auszumachen wäre. Gott hatte mich nicht meinem Schicksal überlassen, er hatte Mitleid mit mir, denn in diesem Augenblick bemerkte ich zwei Maultiertreiber, Tschârwâdârs, die zurückgeblieben waren und mit ihren Tieren den Konak erst gegen Abend erreichten. Ich rief sie an, machte ihnen begreiflich, was ich von ihrer Menschlichkeit erwartete, und wies auf meine Börse, die ihnen gehören sollte, wenn sie mir hülfen, mein Pferd von der Stelle, wo es stand, vorwärts zu ziehen.

Einer kam wirklich heran, sprang herab, ergriff die Zügel, während ich, derbe Fußtritte austeilend und mit der flachen Klinge die Kruppe des armen Tiers heftig bearbeitend, es antrieb, damit es unter der verhängnisvollen Wölbung hindurchkam. Es riß sich fürchterlich wund, aber es zwängte sich durch, wir waren gerettet. Wir erklommen ziemlich langsam den Hang, bis wir eine höher gelegene Stelle fanden, wo wir das unglückliche Tier, das sich kaum auf den Beinen hielt, die Böschung nehmen lassen konnten. Nachdem ich mein Pferd eine Weile hatte verschnaufen lassen, ging ich zu Fuß weiter, es am Zügel führend, und erreichte in Begleitung der Tschârwâdârs den Reiseweg. Aber welchen Weg hatten meine Kameraden eingeschlagen? Wo war der Konak? Ich wußte es nicht, und die Tschârwâdârs wußten es ebenfalls nicht. Die Suche begann auf gut Glück.

Es war schon fast Nacht, als wir den Kaflân-kuh hinter uns hatten, der die Hälfte jener Tagesetappe bedeutete. Um das Maß des Mißgeschicks vollzumachen, konnte mein verletztes und überall zerschundenes Pferd mich kaum noch tragen. Schnee und Wind ließen mich zum Eisklumpen werden. Aber ich stieß auf die Spuren der Karawane, und das gab mir neuen Mut. Und nach einem der beschwerlichsten Ritte langte ich spät in dem Dorf Âkkand an, wo ich zu meiner Freude erfuhr, daß der Gesandte hier hatte haltmachen lassen. Als ich eintraf, sah ich mich einem aufgeregten Hin und Her gegenüber: Reiter hatten ihre Pferde bestiegen, mein Diener feuerte sie an und stellte sich selbst an ihre Spitze. Ich war die Ursache dieses Getümmels. Meine Kameraden waren beunruhigt gewesen, da sie mich vermißt hatten, keiner wußte, was mit mir geschehen war, und der Gesandte hatte beschlossen, eine Erkundung zu unternehmen, um mich zu finden. Als man mich kommen sah, nahmen die Gesichter einen anderen Ausdruck an, sie wurden streng, man überhäufte mich mit Vorwürfen, weil ich alle Welt in Unruhe versetzt hatte. Aber als ich ihnen erzählt hatte, was mir passiert war, fand jedermann teilnahmsvolle Worte, um mich zu bedauern und zu trösten; einer reichte mir seine Pfeife, damit ich mich aufwärmte, ein anderer seinen Tee, um mich zu stärken, und alle wollten die Einzelheiten meines Mißgeschickes hören, die ich jedem, der hinzutrat, aufs neue erzählen

Brücke über den Kesel-Uson

mußte. Unzufrieden war allein der Tschârwâdâr-bâschi, der Karawanenführer, dem das Pferd gehörte, das ich ihm in einem ziemlich beklagenswerten Zustand brachte. Ich tröstete ihn mit einem Bakschisch und mit der Bemerkung, daß es schlimmer gewesen wäre, wenn wir tief unten in dem Loch geblieben wären, er solle es als ein Wunder ansehen, daß das nicht geschehen sei.

Der Kaflân-kuh ist ein Gebirgszug, der sich weit erstreckt, im Süden bis an die Zagros-Berge, die Persien von dem Paschalik Bagdad trennen, und im Norden bis zum Kaukasus; er teilt Aserbaidshan, das wir hinter uns ließen, von der Provinz Erâk-e adschami, in die wir nun einzogen. Hier ist das Klima viel milder, es gibt sozusagen überhaupt keinen Winter. Am Fuß des Kaflân-kuh überquert man auf einer schönen, wegen der steigenden Wasser hochgewölbten Brücke den Kesel-Uson, der bei Ansali und Rascht ins Kaspische Meer mündet, nachdem er Gilân durchzogen hat, wo er seinen Namen in Safid-rud, das heißt »weißer Fluß«, eintauscht. Die Bauweise der Brücke und einige kufische Inschriften scheinen sie einer längst vergangenen Zeit zuzuordnen, aber es heißt auch, daß sie von den Türken in ihren Kriegen mit den Persern errichtet wurde, damit jene leichter in das Land einfallen konnten. Mag die Brücke eine Gefahr für die Bewohner von Erâk-e adschami darstellen, die Türken haben ihnen andererseits auch einen großen Dienst erwiesen, denn während der Regenperioden und der Schneeschmelze ist der Fluß derart angeschwollen und reißend, daß er nicht zu durchqueren ist. Die Landschaft ist dort von gewaltigem und wildem Aussehen: Der Fluß zwängt sich in enge Durchbrüche, die von hoch aufragenden, kräftig getönten Felsen verdüstert werden. Tief unten strudelt das Wasser und wirft sich den Steinbrocken mit Getöse entgegen. Aus den Wolken, die auf den Berggipfeln liegen, lösen sich die Adler, kreisen und schweben langsam über den Schluchten, auf deren Grund kein menschliches Wesen bisher seinen Fuß setzen durfte. Das wäre ein richtiges Räubernest. Es heißt ja, daß in dieser Gegend dann und wann blutgierige Bergbewohner lauern, um wehrlose Reisende zu überfallen. Ein Engländer, der schon den größten Teil Asiens durchstreift hatte, wurde dort von Banditen niedergemetzelt, und niemals hat man eine Spur weder von den Mördern noch von dem Ermordeten entdecken können. Unweit der Brücke stößt man auf eine große Karawanserei und auf mehrere Dörfer, die anscheinend erst kürzlich verlassen worden sind.

Der nächste Tag war noch einmal sehr kalt, und obwohl wir durch eine Ebene in Erâk-e adschami zogen, schneite es nur so auf uns herab. Spät trafen wir in Harman-châne ein, einem großen Flecken am Fuße hoher Berge. So weit das Auge reichte, war dies ein Landstrich, der ein fruchtbares und vielfältiges Anbaugebiet zu sein schien. Die Einwohner des Dorfes lieferten nur widerstrebend die benötigten Lebensmittel, was ihnen eine gehörige Anzahl Stockschläge von seiten der Leute des Mehmândârs eintrug; dieser hatte übrigens erfahren, daß der von ihm mit dem Eintreiben der Verproviantierung beauftragte Farrâsch die Einwohner aufgebracht hatte, weil er ihnen obendrein noch Geld abpressen wollte, und er ließ ihn durchprügeln und entzog ihm sein Amt, das einem Kameraden übertragen wurde, der wahrscheinlich ebenso raffgierig war.

Am 16. kamen wir in Sandschân an, nachdem wir eine Vielzahl von reißenden Fluten und Schluchten überquert hatten, auf deren Grund das Wasser noch gefroren war.

Von Sandschân nach Kaswin

Sandschân ist der Hauptort des Bezirkes Hamse, der hundert Dörfer umfaßt. Es ist eine Stadt von geringer Bedeutung, in einer sich langhin erstrekkenden Ebene gelegen, die wir zum Teil schon tags zuvor durchmessen hatten, und von Gärten umgeben, deren Früchte im ganzen Land berühmt sind. Die Mauern sind in schlechtem Zustand, ebenso die Tore. Es gibt da eine große Moschee und ausgedehnte Basare; am bemerkenswertesten aber ist der Palast, in dem der Gesandte und einige von uns Unterkunft fanden. Sie wurden in den besten Räumen einquartiert, die man in den verfallenen Resten dieses Gebäudes hatte finden können. Es mußte einstmals sehr schön gewesen sein; seine großen Gärten und eleganten Gartenhäuschen zeugen davon, daß der Erbauer an nichts hat sparen wollen, um einen prächtigen Wohnsitz zu errichten. Hier und da waren noch vergoldete Täfelungen zu sehen, Decken mit Spiegelfeldern und Mosaikarbeiten von auserlesenem Geschmack. Der Boden jedoch war mit deren Bruchstükken und Scherben besät.

Die Gärten des Palastes sind riesig, und der Harem in der Mitte muß, nach den Marmorbecken und den vorgefundenen Malereien zu urteilen, ein reizendes Gefängnis für die dort eingeschlossenen Damen gewesen sein.

Wie kommt es, daß Persiens Fürsten einst so schöne Dinge vollbringen ließen und daß jene, die auf sie folgten, nicht einmal auf den Gedanken gekommen sind, das zu erhalten? Sandschân mußte übrigens, wie viele andere Städte Asiens, das Los der Besiegten erleiden, es wurde von den Tataren gebrandschatzt.

Der Gouverneur von Sandschân, Solejmân Chân, war ein junger Mann von fünfzehn Jahren, dem der Schâh die Verwaltung des Bezirkes übertragen hatte als Belohnung für die Dienste seines Vaters, der bei der letzten Belagerung von Herât den Tod fand. Aber wegen seiner geringen Erfahrung mußte ihm ein Ratgeber oder Tutor, ein anderer Chân, zur Seite gestellt werden, und der hatte von seinem Zögling den Auftrag erhalten, gegenüber dem Gesandten und seinem Gefolge die Pflichten der Gastfreundschaft wahrzunehmen.

In dem Palast hatten wir alle nicht Platz finden können, und man mußte mehrere Einwohner der Stadt dazu verpflichten, ihre Häuser uns zu überlassen. Die Bevölkerung von Sandschân gehört ausnahmslos dem türkischen Menschenschlag an und gilt als unbotmäßig und sehr aufrührerisch, was Drangsalierungen angeht, während anderswo, wie wir sahen, die Leute gehorsam den Rücken beugten. Folgendes Abenteuer war der Beweis dafür, daß die Leute von Sandschân ihren Ruf zu Recht verdienten.

Um alle Angehörigen der Gesandtschaft am jeweiligen Ort unterbringen zu können, waren wir seit unserer Abreise aus Tabris übereingekommen, daß jeder von uns einmal mit den Männern des Mehmândâr die Häuser aussuchen und die Aufteilung vornehmen sollte. Als wir in Sandschân eintrafen, war ich an der Reihe. Da der Palast, wie ich bereits sagte, in allzu schlechtem Zustand war, als daß wir uns alle dort hätten einrichten können, mußte der Gouverneur Solejmân Chân den Befehl erteilen, uns Zugang zu Häusern der Stadt zu gewähren. Er bezeichnete mehrere, die ich mir ansah und deren Inbesitznahme ich mit einem Kreuz markierte. Bevor die Wahl auf jene fiel, die das Mal der im Namen des Gouverneurs geforderten Gastfreundschaft erhielten, hatte ich mir eine große Zahl von Unterkünften angesehen und abgelehnt, weil ich sie nicht für annehmbar hielt. Nicht daß ich einen unmöglichen Komfort suchte, doch armselige Nachtlager waren einfach unpassend; bei den Gastgebern wäre, wenn wir uns mit elenden Behausungen begnügten, der Eindruck entstanden, wir seien Leute von geringer Bedeutung. Es mußten also gute Unterkünfte beschafft werden. Mir war die Aufgabe gegenüber meinen Kameraden und dem Gesandten völlig klar: ich brauchte möglichst gute, und ich fand sie. Eine davon war das Anwesen eines Alten, der, nach seinem Kaschmirgewand und der Einrichtung des Hauses zu urteilen, recht begütert zu sein schien. Ein zahlreiches Bedientenpack drängte sich im Hof. Aber sobald er erfuhr, weshalb ich mich bei ihm einfand, empfing er mich äußerst ungehalten, trotz des Befehls des Gouverneurs. Er sagte, er könne mir sein Haus nicht überlassen, weil er am selben Abend seine Tochter zu verheiraten habe. Da ich von der anderweitigen Quartierbeschaffung schon müde war, entgegnete ich, daß ich untröstlich sei, ihn zu behelligen und ihm wegen dieser Angelegenheit solchen Verdruß zu berei-

Blick auf Soltânije

ten, aber da ich überall gesucht hätte und mir nirgends eine Wohnung hätte besorgen können, sei ich gezwungen, mich der Ermächtigung durch den Gouverneur zu bedienen, die mir das Recht auf diese seine Wohnung gebe. Ich fügte hinzu: Da sich der Gesandte nur einen Tag aufhalten werde, könne sich die Tochter des Hausherrn wohl noch ein paar Stunden in Geduld üben. Ich sagte ihm auch auf den Kopf zu, daß ich glaubte, er würde mir mit einer persischen Lüge aufwarten, um der Beschlagnahme, die ich vorhätte, zu entgehen.

Also war ich beharrlich, was ihn sehr aufbrachte. Er blieb dabei, daß die Hochzeit noch am selben Abend stattfinde und daß er nicht aus seinem Haus ausziehen könne, um Farangis Platz zu machen. Ich wiederholte das, was ich ihm gesagt hatte, und trotz seiner unverhohlen wütenden Bemerkungen machte ich ein kleines Kreuz an seine Tür, auf das er mit Bestürzung blickte, aufs höchste erregt, und mich anschrie: Sein Haus werde ich nicht haben! Ich beachtete seinen Wutanfall nicht und meinte, daß ihn einiges Nachdenken zur Vernunft bringen würde. Eine Stunde später begab ich mich wieder zu diesem unwilligen Hausbesitzer, um zu sehen, ob er entschlossen war, den Platz zu räumen und seine Vorbereitungen zum Auszug bereits getroffen hatte. Diesmal begegnete ich in dem Haus lauter waffentragenden Männern, deren böse Mienen sich bei meinem Erscheinen noch mehr verfinsterten. Ich fragte den Besitzer, ob er einlenken wolle und den Nâjeb-Iltschis – das sind die Stellvertreter des Gesandten –, wie man die Angehörigen der Gesandtschaft nennt, gefälligst das Quartier abtreten wolle. Seine Antwort war abschlägig und wurde von einer gebieterischen Geste begleitet, die mir bedeutete, das Haus zu verlassen. Die bewaffneten Männer um ihn herum schickten sich an, handgemein zu werden und mich hinauszuwerfen. Das war das erste Mal seit unserer Ankunft in Persien, daß ich auf Perser traf, die es an der für Orientalen üblichen Achtung gegenüber Europäern, zumal in offizieller Mission, fehlen ließen.

Ich war allein, unbewaffnet, jedoch stieß ich den ersten, der auf mich zutrat, mit einem kräftigen Stoß zurück. Sofort zogen sie ihre Säbel und zückten ihre Dolche. Ich blickte mich nach einem Gegenstand um, der mir, wenn nicht als Angriffswaffe, so doch zur Verteidigung dienen konnte, und ergriff ein Holzstück, das mir gerade unter die Hände kam, und focht, so gut es ging, gegen die mich immer heftiger Bedrängenden. Aber gegen zwanzig war kein Ankommen, und ich mußte wenigstens ehrenvoll zurückweichen. Glücklicherweise konnte ich alle Hiebe parieren, doch plötzlich, als ich mich auf einen der Gegner stürzte, um ihm den Säbel zu entwinden, spürte ich, daß ich am Bein verletzt wurde. Da fielen sie alle über mich her und drängten mich aus dem Haus.

Ehe ich meine Beschwerde dem Gouverneur vortrug, wollte ich mich für die niederträchtige Brutalität rächen und holte meine Waffen. Als ich in Begleitung meines Gefährten, Monsieur de Chazelles, der mir beistehen wollte, wieder vor dem Haus erschien, fanden wir die Tür versperrt. Erst auf die Drohung hin, die Tür einzuschlagen, kam zögernd ein Alter hervor, der sie uns halb öffnete. Wir drangen in das Haus ein, durchsuchten es, aber ergebnislos, denn keiner von denen, die mich so feige angegriffen hatten, war zu entdecken. Sie hatten sich besonnen und wahrscheinlich begriffen, daß ihr Verhalten nur großen Verdruß heraufbeschwören konnte; so waren sie verschwunden, ohne sich länger unserer Besitzergreifung zu widersetzen.

Aber das war noch nicht das Ende. Der Gesandte hatte selbst Beschwerde beim Gouverneur eingelegt, denn der Vorfall war nicht nur eine individuelle Angelegenheit, sondern betraf die gesamte Gesandtschaft. Man hatte ihr in der Person eines ihrer Angehörigen nicht die nötige Achtung erwiesen, was eine sofortige und exemplarische Bestrafung erforderte. Man suchte die Schuldigen überall, und am folgenden Tag führte man zwei vor, die ich leicht erkannte an den Spuren der Schläge, die ich ihnen zu meiner Verteidigung versetzt hatte. Ihre Verfehlung war schwerwiegend, dementsprechend mußte ihre Bestrafung ausfallen. Solejmân Chân sprach zunächst vom Abschneiden eines Ohres oder der Nase. Dieses übrigens im Einklang mit orientalischen Bräuchen stehende Verfahren verstieß aber gegen unsere europäische Empfindsamkeit, und der Gesandte bestand einzig auf Auspeitschen, dem untersten Grad der in Persien vorgenommenen Züchtigung. Die Schuldigen wurden also zu fünfhundert Hieben auf Schulter und Rücken verurteilt. Sie wurden sofort ergriffen, ausgezogen, stehend mit ausgebreiteten Armen an ein Holzgestell gebunden und geknebelt. So mußten sie den Rücken hinhalten. Rechts und links standen zwei kräftige Soldaten mit Lederpeitschen, die die Übeltäter bald blutig geschlagen hatten. Ihre kläglichen Schmerzensschreie sollten unser Erbarmen hervorrufen und blieben tatsächlich nicht ohne Wirkung, denn beim hundertfünfzigsten Hieb hielt man inne.

In dieser Stadt konnten wir überhaupt eine allgemeine Ablehnung uns gegenüber feststellen, weil der Gouverneur verschiedentlich die Anstandspflichten außer acht gelassen hatte. So mußte sich der Gesandte beschweren, und unser Mehmândâr zeigte sich verärgert, im Namen des Schâhs und seiner Gäste, um zu erreichen, daß der Gesandtschaft die schuldige Ehre erwiesen würde. Die Bevölkerung schien die Ansichten des Gouverneurs zu teilen; abgesehen von dem, was mir widerfahren war, wurden die Unsrigen, besonders einer unserer Pferdeknechte, auf dem Basar gröblich mißhandelt.

Am 18. verließen wir Sandschân, recht mißgelaunt wegen der eigenartigen Gastfreundschaft, die man uns entgegengebracht hatte, und ritten nach dem fünf Farsach entfernt gelegenen Soltânije. Trotz der Vielzahl von Ruinen, die wir rings um persische Städte verstreut fanden, hatten wir noch nie eine solche Menge das ganze Gelände, etwa eine Quadratmeile, bedecken sehen. Schon von fern sah man eine Ehrfurcht gebietende Moschee aufragen, die einer entmachteten Königin auf den Trümmern ihres Thrones glich. Lange bevor man sich ihr nähert, erblickt man ihre herrliche Kuppel im Glanz azurner und grüner Kacheln, mit denen sie verkleidet ist. Es ist ein achteckiger Bau. Die acht Seiten sind mit Arkaden geschmückt, über denen sich Reste von Balkonen erhalten haben, die wie Spitze durchbrochen sind. Die Archivolten und die Tympana weisen verschiedene bildliche Darstellungen auf blauem Grund auf und sind mit einer Glasur überzogen. Man betritt das Innere durch Portale, die auch mit Emailarbeiten verziert und von kufischen Schriftzeichen eingerahmt sind. Der obere Teil der acht

Wände läuft in einen anmutigen Mauervorsprung, ein Kranzgesims, aus, und über deren acht Winkeln erhoben sich einst acht Minarette, ebenso glasiert wie die Kuppel. Sie sind noch erkennbar, befinden sich aber in sehr beschädigtem Zustand. Ein einziges ist erhalten, doch der Wind rüttelt so stark an ihm, daß es jeden Augenblick herabzustürzen droht und dann zwischen all den Trümmern liegen wird. Zwischen den Minaretten strebt die Kuppel in die Höhe, deren Kühnheit und gefällige Wölbung die Vollkommenheit des Bauwerks ausmachen, ihm eine imposante Großartigkeit verleihen. Die Höhe dieser Moschee beträgt fünfundvierzig Meter, ihr Durchmesser dreißig Meter.

Das Innere stand dem, was das Äußere an Geschmackvollem und an Pracht aufgewiesen hatte, in nichts nach, aber jetzt hatte man schon Mühe, sich eine Idee von dem, was es einmal gewesen sein mußte, zu bilden, es sei denn, man entdeckte das in tausend Farben schimmernde Gemäuer unter dem Gipsstaub, der auf ihm lag. Um eine Vorstellung von dem Glanz dieser Moschee zu vermitteln, erzählten die Einwohner, daß im Innern, an der höchsten Stelle des Gewölbes, ein riesiger Türkis eingefügt gewesen sei. Als das Gebäude nach dem Sturz der Tschingis-Chân-Nachfolger nicht mehr in Benutzung war, setzten die Schänder dieser Stätte alles daran, diesen Edelstein in ihren Besitz zu bringen. Da sie an ihn nicht heranlangen konnten, nahmen sie ihre Bögen zu Hilfe und brachen ihn durch Pfeilschüsse stückweise heraus.

Der Ursprung der Stadt Soltânije ist unbekannt. Die Autoren, die davon berichtet haben, äußerten unterschiedliche Ansichten. Die einen gaben ihr ein Alter, das bis in die Zeiten der Parther reicht; bei anderen heißt es dagegen, daß sie aus der Zeit der Mongolenherrschaft stamme, daß sie im vierzehnten Jahrhundert von Schâh Chodâ-bande, einem Abkömmling Tschingis Châns, gegründet worden sei. Da wird gesagt, daß dieser Herrscher sie zu seiner Hauptstadt gemacht und ihr deshalb den Namen Soltânije, soviel wie »die Königliche«, gegeben habe.

Selbiger Fürst ließ auch die Moschee erbauen. Man sagt, die Gruft, in welcher er bestattet worden sei, habe in der Mitte der Moschee gelegen. Tatsächlich scheint es, daß seine sterbliche Hülle dort in einem Gewölbe geruht hat. Reisende, die Anfang des Jahrhunderts nach Persien kamen, sahen damals an der Stelle, die das Grab eingenommen hatte, noch Bruchstücke von weißem Marmor.

Die Mongolen waren Sunniten, und man muß die Zerstörung des Grabmals des Schâhs Mohammad Chodâ-bande und die Verstreuung seiner irdischen Überreste den nationalen Haßgefühlen und religiösen Vorurteilen zuschreiben. Doch soll dieser Fürst Gnade vor der Schi'a gefunden haben, denn einige Historiker behaupten, er habe im Grunde seines Herzens Sympathien für Alis Sekte gehegt. Deshalb zeigen die Perser, die sich auf die Kenntnis ihrer nationalen Geschichte etwas zugute tun, auch Verehrung für den Gründer von Soltânije. Die ungebildete Menge jedoch sieht in ihm nur einen Herrscher mongolischer Herkunft, was in ihren Augen soviel bedeutet wie das zwiefache Unrecht, Persien erobert und der sunnitischen Glaubensrichtung angehört zu haben. Neben der Grabstätte des Schâhs Chodâ-bande sieht man auch noch Mauerreste aufra-

Schâh-Chodâ-bande-Moschee in Soltânije

gen, die wahrscheinlich einmal zu dem Ark der Stadt gehörten.

Ein anderer Grund für den starken Verfall der großartigen Moschee von Soltânije und der anderen Gebäude liegt in der Benutzung ihres Baumaterials für die Errichtung von Palästen, die Anfang des Jahrhunderts Fath Ali Schâh befahl. Dieser Monarch pflegte der sommerlichen Hitze, die in Teheran unerträglich ist, in der Ebene von Soltânije zu trotzen, wo die Temperatur niedriger ist. In dieser Residenz scharte er die Großen des Hofes um sich. Er ließ einen Teil seines Heeres kommen und gab sich dem Vergnügen hin, Militärübungen auf einem Gelände, das für Kriegsspiele geeignet ist, zu beobachten. Auf den herrlichen, von Bächen durchzogenen Wiesen konnte man auch die riesigen Herden königlicher Pferde weiden lassen. In Persien ist es üblich, daß man von April an die Pferde vierzig Tage auf der Weide läßt. Die Perser behaupten, daß das die Tiere aufmuntere, reinige und ihnen neue Kraft gebe. Während sie dieser Prozedur ausgesetzt sind, bedient man sich ihrer nicht.

Die Paläste fanden wir verlassen und nahezu verfallen vor, obwohl keine vierzig Jahre seit ihrer Errichtung vergangen waren. Einer von ihnen, ungefähr einen Kilometer von der Stadt entfernt, wurde angeblich nach den Plänen eines französischen Offiziers gebaut, der sich in der Begleitung des Generals Gardanne befand. Zu jener Zeit war Fath Ali Schâh von dem edelmütigen Wunsch beseelt, seinem Land zu einem neuen Aufschwung zu verhelfen. Er beabsichtigte, das durch lange innere Wirren zugrunde gerichtete Persien wiederzubeleben. Zwar wollte er die ehemalige Mongolenstadt nicht wiedererstehen lassen, sondern eine neue Stadt bauen, deren Name Soltânâbâd sein und die sich rings um seine Paläste in der schönen Ebene von Soltânije erstrecken sollte. Dieser Plan scheiterte wie so viele andere, und sobald der Palast verlassen dastand, war er nur noch ein Trümmerhaufen.

In Soltânije begegneten wir einer bedeutenden Persönlichkeit: Mirsâ Dscha'far, dem Gesandten in Konstantinopel. Damals ahnte der arme Mirsâ nicht im entferntesten, welches Schicksal seiner harrte. Später erfuhren wir, daß ihm auf Befehl seines erhabenen Herrn die Augen ausgestochen wurden, weil er in eine Intrige verwickelt gewesen war und, wie es hieß, den persischen Interessen in Stambul schlecht gedient habe. Als wir ihm begegneten, kam er gerade aus Teheran und bestätigte unserem Gesandten die Nachricht, die dieser schon kannte, daß der Schâh nach Isfahan abgereist sei. Er gab auch den Grund an. Majestät war in die Stadt gerufen worden, um Unruhen zu unterdrücken, die dort seit langem gärten. Seine Anwesenheit würde sich in die Länge ziehen, so daß wir aller Wahrscheinlichkeit dorthin reisen müßten, um Majestät zu erreichen.

Das ließ den Gesandten einen Moment zögern, die Reise nach Teheran fortzusetzen. Er dachte, es sei einfacher, direkt nach Isfahan zu reiten, zumal wir schon an der Gabelung der Wege nach dieser und nach jener Stadt angekommen waren und der Weg über Teheran, bevor wir uns zu dem Schâh begeben hätten, nur eine nutzlose Verlängerung der Reise bedeuten würde. Doch der Gesandte entschloß sich, nach Teheran weiterzureiten. Wir setzten also unseren Weg durch die Ebenen von Soltânije fort, wo wir durch mehrere Dörfer kamen. Wir schliefen in Hidadsch, einer gut angelegten und sauber gehaltenen größeren Ortschaft, die von einem breiten Bach mit klarem, schnellem Wasser durchquert wird, in Abhar, einer kleinen Stadt inmitten fruchtbarer Felder, in Farsidsche, wo die landläufige türkische Sprache der persischen das Feld überließ, was allein schon der Name des Ortes anzeigt, und in dem großen Dorf Sijâdeh, das viele Bauernwirtschaften, weitläufige Obstbaumbestände, Weinfelder und sehr gut instand gehaltene Bewässerungsanlagen aufwies.

Ich werde Sijâdeh, wo die Ruinen nicht in der Überzahl sind, wählen, um eine Vorstellung von dem Aussehen eines Dorfes in Persien zu geben; die Dörfer ähneln sich nämlich alle. Im Vordergrund erheben sich Lehmmauern, deren obere Fluchtlinie von Bäumen überragt und in gewissen Abständen, dank dem wenig soliden Baumaterial, von Breschen unterbrochen wird. Dicht nebeneinander stehende niedrige, kleine Kuppeln zeigen, wenn sie zahlreich sind, die Karawanserei an, wenn sie wenige sind, das Bad. Hier und da sieht man weitere Kuppeln von verschiedener Höhe, aber ähnlicher Art, die über die Behausungen hinausragen. Wenn das Dorf von Bedeutung ist, wie zum Beispiel dieses, dann erheben sich die Häuser der angesehensten Einwohner über die der anderen und stellen auf der ganzen Vorderseite kreuzweise angeordnete Mosaikarbeiten aus Holz und bunten Glasscheiben zur Schau. Zuweilen, und das war der Fall in Sijâdeh, bilden die Mauern mit Türmen aus rohen Ziegeln eine Art befestigte Umfriedung des Dorfes. Sieht man sie aber auch zwischen den Häusern verlaufen, heißt das, es ist das Anwesen des

Katchodâs, ganz gleich, ob es sich um einen Chân oder eine Persönlichkeit von geringerer Wichtigkeit handelt. Gewöhnlich wird das Ganze von einer Kuppel aus Backstein überragt, auf deren Spitze eine Storchenfamilie ihr Nest hat und ihr weißes Gefieder leuchten läßt, und diese Kuppel zeigt die Moschee an.

Der Wesir des Schâhsâdes, Kommandant von Kaswin, erwartete in Sijâdeh den Gesandten, um ihn im Namen des Prinzen zu begrüßen. Hinter Sandschân waren wir in allen Dörfern, wo wir haltmachten, zu unserer Zufriedenheit aufgenommen worden. Wir fanden sehr reinliche und sehr annehmbare Quartiere vor, man hatte uns all die Ehren erwiesen, die man bedeutenden Fremden üblicherweise entgegenbringt, dabei auch nicht das geschlachtete Lamm vergessen und den blutenden Kopf, der dem Gesandten überreicht wurde, welcher ihn aber niemals annahm. Die Perser versicherten, daß man das tue, um den Wert der Ehrung zu erhöhen, eine Höflichkeitsbezeigung, die man gewöhnlich nur den Prinzen aus dem Herrscherhaus entbietet.

Das ganze Gebiet, das wir durchquerten, ist fruchtbar; an vielen Stellen machten die bestellten Flächen den Bewohnern alle Ehre, aber in diesem Teil Persiens wie auch anderswo fehlt es an Arbeitskräften. Es muß hinzugefügt werden: Welches Interesse an der Ergiebigkeit des Bodens und an der Arbeit, um von ihm Ernten einzubringen, können Menschen haben, denen man den Ertrag aus ihren Anstrengungen abpreßt, die man nötigt, arm zu sein oder Elend vorzutäuschen, um der Ausplünderung durch die Großen zu entgehen? Um sich ihrem Zugriff zu entziehen, sind sie gezwungen, sich insgeheim einen Erwerb zu verschaffen, sich das

Brot ihrer Familie im Dunkeln und in der Verschwiegenheit zu verdienen, immer der Gefahr ausgesetzt, daß es ihnen weggenommen wird, damit sich die Herrschaft Ställe und Harems zu leisten vermag und die endlosen Ansprüche der Prasser befriedigt werden können. Wie sollen sie unter solch einem Regime in der Sonnenglut arbeiten und dem Boden jene Fülle abringen, die hervorzubringen seine Fruchtbarkeit verspricht? Persien könnte das schönste Land des Orients sein, aber sein verheerendes Herrschaftssystem hat daraus die vielleicht elendste Gegend Asiens gemacht.

Während wir diese traurigen Gedanken über das Schicksal eines schlecht regierten Staates untereinander austauschten, ritten wir durch die Ebene von Kaswin. Das Gebiet ist voller Dörfer, so weit das Auge reicht. Da es so dicht bevölkert ist, erscheint es glücklicher als andere; vielleicht muß man das auf den Umstand zurückführen, daß es der Hauptstadt und den Blicken des Schâhs näher ist als die anderen und so mehr als die anderen von der Gier jener verschont bleibt, die es in Verwaltung bekommen haben.

Beim Empfang vor den Toren der Stadt Kaswin gewahrten wir eine riesige Menschenmenge, die von dem beiderseitigen Spalier der Sarbâs kaum zurückzuhalten war. Der in Kaswin regierende Prinz, der uns, dem Brauch entsprechend, die Ehrenbezeigungen erwies, hatte den Befehl erteilt, daß alle Leute des Basars ihre Läden und Werkstätten verlassen sollten, um dem Iltschi entgegenzueilen. Sie waren festtagsmäßig ausgerüstet, bewaffnet von Kopf bis Fuß: Die einen hatten Säbel und Pistolen im Gürtel, die andern trugen über der Schulter Flinten mit Luntenschloß oder mächtige

Holzkeulen mit Eisenspitzen und waren mit Schilden bewehrt. Selbst Frauen waren gekommen; sie hatten das strenge Gesetz des Harems gebrochen, um ihre Neugier zu befriedigen.

Von Kaswin nach Teheran

Inmitten dieses Volksauflaufes, dieser zusammengewürfelten Menge in kunterbunter Kleidung, in jeder Art von Aufputz, hielten wir Einzug in Kaswin. Uns zur Seite befanden sich Reiter und Offiziere des Schâhsâdes, uns voraus ging eine beträchtliche Anzahl von bewaffneten Männern. An ihrer Haltung und an ihren Waffen konnte man erkennen, daß es keine regulären Soldaten waren, daß sie von ihren üblichen Geschäften abgezogen worden waren, um uns ehrenvoll zu empfangen. Diese armen Kerle, alles Handwerker oder Händler, die man von ihrer Arbeit und aus ihren Läden weggeholt hatte, zeigten sich im übrigen sehr anstellig bei dieser Zeremonie, die eigentlich sie bestritten. Man mußte es ihnen um so mehr danken, als gar nicht feststand, ob sie die ganz ungewöhnliche Höflichkeit teilten, mit der uns der Gouverneur aufnahm. Vielleicht waren die Wörter Allah und Ali, die wir neben uns und mitten aus der Schar aufsteigen hörten, leise von den Allerfanatischsten gesprochene Aufforderungen zur Reue, da sie sich schämten, der Autorität des Prinzen nachgegeben zu haben, statt ihren Vorurteilen gefolgt zu sein.

Aber diese reumütigen Äußerungen, die uns hätten

beleidigen können, wenn wir ihre ganze Bedeutung erfaßt hätten, wurden von dem Kanonendonner übertönt, der über die Menge hinwegrollte. Das fortwährende Grollen schien auf die tausend Köpfe niederzuprasseln und uns erst dann zu erreichen, sobald deren wenig sympathische Gedanken zurückgedrängt waren. Um zu der Unterkunft zu gelangen, die der Prinz für uns vorbereitet hatte, durchquerten wir fast die ganze Stadt; dabei wurden wir von einer immer größer werdenden Menge Schaulustiger und von all jenen umringt, die zu spät zum Empfang des Gesandten gekommen waren. Wir ritten durch breite Straßen, die geradliniger verliefen als die der Städte, die wir bisher kennengelernt hatten. Eine, die auf das Portal des Palastes zuführte, war in ihren Ausmaßen geradezu bemerkenswert. Sie war sieben- bis achthundert Fuß lang und siebzig Fuß breit, und zwei lange Reihen von Bäumen spendeten den Läden zu beiden Seiten Schatten. Die Gebäude, die wir bei unserem Einzug in Augenschein nahmen, vermittelten uns einen vorteilhaften Eindruck von dieser Stadt, die ich dann, an dem eingelegten Rasttag, genauer besichtigte.

Kaswin liegt mitten in einer endlosen Ebene, fast am Fuße der Elburskette, die sich bis Teheran erstreckt. Diese Berge trennen Erâk-e adschami von den an das Kaspische Meer angrenzenden Provinzen. Einige Geographen wollten in Kaswin das alte Arsacia erkennen, die Hauptstadt der Partherkönige; andere Rhagai, von dem in der Heiligen Schrift die Rede ist. Persische Geschichtsschreiber meinten, sie sei von Schâpur gegründet worden, der ihr auch ihren Namen gab. Es wird sich noch zeigen, daß sich die Reste von Schâpurs Stadt im Süden Persiens befinden, in der Provinz Fârs, und daß jene von Rhagai, heute Rej, auf einer ausgedehnten, von Ruinen besäten Fläche in der Nähe Teherans liegen. Wie auch die apokryphe Vorzeit von Kaswin sein mag, ich jedenfalls habe weder in seinem Innern noch in der Umgebung irgendeine Spur entdeckt, die auf antike Bauwerke verwiesen hätte. Man muß sich also bescheiden, den Ursprung dieser großen Stadt, entsprechend der am ehesten glaubwürdigen Überlieferung, in das achte Jahrhundert unserer Zeitrechnung zu verlegen und auf Harûn er-Raschîd zurückzuführen. Dieser Herrscher wollte mit ihr einen befestigten Platz und einen mächtigen Wall gegen die Hyrkanier und Dejlamiten schaffen, die diese schöne Provinz des Kalifenreiches mit Raub und Verheerung überzogen.

Kaswin hatte, ähnlich Soltânije unter den Mongolen und Tabris unter Schâh Esmâ'il, die Ehre, Hauptstadt des persischen Reiches zu sein. Als die Türken sich der Stadt Tabris bemächtigt hatten, verlegte Schâh Tahmâsp etwa um die Mitte des sechzehnten Jahrhunderts seine Residenz nach Kaswin. Sie blieb es auch unter seinen Nachfolgern bis zu Schâh Abbâs dem Großen, der Isfahan zum Sitz des Monarchen bestimmte. Danach war sie etliche Male, aber nur zeitweilig, der Aufenthaltsort der Landesherren. Daher hat sie auch den Namen Dâr as-saltanat, Sitz der Herrschaft, bewahrt.

Das Schicksal der Stadt war bewegt, und das war ihr noch anzumerken. Durch häufige Verwüstungen in Kriegen und Zerstörungen bei Erdbeben konnte sie begreiflicherweise kein ursprüngliches Gepräge bewahren. Ihre Gebäude, die mehrfach wieder aufgebaut wurden, sind nicht alten Datums. Eines gibt es jedoch, die Moschee, die Masdsched-e Dschom'e heißt und angeblich auf Harûn er-Raschîds Zeiten zurückgehen soll. Die anderen Gebäude stammen aus der Dynastie der Sophis. Unter ihnen fällt die Moschee Masdsched-e schâh auf, deren Bau unter Schâh Esmâ'il begann und unter Schâh Tahmâsp vollendet wurde. Letzterem verdankt man auch ein Emâmsâde, ein sehr bemerkenswertes Grabmal, das zum Glück noch in vollkommenem Zustand erhalten ist. Seine fast unbeschädigte Kuppel leuchtet im Glanz farbiger Kacheln. Dieses religiöse Bauwerk wurde zum Gedenken an einen Emâm namens Hossejn errichtet. Ich konnte der Versuchung nicht widerstehen, in das Innere dieser für Christen verbotenen Stätte zu gelangen, und so nutzte ich den Augenblick, da mich niemand sah, um verstohlen einzudringen.

Das Emâmsâde steht in der Mitte eines großen Hofes voller Gräber, den eine Mauer rings umschließt. Über dem Eingangstor befindet sich ein hölzerner Balkon, zu dem der Mollâ, dem es obliegt, zum Gebet zu rufen, emporsteigt. Von dort erschallt über der Stadt seine gewaltige Stimme: »Ich bekenne, daß es keinen anderen Gott gibt als Gott und daß Mohammad sein Prophet ist.« Und nach einer Pause: »Erhebt euch, ihr Gläubigen, sprecht euer Gebet, vollzieht die vollkommenste Handlung, die Mohammad befiehlt, das vollkommenste aller Wesen.« Diese Art langsamen Psalmodierens, das durch die Luft schwebt und vom Himmel herabzusteigen scheint, wird von einem melancholischen und feierlichen Vibrieren begleitet und bewirkt einen tiefen Eindruck. Man kann ihr den Vorzug gegenüber unseren Glocken nicht absprechen, da sie eine viel eindringli-

Grab des Emâm Hossejn in Kaswin

chere, viel heftigere Ergriffenheit erzeugt, die nicht nur die Seelen der Mohammedaner erregt, sondern auch die von Christen. Diese sich in den Höhen verlierende Stimme des Muezzins hat etwas Überirdisches. Als ich sie vernahm, begriff ich den unwiderstehlichen Drang der Muselmanen, sich sogleich niederzuwerfen und als getreues Echo die geheiligten Worte nachzusprechen, die der Prophet selbst vom Himmel herab an sie zu richten scheint.

Da ich auf kein Hindernis stieß, schritt ich bis an das Heiligtum heran, das verschlossen war, jedoch durch die Fenster konnte ich in seinem Innern einen großen Katafalk mit Vergoldungen und Seidenbehängen erkennen. In den Ecken standen bunte, mit Verzierungen und mit arabischer Schrift versehene Standarten. Dieses Grabmal hat viel Ähnlichkeit mit einer Kapelle eines algerischen Marabuts.

Ich verkürzte meine wißbegierige Erkundung soweit wie möglich, aber nicht rechtzeitig genug, um nicht doch noch von ein paar Männern überrascht zu werden. Sie zeigten sich über meine Anwesenheit völlig verblüfft und anscheinend beunruhigt. Als ich an ihnen vorüberging, war ich darauf gefaßt, auf das ärgste angefahren zu werden, weil ich es gewagt hatte, die Schwelle zu diesem Ort zu überschreiten, was für sie ganz sicher eine Entweihung war. Aber sie schwiegen, und das erstaunte mich sehr. Erst als ich mich einige Schritte entfernt hatte, sah ich, wie sie sich gegen die Brust schlugen und gemeinschaftlich in Ausrufe ausbrachen, wobei sie die Arme gen Himmel reckten. Ich fragte meinen Begleiter nach der Bedeutung ihrer Gebärden und ihrer Worte. Es sei eine Art Vertreibung des Bösen, sagte er, womit sie ihren heiligen Hossejn zu besänftigen trachteten und sein Grab von der durch meine Sohlen verursachten Besudelung reinigen wollten.

Von der Erwähnung der bemerkenswerten Bauwerke in Kaswin darf man nicht die Basare, die Karawansereien und die vielerorts anzutreffenden Zisternen ausnehmen, von denen einige wahrhafte Monumente sind. Das Flüßchen Schâh-rud genügt nicht den Anforderungen der Stadt, die unter Wassermangel zu leiden hätte, wenn man nicht mit Hilfe unterirdischer Kanäle das Naß vom Gebirge herab in große Auffangbecken leitete. Diese öffentlichen Zisternen sind so vollendet konstruiert, daß sie das Wasser das ganze Jahr über sauber und frisch halten. Es sind in die Erde eingelassene große Gewölbe, mit Wassermörtel gemauert und mit einer Kuppel überdacht. Eine Innentreppe führt hinab, und die Stufen gehen tief genug, gleichgültig, wie weit der Wasserspiegel absinkt. Diese Zisternen heißen Âb-ambâr.

Der Schâhsâde und Kommandant von Kaswin war ein jüngerer Bruder des Mohammad Schâh. Er bewohnte eine Zimmerflucht in dem geräumigen Palast, der, wie gesagt, unter Schâh Tahmâsp gebaut und unter Schâh Abbâs erweitert worden war, aber der nun langsam verfiel.

Obgleich mehrmalige Erdbeben die Mauern rings um Kaswin wieder und wieder hatten einstürzen lassen, fanden wir die Umfriedung dennoch in ziemlich gutem Zustand. Sie besteht aus einer Folge von Türmen, mit Schießscharten versehen und miteinander durch die zinnengekrönte Stadtmauer verbunden.

Während unseres Aufenthaltes in Kaswin leerte sich

Karawanserei in Kaswin

das Haus unseres Doktors nie. Seine Tür war umlagert von einer Menschenmenge, die sich Rat holen wollte und ihn um Heilmittel gegen unbedeutende oder eingebildete Übel bat. Die einen taten das mit guten Absichten, die anderen hatten bei der Entgegennahme der Medizin einen Handel im Sinn, auf den nur Perser kommen konnten: Sie verkauften die Pillen, Salben und das Chinin, was unser Arzt ihnen umsonst gegeben hatte, zu Wucherpreisen weiter. Diese Geschäfte erfolgten bereits an seiner Tür, wo die Händler diejenigen abfingen, die den Arzt aufsuchen wollten. Als dieser die Betrügerei entdeckte, wollte er nicht länger der Hintergangene sein und noch weniger ihnen eine Handhabe bieten, ihren Landsleuten schädliche, weil unterschiedslos verabreichte Medizin zu liefern. Er schloß deshalb die Tür für alle, die keine sichtbaren Anzeichen einer Krankheit aufwiesen. Als Domestiken hatte er einen in Pera aufgewachsenen Genuesen, der einem Quacksalber als Gevatter zur Seite hätte stehen können. Als echtem Levantiner kam ihm der Einfall, er könnte doch das Geschäft der falschen Kranken, die sich bei seinem Meister einfanden, mit einer Abgabe belegen und die unerfreulichen Ergebnisse ihres schändlichen Handelns vereiteln. War also der Doktor, ermüdet von all den uninteressanten Befragungen, aus dem Haus, nahm jener seine Tätigkeit auf, indem er sich zum Hakim-bâschi erklärte. Die Perser konnten überhaupt keinen Unterschied zwischen Herrn und Diener wahrnehmen, weil der Diener mit solch einer Dreistigkeit auftrat. Die vordem gekommen waren, hatten mit einem Dankeschön die Medikamente aus der Hand des echten Hakims entgegengenommen; die späteren hatten dem Diener, dem sie eine nicht geringere Dankbarkeit zollten, die angeblichen Medizinen, die er mit doktoraler Würde an sie verkaufte, zu bezahlen: Es handelte sich um mit Mehl bestreute Brotkügelchen oder um Mehl, in Beutelchen abgefüllt, wovon sie sich, sobald sie das Kine-kine, wie sie das Chininsulfat nannten, verkauft hatten, einen zehnfachen Gewinn erhofften.

Die Gaunerei könnte als harmlos und unschuldig gelten, aber was schuldhaft daran war, das war der Preis, den der Äskulap seiner Arznei beimaß. Ihm war es sehr originell vorgekommen, auf die Spekulationen der Kunden seines Meisters eine Abgabe zu erheben, aber das konnte dem Arzt nicht gefallen, der als Habsüchtiger angesehen wurde, weil er seine europäische Wissenschaft teuer verkaufte; deshalb verfuhr er mit seinem Diener auch entsprechend. Der tröstete sich damit, daß er einige den geldgierigen Persern entlockte Sâbkerân in seiner Tasche klimpern ließ und über den gelungenen Streich in Gelächter ausbrach.

Die Gegend um Kaswin ist sehr fruchtbar und gut bestellt, es wachsen in reichlicher Menge herrliche Trauben, die man schâhawi, königlich, nennt. Die Christen bereiten daraus einen ausgezeichneten Wein. Unter den vielen Bäumen in den Obstgärten gibt es zahlreiche Pistazien, deren Früchte berühmt sind wegen ihrer Güte.

Nachdem wir uns einen Tag in Kaswin ausgeruht und dem jungen Prinzen einen Besuch abgestattet hatten, bei dem er sich äußerst liebenswürdig zeigte, machten wir uns auf den Weg nach Teheran, von wo wir nur noch drei bis vier Tagesreisen entfernt waren.

Unterwegs erblickten wir zu unserer Rechten ein Emâmsâde, dessen Kuppel durch die Zweige jahrhundertealter Platanen lugte. Ein Bach floß an jenem Ort vorbei, dessen dahineilendes Wasser die weißen Steine mehrerer Gräber umspülte. Dahinter wurden die Mauern eines großen Palastes sichtbar, das war der von Solejmânije, in dem wir übernachteten. Diese prinzliche Residenz gehörte Solejmân Mirsâ, einem der Söhne Fath Ali Schâhs. Diesem hatte der Monarch mehrere in der Nähe des Palastes liegende Dörfer als Leibgedinge zugesprochen. Jetzt steht der Palast verlassen und wird wahrscheinlich bald verfallen sein. Das ist um so bedauerlicher, als verschiedene Teile des Gebäudes wirklich bemerkenswert sind, unter anderem der Harem, wo sich ein recht sehenswürdiger Saal befindet, dessen Wände mit großen Ölgemälden, Darstellungen aus der Geschichte der herrschenden Dynastie, geschmückt sind. Eins zeigt die Thronbesteigung des Begründers der Kâdschârendynastie, Âghâ Mohammad Châns, jenes grausamen Eunuchen, der sich, um auf den erhabenen Sitz zu gelangen, eine Treppe aus den Leichen eigenhändig ermordeter Prinzen schuf. In anderen Gemächern sah man mehrere Bildnisse, die Persönlichkeiten der Herrscherfamilie wiedergeben oder Helden, die bei den Persern in hohem Ansehen stehen.

Eine Tür des Harems führt zu einer Art Wachtturm mit vergitterten Fenstern, von wo das Auge weit in alle Richtungen reicht. In Persien haben die Harems der Fürsten zumeist diesen Anbau; in ihm halten sich die Frauen zu ihrem Vergnügen auf, sie vertreiben sich die Langeweile, sie lenken sich ab, indem sie hinaus ins

Land schauen, ohne die Blicke Schamloser auf sich zu ziehen.

Unterhalb dieses Ausguckes, rings um den Palast, erstrecken sich Gärten, die zu dem Anwesen gehören, ebenso ein sich anschließendes Dorf.

Hinter Solejmânije überquerten wir tags darauf eine Brücke aus Ziegeln, die über den vom Elburs herabfließenden Bach Âb-e Karadsch führt. Auf die Felsen, zwischen die sich sein Bett zwängt, ist der große Brückenbogen aufgesetzt. Während der heftigen Regenfälle und während der Schneeschmelze schwellen die Wasser derart an, daß sie das Bett nicht mehr faßt. Wenn es zu diesem periodischen Wasserandrang kommt, werden zwei kleinere Brückenbögen, die auf den umspülten Felsen höher stehen, geöffnet, damit der Durchfluß schneller vonstatten geht. Wir folgten eine Zeitlang diesem Bach, dann ritten wir am Fuß der Elburskette entlang, Richtung Kent.

Kent liegt oberhalb einer Schlucht, durch die ein kleiner Bach fließt, der aus dem Gebirge heraustritt. Als wir dort eintrafen, versprach der Empfang allem Anschein nach eine liebenswürdige Aufnahme. Viele Menschen waren aus ihren Häusern gekommen, um uns entgegenzugehen; Knaben, von Musikanten umgeben, kamen tanzend auf uns zu. Wir wurden in einem kleinen Palast untergebracht, den Fath Ali Schâh als Sammelpunkt bei der Jagd hatte bauen lassen, als er diesem Vergnügen in dem rebhuhnreichen Gebirge nachging. Aber uns erwartete dann doch der Volkszorn. Die Leute unseres Mehmândârs stießen auf große Schwierigkeiten bei der Beschaffung der täglichen Vorräte. Aus der Widersetzlichkeit ergaben sich heftige Wortgefechte, die in Handgemenge ausarteten, wobei noch ernstere Vorkommnisse zu befürchten gewesen wären, wenn nicht der Mehmândâr Festigkeit gezeigt hätte und wir zu seiner Unterstützung und zur Ermunterung seiner Leute nicht unsere Waffen, gezwungenermaßen, gezeigt hätten. Mochten diese nun beim Eintreiben des Proviantes für uns mit allzu großer Brutalität vorgegangen sein, oder mochten jene, die Einwohner eines den Schutz ihres Grundherrn genießenden Dorfes, geglaubt haben, sich mit Hilfe ihres Patrons, einer hochgestellten Persönlichkeit bei Hofe, der Abgabepflicht zugunsten des Iltschis entziehen zu können, jedenfalls empörten sie sich und lehnten sich dagegen auf. Erst trieben sie die Leute des Mehmândârs zurück, und dann schlugen sie sie; nur durch entschiedenes Dazwischentreten gelang es uns, ihnen einen Mann zu entreißen, den sie vor dem Tor des Palastes, in dem der Gesandte abgestiegen war, mit Fußtritten bearbeiteten. Später erfuhren wir, daß diese turbulente Szene die Fortsetzung zahlreicher Unmutsäußerungen seitens eines Teils der Einwohner war, schon als man gekommen war, um die Einquartierung vorzubereiten. Da hatten sie bereits ihre Absicht erklärt, sich der Unterbringung des Gesandten und seines Gefolges in ihrem Dorfe zu widersetzen. Die Alleraufsässigsten hatten gedroht, den Palast, in dem wir wohnen sollten, zu stürmen und alle, die sich dort befänden, hinauszuwerfen, aber der Ernst und die Entschlossenheit, die die ersten von uns an den Tag legten, hatten sie genügend beeindruckt, so daß sie meinten, es lieber nicht auf die Spitze zu treiben. Sie zogen es eben vor, sich an den Mehmândâr und seine Leute zu halten. Dank unserem halb vermittelnden, halb drohenden Einschreiten gelang es, die Ruhe wiederherzustellen und das Sursât, die im Namen des Schâhs erhobene Abgabe in Naturalien, zu erhalten.

Jedoch sandten die Einwohner von Kent, weil sie gezwungen worden waren, nachzugeben, eine Abordnung nach Teheran, die dem Bejgler-bej, der in Abwesenheit des Schâhs der Statthalter in der Stadt ist, ihre Beschwerde vortragen sollte. Das war das bedenklichste Aufbegehren, das wir bisher gegen die strikten Befehle des Schâhs, die der Mehmândâr doch nur ausführte, erlebt hatten. Wir waren um so mehr erstaunt, als das Dorf Kent nur drei Farsach von der Hauptstadt entfernt liegt. Als die Ruhe völlig wiederhergestellt war, bereiteten wir uns auf den Einzug am nächsten Tag in Teheran vor.

Am 1. März früh am Morgen erhielt der Gesandte als Auftakt zu all den Ehren, die ihn bei seinem Einzug in die Hauptstadt erwarteten, und als Eröffnung der verschiedenartigsten Szenen, die sich längs des Weges abspielten, den Besuch der Musikanten des Schâhs, die ihm entgegengeschickt worden waren, um ihm ein Konzert im persischen Stil darzubringen. Die herrschaftlichen Kunstliebhaber gaben Proben ihres Geschicks auf diesem Gebiet, wobei sie die Überlegenheit gegenüber all jenen bewiesen, die wir vor ihnen gehört hatten. Musiker des Schâhs, das heißt schon alles, und unsere persischen Freunde spähten, welche Wirkung sich beim Spiel dieses auserwählten Orchesters auf unseren Mienen abzeichnete. Leider konnten wir trotz unseres Bestrebens, Befriedigung erkennen zu lassen und die uns erwiesenen Aufmerksamkeiten auf die liebenswürdigste Weise aufzunehmen, das Mißvergnügen nicht verbergen, das uns die barbarische Musik bereitete; wir konnten die unharmonischen Klänge nicht melodisch finden, die unter den Fingern jener im übrigen wohl recht gewandten und in ihrer Kunst erfahrenen Vortragenden in wilder Hatz aufeinanderfolgten. Als der Gesandte der Meinung war, daß seine Ohren und die unsrigen genug Geduld bewiesen hatten, um diesen ehrenwerten Dilettanti gegenüber nicht als unhöflich zu erscheinen, nutzte er eine Pause, gab ihnen den fälligen Pischkesch und verabschiedete sie.

Bis Teheran war es nun nicht mehr weit. Um elf Uhr hieß es aufsitzen, so daß wir den Persönlichkeiten, die sich zu dem Botschafter begeben sollten, genügend Zeit ließen, ihre Vorbereitungen zu treffen. Wir verließen Kent in der Hoffnung, in der Hauptstadt und bei den vom Schâh für die Aufnahme des französischen Iltschis Beauftragten einen liebenswürdigeren Empfang zu finden als vor den Toren Teherans.

Bald stießen wir auf eine sich nähernde Reiterschar, inmitten derer die ersten Offiziere des Bejgler-bejs und des Sardârs ins Auge fielen. Auf halbem Wege war ein prächtiges Zelt aus rotem Tuch mit bunten Stickereien aufgestellt worden, um dem Gesandten einen Imbiß anzubieten. Aber da der Statthalter nicht anwesend war, um dem Gesandten die Ehre zu erweisen, war dieser nicht bereit zu halten. Ein Schimmel mit kostbarem Sattel- und Zaumzeug erwartete den Iltschi für den Einzug in die Stadt. Seine erste Reaktion war, aus demselben Grund, sich zu weigern, ihn zu besteigen, doch wollte er die anwesenden Perser nicht verstimmen, und in der Annahme, daß die erste Lektion genügte, entschloß er sich, dieses Ehrenreittier zu akzeptieren. Aus der umstehenden Volksmenge waren die rauhen Stimmen von Darwischen herauszuhören. Diese fielen durch ihre Haartracht auf und durch die Tierfelle, die sie sich über die Schulter geworfen hatten. Mit langen Stöcken und eisenbeschlagenen Keulen schienen sie die Begeisterung der Massen anfeuern zu wollen, wobei sie beständig den Ruf »Jâ Ali!« ausstießen. Was sollte diese Beschwörung des Schutzherrn der Schi'a bedeuten? Geschah das uns zu Ehren, oder beschwor man auf die Häupter der Farangis den Zorn des Schwiegersohns Mohammads herab? Trotz des Eifers, mit dem man uns umgab, war es für uns schwierig, uns eines gewissen Mißtrauens zu erwehren, was die heimlichen Gefühle dieser fanatischen Bevölkerung anging, der wir gerade erst so wenig Gutes nachzusagen gehabt hatten. Beim Anblick der flammenden Blicke und wilden Gesichter der Darwische, deren Fanatismus durch ihr unstetes, kontemplatives Leben höchste Steigerung erfuhr, hatten wir wohl wenig Grund, diese hintersinnigen Zeichen der Sympathie, vermischt mit den religiösen Schreien »Jâ Ali!«, zuversichtlich zu deuten. Aber was half es. Unsere Aufmerksamkeit wurde bald von diesen absonderlichen Gestalten durch andere, nicht weniger lächerliche abgelenkt. Unsere Augen konnten die Abfolge und das Durcheinander der Schaustücke gar nicht erfassen, die das große, offizielle Volksaufgebot anläßlich unseres Empfangs bot.

In der Mitte dieser Schar Neugieriger aller Art schaffte man Platz für Tänzer mit ihrem Orchester, für Gaukler in grotesken Verkleidungen, zumeist tierischen Hüllen nachgebildet; andere ließen wirkliche Tiere, Bären und Affen, tanzen und springen, an Ketten führte man junge

Tiger mit, und neben ihnen reckten sich Kraftmenschen bald nach der einen Seite, bald nach der anderen und beschrieben mit mächtigen Keulen große Kreise, wobei sie ihre gelenkigen Glieder und harten Muskeln zur Geltung brachten. Etwas weiter liefen Zuckerbäcker vor dem Gesandten her und zerbrachen Fläschchen mit Bonbons, die unter die Hufe seines Pferdes rollten. Und schließlich kamen, um den Boden zu säubern und den aufgewirbelten Staub niederzuschlagen, Sakkâs, das sind Wasserträger, mit riesigen Schläuchen über der Schulter und verschütteten das Naß zwischen den Beinen unserer Pferde.

Alles war ins Werk gesetzt worden, um uns würdig zu empfangen. Auch die Feinbäcker, Pastetenbäcker und Obstverkäufer der Basare waren herbeigeeilt; manche boten dem Gesandten ihre Orangen oder ihre Granatäpfel an, andere ihre Back- oder Zuckerwaren. Selbst die Löwen des Schâhs hatte man uns entgegengeschickt, und sie begrüßten uns mit ihrem Gebrüll. Sie wurden einfach an einer Eisenkette geführt, die an ihrem Halsband befestigt war, und gehorchten den beiden Männern, die nur eine Gerte bei sich trugen.

Kurz vor dem Eintreffen am Stadttor sahen wir die Attachés der russischen Gesandtschaft, die in der Menge von fern an ihren weißen Mützen zu erkennen waren, einzeln auf uns zukommen. Wenig später erkannten wir die Offiziere der türkischen Gesandtschaft mit ihren roten Kopfbedeckungen. Alle diese Herren waren von ihren Vorgesetzten zur Begrüßung des Gesandten Frankreichs abkommandiert worden.

Von Teheran zum Damâwand

Am 1. März zwei Uhr nachmittags zogen wir unter Salutschüssen und von einer sich drängenden Menschenmenge umringt ein. Ein beiderseitiges Spalier von Soldaten säumte die Straßen, durch die wir kamen. Der Donner begann zu grollen, Blitze zuckten unaufhörlich auf, und die dicken Regentropfen, die im Augenblick unserer Ankunft vor dem Palast der Gesandtschaft herabfielen, ließen die Perser sagen, Allah sei unser Schutz gewesen, da er zugelassen habe, daß wir vor dem Gewitter eingetroffen seien. Wirklich ging ein Sturzregen nieder. Uns aber erschien er angenehm, da wir bisher nichts als Schnee gesehen hatten.

Wie in allen Städten zuvor war das Haus für den Gesandten während mehrerer Stunden der Platz des Stelldicheins all jener, die ihm die Artigkeiten der Begrüßung durch den Bejgler-bej überbrachten, und auch anderer, die den Besuch hochgestellter Persönlichkeiten für später ankündigten.

Platten mit Scherbetten und allerlei Leckereien wurden hereingetragen und bedeckten die Teppiche, um die wir uns rundum gesetzt hatten, je nach dem Rang, den wir in der Gesandtschaft einnahmen.

Der Palast, der dem Gesandten zur Verfügung ge-

Schemrân-Tor in Teheran

stellt wurde, mußte einst eine entzückende Wohnstätte gewesen sein und war, gemessen an den Verhältnissen des Landes, noch in ziemlich gutem Zustand, aber er bot uns allen nicht genügend Quartier. Man mußte uns ein paar der benachbarten Häuser zuweisen, was nicht ohne Schwierigkeit vor sich ging. Die Reichen, die sich um unsere Unterbringung nicht kümmern wollten, gaben den Farrâschs des Statthalters Geld, damit diese ihren häuslichen Frieden nicht antasteten. Und die Farrâschs, die diesen Beitrag zu einer lästigen Gastfreundschaft erzwingen wollten, stürzten sich auf die Ärmeren oder auf die ausgesprochenen Geizhälse, die aus Furcht vor der Züchtigung mit dem stets drohend erhobenen Stock nachgaben. Schließlich gelang es, uns einigermaßen annehmbar unterzubringen, und wir konnten den Tagen, die für die Rast in Teheran vorgesehen waren, getrost entgegenblicken.

Der Gesandte empfing tags darauf den General Duhamel, Rußlands Gesandten, der sich im Gefolge seines sämtlichen Personals einfand. Der General erzählte, er habe es gewagt, beim Schâh wegen dessen Abreise aus Teheran just in dem Augenblick, da ein französischer Iltschi eintreffe, vorstellig zu werden, worauf Majestät geantwortet habe, Isfahan sei ebenso die Hauptstadt seines Reiches wie Teheran.

Nach dem russsischen Gesandten kam der Sardâr, der Befehlshaber über alle in der Provinz stehenden Streitkräfte. Dieser Mann namens Bâbâ Chân ist der Schwager des Schâhs.

Am folgenden Tag erschien der Bejgler-bej, der gesundheitliche Gründe vorschützte, die ihm nicht erlaubt hätten, aus der Stadt dem Iltschi entgegenzukommen. Er versuchte, auf die anmutigste Weise und mit den liebenswürdigsten Komplimenten die nicht zu übersehende Wolke zu vertreiben, die den Empfang durch den Gesandten überschattete, aber es wollte ihm nicht recht gelingen. Die mangelnde Aufmerksamkeit, deren er sich schuldig gemacht hatte, war ein zu schwerwiegender Fall, als daß er schnell hätte verziehen werden können; es bedurfte nun wirklicher Beweise freundlicher Bereitschaft, um die Unhöflichkeit vergessen zu machen, mit der er den Auftakt gegeben hatte.

Später kam Sarim Effendi, der türkische Gesandte, derselbe, der zwei Jahre danach Außenminister in Konstantinopel wurde.

Und endlich folgte eine Menge mehr oder weniger wichtiger Besucher. Alle vollführten ihre feierliche und schmeichelnde Begrüßung auf so gewandte, verbindliche und feinsinnige Art, daß wir, die wir doch die Habsucht errieten, nicht umhin konnten, sie dennoch sehr liebenswürdig zu finden. Sie vergeudeten aber auch nicht ihre Zeit: Die einen erhielten Seidenstoffe oder Tuche oder Uhren, andere bekamen Waffen oder Porzellangeschirr oder Geschmeide. Es muß gesagt werden, daß alle diese Geschenke als glatte Verluste anzusehen waren, aber für den Herbeigereisten entsprechen sie dem persischen Brauch. Man kann nur mit vollen Händen erscheinen, und seit den Zeiten, da Chardin sagte, daß, um einen Diamanten zu verkaufen, man zwei hingeben müsse, haben sich die Dinge nicht geändert; wahrscheinlich ändern sie sich niemals, so tief ist in den persischen Gebräuchen die Gewohnheit und Leidenschaft des Pischkeschnehmens eingewurzelt, was die ständig wachsende Armut aller Gesellschafts-

Mejdân-e schâh-Platz in Teheran

schichten nur noch vermehren und erstrebenswerter erscheinen lassen kann.

Teheran ist nicht von großen Ausmaßen. Seine Ausdehnung beträgt kaum vier bis fünf Kilometer. Die Mauern werden wie in anderen Städten von Türmen flankiert und sind auf der Böschung oberhalb eines breiten Grabens errichtet. Einlaß wird an sechs Toren gewährt, die mit verschiedenartigen glasierten Ziegeln geschmückt sind; einige Tore werden von etwa hundert Meter vorgelagerten kleinen Forts, ebenfalls von Gräben umgeben, geschützt. Doch alle diese Werke sind in verkommenem Zustand und wären im Falle eines ernsthaften Angriffs von keinerlei Nutzen.

Diese Stadt ist von merklich geringerer Bedeutung als Tabris und Isfahan. Sie hat nicht wie die beiden anderen die ausgedehnten Vororte; die gesamte Bevölkerung, nicht mehr als hunderttausend an der Zahl, drängt sich innerhalb der Mauern zusammen. Von fern erscheint die Stadt als eine sich lang hinziehende horizontale Linie aus gelblichen Ziegelmauern, hier und da von Kuppeln der Moscheen und Pavillons des Schâhpalastes überragt.

Es gibt in ihr sechs oder sieben Moscheen, drei oder vier Madrassen, mehr als hundert Badehäuser und ebenso viele Karawansereien. Aber keines der Gebäude ist bemerkenswert. Die Basare sind häßlich und schmutzig, sie sind miserabel gebaut. Die Moscheen als Ganzes weisen keine Größe auf, im Detail haben sie nichts Gefälliges an sich. Man sieht, daß diese Stadt nur aus purem Zufall Hauptstadt geworden ist: Ohne vorher zu dieser Funktion bestimmt gewesen zu sein, wurde sie aus einer Stadt zweiter Größe die erste Stadt im Lande, aber diese

Usurpation war durch nichts begründet. Die Kâdschârenfürsten, die sich in ihr einrichteten und sie zum Sitz ihrer Herrschaft erkoren, hatten weder Geschmack noch, wie anzunehmen ist, die Mittel, die die Souveräne aus dem Geschlecht der Sophis in den Stand versetzten, in Isfahan die herrlichen Bauwerke errichten zu lassen, die aus dieser Stadt noch heute die wahre Hauptstadt machen, auch wenn der Schâh sie nicht zu seiner Residenz erwählt. Die ganze Bedeutung Teherans besteht in der Anwesenheit des Hofes und der hohen Beamten des Reiches.

Der einzige Teil der Stadt, der wirklich Interesse verdient, ist das sogenannte Ark. Es ist, wie überall im Orient, jenes Viertel inmitten der Stadt, das durch eine hohe, befestigte Mauer von den anderen abgetrennt ist, auch durch Gräben, über die Zugbrücken führen. Dort befindet sich der Palast des Schâhs mit all den Nebengebäuden, den Wohnungen einiger Prinzen königlichen Geblütes und einiger hochgestellter Persönlichkeiten des Hofstaates.

Das Haupttor des Arks liegt im Süden, dem Zentrum Teherans und dem Eingang zu den Basaren zugewandt. Überquert man die Brücke über dem Graben, betritt man einen langen, düsteren Gang, wo sich Soldaten und einige Kaliântschis aufhalten. Von dort gelangt man auf einen großen Platz, Mejdân-e schâh genannt, das heißt Platz des Schâhs. Er ist nach allen Seiten hin geschlossen, teils durch Mauern mit Türmen, auf denen Artillerie steht, teils durch Kasernen oder Mauern des Palastbezirkes. In der Mitte des Platzes erblickt man auf einer etwa einen Meter hohen Plattform eine riesige Kanone, deren Bestimmung nicht zu ergründen ist.

Unter ihrer geborstenen Lafette sah ich einmal einen Mann, der bettelte und zu Ali rief. Man sagte mir, er sei ein Mörder, der sich zu ihr als Freistätte geflüchtet habe. Der Schuldige, der diese erreichen kann, gilt als unverletzlich, ganz gleich, welche Untat er begangen hat. Er wartet dort auf das Vorüberkommen des Herrschers, der ihm die Begnadigung nicht verweigern kann. Bestrafung und Straffreiheit für einen Verbrecher hängen demnach von der Rührigkeit der durchlauchtigsten Beine ab. Es gibt auch andere Zufluchtsstätten, vor allem sind das die herrschaftlichen Moscheen.

Auf dem Mejdân-e schâh gibt es noch einige Geschütze, die rechts und links vom Palasttor in Feldordnung aufgestellt sind, aber zu nichts taugen, denn dem einen fehlt ein Rad, das andere hat zerbrochene Lafettenwände, oder die vom Wurm zerfressenen Stellagen können sie nicht mehr tragen; sie scheinen eher Hinweisschilder auf den Schâhpalast zu sein als Verteidigungsapparate, die ein Heranrücken vereiteln könnten.

Das Serailinnere besteht aus mehreren Gebäuden oder Pavillons in großen Gärten oder auf Plätzen, die bepflanzt und mit Wasserbecken versehen sind. Vom Mejdân-e schâh gelangt man durch das Tor, Dar-e sa'âdat, das heißt Tor der Glückseligkeit, in diesen Bezirk. Auf diesem Zugang steht ein Lusthäuschen, dessen von einem gewaltigen Fenster geschmückter Mittelteil einen Saal birgt, der dem Schâh für Gelegenheiten vorbehalten ist, falls es ihm in den Sinn kommen sollte, den Manövern seiner Truppen zuzusehen oder an den Vergnügungen zu Bejrâm teilzuhaben. Rechts von diesem Lusthäuschen liegen die Gärten des Serails, dessen hohe Bäume die Umfassungsmauer überragen. Und über sie hinaus erhebt sich eine Art mehreckiger Turm mit kleinen Fenstern, der auf eine offene Galerie führt; das ist die Aussichtsstelle für die Haremsfrauen, die ungesehen dorthin gelangen und den Blick auf die Umgebung von Teheran oder zu den Orten, die an den Palast angrenzen, genießen. Das Innere des Serails ist nicht zu besichtigen, der einzig zugängliche Teil ist jener, in den man gelangt, nachdem man einen langen gewölbten Gang durchschritten hat, der von Soldaten flankiert ist und wo die diensthabenden Offiziere, die Zeremonienmeister, die Gholâms und die Jassâwols, das sind die Elitewachen, sich aufhalten.

Die Wohnhäuser sind, wie überall in Persien, wo wir bis jetzt gewesen waren, sehr niedrig; kaum sind welche zu finden, die ein Obergeschoß haben. Die Art, wie die Perser sie bauen, und die Beschaffenheit des Materials, das sie verwenden, erlaubt es nicht, in die Höhe zu bauen, weil die ungebrannten Ziegel, nur durch etwas Schlamm verbunden, keine große Gewähr für Festigkeit bieten, das hatten wir bereits sehen können. Das Wetter war sehr schlecht geworden, und der vier Tage ununterbrochen anhaltende Regen, wie er sich häufig bei Wintersausgang einstellt, ließ eine große Anzahl Häuser in sich zusammenbrechen und beim Einsturz die Straßen mit den Trümmern versperren. Überall sah man Arbeiter die Straßen räumen und die plötzlich entstandenen Ruinen hinwegschaffen. Aber wenn bei den Persern in Sachen Bau etwas das Unvorherzusehende übertrifft, dann sind es Leichtigkeit und Schnelligkeit, mit der sie ihre Wohnungen wiederherstellen. Zwei Tage nach dem Unheil, als das Wetter wieder schön geworden war, erkannte man nur an einer noch frischen Lehmschicht jene Häuser, die eingestürzt gewesen waren.

Wie soll man verstehen, daß die im übrigen so fleißigen und gescheiten Perser, die reichlich Steine und Kalk um sich liegen haben, beim Bau den Schlamm ihrer Bäche bevorzugen und sich der Gefahr aussetzen, innerhalb weniger Stunden unter den Trümmern ihres Zuhauses begraben zu werden. Wenn man in der Hauptstadt dieses großen Reiches die Häuser zerstört sieht, weil heftige Regengüsse sie bis auf den Grund aufgeweicht haben, braucht man sich nicht länger über die vielen Ruinen zu wundern, die das Land überall bedecken.

Man kann auch kaum begreifen, was für die Lage Teherans ausschlaggebend gewesen ist. In einer Tiefebene gelegen, am Fuß des Schemrân, der es vor den Nordwinden schützt, und ohne andere Wasserversorgung als durch die in Zisternen aufgefangenen Regenmengen ist es ungefähr während sechs Monaten im Jahr der unerträglichen Hitze ausgesetzt; der glühende Südwind hat Zugang, und der Wassermangel führt zu einer verheerenden Unsauberkeit. Daher gilt diese Stadt als ein sehr ungesunder Ort. Die Straßen und Basare, wo die Sommerhitze den Kot in den durch Nachlässigkeit immer wieder entstehenden Jauchetümpeln verdunsten läßt, verströmen üble Giftdünste, die Fieber erregen und gefährliche Krankheiten erzeugen. Deshalb flüchten der Hof, die Reichen und all jene, die ihr tägliches Geschäft nicht in der Stadt zurückhält, von Anbeginn des Monats Mai in die Täler des benachbarten Gebirges. An den Südhängen des Schemrân befinden sich zahlreiche große Dörfer und sind Gärten angelegt, wohin die Sommerfrischler fliehen und sechs Monate im Freien verbringen. Die Perser haben wie alle Orientalen eine besondere Vorliebe für das Leben unter dem Zeltdach. Jedoch ließ Fath Ali Schâh, dem eine solche leicht veränderliche Daseinsweise offensichtlich wenig zusagte, einen großen Palast am Fuße des Gebirges, etwa ein Farsach von Teheran entfernt, für seinen Hof errichten, wo er sich im Sommer aufhielt. Dieser trägt den Namen Kasr-e Kâdschâr, das heißt Kâdschârenschloß, oder Tacht-e Kâdschâr, Kâdschârenthron. Der Entwurf ist großartig, auch die Einzelheiten sind bemerkenswert. Die Gärten steigen terrassenförmig an, Stufen führen hinauf, somit ist das Schloß von dem Park getrennt, dessen Bepflanzung von einer überraschenden Schönheit für ein Land ist, wo solcherlei so selten anzutreffen ist.

Die Wohnräume im Kasr-e Kâdschâr sind mit Spiegeln und recht beachtlichen Gemälden geschmückt. Mehrere stellen die Lieblingshelden der Perser dar: Rostam, Afrâsjâb, Timur und Tschingis Chân. Daß man unter diesen orientalischen Gestalten auch das Porträt eines Europäers in der Kleidung des vergangenen Jahrhunderts findet, ist höchst erstaunlich. Man sagte mir, es sei das Bildnis eines jungen Mannes, der zu einer englischen Gesandtschaft gehört habe und für den Fath Ali Schâh von einer ganz besonderen Zuneigung ergriffen gewesen sei. Diese Räumlichkeiten, die schönsten, die wir bislang gesehen hatten, sind auch heute noch würdig, einen Souverän zu beherbergen; aber Mohammad Schâh, der eher das Nomadenleben liebt, hat diesen festen Sitz mit dem Zelt vertauscht, in dessen

Schutz er die Frische am Ufer eines Bächleins sucht, das aus einer der Schluchten des Schemrân heraustritt.

Zu den interessanten Stätten rings um Teheran zählen die Reste der Stadt Rej, von der man annimmt, sie sei das Rhagai der Bibel gewesen, die Heimat des Tobias. Die Geschichte weiß zu berichten, daß Alexander, als er Dareios von Ekbatana an verfolgte, nach einem zehntägigen Ritt in Rhagai haltmachte. Ekbatana, das man allgemein in der heutigen Stadt Hamadân wiedererkennt, liegt tatsächlich in einer solchen Entfernung; außerdem ist zu bemerken, daß Rej eine Tagesreise von den Kaspischen Toren entfernt liegt, durch die Alexander einen Tag nach seinem Aufbruch von Rej weiter vorstieß. Es gibt also einigen Grund zu glauben, daß die Perser unter dem jetzigen, abgewandelten Namen Rej den der antiken Stadt bewahrt haben.

Wie dem auch sei, falls sich Bezeichnungen wie Erste Stadt der Welt oder Markt des Universums, die Rhagai in alten Zeiten trug, nicht allein schon durch die heutige Bedeutsamkeit seiner Ruinen rechtfertigen lassen, so muß betont werden, daß die Reste von Wällen, die man vorfindet, und die Hügel, die auf Befestigungen oder Gebäude hindeuten, das Vorhandensein einer großen Stadt bezeugen. Reihen von Erhebungen, die heute nur aus Erde bestehen, erstrecken sich weit in die öde Ebene. Sie sind in regelmäßigen Abständen unterbrochen, was auf Spuren von Toren hinweist; sie kreuzen sich und bilden im Innern ein Rund von beträchtlichem Ausmaß, und der ungleichmäßige Boden dort ist mit Brocken besät.

Mitten unter den Erhebungen jeglicher Gestalt und jeglicher Größe ragen drei Türme, aus Ziegeln erbaut, empor. Die kufischen Inschriften an ihnen beweisen, daß sie nicht älter sind als der Islam. Der höchste dieser Türme ist als Bauwerk auch am bemerkenswertesten: Er besteht aus glatten Flächen, die, von oben nach unten verlaufend, sich voneinander abheben und auf diese Weise eine Folge von vierundzwanzig Kanten ergeben, die abwechselnd vorspringen und zurücktreten, was auf beeindruckende Art wie große, senkrecht verlaufende Säulenrillungen wirkt. Dieser Bau, den man Bordsch Jasid, das heißt Jasid-Turm, nennt, geht wahrscheinlich auf den berühmten Jasid ibn Muhallab zurück, der Anfang des achten Jahrhunderts Statthalter in Chorâssân und dann in Irak war. Dieses Denkmal aus den frühen Zeiten der muslimischen Ära scheint noch Jahrhunderte zu überdauern, sofern nicht die Ausbeutung des Bodens von Rej durch die Bauleute des Landes auch auf ihn, wie schon bei den anderen Ruinen, übergreift, um Baumaterialien zu gewinnen.

Die zwei weiteren Türme, mehr zum Gebirge in nordöstlicher Richtung gelegen, stammen wahrscheinlich aus derselben Zeit wie der Jasid-Turm, denn sie tragen ähnliche Inschriften.

Diese Gesamtheit von Zeugnissen einer Epoche, als sich die Macht der Kalifen bis hierhin und noch weiter erstreckte, steht in Einklang mit den Überlieferungen, denn diese besagen, daß Rej, der Geburtsort des berühmten Harûn er-Raschîd, eins der bedeutendsten Zentren des riesigen Kalifenreiches gewesen war. Manche Schriftsteller behaupten sogar, daß es sein beliebtester Aufenthaltsort gewesen sei.

Von Tschingis Chân, dem man ganz zu Recht einen großen Teil der Ruinen in diesen Gebieten zuschreibt, heißt es, er habe Rej, das zwar schon verfallen war, aber immerhin noch einige Bedeutung bewahrt hatte, völlig ausgeraubt. Man nimmt an, daß die Bewohner der Stadt, die die Ruinen verlassen mußten, in die Gegend des heutigen Teheran gezogen sind und eine neue Stadt gründeten.

Die Ruinen von Rej erstrecken sich unterhalb wilder, bizarrer Felsen, deren steil aufstrebende Gipfel wie eine Mauer aufragen. Oben findet man Spuren von Bauwerken, die den Gedanken aufkommen lassen, daß diese Felsen einst für die Verteidigung der Stadt genutzt wurden. Am Fuße sprudelt eine ergiebige Quelle, Tscheschme-je Ali, das heißt Ali-Quelle. Sie bildet einen kleinen Teich, dessen Wasser in die Ebene abfließt und dort entsprechend den Bedürfnissen nach Berieselung verteilt wird. Der Ort gleicht einer Oase in dieser von der sengenden Sonne ausgedörrten Öde, wo sich das Auge bis zum endlosen Horizont verliert, ohne daß es irgendwo auf einem Baum oder Strauch geruht hätte. Deshalb ist die Quelle das Ziel von Ausflügen und der Treffpunkt der Teheraner, die hier etwas Erquickung suchen oder in der Umgebung mit Falken jagen.

Ein armer Kaliântschi lebt dort als Einsiedler in einem Häuschen, wo er Pfeifen bereithält, deren sich Spaziergänger bedienen können.

An Tscheschme-je Ali schien Fath Ali Schâh wohl ganz besonderen Gefallen gefunden gehabt zu haben, jedenfalls ist das aus dem großen Basrelief zu schließen, das dieser Herrscher dort hat ausführen lassen. Es befindet sich genau über der Quelle in der eigens dafür hergerichteten Felswand. Es stellt den Monarchen dar, der im königlichen Gewand auf einer Art Thron sitzt.

Die Prinzen sind beiderseits angeordnet, vierzehn an der Zahl. Auf einem Bildteil, von zwei Säulen eingerahmt, ist der Herrscher in einfacher Kleidung zu sehen, mit einem Falken auf der Faust, ohne Zweifel eine Erinnerung an die Jagden in den Gefilden von Rej.

Östlich von den Ruinen der einstigen Stadt befindet sich noch ein zweites Basrelief auf dem Südhang wilder Felsmassen mit Horsten von Adlern und Geiern, die hoch oben ihre Kreise ziehen. Dieses Bildnis stellt ebenfalls Fath Ali Schâh dar, und zwar, wie er als Reiter einen Löwen mit einem Lanzenstoß erledigt. Ein Greis, der zum Hof des Herrschers gehört hatte, erzählte mir, er sei Zeuge dieses Ereignisses gewesen. Doch muß man bedenken, daß die Perser das Wunderbare lieben und sich sehr wenig um die Wahrhaftigkeit kümmern.

Die Reisenden vor mir haben berichtet, daß sie an derselben Stelle eine Skulptur aus sassanidischer Zeit gesehen hatten, und ich konnte erfahren, daß diese tatsächlich existiert hatte, aber Fath Ali Schâh hat sie umarbeiten lassen in jene, die jetzt zu sehen ist. Es ist ärgerlich, daß dieser Monarch, der Geschmack besaß und die Künste liebte, der Vorzeit keine Achtung zollte und nicht einen anderen Platz für würdig befand, sein Abbild zu tragen.

Westlich von den Ruinen von Rej liegt das Dorf Schâh-Abdol-Asim mit einer großen Moschee in der Mitte. Sie ist eine häufig besuchte Pilgerstätte, zu der die Perser aus großer Entfernung kommen, um ihre Anbetungen zu verrichten. Außerdem ist dieser Ort der Sammelplatz aller Störche, die sich in der dortigen Gegend niederlassen. Es scheint, daß sie die Minarette, Kuppeln und alle Häuser von Schâh-Abdol-Asim in ihr

Herz geschlossen haben, so daß es Hunderte von Vogelfamilien sind, die man da zählt.

In gegensätzlicher Richtung, im Nordosten, erhebt sich der Gipfel des Damâwand. Dieser riesige Bergkegel, vom ewigen Eis bedeckt, ist bereits von weitem zu sehen. Von welcher Seite sich der Reisende auch nähert, er kann dank diesem Berg die Lage Teherans bestimmen. Obwohl Isfahan mehr als hundert Meilen entfernt liegt, kann man von dort bei klarem Wetter seinen weißen Gipfel die Berge überragen sehen.

Die Perser überliefern schier unglaubliche Geschichten, die sich auf den Damâwand beziehen. Die verbürgteste ist die von dem Vorkommen einer Pflanze, die nur an seinen Hängen wächst und Gold hervorbringt. Was zu diesem Irrtum führte, ist die goldgelbe Färbung, die die Zähne der am Berg weidenden Schafe annahmen. Aber statt in dieser Besonderheit die einfache Tatsache zu erkennen, daß das Grünzeug, das ihre Herden dort fressen, diese Farbwirkung erzeugt, wollen die Perser bei ihrer Vorliebe für alles, was zum Wunderbaren gehört, eher einen Hinweis auf das kostbare Metall sehen. Die Leichtgläubigsten sind so einfältig, daß sie sich unter großen Anstrengungen diese Pflanze holen, um den goldhaltigen Bestandteil herauszupressen. Obgleich ich diese einzigartige Besonderheit des Damâwand lobend habe erwähnen hören, hat mir doch keiner einen Menschen nennen können, der dort sein Glück gemacht hätte.

Das Herrscherhaus
Die Schi'a
Religiöse Feste

Teheran ist der Sitz, ich würde fast sagen das Gefängnis für einen Großteil der Mitglieder des Herrscherhauses. Das sind die Schâhsâdes, alles Brüder oder Cousins des Mohammad Schâh. Ohne politisches Gewicht und ohne Geldmittel, leben sie von den Almosen des Souveräns, oftmals sogar von jenen, die ihnen Würdenträger gnädig zukommen lassen. Das ist jener traurige Teil des Erbes, das von Fath Ali Schâh auf seinen Nachfolger überging. Jener genoß in vollen Zügen und auf Herrscherart die Freiheit, die ihm der Koran hinsichtlich der Frauen gewährte – er soll fünf- bis sechshundert in seinem Harem besessen und eine männliche Nachkommenschaft von siebzig Prinzen gehabt haben. Die Politik der Verdächtigungen, die der Schâh nunmehr verfolgt, sowie die Ereignisse bei seiner Thronbesteigung gestatteten es ihm nicht, seine Onkel und Cousins auf ihren Posten zu belassen, die ihnen sein Großvater hatte zukommen lassen, von dem sie die Statthalterschaft über alle Provinzen oder wichtigen Städte des Reiches erhalten hatten. Die Stellungen, in denen Mohammad Schâh diese Schâhsâdes vorgefunden hatte, ließen sie viel zu gefährlich erscheinen für seine Ruhe und die des Landes. Da sie großen

Einfluß besaßen wegen ihres Ansehens oder wegen ihrer Reichtümer, stand zu befürchten, daß sie Mißbrauch damit trieben, um die Bevölkerung abspenstig zu machen und sie von ihren Pflichten gegenüber dem neuen Gebieter abzubringen. Die Erschütterungen, die ganz Persien bei der Inbesitznahme des Thrones durch den Sohn des Abbâs Mirsâ erlebte, dessen Rechte energisch bestritten wurden, machten Fath Ali Schâhs Nachfolger nur noch argwöhnischer. Folglich entschied er sich, sämtliche Rivalen, die ihm entstehen könnten, jeglicher Macht zu berauben, indem er alle Mitglieder seiner Familie absetzte, die an der Spitze wichtiger Landesteile standen. Das war gleichzeitig eine Maßnahme, um sich Parteigänger zu verschaffen, denn er verteilte dieselben Gebiete unter jene Châne, auf die er sich verlassen zu können glaubte. In Wahrheit war diese Politik des Mohammad Schâh wenig dazu angetan, die Prinzen gleichen Blutes und folglich gleicher Ansprüche auf den Thron an sich zu binden; aber sie war von der Vorsicht bestimmt, vor allem in einem Land, wo das Recht des Stärkeren von jeher als das oberste angesehen war. Sie zeitigte natürlich im Ergebnis die Verarmung vieler Prinzen und ihr Versinken in Tatenlosigkeit, und nun, obwohl sie ärmlich leben, stellen sie dennoch eine schwere Last für den Staat und für den Herrscher selbst dar.

Unter den Schâhsâdes, die sich so in der Lage von Kostgängern bei Hofe befinden, gab es einen, der dem Schâh blutsmäßig am allernächsten stand: Das war Farhâd Mirsâ, Sohn des Abbâs Mirsâ, also sein Bruder, nur von einer anderen Mutter. Unser Gesandter stattete ihm, dem zwanzigjährigen Prinzen, einen Tag nach unserer

Ankunft einen Besuch ab. In ihm begegneten wir einem äußerst liebenswürdigen jungen Mann, der nichts von jenem Dünkel an sich zu haben schien, den wir seinem anderen Bruder, Kahramân Mirsâ, hatten vorwerfen müssen.

Von dem Eigentümlichsten und Sonderlichsten in der Lebensweise der Perser müssen an erster Stelle die religiösen Festtage erwähnt werden, die am Jahresanfang, mit Beginn des Monats Moharram, gefeiert werden. Die Perser nennen sie Ejdo l-katl, das heißt das Fest der Ermordung, oder auch Ta'sijes. Sie finden zum Gedenken an Ali statt, den Schwiegersohn des Propheten, und an seine Söhne Hossejn und Hassan, deren tragisches Ende das Schisma hervorrief, das die Muslime in Sunniten oder Parteigänger Omars und in Schiiten, die Anhänger Alis, spaltet. Dieses Schisma, das hinsichtlich der Grundsätze in Mohammads Lehre nichts geändert hat, ist in dem Rechtsanspruch Alis als Schwiegersohn und Hossejns und Hassans als Enkel Mohammads begründet; er wird den Nachfolgern Abu Bakr und Omar streitig gemacht, welche für die Perser Usurpatoren sind. Nach dem Tode des Propheten bemächtigte sich sein Schwiegervater Abu Bakr, der auch Omars Schwiegervater war, der obersten Führung, um diese auf seinen zweiten Schwiegersohn zu übertragen. Ali, der nicht nur Mohammads Tochter geheiratet hatte, sondern außerdem auch sein Neffe war, forderte im Namen des Blutes das Kalifat, die Nachfolge, aber ohne Erfolg. Auch dann beim Tod des Abu Bakr, der sich des Kalifats hatte bemächtigen können, konnte er, Ali, es nicht in den Schoß seiner Familie zurückführen; er wurde von den Anhängern Omars, die in der Überzahl waren, ermordet. Seine beiden Söhne Hossejn und Hassan wollten seinen Tod rächen und mit Waffengewalt das zurückerobern, was Verrat den Händen ihres Vaters entrissen hatte, jedoch verlor der erste sein Leben, als er von Jasid, dem Heerführer Omars, bei Kerbelâ an den Ufern des Euphrat angegriffen wurde, und der andere kam durch Gift um. So wurde diese Frage entschieden, die fünfhundert Jahre später in Persien eine für die türkische Orthodoxie zu fürchtende Spaltung entstehen ließ und Kriege verursachte, in denen der religiöse Fanatismus die ganze Gewalttätigkeit eines glühenden Glaubens entfesselte.

Die auf seiten der Opfer des Omarschen Machtstrebens gestanden hatten und einen Sieg nicht hatten erkämpfen können, bewahrten der Nachwelt wenigstens die Verehrung der Fâtima. Sie bildeten somit aus dem Stamm des Islam den ersten, schwachen, sich entwikkelnden Trieb, der später seine kräftigen Zweige über einen großen Teil Asiens breiten sollte.

Ein philosophischer Gottesmann, ein Träumer, lebte im vierzehnten Jahrhundert in Ardabil und hieß mit Namen Safi ed-din, das bedeutet Reinheit des Glaubens. In einsamer Ekstase vertiefte er die schwierigsten und heikelsten Fragestellungen, die die Sunniten, die Anhänger Omars, von der kleinen Zahl der Anhänger Alis bereits trennten. Dieser Philosoph oder Sufi, wie man ihn in Persien nennt, behauptete von sich selbst, er stamme von dem Schwiegersohn des Propheten ab. Er war, wie gesagt, ein Mann der Tugend und Gerechtigkeit, im ganzen Land verehrt, und seine Heiligkeit stand in solch hohem Ansehen, daß selbst Timur sich von seinen Eroberungen abhalten ließ, um ihn in seiner Zurückgezogenheit aufzusuchen. Von flammender Gläubigkeit erfüllt und von der Idee beseelt, die Rechte des Gatten und der Söhne der Fâtima wieder zur Geltung zu bringen, hatte der fromme Mann Eingebungen, die zu den ersten Grundlagen des Schismas wurden und vermittels derer er einen neuen Glauben in die Herzen der Perser pflanzte. Indem er geschickt alles Rührende und Rühmliche im Charakter und in den Taten Alis hervorhob, stellte er ihn den Persern als das edelmütige Opfer abscheulicher, von den Sunniten anerkannter Kalifen dar. Die Phantasie seiner Jünger entzündete sich bei den Berichten von dem Unglück und Elend der von Omar hingeschlachteten Familie, und von solch beklagenswertem Ende ergriffen, nahmen sie inbrünstig den Ketzerglauben an, den ihnen der Einsiedler aus Ardabil mit Feuer und Leidenschaft predigte. Das ist der Ursprung der Sekte der Schi'a oder der Schiiten und zugleich der Macht jener Fürsten, die auf den Schejch Safi ed-din zurückgehen.

Dann stand Persien lange unter der Herrschaft tatarischer Fürsten. Kriege verheerten und entleerten das Land in jeder Hinsicht. Die Bedränger, die auf Timur folgten und es untereinander in Stücke rissen, bekannten sich zu der Religion, gegen die Schejch Safi ed-din seine Stimme erhoben hatte. Das alles waren die Ursachen dafür, daß die Nachfahren jenes Sektengründers bei der Fortführung seines Werkes sich so sehr begünstigt sahen. Unabhängigkeitsideen waren in Persien im Schwange. Die Verfolgungen, denen die zu der neuen Lehre Bekehrten von seiten der Häupter tatarischer Stämme ausgesetzt waren, wurden nicht weniger, sondern nahmen nur noch zu. Zum Eifer der Sekte gesellte sich der Geist der Vaterlandsliebe. Da hielt Esmâ'il, der

Enkel des Scheichs aus Ardabil, den Zeitpunkt für gekommen, das Banner der Erhebung unter dem Ruf »Ali und Hossejn« zu entrollen, dem Ruf des Glaubens, der sich über ganz Persien verbreitete und die Macht in die Hände jener Dynastie geraten ließ, die sich Sophis oder Safawiden nannte.

Seither war ein unüberwindlicher Graben zwischen Sunniten und Schiiten aufgerissen. Beide frönten einem abgrundtiefen, Gift und Galle verspritzenden Haß aufeinander. Wie es auch innerhalb unserer christlichen Religion vorkommt und wir es selbst erlebt haben, bestand nun die Gemeinschaft in Glaubenssätzen nicht mehr. Sie wurde von der einen wie von der anderen Seite durch eine sich einander heftig befehdende Unduldsamkeit ersetzt, die eine abweichende Meinung nicht zulassen wollte. Und so entstanden der verbissenste und verblendetste Fanatismus und die blutrünstige Abneigung zwischen Türken und Persern, die viel tiefer geht als die Unverträglichkeit zwischen Christen und Muslimen.

Nach diesem knappen Abriß über das Schisma, das die Perser charakterisiert, wird man begreifen, was ihnen die religiösen Festtage, Ta'sijes genannt, bedeuten. Solange diese andauern, entfaltet sich der Fanatismus zu voller Größe: Dann ist es gefährlich, ihn herauszufordern, ihm auch nur den geringsten Anlaß zu bieten, er würde sich in Handlungen entladen, die blutig werden könnten.

Die Ta'sijes sind nichts anderes als Schauspiele in der Art der alten Mysterien, die man in Europa im Mittelalter aufführte. Diese dramatischen Darstellungen finden unter großen Zelten statt, die auf öffentlichen Plätzen oder in Moscheenhöfen errichtet werden oder auch im Innern der Paläste der Reichen, die aus religiöser Hingabe alle Kosten auf sich nehmen. Die Zelte sind so prächtig wie möglich geschmückt: Man breitet Kaschmirtücher und wertvolle Stoffe aus, die zu dieser Gelegenheit von beflissenen Gläubigen zur Verfügung gestellt werden. Es werden Felle aufgehängt, an denen Panzerhemden, Schilde, Dolche und sonstige Waffen angebracht sind. In der Mitte erhebt sich die Bühne samt Kanzel, von der vor jeder Darbietung ein Mollâ predigt, um die Gläubigen auf das blutige Drama vorzubereiten, das dann aufgeführt wird. Vor den Augen der zahlreichen Zuschauer, die von dieser Andachtsübung angezogen sind, werden die Kämpfe gegen die beiden Enkel Mohammads, ihr Sterben und die Gefangennahme ihrer Familie nachgestaltet. Man läßt auch einen fränkischen Abgesandten auftreten, der zugunsten von Hossejns Frau und Kindern beim Kalifen zu vermitteln sucht, jedoch von diesem auch dem Tode überantwortet wird.

Die verschiedenen handelnden Personen in diesen Trauerspielen sind mit größtmöglicher Wahrheitstreue gekleidet. Der Franke, der solch eine schöne Rolle zu spielen hat, trägt ein modernes Gewand, dessen verschiedene Bestandteile man sich bei den Europäern, die sich im Lande aufhalten, besorgt. Diese zeigen sich um so gefälliger, da die Perser ganz gerührt von dem Tod des europäischen Abgesandten zu sein scheinen, der seine hochherzigen Worte für Hossejns unglückliche Familie mit dem Leben bezahlen mußte. Die Schauspieler eines dieser Theater nahmen unsere Anwesenheit in Teheran zum willkommenen Anlaß, sich Dreispitze und andere Kleidungsstücke zu leihen, mit denen sie die vermeintlichen Farangis herausputzten. Ihr Prinzipal hatte einen englischen Helm aufgesetzt. Dieser Mummenschanz tat seine Wirkung und trug in den Augen der Perser zur vollen Pracht des Gefolges jenes Stegreifabgesandten bei.

Ein Bruder des Schâhs lud uns mit großer Höflichkeit und viel Freundlichkeit zu einer solchen Darbietung ein und reservierte für uns und für sich eine der besten Logen, sofern man ein kleines, mit Teppichen ausgestattetes Eckchen auf einem großen Platz, der als Schauspielhaus diente, so nennen kann.

Ein paar Tage später wohnten wir noch einer Aufführung derselben Episode aus der religiösen Geschichte der Perser bei, aber dieses Mal war es eine Wiederholung allen Geschehens, das damit im Zusammenhang steht. Die Verfasser weiten die Handlung dermaßen aus, daß sie mit einer Vorstellung nicht auskommen. So werden gewöhnlich drei Vorstellungen oder Akte gegeben, und zum Schluß bringt man noch eine Zusammenfassung. Damit endet die Reihe der Spiele, und es folgt das Bejrâmfest, also die Freude nach der Trauer. Die letzte Vorstellung findet unter freiem Himmel statt, auf einem Platz, auf den die Zuschauer von den Fenstern und von den umliegenden Hausdächern herabblicken können.

Die Szene, die mich am meisten beeindruckte, war der Kampf zwischen den Anhängern Alis und der Truppe des Jasid. Diese theatralische Nachbildung gewann so sehr an Lebendigkeit und Wahrhaftigkeit, daß man einen Augenblick lang glaubte, es würden echte Schläge ausgeteilt. Die Kämpfer erregten sich mehr und mehr und steigerten sich so weit, daß man gewaltsam in das Schlachtengetümmel, das allmählich mörderisch wurde, eingreifen mußte.

Ein Ereignis, das ernste Folgen hätte haben können, aber doch nur zu Gelächter Anlaß gab, setzte auf unerwartete Weise den Schlußpunkt unter die Folge dramatischer Szenen. Ein Haus, auf dem sich die Zuschauer drängten, stürzte unter deren Gewicht im Augenblick höchster Ergriffenheit ein. Unter der Menge und auch unter den Schauspielern, die mit dem Abbruch der Vorstellung rechneten, entstand große Unruhe. Man eilte sofort zu den Trümmern und wollte jenen, die man begraben glaubte, Hilfe bringen, jedoch hatten sie sich schon aus dem Wirrwarr befreit, ohne Schaden erlitten zu haben, schließlich waren sie an Vorfälle dieser Art gewöhnt.

Die Dramen auf den Tod Alis sind in Versen abgefaßt. Einige Teile, die man uns übersetzte, erschienen uns voller Kraft und Empfinden. Die Schauspieler singen sie und tragen sie gefühlsbetont vor und erzielen durch die Gestik zu ihrer Deklamation große Wirkung auf die Menge, die auf die allerpathetischsten Strophen mit herzerweichendem Schluchzen antwortet. Die Ta'sijes erschüttern außerordentlich die Menge, die tagtäglich mit leidenschaftlicher Anteilnahme den Darbietungen beiwohnt, so daß sie länger dauern als die von der Religion strikt vorgesehenen zehn Tage. Solange diese Trauerzeit anhält, legen sich fromme Leute schwere Bußen auf; sie gehen nicht ins Badehaus, begeben sich nicht auf Reisen und kümmern sich überhaupt nicht um ihre Geschäfte.

Vor und nach den Tagen dieser Aufführungen laufen

die fanatischsten Männer oder jene, die sich einer harten Buße unterziehen müssen, durch die Stadt und singen Loblieder auf Hossejn und Ali, sie schreien aus Leibeskräften deren Namen heraus und geißeln sich die Brust. Einige bearbeiten ihr Fleisch mit eisernen Spießen und erregen Mitleid, da sie, nackt bis zum Gürtel, von freiwillig zugefügten Wunden übersät sind, die einen scheußlichen Anblick bieten. Andere, von Kopf bis Fuß mit Waffen behängt, mit Blut besudelt, das Gesicht geschwärzt, stellen Hossejn während seiner Kämpfe und Leiden in der Wüste dar, wo er gemäß der Überlieferung glühende Hitze und quälenden Durst ertragen mußte. In solcher Aufmachung laufen sie durch die Straßen und reizen die von den Ta'sije-Spielen schon überspannten Hirne.

Dank dem Einwirken des französischen Gesandten, dem die Rolle eines Protektors zufällt, nimmt man während dieser religiösen Feierlichkeiten Rücksicht auf die Europäer, nicht aber auf die Türken und andere Sunniten, die sich bei solchen Gelegenheiten tunlichst mit Vorsicht und Klugheit bewegen, denn falls einer von ihnen ungeschickterweise Grund zum Volkszorn gäbe, liefe er Gefahr, sein Leben zu lassen. Die vom Gedenken an Hossejns und Hassans Tod aufgebrachte Menge wäre nicht zu zügeln; vom neuerlichen Schauspiel ihres Martyriums in Wallung gebracht, würde sie mit dem Mord an einem unglücklichen Sunniten die Ermordung jener rächen, für deren Sache sie gerade eine Flut von Verwünschungen und Flüchen auf Omars Haupt ausgestoßen hatte. Die Perser unternehmen jedenfalls alles, um den religiösen Eifer anzustacheln, der in gleicher Weise und ebenso heftig in den Herzen derer brennt, die Abu

Bakrs Familie als die Erben Mohammads anerkennen. Sie überhäufen diese mit jeglicher Schmähung und Verhöhnung, und um deren Glauben noch ärger zu treffen, nehmen sie ihre Augen und ihre Vorurteile* aufs Korn. Sie fertigen eine plumpe Puppe, die mit ihren äußerst abstoßenden Zügen Omar darstellt; dann schreien sie das verfluchte Bildnis an und halten ihm den Raub des Erbanspruchs der Familie Alis vor. Dabei erschöpfen sie den gesamten Wortschatz an derben Flüchen und gemeinen Beleidigungen. Und wenn sie dieser Sintflut von Schmähreden nichts weiter hinzufügen können, zerfetzen sie die Puppe mit Stockschlägen und Steinwürfen. Dieser künstliche Omar ist innen hohl, in den Weichen enthält er Zuckerzeug, das bei seiner Zerstörung herauspurzelt. Sofort stürzt sich die Menge darauf, um die Süßigkeiten mit den Fetzen des zerstückelten Kalifen einzusammeln, oftmals reißt man sie sich auch gegenseitig aus den Händen.

Es ist nicht zu bezweifeln, daß diese Ta'sijes nachdrücklich den Glaubenseifer des Volkes fördern sollen; aber einige Perser haben mir gegenüber geäußert, daß sich viele Mollâs gegen diesen Brauch erklärt haben und darauf hinweisen, daß es die Heiligkeit ihrer Imams entweihen heißt, wenn man sie, wie es geschieht, auf der Bühne zeigt. Vielleicht verbergen die Mollâs unter dieser scheinbaren Gefühlsverletzung ihren Neid, den sie empfinden müssen, wenn sie sehen, daß diese Trauerspiele mehr Eindruck machen als ihre schönsten Predigten. Gewiß sind Geschehnisse, in kraftvoller Handlung

* Gemeint sind wohl Schwurformeln und anderslautende Ansichten. (Anm. d. Ü.)

dargeboten und vor allem mit der stetig wachsenden Steigerung der Schauspieler, eher dazu angetan, den Nerv der Menge zu treffen als die noch so geschickt vorbereiteten Reden.

Von Teheran nach Kâschân

Wir hatten nach unserer Abreise aus Teheran ein ödes Gelände durchritten, wo wir nur auf vereinzelte Ilijât unter ihren Zelten gestoßen waren. Diese Wüstenei erstreckt sich, so weit das Auge reicht, rings um die kleine Stadt Sâwe. Der Boden ist sandig und mit Salz überzogen. Unsere Schar wurde eine Weile an einem Fluß aufgehalten, der nicht eingedeicht war und dazu noch schnell dahinströmte; er war so tief, daß sich die Maultiertreiber vor ihm fürchteten. Die verschiedenen Arme, die er bildet, durchquerten wir mit einiger Mühe.

Die Hitze nahm zu, je weiter es auf Mittag zuging. Die Sonne schickte sengende Strahlen herab, deren Wirkung durch die Rückstrahlung der hellen, kahlen Erdoberfläche, über die wir dahinzogen, nur noch verstärkt wurde. In Sâwe hatte ich mich mit Granatäpfeln versorgt, die mir gefielen und deren reichlicher frischer Saft einen ausgezeichneten Trank ergab. Diese Früchte sind in Persien von erstaunlicher Größe, manche erreichen einen Umfang von dreißig bis vierzig Zentimetern; ihr Inneres ist hellrot und spielt etwas ins Gelb. Die Bewohner preisen sie sehr, zumal im Frühjahr, wenn es außer ihnen noch keine anderen Früchte gibt.

Die Nacht verbrachten wir in Tegherud. Dieses Dorf wird von einer Mauer mit mächtigen, hohen Türmen umschlossen. Zwischen Tegherud und Kom, wo wir am nächsten Tag eintrafen, bewahrt das Land seinen traurigen Anblick der Dürre.

Die Hitze war erstickend, Dünste stiegen vom Boden auf und bildeten eine Art Schleier, der den Horizont verhüllte. Außer ein paar Bergen, die man in der Ferne sah, bot dieser Landstrich nach allen Seiten hin nur die Sicht auf eine gleichförmige, von keiner Erhebung unterbrochenen Fläche. Um uns herum herrschte so etwas wie ein Zauberspuk, der uns den wirklichen Horizont nicht erkennen ließ. Jedoch nahmen gegen Mittag unsere geblendeten und ermüdeten Augen allmählich über der flirrenden bläulichen Atmosphäre einen glänzenden Punkt wahr, der dem Bild der Sonne in einem Spiegel glich: Das war die goldene Kuppel von Kom. Sie leuchtete eine lange Zeit vor unserem ungeduldigen Auge, bevor wir die Stadt erreichten, deren Nähe sich durch mehrere Mausoleen am Wegesrand ankündigte. Kom gilt als heilige Stadt, und viele fromme Leute erwählen es als Begräbnisstätte. Die zahlreichen Gräber, die außerhalb der Mauern liegen, nennt man Emâmsâdes; das sind Grabmale, errichtet für die als heilig angesehenen Abkömmlinge Alis. Vor zweihundert Jahren sah man hier noch etwa vierhundert solcher Bauwerke, deren Zahl aber heute sehr zurückgegangen ist.

Um zwei Uhr nachmittags gelangten wir an einen Fluß, der an der Stadt vorbeifließt und den wir auf einer zwölfbogigen Brücke überquerten. Am Ende der Brükke steht ein Tor, durch welches wir auf den Basar kamen. Wir wurden in einem einstmals von feinem Kunstsinn zeugenden, nun dem Verfall preisgegebenen Palast untergebracht. Kom hat unter all den Städten Persiens eine besondere Bedeutung, die sie einzig und allein der Frömmigkeit der Schiiten verdankt, denn Gewerbezweige außer Seifenherstellung und Töpferei in der üblichen Art gibt es hier nicht. Aber religiöse Gefühle reichen nicht aus, um dem Niedergang Einhalt zu gebieten, und jetzt ist die Stadt voller Ruinen. Fath Ali Schâh bekundete für Kom eine sehr große Verehrung, er ging stets nur barfüßig durch die Straßen, und als sein Onkel noch Herrscher war und er als der mutmaßliche Erbe eines wenig gefestigten Thrones genannt wurde, hatte er gelobt, daß, wenn er ihn besteigen sollte, er diese Stadt mit herrlichen Gebäuden ausstatten und ihre Bewohner von jeglicher Steuer befreien würde. Als er Schâh geworden war, erfüllte er sein Gelübde treulich. Er versuchte, Kom wieder zu Ehren zu bringen, ihm den Glanz zu verleihen, den es, die heilige Stadt und das Ziel der häufigen Pilgerfahrten, verloren hatte und wodurch es sich erniedrigt fühlte. Doch Heiligenverehrung allein kann nicht Reiche retten, und so hat auch die Stadt der Sejeds, die Stadt der Nachfahren Alis, wie alle anderen Städte Persiens ihre Herrlichkeit eingebüßt. Dennoch blieb das Grabmal der Fâtima, die die Perser Ma'sume, die Reine, nennen, in hohem Ansehen im ganzen Orient und für Pilgerscharen der Anziehungspunkt. Diese Fâtima ist eine Enkelin Alis und wurde von ihrem Vater, dem Emâm Mussâ, nach Kom gebracht, um sie vor den Verfolgungen der Kalifen von Bagdad in Sicherheit zu wissen. Bei ihrem Tod glaubte das Volk, Gott habe sie in

Befestigungsanlagen des Dorfes Tegherud

den Himmel versetzt. Ihr Grab, obgleich es nach diesem Glauben leer ist, wird nicht minder verehrt. Dieses aus Marmor erbaute und mit Goldarbeiten und Mosaiken geschmückte Mausoleum ist von einem riesigen Gitter aus massivem Silber umgeben. An allen vier Seiten sind Opfergaben angebracht, seien es Waffen oder Juwelen oder kostbare Gewänder. Die Kuppel ließ Fath Ali Schâh mit Goldplatten belegen.

Wie anderswo habe ich auch hier versucht, in das Heiligtum einzutreten, und wollte den Schleier lüften, den der Fanatismus der Muslime über die für Christen verbotene Stätte deckt. Ich war bis in den letzten Hof vorgedrungen, durch das heilige Labyrinth von einem Farrâsch begleitet, einem Fremdenführer der Stadt, den die Hoffnung auf Belohnung zur Verletzung der Gebote erkühnt hatte. Aber noch hatte ich nicht die letzte Stufe der Treppe, die zu dem allergeheimnisvollsten Ort hinabführt, verlassen und blickte erwartungsvoll zur Pforte des Grabmals hin, da stürzte auch schon ein wütender Mollâ auf uns los. Er wagte es nicht, mich anzugreifen, aber er beschimpfte meinen Führer, dem er schroff befahl, den Christen sofort hinwegzubringen, weil dessen Anwesenheit eine Besudelung darstelle, auch schon des Bodens, den er betrete.

Unter den Herrschern Persiens, die sich in Kom beisetzen ließen, befinden sich Schâh Abbâs II. und Schâh Safi. Fath Ali Schâh hatte bereits zu Lebzeiten, getreu seiner frommen Gesinnung, als Grabstätte eine kleine Moschee erwählt, die sich an das Heiligtum der Fâtima anschließt. Er verwendete alle Sorgfalt auf ihre Ausstattung mit Marmor, Goldschmuck und Spiegeln. Dort liegt er in einem Alabastersarkophag, den ein Deckel mit seinem Standbild verschließt. Der Emâm-dschom'e, Obermollâ der Stadt, lud uns alle, um die Schmähung, die mir in einem der Höfe dieses Bezirkes angetan worden war, vergessen zu machen, für den nächsten Vormittag zum Tee ein, und zwar im Innern der heiligen Umfriedung, wo der Leib des Herrschers ruht. Er empfing uns mit einer Freundlichkeit, die die Grobheit seines fanatischen Untergebenen wiedergutmachte.

Tejmur-lang hatte seinen Arm gewalttätig auf die Stadt Kom fallen lassen. Ihre schiitische Geheiligtheit mag der Grund dafür gewesen sein, aber man kann wohl auch zu Recht sagen, ohne diesen tatarischen Kriegshelden zu verleumden, daß er wahrscheinlich angesichts der aufgehäuften ungeheuren Reichtümer, die von den Frommen für das Heiligtum der Fâtima gestiftet worden waren, so handelte.

In Kom machten wir nicht Station. Wir dankten dem Emâm-dschom'e für seine Artigkeit und brachen auf. Die Hitze war unerträglich. Wir hielten an einem völlig zerstörten Ort, der Langarud heißt. Dort befindet sich ein Emâmsâde inmitten einer Gruppe von Bäumen, wozu auch sehr schöne Zypressen zählten und eine Pinie. Das Nachtlager fanden wir in einer Karawanserei mit Namen Passangân. Dieser Ort ist gänzlich unbewohnt. Um Proviant zu besorgen, mußte der Mehmândâr seinen Bruder mit einigen Berittenen in ein Dorf schicken, das versteckt hinter dem nahen Gebirgszug liegt. Die persischen Ra'ijes entziehen sich nämlich, so gut es geht, den Blicken der Vorüberreisenden. Sie hoffen, indem sie ihre Bleibe tief in die Schluchten oder hinter eine Bergwand verlegen, den Abgabeeintreibungen zu entgehen, denen sie so oft zum Opfer fallen. Und das hatten auch jene aus der Umgebung von Passangân so getan. Als sie die Farrâschs und Gholâms des Mehmândârs mit einem kaiserlichen Farmân als alleinigem Zahlungsmittel kommen sahen, stellten sie sich erst einmal begriffsstutzig. Schâh Abbâs Châns Bruder, der seine Ehre dareinsetzte, daß sie den von ihm überbrachten Anweisungen Gehorsam leisteten, wollte gegen sie Gewalt anwenden. Doch die Einwohner des Dorfes ließen sich nicht bewegen; es kam zu Schlägereien, und der arme Mohammad Chân, der Leidtragende bei der ihm übertragenen unangenehmen Aufgabe, kehrte mit lädierter Kinnlade zurück. Mit ihm waren auch zwei seiner Reiter ernsthaft verletzt worden. Aber dank eines rechtzeitig nachgeschickten Beistandes konnten sich die Männer des Mehmândârs aus den Händen der Bauern befreien und uns die nötigen Vorräte bringen. Sicherlich kam den armen Kerlen hinterher ihre mutwillige Beleidigung sehr teuer zu stehen.

Tags darauf machten wir in der Karawanserei von Schurâb halt und nächtigten in der von Nâsserâbâd, dann erreichten wir Kâschân.

Von Kâschân nach Isfahan

Prinz Fathollâh Mirsâ, der Statthalter von Kâschân, empfing uns sehr freundlich. Er schickte dem Gesandten den Ehrenestekbâl entgegen, der aus Offizieren seines Hauses bestand, die von allen Lutis der Stadt mit ihren Bären und Affen begleitet wurden. Der Schâhsâde, der uns liebenswürdig und geistvoll erschien, bestand darauf, daß wir uns in Kâschân aufhalten sollten. Unmöglich hätten wir auf diese Geste der achtungsvollen Ehrerbietigkeit abschlägig antworten können, und so blieben wir einen Tag in Kâschân.

Das genügte, um alles zu sehen, was die Stadt in ihren Mauern birgt. Sie ist nicht sehr groß, aber die Einwohnerschaft ist verhältnismäßig zahlreich, etwa dreißigtausend Seelen, unter denen viele Juden sind. Mehrere Fabriken erzeugen durchwirkte Seidenstoffe, Brokat und Satin von guter Haltbarkeit und erlesener Güte. Man fertigt auch Samtgewebe und einfache Umschlagtücher an; aber die englischen Einfuhren, die seit etwa dreißig Jahren in Persien immer stärker werden, haben den Manufakturen Kâschâns einen Todesstoß versetzt. Es soll noch einige Werkstätten geben, doch der Anblick der meisten, in denen die Arbeit ruht, bis diese ganz verschwinden, ist traurig. Nichts ist mehr von jener

Heiligengrab in Kâschân

Betriebsamkeit wie zu Zeiten der Sophis zu spüren, als Kâschân die erste Textilwarenstadt Persiens war. Man findet keine Fabrik mehr, die, wie vor zwei Jahrhunderten, allein schon tausend Arbeiter beschäftigt.

Die persischen Erzeuger haben die Wohltaten der europäischen Zivilisation zu spüren bekommen. Der Kontakt vor allem mit den Engländern hat für sie das unheilvolle Ergebnis gehabt, daß auf all ihren Basaren beträchtliche Mengen von Waren erscheinen, die zu niedrigeren Preisen verkauft werden als die inländischen. Man muß offen sagen, daß das die Frucht der Handelsverträge ist, die mit den diplomatischen Bevollmächtigten abgeschlossen wurden, welche unter dem äußeren Schein einer schützenden Freundschaft und eines politischen Bündnisses stets den Hintergedanken verbergen, die Produktion jenes Landes zugrunde zu richten, das ihnen vertrauensselig genug die Tore öffnet. Sie sind demnach im großen Stile die Geschäftsreisenden des europäischen Handels; sie erhalten Vergünstigungen zum Nachteil des Landes, bei dem sie akkreditiert sind und wo es, einzig für sie, weder Zölle noch Schutzrechte, noch irgendwelche Steuern gibt. Indem sie es mit Waren überschwemmen, die unter dem geltenden Preis verkauft werden, bringen sie unweigerlich die einen zur Einstellung ihrer Produktion und die anderen zur Schließung ihres Ladens. So sieht es in ganz Persien aus, wo man Mühe hat, ein Stück Stoff zu finden, das nicht das Markenzeichen mit der Krone oder mit dem Leoparden trägt.

Der Reisende, der über die Folgen dieses Mißbrauchs der heutigen Diplomatie nachdenkt, stellt sich bekümmert die Frage, ob die großen Worte über europäische

Zivilisation, pompös in alle Welt hinausgetragen, etwa nichts anderes sind als die Anpreisung überschüssiger Erzeugnisse gewisser Länder mit dem Ziel, sie in Umlauf zu bringen. Und wie sollte man nicht zu dieser Überzeugung kommen, wenn man in Asien Jahr für Jahr alle möglichen Gewerbezweige verschwinden sieht, von denen einst Europa selbst abhängig war; wenn man feststellt, daß diese Perser, deren Gewebe, Gold- und Silberbrokate sowie Musselinstoffe die Bewunderung und den Neid der reichen Europäer erregten, sich heute nur noch in leichtes Seidenzeug oder in englischen Kattun kleiden? Wenn für Europa Schiffe und Kanonen nichts weiter sind als die geeigneten Mittel, um Gold und Silber aus den Kassen der Völker herauszuziehen? Und wenn die Flaggen, gleich welcher Farbe, nichts anderes schützen als die Ballen der Kaufleute? Rom eroberte barbarische Landstriche und brachte tatsächlich seine Zivilisation dorthin, wo wir noch heute die erhabenen Spuren grüßen. England bemächtigt sich auch weiter Gebiete, aber nur, um dort zu verkaufen. In erster Linie verfolgt es merkantile Ziele und mißbraucht seine Stärke, um sich die Märkte der Welt mit Geschützfeuer zu öffnen; und wenn es einmal gestürzt ist, so wie alle Mächte stürzen, wie auch Rom, welche Erinnerungen wird es da hinterlassen, wo es geherrscht hat? Zugrunde gerichtete Gewerbezweige, vergessene und verlorengegangene Künste und tiefes Elend unter den Völkern, die mit vollen Händen alles Gold Indiens, Persiens, der Türkei und wahrscheinlich auch Chinas hingegeben haben. Die Eroberung von Reichen wie der Ruin von Völkern wären dann im Namen der Zivilisation geschehen! Man möge einem unparteiischen Reisenden die Abschweifung verzeihen, der sich in dem Land, wohin er gekommen ist, umgesehen hat und nach den Gründen all der Zerstörungen, auf die er gestoßen ist, fragt. Ich begreife, daß man die Völker dieser alten Welt, von fern betrachtet, ohne sie zu kennen, unterschiedslos für barbarische Horden hält, die nur allzu glücklich sind, die Produkte Europas zu empfangen. Und dann ist es nur natürlich, daß man in diesen schlecht beurteilten Ländern Absatzwege und Märkte sieht, wo es verdienstvoll ist, die Wohlhabenheit und die Leistungsfähigkeit unserer Zivilisation einzuführen. Aber das gilt nicht für den Reisenden, der überall die Spuren eines Gewerbefleißes sieht, der früher als der unsere bestand und der, ins Herz getroffen, in den letzten Zügen liegt.

Kehren wir jedoch zu unserem Aufenthalt in Kâschân zurück. Es bewahrt, wie ich sagte, ein wenig von seiner Produktion; es unternimmt die äußerste Anstrengung, um nicht das untergehen zu lassen, was ihm einen Namen unter den Städten Persiens gemacht hat. Zu den Erzeugnissen, die innerhalb seiner Mauern entstehen, zählen solche, die seinen Ruhm, den ihm das Ausland noch nicht zu entreißen vermochte, mitbegründet haben: Kupferwaren, wie Tabletts, Schüsseln, Eimer, Flaschen und so weiter. Die Handwerker, die diese Gegenstände herstellen und bearbeiten, beweisen echten Geschmack; sie verstehen es, ihnen gefällige Formen zu geben und sie mit Ziselier-, Gravier- und Emailarbeiten zu schmücken, was sie fast zu Kunstwerken werden läßt. Sie haben auch das so wichtige Problem für ein Land, wo alles auf dem Maultierrücken befördert wird, gelöst: nämlich alles Nötige für das Kochen und Auftischen auf engstem Raum zu vereinen; dazu fertigen sie

Reisenecessaires an, die sich aus zwanzig bis dreißig Teilen zusammensetzen, immer eins in das andere gesteckt, vom größten Topf bis zum kleinsten Napf.

Kâschân genießt auch den Ruf, die besten Melonen und Früchte in ganz Persien zu ernten. Man sieht auch viele Maulbeerbäume, die letzten aus den Zeiten der gewerblichen Blüte, als sie in der Stadt angepflanzt wurden; doch hat die Zahl dieser Bäume abgenommen, seit die Seidenraupenzucht zurückgegangen ist, und es geschieht zuweilen, daß man sich Seide aus Gilân besorgen muß.

Kâschân hat wenig große Bauwerke. Vielleicht hat es früher mehr gehabt und sie sind bei dem Erdbeben, wodurch die Stadt im vergangenen Jahrhundert gänzlich zerstört wurde, eingestürzt; jedenfalls ist das anzunehmen, denn unsere Vorgänger bezeugten die Ansehnlichkeit, die die Stadt einstmals aufwies. Was sie heute als Bestes zu bieten hat, sind ihre Basare, die großartig gebaut sind, ihre Karawansereien und ihre Badehäuser. Eins habe ich aufgesucht und war von der Eleganz verblüfft. Von allen öffentlichen Bädern, die ich in Persien gesehen habe, war das hinsichtlich seiner Architektur und seiner Einrichtung am bewundernswürdigsten.

In Kâschân gibt es keinen Fluß, statt dessen hat man eine große Anzahl von Brunnen, Kanälen und Âb-ambârs angelegt, die von allen Seiten durch unterirdische Wasserläufe gespeist werden. Die Stadtmauer ist gut erhalten und schien mir einen besseren Schutz zu gewähren als die meisten anderen, die wir vorher gesehen hatten.

An jenem Vormittag, als wir in die Stadt kamen, lud

der Schâhsâde den Gesandten zu einem Frühstück in einen kleinen Palast ein, der Fin-Fin oder Bâgh-e Fin heißt, etwa ein halbes Farsach außerhalb der Mauern gelegen. Bei unserer Ankunft fanden wir einen auf persische Art gedeckten Tisch, das heißt einen ausgebreiteten Teppich. Der Ort, den man gewählt hatte, war ein eleganter Pavillon inmitten eines schattigen Gartens mit prachtvollen Zypressen und von plätschernden Bächlein durchzogen; diese entströmten einer reichlich sprudelnden Quelle hinter dem Palast. Die Leute verbinden mit ihr abergläubische Vorstellungen und schreiben ihr Heilkräfte zu, deren Art ich aber nicht recht begreifen konnte. Das Wasser wird in dem Pavillon in einem großen Bekken aufgefangen und trägt zur Kühlung bei, was bei der trockenen, sengenden Hitze von Kâschân im Sommer sehr schätzenswert sein muß. Der Boden des Beckens ist mit blauen Kacheln ausgelegt, die durch das kristallklare Wasser hindurchschimmern und eine zauberhafte Wirkung hervorrufen.

Auf dem Weg zu diesem kleinen Palast des Prinzen kommt man unweit eines der Stadttore an einem Darwischkloster vorüber, wo sich ein Emâmsâde und eine Moschee befinden. Das alles fügt sich zu einer recht malerischen, sehenswürdigen Gruppe.

Am 1. April verließen wir Kâschân zu früher Stunde, weil ein recht langer und schwieriger Weg vor uns lag. Die ersten Stunden durchzogen wir die Ebene, wobei uns die Sonne schon die Kraft ihrer Strahlen spüren ließ. Der Boden war trocken und von einer Salzkruste bedeckt. Nach Osten hin verlor sich das Auge in einem schimmernden Dunst, in dem nirgends der Umriß irgendeines Gebirges auftauchte: Das war die Endlosig-

Bâbâ-suchte-Moschee in Isfahan

keit der Wüste von Kermân, die sich bis an die Grenze zu Afghanistan erstreckt.

Wir legten eine kurze Rast bei einer Karawanserei ein, die sich Gabrâbâd nennt, also Stätte der Gebern. Tatsächlich gab es da einmal eine Siedlung, die von Persern, Angehörigen dieser Sekte, bewohnt war. Wahrscheinlich blieben ihnen Bedrückungen von seiten der Muslime nicht erspart, und aus diesem Grund verließen sie ihr Dorf, das nun völlig verfallen ist.

Die Karawanserei von Gabrâbâd ist ein schöner und solider Bau. Eine Tafel über dem Eingang zeigt an, daß sie von einem der Generäle Abbâs' des Großen gegründet wurde. An dieser Stelle verläßt man das Kâschâner Gebiet und dringt in eine Schlucht des Korud-Gebirges ein. Mit den Örtlichkeiten änderte sich auch das Wetter. All das Ungemach, dessen wir uns seit dem Abstieg in das Flachland von Irak enthoben zu sein glaubten, erwartete uns wiederum bei diesem Durchzug. Der Wind wehte stürmisch, der Schnee wirbelte in dicken Flokken. Wir gerieten in einen zweiten Winter, von einer Härte, die uns noch unerträglicher erschien, weil wir darauf überhaupt nicht gefaßt gewesen waren. Von der Hitze seit Teheran getäuscht, hatten wir gegen die Kälte keinerlei Vorkehrungen getroffen; und so wurde dieser Tagesmarsch für jeden von uns einer der qualvollsten.

Auf der Hälfte des Weges, der zum Gipfel der Berge führt, wurde unsere Aufmerksamkeit durch das Tosen eines Wasserfalls erregt. Bald sahen wir auch die Kaskade, gebildet von den Wassermengen, die aus einem kleinen See oberhalb der Schlucht und auf der Seite, wo wir entlangritten, herabschossen. Sie stürzten mit ohrenbetäubendem Lärm in die Tiefe. Unser Perser erklärte uns, das Wasser komme aus dem Staubecken, das die Zisternen von Kâschân speise. Dieser Wasserspeicher geht auf Schâh Abbâs zurück, dessen Name auf Schritt und Tritt in Persien anzutreffen ist. Er hatte, um die Kâschâner zu versorgen, den glücklichen Einfall, mittels eines Dammes, genannt Band, all das Quellwasser und das der Schneeschmelze in einem Becken zurückzuhalten und es je nach Bedarf in die Stadt fließen zu lassen. Ordentlich zementierte Felsbrocken dienten zur Errichtung des Deiches, der so viel Wasser staut, daß ein kleiner See entsteht. Der Damm ist nach der Stadt benannt, für die er errichtet wurde, oder nach dem benachbarten Dorf: entweder Band-e Kâschân oder Band-e Korud.

Im dichten Schneetreiben erreichten wir Korud. Diese ansehnliche Siedlung liegt in einem von mehreren Bächen bewässerten Tal. Dort begegneten uns wieder all die Schrecken des Winters. Rundum nichts als Schnee. Doch die zahlreichen großen Gärten, die sich mit ihren hohen Bäumen zu beiden Seiten erstreckten, ließen erkennen, daß diese Gegend landwirtschaftlich sehr gut genutzt wird. Uns schien, daß weder Kälte noch Schnee zufällige Erscheinungen waren und daß zu jeder Zeit der Temperaturunterschied zwischen diesem Ort und Kâschân sehr beträchtlich sein muß, war doch in Kâschân, das wir gerade hinter uns gelassen hatten, die Vegetation schon weit fortgeschritten. Sie strebte bereits der Zeit der Reife zu, während sie hier, an diesem Ort, noch weit zurückgeblieben war. Den klimatischen Unterschied zeigte auch der Baumbestand von Korud an: Es waren zumeist Birn-, Pflaumen-, Nußbäume und Pappeln.

Korud ist am Berghang in Form eines Amphitheaters angelegt. Auf den Terrassen stehen die Häuser. Dort wurden wir aber schlecht untergebracht, weil alles sehr schmutzig war. Es gab zwar auch eine Karawanserei, aber sie war halb zerfallen, und der Mehmândâr fürchtete, wir könnten da unter der Kälte leiden, was sowieso nicht zu vermeiden war.

Ohne Bedauern verließen wir am nächsten Morgen diesen Ort in der Hoffnung, bald aus dem sich in die Länge ziehenden Engpaß hinauszugelangen und endlich dem Schnee und der ungewohnten Kälte zu entkommen. Aber der bei unserem Aufbruch immer noch schwarz verhangene Himmel schickte den ganzen Tag riesige Mengen Schnee herab. Außerdem hatte der Frost den Schnee des Vortages fest und glatt werden lassen, was den Marsch unserer Karawane nur noch mühseliger machte; wir kamen nur langsam voran. Der Mehmândâr hatte Reiter vorausgeschickt, die unterwegs, auf halbem Wege zu dem Mansel, ein Feuer entfachen sollten. Sie hatten etwas Holz zusammengetragen, das sich schwer entzünden ließ; trotzdem gelang es ihnen durch angestrengtes Blasen und eifriges Wedeln mit ihren Überröcken, daß einige Flammen emporzüngelten. Sie bereiteten Kabâb vor, das ist Hammelfleisch, in kleine Stücke geschnitten und auf einem Eisenstab, der als Spieß dient, gebraten. Daß wir uns wärmen und die steifgefrorenen Glieder wieder gelenkig machen konnten, empfanden wir als eine Wohltat. Wir hatten das bißchen Erholung sehr nötig, aber der Schnee fiel noch dichter, und der Wind blies noch heftiger und ließ erst nach, als wir den Gipfel des Gebirges überschritten hatten.

Am Südabhang kamen wir nach Su, wo wir in der Karawanserei abstiegen. Das Dorf liegt in Gärten eingebettet, so wie Korud.

Von Su ging es weiter bergab. Der Schnee blieb hinter uns zurück, und im Tiefland machte sich wieder die Wärme bemerkbar. Wir befanden uns in einem weiten Ring von Gebirgen, deren Gipfel weiß leuchteten. Dort erreichten wir eine schöne Karawanserei, aber Schâh Abbâs Chân war der Meinung, wir würden besser in dem Dorf gegenüber, Murtschechort, aufgehoben sein, und hatte dort für uns Unterkünfte vorbereiten lassen. Es war wirklich ein schönes, großes Dorf mit sauberen und bequemen Häusern, aber mitten in einem öden, unbewirtschafteten Landstrich gelegen. Doch nach den verstreuten Ruinen und unterirdischen Kanälen zu urteilen, muß diese Gegend einst reich bevölkert gewesen sein. Die Ebene von Murtschechort ist berühmt geworden durch den Sieg, den Nâder Schâh 1729 über die Afghanen errang und der für Persien die Befreiung von diesen fürchterlichen Bedrängern bedeutete.

Am nächsten Tag stiegen wir, nachdem wir mehrere Hügelketten überwunden hatten, in die Ebenen von Isfahan hinab. Der Anblick dieses Gebietes deutet keinesfalls auf die Nähe der berühmten Hauptstadt Persiens hin. So weit das Auge reichte, waren wieder einmal nur Unfruchtbarkeit und Verfall zu sehen.

Wir machten in Gas halt, obwohl wir nicht mehr als drei Stunden von Isfahan entfernt waren. Doch in die Stadt einziehen war nicht möglich. Man mußte unsere Ankunft melden, um über die nötige Zeit zu verfügen, den Empfang, der uns galt, vorzubereiten. Vor uns zeichnete sich am klaren Himmel die ernste Silhouette des Gebirges ab, zu dessen Fuße die herrliche Stadt Schâh Abbâs' gelegen ist.

Die Dörfler von Gas haben wirklich staunenswerte Arbeiten vollbracht, um das Wasser, das sie aus beträchtlicher Entfernung herbeifließen lassen, auf ihre Felder zu leiten. Wir hatten schon an mehreren Orten solche Kanäle gesehen, aber nirgendwo hatten wir das Bewässern auf solch einer ausgedehnten Fläche und in solch fachmännischer Anordnung zu Gesicht bekommen. Diese Wasserleitungen, die man Kahris nennt, sind enorme unterirdische Stollen, die manchmal eine Länge von mehreren Farsachs haben. Sie sind breit und hoch genug, so daß die Arbeiter sie leicht begehen können; sie sind im Boden vorangetrieben, den man aushöhlt, wobei man der Decke der Festigkeit wegen die Form einer Wölbung gibt. In gewissen Abständen werden Öffnungen geschaffen, wie Brunnen, in die man hinabsteigen kann, um entweder notwendige Ausbesserungen auszuführen oder die Erdmassen zu entfernen, die häufig nachrutschen und den Durchlauf des Wassers verhindern. Die Bauern schöpfen aus diesen künstlichen Quellen das Wasser, das sie zur Bewässerung ihrer Felder brauchen, und sobald sie das Naß verteilen, bewirken sie auch die erforderliche Fruchtbarkeit.

Persien ist im allgemeinen wasserarm; daher ist es notwendig, daß der Natur die Kunst zu Hilfe kommt. Flüssen oder Bächen begegnet man nicht oft, sie sind fast nur in gebirgigen Gegenden anzutreffen. Nur sehr wenige Wasserläufe bahnen sich einen Weg durch die Ebenen, und diejenigen, die sich ein Bett gegraben haben, verschwinden fast ausnahmslos darin. Das hat mehrere Gründe. Da das äußerst trockene Klima die Erde dürsten läßt, nimmt sie große Mengen Wasser auf, das einsickert und so verlorengeht. Die Anpflanzungen, auch wenn sie noch so gering sind, können nur bei zahllosen und stets betriebstüchtigen Bewässerungsanlagen gedeihen, und das ist die zweite und ins Gewicht fallende Ursache für die Abnahme der Wassermenge der Flüsse. Außerdem ergießen sich alle jene Wasser, die keinen Zugang zu den angrenzenden Meeren haben oder in andere Flüsse münden, in die riesigen Ebenen, wo sie keinen Abfluß haben; so verlieren sie sich im Boden oder verdunsten unter den sengenden Sonnenstrahlen. Diese verschiedenen Ursachen erklären, daß man in den Gebirgen reißende, an ihrem Ursprung sehr schnelle Wasserläufe vorfindet und daß sie, anders als in unserm Land, wo man sie an Menge und Schnelligkeit zunehmen sieht, nach und nach abnehmen und schließlich verschwinden, ohne daß man weiß, was aus ihnen geworden ist.

Nachdem wir am nächsten Tag ein wenig sorgfältiger als sonst Toilette gemacht und die Reisekleider abgelegt hatten, brachen wir von Gas in Richtung Süden auf. Unsere Schar war froh, daß eine Reise zu Ende ging, die unter recht beschwerlichen Bedingungen angetreten worden war. Jeder von uns war begierig auf den Anblick dieser Stadt Isfahan, deren berühmter Name für die Europäer etwas Märchenhaftes heraufbeschwört. Unsere Ungeduld übertrug sich auch auf den Gang der Pferde, und Schâh Abbâs Chân sah sich des öfteren genötigt, unseren Eifer zu zügeln aus Furcht, wir könnten für die Vorbereitungen, die der Schâh für den Empfang der Gesandtschaft benötigte, nicht genügend Zeit lassen.

Das Wetter war schön, was unsere persische Begleitung mit Befriedigung vermerkte, weil sie großen Wert darauf legte, daß sich der Himmel bei unserem Einzug in Isfahan nicht ungnädig zeigte.

Wir stießen auch bald auf die Berittenen, die als erste aus der Stadt herausgekommen waren, um dem Gesandten entgegenzueilen. Zunächst stellte sich ein Monsieur Séminot vor, dem man den Titel General verliehen hatte; es hieß, er habe einmal in der französischen Armee gedient. Die Ereignisse, die beim Sturz des Kaiserreichs seine Entlassung mit sich brachten, hatten ihn auf der Suche nach dem Glück nach Asien verschlagen. Von Stellung zu Stellung war er am Hof des Schâhs in den Rang eines Generals für Ingenieurwesen aufgerückt. Hinter Monsieur Séminot näherte sich eine ansehnliche Reiterschar in kostbarer Kleidung. An ihren herrlichen Kaschmirgewändern, die sie nach europäischer Art über die kurze Redingote geworfen hatten, war abzulesen, daß es sich um hochgestellte Persönlichkeiten handelte. In der Tat, es waren Schâhsâdes, die der Monarch in seinem Namen dem Iltschi-bej entgegenschickte. Sie entledigten sich ihres Auftrages auf eine überaus anmutige Weise; sie ergingen sich in endlosen Schmeicheleien, wonach Iran das Glück zu schätzen wisse, den Gesandten des Königs von Frankreich als Gast zu haben. Unter diesen Begrüßungsreden, die übrigens wohlgesetzt waren, führten uns die Prinzen zu den am Wege aufgestellten Zelten, vor denen sie uns absitzen ließen. Die Zelte hatte man mit Teppichen und Polstern ausgelegt, damit wir uns um die bereitgestellten Platten mit Gebackenem niederlassen sollten. Als wir nun im Kreis Platz genommen hatten, begannen erneut und auf das angenehmste und mit der liebenswürdigsten und blumigsten Rede die Begrüßungen und der Austausch der Ehrenbezeigungen zwischen den Schâhsâdes und dem Gesandten, wobei der Dolmetscher zu Hilfe gezogen wurde. Monsieur Kazimirski schien mit viel Geist und Wissen dieser Rolle gewachsen zu sein, denn die »bale«, die »chub«, »chejli chub« der Perser, was »gut, sehr gut« heißt, und die Art und Weise, wie sie ihm lauschten, zeigten uns, daß sie mit der vielleicht ein wenig weitschweifigen Übersetzung der Worte des Iltschis sehr zufrieden waren. Nachdem die Pasteten, der Tee, der Kaffee und die Kaliâns zur Genüge die Runde gemacht hatten und nachdem der Austausch all der Höflichkeiten, die der Empfang eines diplomatischen Abgesandten und die persischen Sitten erfordern, beendet war, bestiegen wir wieder die Pferde und näherten uns in Begleitung der Prinzen und der mehr als dreihundert Reiter der Stadt.

Je näher wir Isfahan kamen, um so größer wurde die Menschenmenge. Fußvolk drängte sich unter die Reiter, die Gholâms, die uns den Weg bahnten, hatten alle Mühe, uns Platz zu verschaffen; dennoch verfehlte unser Vorüberzug nicht seine eindrucksvolle Wirkung, er schien für die Menge von ehrfurchtgebietender Art zu sein.

ISFAHAN

1

Beim Herannahen nahm die unbestimmte Silhouette Isfahans, die wir seit Gas zu unterscheiden suchten, allmählich deutlichere Formen an. In die dunstig-bläuliche Färbung, die die einzelnen Hervorhebungen einhüllte, mischten sich verschiedene, den Besonderheiten entsprechende Töne.

Die Stadt erschien uns von sehr beträchtlicher Ausdehnung. Aber wie all jene, die wir schon kannten, verhinderte die geringe Höhe ihrer Gebäude einen großartigen Anblick. Es war eine lange Linie von niedrigen Bauwerken zu sehen, vor der sich eine graue Mauer entlangzog und über die hier und da einige Kuppeln samt kachelverkleideten Minaretten hinausragten. In Abständen fügten lichte Baumgruppen ihr Grün in dieses Bild, dessen Hintergrund von den nahe gelegenen hohen Bergen gebildet wurde, die sich düster und ernst erhoben. Die Sonne beschien sie nicht mehr auf der uns zugewandten Seite, ihre Strahlen aber trafen die leuchtenden Wölbungen der Moscheen, so daß sie durch den Goldstaub hindurch, in den die ganze Stadt getaucht zu sein schien, den Glanz zurückwarfen. In Licht gebadet und funkelnd, hob sich Isfahan wunderbar von dem dunklen Blau der Hänge des Rostam-kuh ab.

Das ebene Land, das sich bis an die Mauern erstreckte, war da, wo wir vorüberkamen, wenig bestellt. Verfallene Dörfer kündeten davon, daß die Bevölkerung sie verlassen hatte.

Um zwei Uhr erreichten wir das erste Stadttor. Dort erwartete uns eine riesige Ansammlung von Menschen aller Schichten und jeglichen Aussehens. Wir begegneten dort auch einer Abteilung Offiziere des inneren Dienstes, den Nassaktschis des Schâhs, einer Art Vollstrecker seines Willens oder Herolde, die sich bei allen Zeremonien zu seiner Seite halten und seine Vorhut sind, sobald er sich von der Stelle bewegt; sie waren in lange, schleppende rote Gewänder gekleidet und trugen sehr hohe, ebenfalls rote Turbane. Nach den üblichen Begrüßungen stellten sie sich in zwei Reihen auf und eröffneten mit dem Nassaktschi-bâschi an der Spitze, der einen langen Stab trug, das pompöse Geleit.

Von den Männern des Schâhs und der Bevölkerung Isfahans umringt und gedrängt, hielten wir am 5. April 1840 unseren Einzug in diese große und schöne Stadt.

Nachdem wir das erste Tor passiert hatten, das nichts Bemerkenswertes an sich hat, befanden wir uns in einer langen, mit Bäumen bepflanzten Straße. Beide Seiten waren von Mauern gesäumt, die uns Gärten zu verbergen schienen, denn Weinstöcke streckten uns ihre Ranken und Feigenbäume ihre Zweige entgegen. Ihre bereits kräftige Entfaltung sagte uns, daß der Frühling schon lange in Isfahan eingezogen war. Hin und wieder kamen wir an Wasserbecken vorbei; aber das hohe Gras, das in sie hineingewachsen war, machte uns zur Genüge klar, daß sie sich kaum mit Naß füllten. Die allgemeine Vernachlässigung und der Verfall fielen uns sofort und überall in die Augen.

Auf halbem Wege bemerkten wir eine reizende kleine Moschee, die mir als Kleinod der persischen Baukunst erschien. Doch warum muß man beim Bestaunen ihrer Struktur und der verschiedenartigen Zeichnung ihrer Emailkacheln leider auch sehen, daß um sie herum schon massenweise Trümmer liegen? Diese Moschee heißt Bâbâ-suchte oder Verbrannter Vater. Den Ursprung dieses Namens habe ich nicht erfahren können. Nicht nur die Kuppel und das Minarett sind mit glasierten Ziegeln verkleidet, sondern auch die Außenwände des Gebäudes, von oben bis unten. Heute sind diese Verkleidungen arg beschädigt, und das Mauerwerk aus gewöhnlichen Ziegeln tritt an allen Stellen hervor. Dennoch kann man die Wirkung dieser eleganten Verzierung ermessen: Große grüne und weiße Sterne zeichnen sich auf dem Azurblau der Kuppel ab, an der sich, eingefaßt von blauen Bändern, eine Inschrift aus weißen Buchstaben auf grünem Grund als Fries entlangzieht. Das Minarett, das von schlanker und ausnehmend anmutiger Form ist, weist eine Folge grüner und weißer Spiralen auf, die sich rings um die blau emaillierte Oberfläche winden. Unmöglich, von einem solchen grazilen und gefälligen Bauwerk keinen verlockenden Vorgeschmack von den herrlichen Moscheen zu erhalten, die Isfahan seinem Sophi-Monarchen verdankt.

Nachdem wir auf unserem Weg an dieser Moschee vorbeigeritten waren, stießen wir am Ende der langen Allee auf ein zweites Tor, von zwei grob in Marmor gehauenen Löwen flankiert. An dieser Stelle begann nun wirklich die Stadt. Ein paar Schritt im Halbdunkel unter einer Rotunde, wo sich einige Sarbâs aufhielten, und wir befanden uns in der ersten Straße Isfahans. Das war keine offene Straße, sondern eine Art überwölbte große Passage, die nur dann und wann den Himmel freigab. Dieses Viertel kam uns menschenleer vor, Häuserschutt kullerte unter die Pferdehufe, die ihn zerstampften und dabei dichten Staub aufwirbelten. Ein paar armselige Läden, schlecht versorgt und noch schlechter besucht, verrieten, daß es sich um eine der vernachlässigsten Ecken des Großen Basars handelte. Tatsächlich zeigten sich, je weiter wir vordrangen, mehr Läden, und bald waren wir richtig auf dem Basar. Aber die Händler waren der Gesandtschaft entgegengeeilt, und alles war verschlossen wie an einem Ruhe- oder Festtag. So zogen wir weiter unter den dunklen Gewölben, an einer endlosen Reihe aufeinanderfolgender Basare vorüber.

Wir ritten schon fast eine Stunde, als wir einen weiten Platz erreichten, auf dem eine prächtige Moschee, von großartigen Proportionen und herrlich mit Glasurkacheln verziert, zu sehen war, neben der sich ein mächtiger Palast erhob, den ein beschwingter, luftiger Säulengang krönte. Das waren der Mejdân-e schâh oder Königsplatz, die Hauptmoschee, die Masdsched-e Dschom'e heißt, und der Schâh-Abbâs-Palast. Wir waren im schönsten Teil Isfahans, dem Viertel des Herrschers, für das Schâh Abbâs und die anderen Monarchen aus seinem Geschlecht das Gold Persiens vergeudet hatten, verwendet für all das, was die persische Kunst an Erhabenstem und Leuchtendstem erschaffen konnte.

Unsere Vorhut aus Nassaktschis ritt weiter, und wir mußten ihr folgen. Wir gerieten unter ein weiteres geräumiges Gewölbe, das einen großen Markt überdachte, wo uns Hammerschläge anzeigten, daß wir uns mitten unter den Werkstätten befanden, wo das Kupfer für sämtliches Geschirr der Stadt bearbeitet wurde.

Wir gelangten von Passage zu Passage, von Platz zu Platz, von Straße zu Straße und zu einer Prachtstraße, die in ihrer Art eine der Sehenswürdigkeiten der Stadt ist. Sie nennt man den Tschahâr-bâgh. Vier Reihen gewaltiger Platanen, deren enorme Stämme majestätisch das schirmförmige Geäst trugen, boten uns den Zugang zu fünf breiten, geraden Alleen, deren Länge nicht abzusehen war. Längs der mittleren führt ein Kanal, der ihr die gesamte Strecke folgt, ein klares fließendes Wasser. Alle zweihundert Schritt ergießt es sich in große Becken und bildet von einem zum anderen mehrere Kaskaden. Neben diesen Becken sah man Pavillons, bunt bemalt oder mit Fayenceplatten belegt. Bäume ragten aus unermeßlich großen Gärten hinter den arkadengeschmückten Mauern, den Straßenbegrenzungen, auf.

Auf halbem Wege kamen wir an eine schöne Moschee, die in ihrem ganzen Ausmaß farbenfroh prangte. Die blauen Fayencen ihrer Minarette blinkten in der Luft hinter den Ästen und dem grünen Laub der Platanen, während der Sockel in Schatten getaucht war. Wir benötigten eine halbe Stunde, um diese ewig lange Allee zu durchmessen, an deren Ende wir ein zinnenbewehrtes und schießschartengespicktes Tor passierten.

Dahinter zogen wir eine lange, breite Chaussee entlang, mit Mauern rechts und links, so daß wir meinen konnten, wir seien noch auf der Straße, als uns Arkaden, die in gewissen Abständen den Blick freigaben, den

Sende-rud sehen ließen. Wir befanden uns auf einer Brücke, die den Fluß, dessen Wasser Isfahans Mauern im Süden umspülen, überquert. Am Ende der Brücke hatte unter dem Befehl eines Generals eine Reihe Infanteristen Aufstellung genommen. Diese Truppe bot einen malerischen Anblick wegen der Buntheit ihrer Uniformen und ihrer halb europäischen, halb persischen Ausstaffierung. Sie präsentierte die Waffen, als wir vorüberritten, und die etwas wilde, von kriegerischen Rhythmen erfüllte Fanfarenmusik mischte sich in den Lärm der Trommeln.

Die Kuppeln mit den Glockentürmen daneben, die vor uns erschienen, deuteten auf eine christliche Stadt hin: Es war Dscholfâ, die Vorstadt, die von Armeniern bewohnt wird. Nachdem wir noch einige Felder hinter uns gebracht hatten, wo dank der Bewässerung durch den Fluß ein vielfältiger Anbau betrieben wird, zogen wir in die christliche Mahalle ein.

Vor einem recht schönen Haus, das für den Gesandten bestimmt war, saßen wir ab. Die große Mehrzahl jener, die uns beim Eintreffen in Isfahan empfangen hatten, war nach und nach, sobald die Neugier zur Genüge Befriedigung gefunden hatte, zurückgeblieben. Bei uns befand sich nur noch die offizielle Begleitung, die aus Hofleuten bestand, deren Pflicht es war, uns bis zu der vorbereiteten Unterkunft zu bringen.

In Dscholfâ erwarteten uns wie in den anderen Städten die gleichen Empfangs- und Höflichkeitsszenen, nur wurden sie um den Pomp vermehrt, der durch die Anwesenheit des Schâhs in Isfahan notwendigerweise zum Ausdruck kommen mußte; ebenso nahmen die Männer teil, die sich in seinem Namen zum Gesandten von Frankreich begaben. Auch die Botschafter Rußlands und der Türkei, die uns vor Isfahan entgegengekommen waren, hatten ihre Ersten Sekretäre geschickt, um den Gesandten zu begrüßen.

Als die ganze Zeremonie vorüber war, suchte jeder von uns das für ihn hergerichtete Quartier auf. Wir bezogen es mit der Zufriedenheit von Reisenden, die, von fünf Monaten im Sattel ermüdet, endlich das Ziel ihres Ausrittes erreicht hatten. Zunächst galt es, zur Ruhe zu kommen und sich einzurichten, was ich in die Länge zog, so sehr gefiel es mir, aus dem Innersten meines Gepäcks ein wenig Komfort hervorzukramen, mit dem ich mich, zwar nicht in Mengen, aber doch höchst schätzenswert vor meiner Abreise aus Frankreich versorgt hatte.

Als ich glaubte, meine Trödelei genügend genossen zu haben, stellte sich wieder die Neugier ein, und ich mußte meine Erkundungen in der Stadt und in der Umgebung aufnehmen. Zuerst ging es zum Feldlager des Schâhs am Fluß Sende-rud. Die weißen Zelte der Soldaten standen in militärischer Ordnung ausgerichtet da, je nach Waffengattung oder nach dem Regiment, dem diese angehörten. Dazwischen standen größere und schönere Zelte, in denen die Hofleute, Minister und Offiziere, alle Châne und Generäle, die zum Gefolge gehörten, kampierten. Der Schâh selbst hielt sich unter seinen Soldaten auf; er bewohnte ein kleines, nicht besonders herrschaftliches Palais, das unmittelbar am Fluß stand, von wo er seine Truppen betrachten und die ganze Stadt überblicken konnte.

Mir fiel auf, daß die Anlage des Lagers einen ganz martialischen Eindruck vermittelte. Der Dienst verlief streng militärisch und auf europäische Weise. Die Artillerie hatte ihre Geschütze geradlinig aufgestellt, daneben die Posten mit gezogenem Säbel. Dahinter kamen die Pferde, zwischen den Zelten an den Krippen angebunden, die man sehr geschickt und mit wenig Aufwand aus gestampfter Erde errichtet hatte; in der Mitte war eine Vertiefung für Stroh und Gerste vorgesehen. Die Kavallerie hatte hinter der Artillerie Aufstellung genommen. Links, zu dem Palais des Schâhs hin, hatte die Infanterie ihre Zelte unter den Bäumen aufgeschlagen. Die Regimenter unterschieden sich durch die Farbe ihrer Uniformen.

Zunächst war da, in roter Uniform, die Garde des Schâhs; dann kamen die Regimenter aus den Provinzen mit ihren blauen oder gelben Wämsern. In ihrer Mitte erschallte dann und wann die Trommel, die Trompete oder die Stimme eines Mollâs, der die Stunde des Gebets verkündete. Auch die Âschpas, die Köche, waren zu sehen, die hin und her eilten, auf dem Kopf Platten mit Polou und in den Händen Spieße mit Kabâb, oder die Kaliântschis, die von Zelt zu Zelt gingen und ihren Tombak-e Schirâsi, ihren Tabak aus Schirâs, anboten. Und es gab da auch noch Sakkâs, die mit ihren großen schwarzen Schläuchen, gefüllt mit Wasser, umherzogen, von dem sie an die Vorüberkommenden eine Kostprobe in einer kupfernen Schale austeilten, im Namen Alis.

In diesem Lager konnten sich an die sechstausend Mann versammeln, mit zweitausend Pferden. Dieses kleine Heer hatte Mohammad Schâh aus seiner Hauptstadt hierherbegleitet. Der Weg, den wir genommen hatten, wäre für die Artillerie aber untauglich gewesen;

deshalb hatte sich das Heer von Teheran aus nach Osten gewandt und war durch die endlosen Ebenen gezogen, die den Beginn der Wüste von Kermân darstellen, wo sich kein Hindernis entgegenstellt.

Wie ich schon vorhergesagt habe, hatte der Schâh gewichtige Gründe, diese Reise nach Isfahan anzutreten. Es war eine richtige kriegerische Unternehmung, die er gegen diese Stadt durchführte, wo seit längerem Unordnung und Anarchie herrschten, die nicht nur Leben und Gut der Bevölkerung bedrohten, sondern auch die Macht über das Land.

Der Großmodschtahed, Befehlshaber der Region und Oberhaupt aller Mollâs Persiens, nahm im Lande einen sehr hohen Rang ein. Durch seine herausgehobene Stellung zweifellos verblendet und durch seine unermeßlichen Reichtümer, die ihm sowohl dank den an seine Würde gebundenen Vorrechten wie dank freiwilliger Geschenke der Ergebenheit seitens religiöser Eiferer zuflossen, zur Überheblichkeit verleitet, hatte er den Plan gefaßt, sich von der Autorität des Schâhs loszusagen. Um das zu erreichen, hatte er unter seinem Feldzeichen Banden unbotmäßigen Gesindels aus allen Teilen Persiens, Räuber und Mörder, vereint und sich verpflichtet, die sich unter dem schmachvollen Banner, das alle ihre Verbrechen deckte, zusammenfanden. Diese Banditen wurden Lutis genannt. Sie hatten zuerst die allzu schwache Garnison von Isfahan auseinandergejagt und waren die Herren der Lage geworden. Keine Kraft und keine Gewalt konnte sich ihrer verbrecherischen Willkür entgegenstellen, die Bevölkerung wurde von ihnen eingeschüchtert und erpreßt. Als Gebieter in den Basaren belegten sie eigenmächtig, den Dolch in der

Hand, alle Händler mit Abgaben. Wer Widerstand leisten wollte, dem wurde das Haus geplündert, dem wurden Frauen und Töchter geschändet. Bei diesen wilden Ausschreitungen verfuhren die Banditen mit ausgesuchter Grausamkeit, indem sie die Männer und Väter ihrer Opfer zwangen, Augenzeugen ihrer Schandtaten zu sein. Dem Schrecken, den sie verbreiteten, entsprach die Feigheit, mit der die Isfahaner das Joch dieser Schurkenbande ertrugen, einer rasenden Bande von vier- bis fünftausend Mann, deren ganze Macht in der Verzagtheit der Einwohner bestand.

Trotz der gefürchteten Gewalt des Modschtaheds, trotz des Schreckens, den seine Messerhelden verbreiteten, waren dennoch verschiedentlich Klagen bis vor den Thron in Teheran gedrungen; aber wegen der Gleichgültigkeit und Teilnahmslosigkeit, Eigenschaften, welche die Orientalen kennzeichnet, und wegen der Unbeweglichkeit der persischen Regierung waren viele Jahre hindurch die allzu berechtigten und aufsehenerregenden Beschwerden der Isfahaner Bevölkerung gegen die Bedränger unbeachtet geblieben. Seit langem also hatte die Abrechnung mit all diesen Verbrechen auf sich warten lassen, und das Wehklagen der Opfer war schon nahezu verstummt, als sich der Schâh endlich entschloß, dem Treiben ein Ende zu setzen und die Züchtigung der Elenden, die in ihrer Straflosigkeit dem Verbrechen nur noch mehr frönten, persönlich vorzunehmen.

Man wird verstehen, daß die bewaffneten Banden des Befehlshabers der Region Widerstand zu leisten gewillt waren, zumal sie durch die Schlaffheit, mit der man sich ihnen gegenüber bisher verhalten hatte, dazu

Spiegelpalast von Isfahan

ermuntert worden waren. Der Schâh konnte nicht sogleich in Isfahan einrücken; die Tore fand er verschlossen und von Lutis besetzt. Bevor er zur Gewaltanwendung schritt, gab er noch ein Zeichen des Großmutes oder der Schwäche und verhandelte, und der Modschtahed, der für sich zu fürchten begann, ließ das Nordtor öffnen, während der Hauptteil seiner Teufelsschar durch das Südtor floh, zwischen sich und dem Heer des Schâhs den Sende-rud lassend.

Doch alles Räubergesindel, das die Folgen seiner Missetaten fürchten mußte, hatte die Stadt nicht verlassen. Die Verwegensten ebenso wie die Säumigsten beim Reißausnehmen befanden sich noch in Isfahan, als der Schâh die Durchsuchung aller Schlupfwinkel, in die sie sich geflüchtet haben konnten, befahl. Man entdeckte eine gewisse Anzahl, die für die anderen mitbezahlte. Unter denen, die man aufgespürt hatte, waren welche, die sich durch ganz besondere Grausamkeit hervorgetan hatten. Der Schâh ließ sofort ein Diwân-e châne, ein Gericht, zusammentreten, um sie abzuurteilen. Tausende von Opfern eilten herbei und überhäuften die Schuldigen mit Aussagen: Frauen erschienen, erfüllt von grenzenloser Wut, und erzählten von grauenerregenden Vorfällen, von Verbrechen, die an ihnen selbst begangen worden seien. Die Urteile waren kurz und bündig und wurden auf der Stelle vollstreckt. Die Strafen, zu denen die Schuldigen verdammt wurden, glichen, was die Roheit betraf, ihren Untaten. Was man mir berichtete, konnte einem die Haare zu Berge stehen lassen. Die einen wurden zwischen ein Peloton Soldaten geworfen, wo sie von Bajonettstichen durchsiebt wurden; anderen wurden die Augen ausgestochen, die

Fingernägel ausgerissen, die Zähne ausgeschlagen; viele wurden reihenweise zur Hälfte eingegraben, mit dem Kopf nach unten und die Füße in der Luft, diese miteinander verbunden, so daß sie, wie es die Perser nannten, zu Weingärten wurden. Einem Anführer der Lutis wurde die Nase abgeschnitten und die Zunge herausgerissen, die eigenen Zähne wurden wie Nägel in den Leib getrieben; darauf hängte man ihm einen Sack mit Stroh um den Hals, band ihn wie einen Esel an eine Raufe, wo er erst nach drei Tagen unter Qualen und vor Entkräftung starb. Ich habe Frauen gesehen, die durch diese barbarischen Szenen so erregt und vor Rachsucht derart außer sich waren, daß sie mit Tränen in den Augen um die Gunst baten, denen, die sie vergewaltigt hatten, Kopf und Hände abhacken zu dürfen.

Aus der Art dieser Hinrichtungen kann man auf den persischen Charakter schließen. Ein Richtspruch ist nur dann zufriedenstellend, wenn die verhängte Strafe dem Verbrechen, das es zu sühnen gilt, an Grausamkeit gleichkommt. Die blutrünstige Natur dieser Nation erweist sich nicht nur durch die Hand, die den Dolch des Mörders oder Diebs führt, sie zeigt sich auch im Geist des die Gesellschaft rächenden Richters, und die beiden Waagschalen sind gleichermaßen mit Blut gefüllt.

Drei Tage waren seit unserer Ankunft in Isfahan vergangen; die Etikette verlangte, daß der Gesandte vor dem Schâh erschien. Die Astronomen waren mit ihrer Auskunft über die geeignete Stunde, da diese Zeremonie stattfinden sollte, im Verzug. Nachdem sie die Sterne befragt hatten, entschieden sie, daß der vierte Tag, der eigentlich der richtige Moment gewesen wäre,

Die Große Moschee in Isfahan

unter ungünstigen Zeichen stehe und daß ein anderer Tag gewählt werden müsse. Doch auf drängendes Ersuchen des Gesandten blieben die Dinge im Rahmen der Gepflogenheiten der Etikette, und wir konnten uns am 8. April vor dem Schâhanschâh, dem Stern der Welt, einfinden.

Wir wurden mit den Rossen des Schâhs abgeholt. Von einer Vorhut aus Gholâms, Sarbâs und Nassaktschis angeführt, begaben wir uns in das Feldlager, wo wir mit den größten Ehrenbezeigungen empfangen wurden. Man ließ uns vor einem Palast absitzen, den man Â'ine-châne oder Spiegelpalast nennt und der neben dem vom Schâh bewohnten Palais steht. Dort wurden wir von dem Außenminister Mirsâ Ali begrüßt, einem jungen Mann von zweiundzwanzig Jahren, der sehr liebenswürdig war und sehr gut französisch sprach. Die Etikette erlaubte es dem Schâh nicht, daß uns in seiner Gegenwart der Kaliân und Tee angeboten wurden. Aber da wir aus den herrschaftlichen Bezirken nicht ohne diesen Beweis der Gastfreundschaft entlassen werden durften, war Mirsâ Ali mit dieser Aufmerksamkeit betraut worden. Wir blieben also im Spiegelpalast etwa eine halbe Stunde, währenddessen eine Schar Pischchedmats ausgezeichnete Kaliâns herumreichte und Tee und Kaffee à la rose anbot.

Als dem Außenminister gesagt wurde, daß uns der Schâh erwarte, beendete er das Beisammensein und geleitete uns zu dem kleinen Palast Haft-dast. Wir betraten ihn durch einen Laubengang, der von einer Menge Offiziere, Mirsâs, Gholâms und Farrâschs gesäumt war. Geführt von dem Oberzeremonienmeister oder Isch-âkâssi, gelangten wir in einen schönen Garten und auf Alleen, wo zu beiden Seiten Soldaten ihre

Waffen präsentierten. Am Ende des Gartens stand ein offener Pavillon, in dem sich der Schâh aufhielt, den wir aber nicht sahen. Wir waren noch ziemlich weit von ihm entfernt, als man uns, dem Brauch entsprechend, bedeutete, eine große Reverenz zu erweisen, die wir, etwas weiter vorn, zu wiederholen hätten. Gemessenen Schrittes näherten wir uns dem Pavillon, in dem der Schâh saß, wie wir jetzt erkennen konnten. Nun begannen, wie sollte es auch anders sein, erneut die Kniebeugungen der Perser und unsere respektvollen Begrüßungsgesten; dann wurde uns gestattet, dem Pol des Universums gegenüberzutreten.

Wir stellten uns nebeneinander an der Wand auf, fast gegenüber dem Schâh, jeder nahm die ihm zugewiesene Stelle ein, die ihm in der Hierarchie der Missionsteilnehmer zukam. Noch zweimal begrüßten wir den Schâh, dann sprach der Zeremonienmeister ein paar Worte, die der Vorstellung galten; daraufhin gab der Schâh dem Iltschi das Zeichen zum Platznehmen. Wir anderen blieben stehen.

Der Saal, in dem wir uns befanden, war klein, die Wände waren von oben bis unten mit Gemälden behängt und, wie auch die Decke, mit Vergoldungen verziert. Ein Rinnsal teilte den Raum in seiner Länge und floß in der Mitte in ein Becken mit Springbrunnen. Am Ende befand sich ein erhöhter Sitzplatz, zu dem vier Marmorstufen hinaufführten. Dort sah man eine Art große Nische oder Arkade, nicht ganz so breit wie der Saal und oben in eine Halbkuppel auslaufend. Malereien schmückten das Ganze; drei Fenster mit eisernem Gitterwerk ließen das Licht einfallen und gaben den Blick frei auf das Feldlager.

Mohammad Schâh saß reglos auf dieser Empore in einem Sessel mit Einlegearbeiten aus Elfenbein, Perlen und Gold. Seine Kleidung war sehr reich: eine kleine rote Redingote aus Kaschmirstoff, auf der Brust zugeknöpft, in der Taille von einem Gürtel mit einer funkelnden Edelsteinschnalle zusammengehalten. Der Besatz bestand aus Perlenstickerei. Schultern und Oberarme waren ebenfalls mit Perlen geschmückt, die reizende Muster bildeten. Er trug eine Mütze aus schwarzem Lammfell, die für die Kâdschârendynastie typisch ist und zur Nationaltracht wurde. Um diese Kopfbedeckung windet sich eine Art Girlande oder Kranz aus großen Diamanten, und darüber prangt ein Diamantenstrauß. Durch anderen Schmuck oder ein anderes Attribut seiner Herrscherwürde unterschied sich der Schâh nicht. Majestät erschien uns jung. Sein Gesicht ist schön, aber wenig ausdrucksvoll; es flößt eher Güte als Kraft und Macht ein.

Neben den Marmorstufen und uns gegenüber standen zwei Schâhsâdes, die ihm persönlich zu Diensten waren.

Die Etikette verlangte es, daß der Gesandte als erster das Wort ergriff. Für diesen Anlaß hatte Monsieur Kazimirski, der Dolmetscher, mit aller Sorgfalt, der er fähig war, eine blumige, mit bildhaften, schwülstigen Schmeicheleien durchsetzte Ansprache ausgearbeitet, so wie es die persische Sprache erfordert. Er brachte sie mit einer richtigen orientalischen Betonung vor, was dem Schâh viel Vergnügen zu bereiten schien. Mohammad Schâh antwortete kurz, aber auf sehr liebenswürdige Weise.

Nach dieser Einleitung überreichte der Gesandte dem Schâh sein Beglaubigungsschreiben. Es war ein prunkvolles Pergament, reich an farbigen und goldenen Verzierungen, in einem herrlichen Futteral aus Seide und Gold. Einer der Sekretäre nahm es mit beiden Händen entgegen und stieg zur Estrade empor, um es dem Schâh zu Füßen zu legen.

Der Gesandte stellte uns dann nacheinander der Majestät vor, die überrascht zu sein schien von der Unterschiedlichkeit unserer Befugnisse und den besonderen Fähigkeiten jedes einzelnen innerhalb dieser kleinen, von weit her gereisten Gesellschaft von Europäern, die dieses Land studieren wollten.

Danach zogen wir uns, rückwärts gehend und grüßend, zurück. Der Isch-âkâssi ließ uns am Ende des Saales Aufstellung nehmen, und wir grüßten ein letztes Mal.

Bei dieser Gelegenheit konnten wir beobachten, wie die Perser ihrem Herrscher ihre tiefe Ehrerbietung bezeigen. Nachdem sie vor ihm erschienen sind, ohne daß sie gewagt hätten, die Augen auf seine Person zu heften, beugen sie sich und lassen die Arme an den Beinen hinabhängen, bis diese den Boden berühren. In dieser Haltung verharren sie eine Zeitlang, dann richten sie sich auf; das geschieht dreimal. Diesen Gruß entbietet man nur dem Schâh. Der Gruß, den Untergebene Höhergestellten schulden, ist einfacher: man beschreibt eine Verbeugung und läßt den rechten Arm nur bis zum Fußknöchel hinab. Ist der Höhergestellte zweitrangig, so grüßt man ihn aufrecht stehend, nur den Kopf zu ihm geneigt. Ist es ein Gleichgestellter, neigt man den Kopf und legt die Rechte auf die Brust.

Als wir nun dem Statthalter Gottes auf iranischer Erde den Gruß erster Ordnung entboten hatten, begaben wir uns zu seinem Wesir, der seine Wohnung im Bereich desselben Palais hatte. Er empfing uns ohne Gepränge, mit einer Einfachheit, die für den Gesandten und die schicklichen Gepflogenheiten verletzend ausgesehen hätte, wäre das nicht die Gewohnheit dieser ein unaufwendiges Leben führenden Persönlichkeit gewesen. Dieser Minister, Hâdschi Mirsâ Âghâssi mit Namen, ist ein Mollâ. Als solcher war er mit der Erziehung Mohammad Schâhs betraut worden. Er nahm seinen Zögling ganz für sich ein, und als dieser den Thron bestieg, wurde er Erster Minister. Er lenkt nicht nur die Staatsgeschäfte, sondern übt auf seinen Herrn, seit dessen jungen Jahren, einen solchen Einfluß aus, daß er völlig dessen oftmals blindes Vertrauen erlangt hat. So beschäftigt sich der Schâh mit nichts, und sein Zepter liegt in Wirklichkeit in Hâdschi Mirsâ Âghâssis Händen.

An der Erscheinung dieses Großwesirs fällt die sehr lange Nase auf, die sich über dem zahnlosen Mund mit den wenigen schlechtgefärbten Barthaaren krümmt, die rotgeränderten, aber lebhaften und geistvollen Augen, die entschiedenen Bewegungen und der feine Gesichtsausdruck, der auch Schläue erkennen läßt, wie bei jedem echten Perser. Dieser kleine, aber höchst lebendige Greis war von größter Eitelkeit, er war Dichter und Meister der schönen Rede. Hâdschi Mirsâ Âghâssi war zu gewitzt, als daß er nicht die europäische Überlegenheit begriffen hätte, aber er war zu fanatisch, sie anzuerkennen; eigentlich war er doch zu schwach oder zu sehr auf Zuwendungen bedacht, um nicht den Einwirkungen, sei es in Form von Drohungen, sei es in Gestalt von Geschenken, zu erliegen. Letzten Endes war ihm alles, was nicht im Koran stand, unbekannt geblieben. Blindgläubig wie ein aus Mekka zurückgekehrter Pilger, was der Beiname Hâdschi besagt, widmete er sich eher Andachtsübungen als Staatsgeschäften. Diese zu kennen, zeigte er wenig Neigung, er hielt sich zugute, nichts davon zu wissen. Für einen Geistlichen war es aber eine Bizarrerie, daß sein ganzes Streben darauf gerichtet war, ein perfekter Artillerist zu sein. Deshalb hatte er sich auch die Funktion eines Großmeisters der Artillerie vorbehalten.

Also fanden wir nichts für uns Einnehmendes an dem Wesir Mohammad Schâhs. Es muß gesagt werden, daß sein Leben nichts an sich hatte und daß sein Auftreten und sein Gespräch nicht dazu beitrugen, die Vorurteile zu zerstören. Sooft er die üblichen Gemeinplätze verließ und von seinen schönen Höflichkeitsphrasen abging, um sich ernsthafteren Gegenständen zuzuwenden, bewies er, daß er von allem wenig Ahnung hatte. Aber als wir ihn etwas hitzig werden und seinen Worten Pantomimisches, groteske Gesten hinzufügen sahen, schien uns, daß der Erste Minister seiner Rolle nicht gewachsen war und sich nicht einmal auf das würdige Gebaren eines Priesters verstand. Wir wären fast in Gelächter ausgebrochen, als er bei seinen üblichen Fuchteleien gegen seine Mütze stieß und sie verschob, bald in diese Richtung, bald in jene. Das war bei diesem eigenartigen Menschen das Nonplusultra an Erregung oder an Verwunderung. Abgesehen davon bereitete er uns einen recht schmeichelhaften Empfang und bot uns zu seinen liebenswürdigen Worten viel Tee und würziges Gebäck an.

Wir kehrten nach Dscholfâ zurück, wo gerade die

Trikolore auf dem Gebäude, das dem Botschafter als Wohnung diente, gehißt wurde.

Unser Empfang war dem des türkischen Ministers vorausgegangen, der wie wir die Reise nach Isfahan hatte machen müssen. Der Schâh, dem zwei Zeremonien derselben Art eigentlich zuwider waren, hatte Sarim Effendi schnell abfertigen wollen, und zwar noch am selben Tage. Aber dieser glaubte, ein Empfang am selben Tage nach dem französischen Gesandten sei seiner Würde, vielmehr der Würde des von ihm vertretenen Souveräns, nicht angemessen. So forderte er, daß man mindestens einen Tag Abstand hielt, jedoch war diese Regelung nicht zufriedenstellend, weil der ottomanische Gesandte nach dem französischen zur Begrüßung antrat, so daß er den Persern, die den Türken stets übel gesinnt sind, grollte.

Isfahan

2

Ich ging oft zum Feldlager; ich hatte mich sehr schnell mit mehreren Persönlichkeiten bekannt gemacht, zum Beispiel mit dem jungen Außenminister Mirsâ Ali. Er war der zwanzigjährige Sohn des Mirsâ Mass'ud, eines der distinguiertesten Männer Persiens, der zuvor dieses Amt innehatte, wozu ihn Bildung, Vorurteilslosigkeit in nationalen und religiösen Belangen und überhaupt besondere Befähigung als den geeigneten Mann hatten erscheinen lassen. Er hatte in dieser Stellung ein solches Vertrauen beim Schâh genossen, daß er den Unwillen des Ersten Ministers Hâdschi Mirsâ Âghâssi erregte. Und da dieser ihn nicht zu stürzen vermochte, hatte er beschlossen, ihn zu entfernen: Er ließ ihm vom Schâh eine sehr wichtige diplomatische Mission übertragen, die ihn zwang, in Chorâssân zu bleiben. Die Geschäfte, die er bei der Abreise zurückließ, wurden in die Hände seines Sohnes gelegt. Aber dessen Position war schwierig wegen seiner Unerfahrenheit und der Eifersucht seitens des einstigen Lehrmeisters des Schâhs. Trotzdem hielt Mirsâ Ali mit einem für sein Alter erstaunlichen Durchsetzungsvermögen stand, denn was ihm an Beschlagenheit abging, glich er durch geistige Fähigkeiten aus. Die französische Sprache, die er recht gut beherrschte, erleichterte ihm die Beziehungen zu den ausländischen Legationen und ermöglichte ihm besonders wichtige Dienste als Dolmetscher beim Schâh. Leider führten ihn Unerfahrenheit oder jene den Persern eigene Geldgier später ins Verderben, wodurch er dem Wesir die Gelegenheit bot, die Macht des Rivalen Mirsâ Mass'ud zu brechen, indem jener den bloßgestellten Sohn mit Schmach überhäufte.

Aber während unseres Aufenthaltes in Isfahan genoß Mirsâ Ali noch die ungeschmälerte Gunst; sein Zelt, das eins der elegantesten im Lager war, wurde stets von einer Menge Höflinge und Bittsteller umringt. Der Minister hielt dort Hof im kleinen, er umgab sich mit Pomp inmitten der Annehmlichkeiten des orientalischen Lebens, eines Lebens der Muße und der gesuchtesten Sinnenfreuden. Ich besuchte ihn oft, denn er wollte sich gern mit mir über Europa, über Frankreich unterhalten; doch ich muß sagen, daß das Gespräch mit ihm fast immer durch kindische Einfälle unterbrochen wurde, die in mir den Verdacht aufkommen ließen, daß alle Perser, selbst die Minister, große Kinder sind. Unsere vertrauten Gespräche fanden nach seinem Mittagsschlaf statt; am Nachmittag, wenn er aufgewacht war, servierten die Pischchedmats auf dem Teppich seines Zeltes Scherbette und Eislimonaden mit Rosen-, Jasmin- oder Zitronenaroma, sie brachten die Kaliâns, und man rauchte den mildesten Tombaki, den aus Schirâs. Der Eingang des Zeltes blieb den ungeduldigen Bittstellern verschlossen, und wir pflegten den Gedankenaustausch auf folgende Weise: Der Minister sprach zu mir von Farangestân, und ich zog meinen

Nutzen aus allem, was er mir über Persien mitteilen konnte.

Mirsâ Alis Zelt war für uns alle ein beliebter Treffpunkt. Wir begegneten hier immer jemandem, mit dem man reden konnte. Außer dem Minister gab es da auch seinen Cousin Mirsâ Ahmad und seinen Ersten Sekretär Mirsâ Mohammad Ali, der unsere Sprache einigermaßen beherrschte, er war vor etwa zwanzig Jahren in Paris gewesen. Ich verdanke ihnen beiden eine Menge Gefälligkeiten und Freundlichkeiten jeder Art, wozu die Möglichkeit rechnet, die verschiedenen Bekleidungen kennenzulernen, angefangen beim Sandukdâr, dem Chef der Garderobe des Schâhs, bis hinab zu dem einfachen Sarbâs und seiner Uniform. Die übrigen Minister kannten wir nicht. Sie waren recht unscheinbar, ihre Funktionen beschränkten sich fast nur auf Hilfsdienste. Es waren Mirsâs, die die Papierrolle und das Tintenfaß im Gürtel trugen, also eher Schreiber als Staatsmänner, und alle nannten sich Sekretäre des Wesirs.

Zwei Tage nach der offiziellen Vorstellung des Gesandten schickte dieser dem Schâh die Geschenke, die in Paris ausgewählt und zusammengestellt worden waren, unter ihnen eine prächtige vergoldete Pendeluhr in größter Ausfertigung, eine Menge Lyoner Stoffe und hauchzarter Gewebe, ein Sèvres-Service im Wert von achtzehntausend Francs, mehrere einzigartige Folianten und Waffen. Der Schâh nahm alles in Augenschein, wollte sich alles ganz genau betrachten, er schien äußerst zufrieden zu sein.

Am selben Tag ließ mir der Schâh ausrichten, daß er von mir ein Porträt seines Sohnes, des Wali'ahd, der acht oder neun Jahre alt war, wünsche. Ich war darüber um so erfreuter, als ich hoffte, dadurch auch die Gelegenheit zu bekommen, eins von Seiner Majestät zu machen, das ich nach Frankreich mitbringen wollte. Zwei Tage nachdem mir dieser Wunsch überbracht worden war, begleitete ich den Gesandten, der ihm einen ersten nichtoffiziellen Besuch abstattete. Wir fanden den Schâh in gelockerter und leutseliger Stimmung, die wir bei der ersten Begegnung hinter seiner reservierten Haltung, die ihm sein Rang während einer zeremoniellen Zusammenkunft abverlangt, nicht hatten feststellen können. Der Schâh plauderte ausgiebig und mit großer Freundlichkeit. Er sprach dem Gesandten seinen Dank für die Geschenke aus, die ihm überbracht worden waren. Da sich darunter eine mit Gravüren ausgestattete Biographie Napoleons befand, ergab sich ein Gespräch über den Kaiser. Der Schâh bekundete seine außerordentliche Bewunderung für den großen Mann, er meinte, man müsse seine Lebensgeschichte ins Persische übertragen, um sie selbst in den geringsten Einzelheiten gut zu kennen und darüber nachzudenken. Es ist wirklich bemerkenswert, daß Napoleons Ruhm im Orient noch solche Begeisterung hervorruft. Für die Orientalen ist er der bewunderungswürdigste Mensch der Neuzeit, und alle Souveräne oder Männer, die Armeen befehligt haben, sind von dem etwas naiven Wunsch beseelt, es ihm gleichzutun. Diese kindlichen Geister, diese ungeschulten Hirne fassen es überhaupt nicht, unter welchen Bedingungen man zum Helden wird, mit wieviel Tugenden und hervorragenden Eigenschaften man schließlich zum großen Mann wird. Sie wissen, daß Napoleons Ansehen in der Welt noch gilt, aber sie haben keine Ahnung von der Bedeutung und der Größe jener Eigenschaften, die er sich erwarb, um diesen unvergänglichen Ruhm zu erlangen. Ihr Geltungsstreben ist ihrem Verstand immer einen Schritt voraus, und sie leben, aus Gründen ihrer asiatischen Eitelkeit, in der Vorstellung, daß sie zu gleichen Ruhmestaten berufen seien.

Ein paar Tage später wurde ich vom Schâh beauftragt, ein Porträt von ihm zu malen. Die Etikette ließ es nicht zu, daß ich mich in seiner Gegenwart setzte; alles, was mir das Wohlwollen des Monarchen gewähren konnte, war, mich in die Hocke zu begeben und auf den Fersen zu sitzen. Begreiflicherweise war das Zeichnen in dieser Stellung wenig bequem. Für einen Herrscher saß mir Mohammad Schâh recht gut, aber ich benötigte zwei Sitzungen, was er mir auch gnädig gewährte. Ich machte also eine getreue Skizze des Kopfes Seiner Majestät und beendete das übrige, das heißt seine Kleidung, in seiner Kleiderkammer, die mir der Sandukdâr auf Befehl hin zugänglich machen mußte.

Während einer der Sitzungen, die mir Mohammad zubilligte, wurden wir zweimal gestört; einmal von den Artilleristen, die ihm zwei Kanonen brachten, welche in Isfahan gegossen worden waren. Der Schâh bewunderte sie vom Fenster aus und rief, ohne sie näher geprüft zu haben, auf türkisch, der Sprache, der er sich gewöhnlich bediente: »Tschok jakschi! Mâschallâh!« Sehr gut! Vortrefflich!

Kaum hatte er sich zum Porträtieren wieder niedergelassen, als Klagelaute, Gebete, von Schluchzen untermischt, unter seinen Fenstern zu vernehmen waren. Es waren Frauen aus der Stadt, die gekommen waren, um ihn anzuflehen, den Modschtahed nicht fortzulassen. Dieser Mensch, dessen Rechtswidrigkeiten, zutreffender gesagt, Verbrechen, ich geschildert habe, sah seine Herrschaft am Ende, da die Stadt Isfahan unter die Gewalt des Schâhs gestellt worden war, und war bereit, ins Exil zu gehen oder sich nach Kerbelâ zurückzuziehen. Die frömmelnden Alten wollten ihn nicht entkommen lassen und flehten am Fuß des Thrones, diese Absicht zu vereiteln, denn der Religionsführer würde vom größten Teil der Bevölkerung verflucht und verabscheut. Es war aber sehr wahrscheinlich, daß er selbst diese Komödie spielen ließ, in der Hoffnung, der Schâh würde sich davon beeinflussen lassen und von seiner unverzichtbaren Anwesenheit unter den Isfahanern überzeugt sein. Doch daraus wurde nichts, der Schâh hatte kein Ohr dafür, der Modschtahed zog ab, und die Verwaltung Isfahans wurde in die Hände eines Mannes gelegt, der schon Proben seiner Tatkraft abgelegt hatte. Seine Rechtsprechung war zuweilen recht schrecklich, geradezu barbarisch, aber was der Schrecken für die Aufrührer und Banditen bedeutete, erwies sich als das Heil für die friedfertige Einwohnerschaft. Dieser Mann, Manutschehr Chân, war ein Eunuch. Da sein Charakter bekannt war, wurde es ihm überlassen, mit den Feinden des Schâhs, sofern es noch welche gab, endgültig abzurechnen und die Gegend zu befrieden. Um dem Modschtahed und seinen Anhängern alle Illusionen zu nehmen und um denen, die ihre Stimme zu seinen Gunsten erhoben, entschieden entgegenzutreten, befahl der Schâh die Enthauptung von elf in der Gefangenschaft gehaltenen Lutis, unter denen sich sogar ein Seijed, ein Abkömmling des Propheten, befand.

Mohammad Schâh entstammt der Familie der Kâdschâren, die aus einem Stamm gleichen Namens hervorgegangen ist, dessen Gebiet nördlich von Teheran liegt und an Mâsandarân, an den Ufern des Kaspischen Meeres, grenzt. Um auf den Thron zu gelangen, mußte der Begründer dieser Dynastie durch Blut waten. Es war Âghâ Mohammad Chân, ein Eunuch, ein Mann von großer Tatkraft, der tapfer war, aber auch blutrünstig. Er war ein Usurpator ohne die rühmlichen Eigenschaften eines Helden. Seine tollkühnen und ehrgeizigen Absichten verfolgte er mit Beharrlichkeit, Umsicht und Grausamkeit; durch viele Verbrechen und Meuchelmorde erreichte er sein Ziel. In Persien herrschte damals eine fürchterliche Anarchie, es war von mehreren Bewerbern um die Macht zerstückelt worden, und jeder verteidigte seinen Teil; da stürzte sich vom Gipfel der Berge Mâsandarâns Âghâ Mohammad Chân auf diese Beute, um sie an sich zu reißen. Nach einigen Kämpfen, die in der Gegend von Isfahan und Schirâs stattfanden und in denen seine Parteigänger den Sieg errangen, belagerte er Kermân. Die Einwohner dieser Stadt hatten Lotf Ali Chân aufgenommen und wollten ihn schützen, denn er war der legitime Erbe der Krone der Sand-Herrscher und nach dem Auf und Ab von Siegen und Niederlagen der einzige, jedoch gefürchtetste Gegner, der von dem Kâdschâren noch zu bekämpfen war. Die Einwohner von Kermân haben die barbarische Rache dieses grausamen Eunuchen nicht vergessen. Zwanzigtausend Frauen und Kinder wurden seinen Soldaten preisgegeben; allen Männern wurde das Augenlicht genommen. Viele Jahre war Persien das Land der unglücklichen Blinden, die ihr Leben nur dank der allgemeinen Barmherzigkeit fristeten. Auch heute noch erwecken einige Greise Mitleid wegen ihres Blindendaseins, das seit ihrer Kindheit dauert.

Als Âghâ Mohammad Chân Sieger über seinen Feind geblieben war, den er, nachdem er ihm die Augen ausgerissen hatte, umbringen ließ, und alle um die Macht ringenden Parteien geschlagen hatte, bemächtigte er sich des Thrones, den Nâder Schâh, ein anderer Usurpator, aber ruhmreicher Soldat, aus Indien mitgeführt hatte. Der Eunuch watete durch Blut, als er auf den Thron stieg, doch saß er fest und unerschütterlich und begründete die Dynastie, der seit einem halben Jahrhundert die Krone Persiens gehört. Seine Herrschaft war nicht von langer Dauer; er wurde 1797 ermordet und hinterließ die gefestigte Macht seinem Neffen Bâbâ Chân, der jenen Namen annahm, den ich bereits erwähnt habe: Fath Ali Schâh. Âghâ Mohammad Chân soll, als er seine Verbrechen vor seinen Höflingen bemänteln zu müssen glaubte, im Hinblick auf seinen Neffen Bâbâ Chân gesagt haben: »Ich habe all das Blut vergossen, damit dieses Kind in Frieden regieren kann.« Er hatte das nur allzu gründlich besorgt, denn die Kriege, Morde und Hinrichtungen hatten in wenigen Jahren alle Anführer verschwinden lassen, die dem Herrschaftsantritt des neuen Monarchen im Wege hätten stehen können. Dessen Herrschaft war, wie es aus dem Munde eines seiner Onkel hieß, eine friedliche, aber sie war weder glücklich noch ruhmvoll. In diese Zeit fiel die Eroberung ganz Georgiens und eines Teils von Armenien durch die Russen, die den Araxes überschritten und dem Schâh sechs Etappen vor seiner Hauptstadt die Bedingungen eines schmachvollen Friedens diktierten.

Die Verschwendungssucht dieses Fürsten, der Luxus seines Harems mit sechshundert Frauen, die Tollheiten der zahlreichen Schâhsâdes, die ihm entstammten, erschöpften den Staatsschatz und drückten das Volk mit Steuerlasten nieder. Die rührige Handwerkskunst der Perser geriet in Verfall, der Handel siechte dahin, das Geld floh ins Ausland, und das Staatsgebiet verkleinerte sich, als Fath Ali Schâh starb. Doch hatte er zum Nachfolger seinen Enkel Mohammad Chân bestimmt, den Sohn des Abbâs Mirsâ, welcher, nachdem er mit Waffengewalt den Nationalgeist aufzurichten und sich den Einfällen der Russen entgegenzustellen versucht hatte, jedoch ohne Erfolg, noch vor seinem Vater gestorben war.

Mohammad Schâh bestieg also als Jüngling den Thron. Ohne den Kampf gegen mehr oder weniger energisch vorgetragene Ansprüche, sei es mit Waffen, sei es durch Intrigen, kann ihn kein Herrscher in Persien einnehmen. So erging es auch diesem Prinzen, der als Sohn des ältesten Sohnes des Fath Ali Schâh, dem Recht der Erstgeburt entsprechend, auf diesen folgte. Aber seine Onkel konnten sich nicht dreinschicken, ihn den fürstlichen Diamantenstrauß an seine Mütze heften zu sehen, ohne wenigstens den Versuch unternommen zu haben, ihn ihm streitig zu machen. Unter ihnen war einer, Selli-Soltân, gemeinhin Ali Schâh genannt, der ihn ihm sogar mit Gewalt entreißen wollte. Aber er wurde besiegt und mußte nach Bagdad fliehen. Die englische Regierung stellte ihn unter ihren Schutz und gewährt ihm eine herrschaftliche Unterstützung und hält ihn dort wie einen Degen, der über dem Thron von Teheran schwebt.

Dem jungen Mohammad Schâh, von Natur aus ein

friedfertiger Charakter und aufgewachsen unter der Obhut eines Vaters, der sich zu einem edlen Patriotismus bekannt hatte, war eine Erziehung zuteil geworden, in die einige europäische Kenntnisse Eingang gefunden hatten. Da er aufgeklärter war als sein Vorgänger, hätte er ein Erneuerer seines Landes sein können. Er hätte aus dem ihn umgebenden Frieden, aus dem Fehlen jeglichen Anlasses zu einem Bürgerkrieg Nutzen ziehen können, um eine Nation, die durch die Bedrückungen seitens der Großen niedergehalten und durch die Gewöhnung an die Bedrückung abgestumpft worden ist, wieder aufzurichten, zumal ein fruchtbarer Geist nur eines Funkens bedarf, um sich neu zu beleben und die schönen Zeiten seiner Zivilisation wiedererstehen zu lassen. Aber der Schâh ist gleichgültig. Eine schreckliche Gicht plagt ihn schon seit mehreren Jahren; unter der Krankheit und Schwäche leidend und sich in allem auf seinen früheren Lehrmeister verlassend, hat er jenen Greis zu seinem Ersten Minister gemacht. Dieser fanatische Mollâ von engem, nicht vorausschauendem Verstand weiß sich überhaupt nicht auf seine Rolle, die er spielen, und auf den Ruhmesglanz, mit dem er die Herrschaft seines Zöglings umgeben könnte, zu besinnen; er läßt Persien in seiner Erstarrung und baut auf Gott und den Propheten, wenn es gilt, über die Geschicke der seiner Regierung anvertrauten Völker zu wachen.

Persien, das seit längerem auf die abschüssige Bahn geraten ist, gleitet immer weiter ab. Jahr für Jahr torkelt es mehr dem Abgrund entgegen, vor dem es nur von zwei Kräften bewahrt wird, von Rußland und von England, die es aber in gegensätzliche Richtungen ziehen.

Mohammad Schâh ist im übrigen ein rechtschaffener Mann; er gilt sogar als der anständigste im ganzen Reich. Er beweist, abgesehen von den Tugenden eines Herrschers, auch private. Seine Hofhaltung ist sehr einfach und richtet das Land nicht zugrunde; er ist überhaupt nicht verschwenderisch, und von strenger Sparsamkeit sich selbst gegenüber, gibt er allen, die sich seinem Thron nähern, ein Beispiel. Er zieht keinen Nutzen aus der Weitherzigkeit, die ihm das muslimische Recht im Hinblick auf die Frauen zubilligt. Er begnügt sich mit drei Frauen, wodurch er sich vor allem von seinem Großvater unterscheidet. Er hat fünf Kinder, zwei Knaben und drei Mädchen; der ältere, der Erbe der Krone, trägt den Titel Wali'ahd, der jüngere nennt sich Nâjeb-e saltanat, Statthalter des Herrschers.

Welche Berührungen Mohammad Schâh in seiner Jugend mit europäischen Ideen auch gehabt haben mag, er hat jene, die im Keim in seiner asiatischen Natur angelegt sind, nicht abstreifen können; er läßt sich daher von manchen Vorurteilen und abergläubischen Vorstellungen leiten. Deshalb quält ihn besonders eine und vergiftet ihm das Leben: daß zum Aberglauben untrennbar der Fanatismus gehöre, und möglicherweise ist sowohl diesem wie jenem die Untätigkeit zuzuschreiben, in der der Schâh verharrt, ebenso die Gleichgültigkeit, die ihn hindert, etwas für die Verbesserung der Lage seines Volkes zu tun. Er sagt sich zweifellos, Gott werde ihm die nötige Zeit, um sein Werk zu vollbringen, nicht zumessen, und deshalb sei es nutzlos, es zu beginnen. Die fatalistischen Gedanken leiten sich von ein paar Zeilen eines Astrologen her, der vor ungefähr vierhundert Jahren lebte. In einem Buch, betitelt »Schâhne'matollâh«, sagte dieser die Namen und die Regierungsjahre von acht Herrschern voraus. Mohammad Schâh ist der achte; und da bis auf ihn die Voraussagen durch die Begebenheiten bestätigt wurden, zählt er die Tage und Stunden. Nun hat der Astrologe die Dauer seiner Herrschaft mit elf Jahren angegeben, woraus folgt, daß er, im Glauben an die Astrologie und das Schicksal, alle Mittel in Bewegung setzt, um dem einen entgegenzuwirken und das andere nicht eintreten zu lassen. Mit Hilfe von Nekromanten ruft er zu Gott und Mohammad; er verteilt mit vollen Händen Gold unter die Mollâs und Darwische, damit sie Gebete sprechen und alle Imams ihm günstig gesinnt stimmen.

Obgleich dieser Monarch ein absoluter Herrscher ist, lenkt er nicht die Staatsgeschäfte. Sein untätiges Leben verläuft in den Annehmlichkeiten des Harems. Der Erste Minister und die anderen Personen an seiner Seite haben nur ein allzu großes Interesse, den tatenlosen Schâh in diesem Farniente zu lassen, damit er auch nicht die kleinste Last des Staates zu tragen habe. Sie behandeln alle Angelegenheiten, ohne ihn zu unterrichten, oft gegen seinen Willen. Er befiehlt zwar, und der Wesir hat Gehorsam und Ergebenheit zu bekunden, doch handelt letzterer nach seinem eigenen Kopf.

Wenn mir richtig Auskunft über den Staatsschatz gegeben wurde, so ist er nicht gerade erstaunlich. Dennoch mag er hoch genug beziffert sein, sobald man ihn ins Verhältnis zur Bevölkerungszahl setzt, selbst wenn man die wenigen Einnahmequellen in Betracht zieht. Aber die Ausgaben zu Lasten dieses Schatzes sind nicht sehr hoch, die Armee ist schwach, und das Räderwerk der Verwaltung ist einfach, so daß man meinen sollte, daß die dem Staatsschatz zugeführten Beträge völlig ausreichend sein müßten, um die Bedürfnisse der Krone zu befriedigen. Man muß noch die beträchtlichen Abgaben hinzufügen, die willkürlich der Bevölkerung auferlegt werden, die vielen zusätzlichen Eintreibungen und eine Menge außerordentlicher, irregulärer Zahlungen, was insgesamt eine ansehnliche Ergänzung zum Staatshaushalt darstellt.

Die Schätzung der jährlichen Einkünfte des Schâhs wird in wägbarem Gold vorgenommen und beläuft sich auf 7 Korur; ein Korur wiegt 25 Charwâr, ein Charwâr sind 100 Bâtman, ein Bâtman sind 1000 Meskâl, ein Goldmeskâl ist soviel wie ein Tumân oder etwa 12,50 Francs; somit betragen diese Einkünfte an die zweihundertneunzehn Millionen Francs. Aber dieser Betrag gelangt nicht in die Truhen des Schâhs, weil er sich nur zu einem Teil aus barem Geld zusammensetzt, zum anderen Teil aus Erträgen des Bodens, die den Erfordernissen entsprechend an die Bevollmächtigten der Staatskasse abgeliefert werden, sei es an Ort und Stelle oder da, wo sie verlangt werden.

Von dem Staatsschatz muß der Schâh die Ausgaben für seine Armee, seine Hofhaltung und seine Minister bestreiten sowie Geschenke machen, denn in Persien ist allerhand auf das Konto Pischkesch zu verbuchen. Zu Lasten der Provinzen gehen gewöhnlich die öffentlichen Einrichtungen und Gebäude. Das ist aber auch einer der Gründe ihres Verfalls, denn sie sind dem Ermessen der Bejgler-bejs überlassen, die aus Raffgier das, was für deren Erhaltung und Ausbesserung nötig wäre, auf die Seite schaffen.

Die Steuerveranschlagung steht im Verhältnis zu dem, was der einzelne Bürger besitzt. Um sie festzusetzen, hat man mehrere Steuerklassen und verschiedene Besteuerungskategorien bilden müssen. Der Grundbesitz eines mit Bäumen bestandenen Anwesens schuldet dem Schâh je Baum einen Tschai, ungefähr 6 Centimes. Die Forderung an den, der Getreide anbaut, beläuft sich auf ein Zehntel seiner Ernte. Der Pferdezüchter oder Herdenbesitzer zahlt je Tier einen Sâbkerân oder 1,25 Franc.

Was ich da sage, bezieht sich auf die Besitzer von Grund und Boden. Doch der Boden verteilt sich nach zwei Kategorien: ein Teil stellt ungefähr ein Zehntel der kultivierten Ländereien dar. Das Land wird auf die Art und Weise wie auch in Frankreich bestellt, nämlich nach dem halben Pachtzins. Der andere Teil befindet sich in den Händen der Ra'ijes oder, und zwar das meiste, in Händen der Großen des Landes, die ihn auf eigene Rechnung bewirtschaften lassen.

Nach den Landbebauern kommen die Handeltreibenden, die ihre Steuer auf den geschätzten Gewinn zahlen, und zwar den fünften Teil davon. Begreiflicherweise gibt diese Art der Wertermittlung Anlaß zu vielen Ungerechtigkeiten. Abgesehen von dieser Steuer sind die Ermächtigten des Schâhs gehalten, die Begutachtung der Ware und ihre Schätzung auf den Basaren und in den Karawansereien der Städte vorzunehmen, um auch noch die Zollgebühren darauf zu erheben.

Die Stadtbewohner, die weder Landbesitzer noch Handelsleute sind, zahlen keine Steuern, selbst wenn sie Häuser und Pferde ihr eigen nennen. Dieses Vorrecht ist schwer zu erklären; es hat vor allem den Nachteil, daß dem Land einiges von seinen Potenzen entgeht und daß außerdem diejenigen, die über Vermögen verfügen, dem Müßiggang nachgehen.

Dieselbe Steuerfreiheit gilt für die Beamten, gleichgültig, von welcher Wichtigkeit ihre Amtsverrichtungen sein mögen. Man sieht also, daß die Landwirtschaft in Persien, wie in Europa, nur viel ungleicher verteilt, die schwerste Bürde der Belastungen trägt, denn der Staat erhebt Abgaben auf alle ihre Erzeugnisse. Aber es gibt für sie in diesem Land eine für Europa unübliche Erleichterung, die mit der Organisation und mit den Sitten der Perser zu tun hat: Sie besteht darin, daß ein beträchtlicher Teil der Abgaben in natura geleistet wird, entweder als Getreide oder Schlachtvieh oder Pferde. Eine solche Erleichterung, die bei uns beim gegenwärtigen Zustand unserer Verwaltung nicht durchführbar wäre, ist eine Wohltat für die ländlichen Erzeuger, besonders für die kleinen, denn man kann nicht darüber hinwegsehen, daß die Steuer in barer Münze, egal, wie die Ernte ausfällt und wie hoch sich die Einnahmen belaufen, eine große Last für das arme Landvolk bedeutet und es in Verlegenheit bringt. Unglücklicherweise sind die persischen Ra'ijes, abgesehen von dieser bequemen Art, Steuern zu entrichten, noch so vielen Mißbräuchen und Ausplünderungen ausgesetzt, die den Vorteil wieder zunichte machen.

Bei der Veranschlagung der Grundsteuer macht man einen sehr großen Unterschied zwischen bewässertem und nicht bewässertem Land, und die Bewohner zahlen je nach dem Grad der Bewässerungsmöglichkeiten, die sie in ihrem Gebiet vorfinden.

Die Perser, die nicht Stadtbewohner sind, unterteilen sich recht deutlich in zwei Kategorien, obgleich beide irgendwie von Erzeugnissen des Bodens leben. Die einen sind die Ra'ijes oder Bebauer der Erde, die anderen sind die Ilijât oder Nomaden, die Herden besitzen und sie je nach der Jahreszeit von Ort zu Ort treiben und vom Boden weiter nichts verlangen, als daß er Futter hervorbringe. Die ersteren sind in Gruppen aufgeteilt und bewohnen die Dörfer. Um sie herum, auch um die kleinen Dörfer und die Weiher, gibt es seit undenklichen Zeiten das offene Land, das als ihr Eigentum bezeichnet wird. Kein anderer darf es antasten, die Bewirtschaftung ist den Einwohnern der Ortschaft vorbehalten. Aber dieses umliegende Land sollte eigentlich immer bestellt sein. Nun sieht man allenthalben rings um verfallene und öde Dörfer unbearbeitetes und verlassenes Land, das dennoch nominell der den Dörfern einstmals überlassene Besitz bleibt. Nur wenn die Einwohnerschaft verschwunden ist, wenn niemand mehr Anspruch auf das Land erhebt, kann der König darüber verfügen; zuweilen ist es vorgekommen, daß es einer Bevölkerung gegeben wurde, die aus einer anderen Gegend kam und angesiedelt wurde.

Was die Ilijât angeht, die das Jahr über in Zelten leben und die man deshalb Kara-tschâdors oder Schwarze Zelte nennt, weil sie tatsächlich schwarz sind, so bewegen diese sich von einem Ort zum anderen, von Provinz zu Provinz, je nach den Bedürfnissen ihrer Herden. Wenn im Winter Schnee die nördlichen Teile Persiens bedeckt, ziehen sie nach Süden; im Sommer meiden sie die südlichen Gegenden und wandern nordwärts, dorthin, wo eine gemäßigtere Temperatur das Gras auf den Weiden üppiger sprießen läßt. Aber da sie Land, das nicht gänzlich unfruchtbar ist, berühren müssen, haben sie im Gebiet eines Dorfes, wo sie ihre Zelte aufschlagen, die Erlaubnis dazu einzuholen und ein Standgeld zu zahlen.

Diese Ilijât setzen sich aus drei verschiedenen Völkern zusammen, und man beziffert sie auf etwa siebenhundertfünfzigtausend Seelen. In der nördlichen Zone sind es Turkomanen und Kurden, in der mittleren Kurden und Sands, welche aus Fârs stammen, und in der südlichen sind es einige Araber und Bachtjâren, doch den Hauptteil stellen die Sands dar.

Sie gehören zahlreichen Stämmen an oder bilden auch nur kleine Gruppen aus zwei, drei Familien. Sie leben fast ausschließlich von ihren Kühen, Schafen und Ziegen, aus deren Milch sie Butter und Käse zubereiten; aus der Wolle ihrer Herdentiere oder ihrer Kamele knüpfen die Frauen Teppiche oder wirken Kleiderstoffe. Selten trifft man sie in der Umgebung von Städten an, sie halten sich abseits, weil sie eine Vorliebe für die Wüstenplätze haben.

Zu Ehren unserer Gesandtschaft lud uns der Schâh zu einem großen Fest ein, das unter den Fenstern seines Palastes Haft-dast stattfand. Wir waren erstaunt, weder die Russen noch die Türken zu sehen, doch sagte man uns, der Schâh wolle sich recht verstanden wissen, daß dieser feierliche Akt einzig den Franzosen gelte. Nichts fehlte auf dem Fest, es gab Ringkämpfer, Seilakrobaten, Bärenbändiger, Stangenkletterer, Feuerschlucker und Tänzer. Der Schâh ließ mit vollen Händen Gold unter die Gaukler streuen, die sich draufstürzten und so viel an sich rissen, wie sie nur konnten, was allen Anwesenden große Befriedigung verschaffte.

Diesem Fest folgte ein weiteres, das der Außenminister in einem schönen Palast in der Stadt gab. Zu dem Festessen waren alle hohen Beamten und mehrere Châne, die im Dienst des Hofes standen, eingeladen worden. Es wurde ein fröhliches Mahl; die Perser, unter die wir uns mischten, erwiesen uns große Herzlichkeit. Während des Essens bot ein Garderegiment sein Musikprogramm dar, das nicht einmal schlecht war. Aber der Gestalter der Festlichkeit hatte den seltsamen Einfall gehabt, an unsichtbaren Schnüren einen auf einem Faß reitenden, Querpfeife spielenden Soldaten von der Decke herabzulassen, und dieser Unglücksmensch brachte auf seinem Instrument derart schrille Töne hervor, daß uns die Ohren schmerzten. Unterdessen umkreisten Poschts, das sind junge Tänzer, die Tafel und begleiteten ihre Bewegungen mit kupfernen Kastagnetten. Von dem Lärm und dem Wein, den die Muselmanen nicht verschmähten, waren viele benebelt, so daß manch einer sein Glas kaum erheben konnte, als der Gesandte sein Wohl auf den Schâh aussprach.

Isfahan

3

Das Isfahaner Gebiet wird im Norden, nach Osten hin, von einer Bergkette begrenzt, die es von der Chorâssân-Wüste und der Wüste von Kermân trennt. Im Süden und nach Westen hin erheben sich Berge von wildem Aussehen; ihre Engpässe öffnen den Weg nach Schirâs, ermöglichen aber oft auch das Vordringen berittener Bachtjâren bis vor die Mauern der Stadt, wo diese die Einwohner mit ihren Räubereien in Angst und Schrecken versetzen. Der herbe Anblick dieser Bergkette zeugt von einer gewissen Erhabenheit, aber das Auge verweilt betrübt auf den felsigen Höhen, um die Adler und Geier ihre Kreise ziehen, die einzigen Wesen, die dort oben hausen.

Auf einem der höchsten Gipfel sind die Reste eines Feuertempels sichtbar. Trotz der Empfindlichkeit der muslimischen Bekenner konnte diese ehrwürdige Ruine der Gebern, der die Perser keine Verehrung mehr zollen, sie aber beim Reden durchschimmern lassen, nicht völlig vom Erdboden verschwinden.

Die Isfahaner Ebene wird von mehreren Bächen und Flüssen bewässert, von denen der wichtigste der Senderud ist. Dieser Fluß ist zu allen Jahreszeiten nicht sehr tief, sein Wasserstand sinkt im Sommer ganz beträchtlich, aber das sehr breite, launenhaft gebahnte Bett füllt sich, sobald im Winter die Zuflüsse durch den Regen anschwellen oder im Frühling das Wasser der Schneeschmelze durch die Schluchten tost. Der Lauf des Sende-rud beträgt nur etwa vierhundert Kilometer. Von den Lorestân-Bergen ergießt sich der Fluß bei Isfahan in die Ebene und verliert sich in der Wüste von Jasd. Die Perser behaupten, daß er bei Kermân wieder zutage tritt und dann in den Indischen Ozean mündet. Aber das ist nicht bewiesen. Was dem Verschwinden entspricht, das ist der Name, denn »sende« heißt verloren, und »rud« heißt Fluß, jedenfalls deuten ihn so die Einwohner. Der Fluß ist kostbar für die Landbevölkerung, die dank der vielen Ableitungen, die sie schafft, und der Verteilung des Wassers in unzähligen Bewässerungskanälen eine erstaunliche Fruchtbarkeit des Bodens erzielt und die den Fluß deshalb Goldfluß nennt.

Isfahan ist zweifellos eine der größten Städte der Welt. Der Raum, den es einnimmt, hat einen Umfang von nicht weniger als vierzig Kilometern. Innerhalb dieses riesigen Umkreises liegen auch Vororte, Dörfer, Gärten, die sich bis an die Stadtmauer erstrecken, und Paläste, gleichgültig, ob sie bewohnt werden oder verfallen sind. All das bildet eine einzige Stadt. Wegen dieser Ausdehnung haben die Perser ein Wort geprägt, dessen orientalische Übertreibung ihm nichts von dem ursprünglichen Sinn hat nehmen können: Isfahan ist die Hälfte der Welt.

Isfahans Einwohnerschaft hat in den letzten zweihundert Jahren beträchtlich abgenommen, wenn es wahr ist, was die Reisenden des siebzehnten Jahrhunderts berichten: daß sie sich damals auf sechshunderttausend

Seelen belief. Jetzt sind es etwa hunderttausend. Es ist äußerst schwierig, mit gewissen Angaben diese Berechnung vorzunehmen. Mehrere Gründe lassen jegliche Schätzung zweifelhaft erscheinen: Die beständige Fluktuation der Bevölkerung, die fortwährenden Wanderzüge in ganz Persien, die Beweglichkeit der Familien, das eigensinnige Verhalten und die Abenteuerlust der Perser, nicht zu vergessen die Elendslage, die das Hinundherziehen zur Notwendigkeit werden läßt, machen es leichter als anderswo, sich auf die Suche nach dem Glück zu begeben oder vor den Ausplünderungen durch die Regierung zu fliehen. Hinzuzufügen wäre das fast völlige Fehlen von Unterlagen aus Volkszählungen und von Personenstandsregistern, die Geburten und Sterbefälle vermerken würden. Dieses Fehlen einer offiziellen Statistik hat manche Reisenden auf den Einfall gebracht, die annähernde Bevölkerungszahl aus der Anzahl der in Isfahan geschlachteten Hammel zu errechnen. Einer derartigen Berechnung kann man unmöglich trauen. Abgesehen davon, daß die Perser wenig Fleisch essen, muß gesagt werden, daß die meisten Bewohner viel zu arm sind, als daß sie sich Fleischgerichte leisten könnten, sie ernähren sich von etwas Brot, von Erzeugnissen aus der Milchwirtschaft und von Gemüse.

Wie es sich nun auch mit der beträchtlichen Abnahme der Bevölkerung Isfahans und mit dem Verfall allenthalben verhalten mag, diese Hauptstadt hat nichtsdestoweniger ihr grandioses Erscheinungsbild bewahrt. Aus der Ferne gesehen, muß man wegen der Anzahl der mit glasierten Kacheln bedeckten Gewölbe und der eleganten Minarette, ebenso wegen der gewaltigen Ausdehnung, die Isfahan erreicht, zu der Einsicht gelangen, daß es eine sehr große und sehr schöne Stadt sein muß. Man kann sagen, daß der Eindruck, den es heute macht, der gleiche sein dürfte, den es zu Zeiten seines höchsten Glanzes hervorgerufen hatte.

In Persien bieten die verlassenen Häuser und Stadtviertel äußerlich, dem Auge sichtbar, nicht jenen traurigen Anblick des Ruins wie in unseren Ländern. Die Häuser haben ihre Fassaden nicht zur Straße hin; nichts ist nach außen gekehrt, alles, was das Wohnen bequem und angenehm werden läßt, alles, was seinen Luxus ausmacht, befindet sich im Innern und entzieht sich hinter schützenden Mauern dem Auge des Vorübergehenden. Es kann also in die Irre führen, wenn man ganze Stadtteile durchstreift und dabei auf den Gedanken kommt, daß die Häuser dort verlassen und der Zerstörung preisgegeben sein könnten. Um so mehr muß sich dem Reisenden, wenn er sich Isfahan nähert und seine majestätischen Moscheen aufragen und über den tausend Gewölben der Basare und einer beträchtlichen Anzahl von Palästen und Wohnstätten aller Art blitzen und glänzen sieht, leicht ein falsches Bild aufdrängen. Man muß erst einmal diese große Stadt betreten haben, wo eine verringerte Einwohnerschaft ziemlich viel freien Spielraum findet, und durch die einsamen Straßen gegangen sein, um zu verstehen, was diese Stadt seit dem tragischen Ende des Letzten der Sophis alles verloren hat.

Ich habe gesagt, Isfahan war eine zweitrangige Stadt, als Schâh Abbâs seine Residenz dorthin verlegte. Er war es in der Tat, der fast alle Gebäude errichten und Verschönerungen durchführen ließ. Die riesigen Basare, die die Stadt in ihrer ganzen Länge durchziehen und einen der ersten Märkte Asiens darstellen, sind sein Werk. Die von Gold und Glasur leuchtenden Moscheen, die mit Marmor und Malereien geschmückten Paläste, diese herrlichen Gebäude, für die der persische Geist alles verschwendete, was sein einzigartiger Geschmack hervorzubringen vermochte, und für die der Souverän sein Gold hingab, sind der Prachtliebe dieses Fürsten zu verdanken, der somit, für die Wiederbelebung der Künste nutzbringend, die ideelle Erhebung zu lenken wußte, die sein Volk politisch schon erweckt hatte.

Die bemerkenswertesten Bauwerke des heutigen Persiens, besonders in Isfahan, sind die Moscheen. Wenn man die Frömmigkeit der Völker an den Aufwendungen für Verschönerung und Ausschmückung der Stätten der Anbetung des höchsten Wesens messen will, kann man nicht umhin, die Nationen des Orients für religiöser zu halten als die des Westens. In Europa wetteifern Königspaläste, Museen, Rathäuser, auch Privathäuser hinsichtlich des architektonischen Reichtums und Zierats aller Art mit den christlichen Tempeln, ob sie nun im romanischen oder im gotischen Stil errichtet seien. Bei den muslimischen Völkern haben die Baumeister all ihr Wissen und die anmutigen Einfälle des Geistes auf die Erbauung und herrliche Ausstattung der Moscheen verwendet. Diese überragen überall die Städte: Ihre mächtigen Kuppeln erheben sich majestätisch zwischen ihren aufstrebenden Minaretten, hoch über alle Wohnungen, ob Häuser oder Paläste. Nicht von den letzten, mögen sie noch so prunkvoll sein, ertönt die Stimme des Muezzins, dessen Ruf die Stunde anzeigt, zu Gott zu beten. Es sind die Moscheen mit ihrem

Parischen Marmor, ihrem ägyptischen Alabaster, ihrem roten Granit, ihren eleganten Säulen mit vergoldeten Kapitellen, die dem forschenden Auge des wahrhaft Gläubigen Koranverse in leuchtender Schrift, Arabesken auf glasierten Kacheln, erscheinen lassen; sie prangen mit goldenen Stalaktiten in den verschieden hohen Wölbungen und mit Bögen, die in die Höhe streben, die sich verflechten und in einen arabischen Spitzbogen oder byzantinischen Rundbogen auslaufen. Überall obsiegt die Gottesidee, überall begegnet den Blicken die Gottesverehrung, der religiöse Gedanke erhebt sich über das Triviale.

Im Südteil der Stadt befinden sich die wichtigsten Gebäude. Eine Riesenfläche nimmt der Mejdân-e schâh, der große Platz des Schâhs, ein. Dort ragen an dem einen Ende die Kuppel und die Minarette der Großen Moschee empor. Ihr gegenüber befinden sich die Haupttore der Basare, seitlich davon steht der Palast. Die anderen Seiten des Platzes werden von ähnlichen Häusern mit Arkaden gesäumt. In einigen wohnen Kaufleute oder Mirsâs, die zum Hof gehören, in anderen Soldaten und Gholâms. Diesem Platz, der zu den größten auf der Welt zählt, liegt der Plan eines weiten Rechtecks mit einem zweiten Rechteck im Innern zugrunde, das auf der einen Seite von einem Kanal mit fließendem Wasser begrenzt wird. Zwischen diesem Kanal und den Gebäuden standen einst herrliche Platanen, jedoch hat man sie gefällt, um daraus Lafetten für Kanonen zu bauen, und die Anpflanzung wurde nicht erneuert. Das Fehlen dieses Schmuckes ist heute um so bedauerlicher, als man sich dort vor den sengenden Strahlen der Sonne kaum schützen kann.

Gewöhnlich ist der größteTeil des Mejdân-e schâh von einer Menge umherziehender Kaufleute eingenommen, die ihren Handel mit üblichen Landeserzeugnissen betreiben, vor allem mit Waren aus zweiter Hand. Das ist sozusagen ein ständiger Jahrmarkt, auf dem alle Verkäufer den armen Käufern billigen Trödelkram anbieten. Dort stehen unter großen Schirmen Altwarenhändler, Eisenwarenhändler, Obsthändler, Höker mit Waren aller Art und legen auf Teppichfetzen oder Matten die Hinterlassenschaften von Toten aus, alte rostige Waffen, Werkzeuge, gebrauchte Sättel oder Zügel, Wassermelonen, Weintrauben oder getrocknete Früchte. Hinzu kommen die Roßkämme und die Kamelzüchter, die den Käufern die Vorzüge ihrer Pferde und die Stärke und Gelehrigkeit ihrer Kamele schreiend anpreisen. Auch ertönen die Hammerschläge der Hufschmiede, die Maultiere einer abreisebereiten Karawane beschlagen. Doch in ihrer Umgebung verbreitet sich nicht wie in unseren Ländern jener abscheuliche Gestank, der von verbranntem Horn herrührt, wenn das Eisen glühend aufgenagelt wird. In Persien wie im ganzen Orient beschlägt man kalt; diese Methode muß gut sein, denn man sieht recht selten Pferde oder Maultiere, die lahmen.

Mitten in diesem bunten Treiben finden sich die viel friedlicheren Buden, in denen würdevoll Schreiber und Heilkundige Platz genommen haben. Letztere sind gleichzeitig Apotheker und verabreichen die Medizinen, die sie verschreiben, woraus sich ganz natürlich ergibt, daß sie möglichst viele Medikamente verordnen, selbst auf die Gefahr hin, daß es die Kranken das Leben kostet. Die Schreiber hingegen finden nur geringen

Zuspruch, denn in Persien gibt es recht wenige, die des Lesens und Schreibens völlig unkundig sind. Schließlich ist man bei den Bratköchen, die auf einem Öfchen, in dem die helle Glut sprüht, Spieße mit Kabâb drehen. In diesen Gaststätten unter freiem Himmel kommt man leicht zu einer guten Mahlzeit: Polou ist immer zur Hand, gebratenes Hammelfleisch, Gurken oder Salate in Honigwassersoße, ein paar Datteln oder Trauben, und schon ist ein Menü fertig, das man sich unterwegs ohne große Ausgaben leisten kann. An einer Ecke des Platzes halten Darwische ihre Reden im Namen Alis; Erzähler tragen epikureische Gedichte von Hâfes vor, den »Golestân«, das Hauptwerk Sa'dis, und die Berichte von den Taten Rostams, des Herkules oder Rolands des Persers. Mitten unter dieser Menschenmasse, den Käufern und Verkäufern, die hin und her strömen, die sich stoßen und drängen und in allen Tonlagen schreien, steht an erhöhter Stelle der Tisch des Inspektors oder Wachmannes, der diesen großen und lärmenden Markt beaufsichtigt. Um ihn herum halten sich seine Büttel bereit, deren Aufgabe es ist, denjenigen, die Unruhe in der Menschenmenge erzeugen, Stockhiebe zu verabreichen.

Dieser Basar ist der der armen Händler, die nicht die Mittel haben, einen Laden im überdachten Basar zu erwerben. Jedoch sind auch für jene die Plätze, die sie auf dem Markt einnehmen, nicht kostenlos. Für einen Stand bezahlt man zwar einen sehr mäßigen Preis, manchmal nur einen Sou, und hat das Recht, Waren feilzubieten, doch läßt das eine Einnahme von mehr als vierzig oder fünfzig Francs nicht zu. Diese Gebühr wird für die herrschaftliche, die Große Moschee erhoben und stellt eine ihrer besten Einkünfte dar; der kleine Betrag entspricht der Ärmlichkeit der Verkäufer, deren bescheidener Handel auf diesem Platz stattfindet, denn wegen des geringen Vertrauens, das sie erwecken, machen die Gebühreneinnehmer tagtäglich ihre Runde, zumindest einmal in der Woche, ohne auch nur jemals etwas zu stunden. Abends packen die Händler ihre Waren zusammen, werfen ihre Schirme oder die Matten darüber und vertrauen sie der Aufsicht des Wachmannes an.

Früher war der Mejdân-e schâh voller Buden, heute, bei einer beträchtlich gesunkenen Einwohnerzahl, ist auch die Zahl der Wanderhändler entsprechend kleiner, und ihre gelichteten Reihen überlassen einen großen Teil des Platzes den galoppierenden Reitern, die sich zum Wettkampf einfinden, sich angreifen und sich ausweichen, womit sie ihre Geschicklichkeit und die Kraft und Wendigkeit ihrer Pferde beweisen.

Ich habe gesagt, daß von allen Bauwerken in Persien die Moscheen jene sind, für die die Kunst immer ihre größte Pracht entfaltet und die einfallsreichsten Gestaltungen gefunden hat. Unter den Moscheen Isfahans ist die größte und schönste die am Ende des Mejdân-e schâh, die Masdsched-e Dschom'e oder Masdsched-e schâh, das ist die Moschee des Schâhs oder die Große Moschee. Es versteht sich von selbst, daß man von unseren europäischen Gotteshäusern im romanischen oder gotischen Stil nicht auf das Wesen der persischen Moscheen schließen kann. Hat man auch die Moscheen von Konstantinopel oder von Kairo gesehen, so hat man dennoch keine Idee von den persischen. In Persien ist die Kunst mit den tausend Einzelheiten, die die Gesamtheit des architektonischen Werkes bilden, von besonderer, originärer Art, die man nur empfinden kann, wenn man bis jenseits des Tigris vorgedrungen ist. Nichts von der persischen Kunst hat auf oder hinter dem linksseitigen Ufer Wurzeln geschlagen, der Fluß stellt für Asien eine unüberschreitbare Grenze zwischen zwei grundverschiedenen Veranlagungen und Zivilisationen dar. Nach Westen hin die der Türken und der Araber von Kairo, nach Osten die der Araber von Bagdad und der Perser. Hier die der Abbassidenkalifen, dort die der Fatimidenkalifen.

Unter den Architekturmodellen, die in der östlichen Hälfte entstanden, findet man einige aus den Zeiten Harûn er-Raschîds, der im achten Jahrhundert in Bagdad herrschte. Als schönsten Typ eines religiösen Gebäudes erachtet man aber heute einhellig die Große Moschee von Isfahan. Sie schließt, wie ich sagte, den Platz des Schâhs ab. Sie wird von der Menge der Händler, Käufer und Reiter, die den Platz beleben, durch eine kleine Mauer abgeschirmt, an der sich eine Bank entlangzieht und der ein Vorhof oder kleiner Platz in Form eines halben Fünfecks vorgelagert ist.

Im mittleren Eck befindet sich das Portal mit den beiden hoch aufstrebenden Minaretten, deren blauer Emailglanz sich im azurnen Himmel verliert, wohin die eintönige und weinerliche Stimme des Muezzins dringt: »Es gibt keinen Gott außer Allah, und Mohammad ist sein Prophet. Ali ist der Stellvertreter des Propheten. O ihr Gläubigen, eilt zum Gebet! Omars und Abu Bakrs Namen seien verflucht!« Den eleganten Eingang zur Moschee bildet eine hohe Bogenwölbung, auf welcher Muster von erlesenem Geschmack an

Pracht und Anmut miteinander wetteifern, in Form von Blumen und Arabesken. Der mächtige Spitzbogen dieser Wölbung wird durch je ein Bündel gewundener, emailverkleideter Säulen unterstrichen. Sie streben auf beiden Seiten aus je einem Alabasterblock empor, der eine große Vase darstellt. Da sind reichverzierte Tympana, über deren emailliertem Grund wunderschöne, in allen Farben leuchtende Blumenstengel entlanglaufen und sich verschlingen. Lange blaue Porzellantafeln, auf denen sich in Weiß Koranverse abheben, bilden den herrlichen Rahmen dieses majestätischen Eingangs. Oben wölbt sich die Halbkuppel aus glänzenden Stalaktiten.

Durch ein Tor aus Zypernholz, das massive Silberplatten mit erhaben ziselierten Ausschmückungen trägt, betritt man das Innere der Moschee. Eine Kette hängt in dem Portal von oben herab und teilt sich einige Fuß über dem Boden; die Enden sind rechts und links an den Sockeln befestigt, um Tieren den Zugang zu verwehren. Vor dieser Kette sehen sich auch die meisten Europäer gezwungen, stehenzubleiben und das muslimische Gebot zu respektieren, das die Berührung und Beschmutzung des Bodens der Moscheen durch Christen untersagt. Doch dank gewisser nützlicher Verbindungen, die ich in Isfahan geknüpft hatte, war es mir glücklicherweise gelungen, bis an diesen durch den absurdesten Fanatismus verbotenen Ort vorzudringen. Hat man die Schwelle überschritten, befindet man sich in einer Art Säulengang, wo die Gläubigen, die ihre Seele im Gebet reinigen wollen, sich zum Rauchen und zum Plaudern zusammenfinden. Die von einer langen Predigt erschöpften Mollâs können sich aus einer riesigen Jaspisschale Wasser holen, für das dank der Mildtätigkeit irgendeiner gottergebenen Persönlichkeit eine fromme Stiftung beständig sorgt.

Von dort tritt man in den inneren Bezirk. Er stellt einen weiten viereckigen Hof dar, in dessen Mitte ein Becken für die rituellen Waschungen steht. Hinter den Arkaden zu beiden Seiten liegen die Zellen oder Lehrstuben, wo die Mollâs die Unterweisung der Schüler vornehmen, wobei sie Spitzfindigkeiten und ausgetüftelte Kommentare zum Koran mit Astrologischem verquicken oder mit der Lektüre von oft unmoralischen Poesien Sa'dis. Die dem Eintretenden zugewandte Seite dieses weiträumigen Bezirkes enthält das geheimnisvolle Allerheiligste, in dem sich der Mehrâb, die mystische Nische, befindet, dem sich die Muselmanen zukehren müssen, wenn sie ihre Gebete verrichten. Obwohl es heißt, daß Gottes Gegenwart allüberall ist und folglich alle Gebete, gleichgültig, in welche Richtung gesprochen, erhört werden, hat Mohammad nicht gewollt, daß die Gläubigen seine Heimat, den gnadenreichen Ort, aus dem Blick verlieren, ebenso nicht den Tempel, wo er nach dem Niederreißen der Götzenbilder seine Ermahnungen predigte. Daher hat er es seinen Gläubigen zur Pflicht gemacht, nur mit dem Gesicht gen Mekka zu beten. Das ist das strengste aller Gebote für einen gottesfürchtigen Muslim. Also ist der Mehrâb die unentbehrliche Weihestätte, damit sich in allen Moscheen die Augen und die Gebete der Gläubigen nach diesem Angelpunkt des muslimischen Glaubens richten. Ein guter Gläubiger ist sogar so gewissenhaft, daß er stets einen Kompaß bei sich trägt, um sich orientieren zu können, wenn ihn fern der Moschee die Stunde des Gebets überrascht. Wenn er weiß, daß Mekka südwestlich von Persien liegt, genügt es, mit Hilfe der Magnetnadel die Richtung nach dieser Stadt zu bestimmen.

Das Allerheiligste, der eigentliche Ort des Gebets, erstreckt sich unter einem riesigen Gewölbe. Das dort herrschende Halbdunkel erlaubt eine ungestörte Sammlung, wie es das Gebet verlangt. Die Zurückgezogenheit im Schutze der Dunkelheit macht es den Frommen möglich, sich in tiefe Andacht zu versenken. Dort verbringen sie lange Stunden und, als wäre das nicht genug für ihre mystische Exaltation, steigern ihre Benommenheit und die Gesichte ihrer vergeistigten Ergebung durch maßlosen Genuß von Opium. Die aufstrebenden Wände und die starken Pfeiler, auf die sich die gewaltige Kuppel der Moschee in ihrem Drang in die Höhe stützt, sind mit großen Jaspis- oder Alabasterplatten verkleidet und mit Kacheln verziert, deren reichkolorierte Mosaiken eine unendliche Vielfalt von Arabesken bilden und von bemerkenswertem Geschmack und reiner, origineller Linienführung zeugen. Dazwischen verlaufen lange, elegante, von Blumen durchwundene Inschriften, die ausgewählte Aussprüche des Propheten ins Gedächtnis rufen. Unter der Kuppel steht die Kanzel, das Sinnbild des oberpriesterlichen Thrones, von dem Mohammad seine Gesetze verkündete, die Tribüne der religiösen Predigt, die dem Christentum entlehnt worden ist. Man kann auch sagen, daß die Kanzel für das Geistige wie für das Zeitliche der Richterstuhl von oben ist, von wo die blutbesudelten

Seite 212/213
Innenhof der Großen Moschee in Isfahan

Amtsverwalter des arabischen Kamelführers, das Kriegsschwert in der Hand, Recht sprachen oder mit Zwang über die Gewissen den muslimischen Glauben durchsetzten.

Die Muselmanen, die durch den Koran zur Bilderfeindlichkeit verpflichtet sind, verachten im allgemeinen alle Bildwerke und verabscheuen insbesondere jene, vor denen die Christen ehrfürchtig die Knie beugen, was sie als Götzendienst ansehen. Sie tadeln aber nicht in gleicher Weise die Verehrung von Heiligenreliquien, denn alles, was an ihre Imams erinnert oder was diesen gehört hat, machen sie zum Gegenstand ihres fanatischen Kultes. So bewahrt man frommen Sinnes in der Großen Moschee von Isfahan, in einem mit Goldarbeiten verzierten Schrein aus Aloeholz, das blutgetränkte Hemd des Emâm Hossejn, Alis Sohns, des Märtyrers, der an den Wunden starb, die ihm von Omars Gefolgschaft zugefügt worden waren. Diese heilige Reliquie gilt in den Augen der Perser als unüberwindlicher Talisman und als sicherstes schützendes Heiligtum gegen jeden feindlichen Einfall. Dem Feind zum Anblick geboten, muß es unfehlbar dessen Flucht bewirken. So ließ auch das Reliquienkästchen des heiligen Martinus, das inmitten der Verteidiger von Tours vom Bischof der Stadt getragen und von den Wällen herab den belagernden Normannen entgegengehalten wurde, diese, wie es hieß, schreckerfüllt zurückweichen und gab den Einwohnern der Stadt die Möglichkeit, die Angreifer in Stücke zu hauen.

Die Große Moschee von Isfahan wurde auf Befehl Schâh Abbâs' zu Beginn des siebzehnten Jahrhunderts erbaut. Er gab dafür fünfzigtausend Tumân aus, das sind etwa anderthalb Millionen Francs, eine ungeheure Summe für ein Land, wo die Arbeitskraft wenig kostet.

Es gibt noch andere Moscheen: Die einen, die auch schön sind, aber bei weitem nicht so wie die Große Moschee, zeigen schillernde Kuppeln zwischen ihren durch die Emaillierkunst verschönten Minaretten; die anderen, die bescheidener sind oder als Ruinen dastehen, haben nur Ziegelgewölbe, für die ihre Gründer, zwar ebenso fromm wie Schâh Abbâs, doch weniger begütert, nicht so viel Gold verwenden konnten. Eine der Moscheen zweiten Ranges befindet sich auf dem Mejdân-e schâh, neben der Dschom'e, von deren Größe und Schönheit sie geradezu erdrückt wird. Trotzdem ist sie nicht uninteressant, und obendrein ist sie sehr gut erhalten; sie heißt Masdsched-e Lotfollâh.

Ihr gegenüber befindet sich der Eingang zu jenem Palast, den Schâh Abbâs errichten ließ. Dieser Sitz eines prunkliebenden Souveräns, dem es an nichts fehlte, weder an Geld noch an Grund und Boden, war dazu bestimmt, ein Volk von Ministern, Höflingen, Wachmännern und Dienern aller Ränge zu beherbergen, und ähnelt daher eher einer Stadt als einem Palast. Es sind tatsächlich mehrere Palais, mehrere Lusthäuser, eine endlose Zahl Wohnungen entstanden, nebeneinander angeordnet, durch große Gärten voneinander getrennt, die eine umfriedete Fläche von sehr großer Ausdehnung einnehmen. Dieser einstmals so prächtige Aufenthalt zeigt, nach dem Mejdân-e schâh hin, sein achtunggebietendes Äußeres. Er überragt diesen Platz mit seinem riesigen Portikus von mehr als fünfzig Meter Höhe. Den oberen Teil bildet eine luftige Galerie mit schlanken Säulen, die ein geschnitztes, in harmoni-

Tschahâr-bâgh-Palast in Isfahan

schen Farben gehaltenes Holzdach tragen, das gegen die Sonnenstrahlen schützt. Von dort konnte der Herrscher mit einem einzigen Blick die ganze Hauptstadt und das sie umgebende Gebiet überschauen, so weit sein Auge reichte, bis hin zu den Schluchten des Senderud oder noch weiter bis zu den Luftspiegelungen der Wüste von Jasd.

Der Haupteingang zum Serail ist ein Tor von gewaltigem Ausmaß, dessen Einfassung aus Porphyr besteht und dessen Torflügel aus Zedernholz sind, versehen mit silbernen Platten und Ziernägeln. Er trägt den Namen Âli-Kâpu, Hohe oder Geweihte Pforte, so wie man in Stambul den Palast Hohe Pforte nennt. Man sagt auch Ali-Kâpu oder Alis Pforte, was auf Schâh Abbâs zurückgeht, der seinem Stolz Genüge tun und seine Untertanen zwingen wollte, sich niederzuwerfen, bevor sie in den Bezirk seines Aufenthaltes eintraten, oder, um seiner Schwelle größere Heiligkeit zu verleihen, heißt es, habe er aus Kerbelâ, der Begräbnisstätte Alis, die Tore zum Grab dieses heiligen Emâms entführt und am Eingang seines eigenen Palastes aufgestellt. Diese zweite Version findet übrigens eine Bestätigung dadurch, daß die Perser tiefe Verehrung für dieses Tor hegen. Sie überschreiten ehrfurchtsvoll die Schwelle, ohne sie je mit dem Fuß zu berühren. Wem irgendeine Gunst des Herrschers zuteil geworden war, der warf sich vor dem Eingang zum Palast nieder und rief, in dieser Haltung verweilend, laut zu Gott, um Glück und Wohlfahrt für den Monarchen zu erflehen. Es heißt, selbst der Monarch überquerte die Schwelle nie hoch zu Roß, deutlichster Beweis, daß die Verehrung, zu der sie Anlaß bot, einen religiösen Grund hatte. Noch heute werden allerlei Amulette dort angebracht. Sie dient als Ort des Asyls, und hat sich jemand eines schweren Verbrechens schuldig gemacht und fürchtet das Eingreifen der Ordnungshüter oder eine persönliche Rache, so sucht er Zuflucht an dieser heiligen Schwelle und wird augenblicks zur unverletzlichen Person. Die Verehrung, die dieser Eingang noch hervorruft, hätte sich nicht an der Ruine des jetzt verlassenen Palastes erhalten, wenn sich nicht eine machtvolle religiöse Idee damit verbände.

Wenn man diese Schwelle überschreitet, findet man nicht mehr jenen Prunk und Pomp vor, den einst orientalische Verschwendungssucht und das den Sophis eigene Gepränge in dieser weitläufigen Palastanlage entfalteten. Das Herz krampft sich einem zusammen, wenn man um die herumliegenden Trümmer irrt. Oft stößt man mit dem Fuß gegen vergoldete Bruchstücke oder Porphyrbrocken. Zu den Gründen, die zum Verfall und zur Verwüstung in dieser Anlage geführt haben könnten, zählt einer, der häufig im Orient anzutreffen ist: die Abneigung der Orientalen gegen den Wohnsitz ihrer Väter. Jeder baut für sich, und da nicht jeder immer reich ist oder eine glückliche Hand hat, um abermals auf tüchtige Baumeister und künstlerische Elemente zurückzugreifen, ist es bequemer und zugleich wirtschaftlicher, den Stätten, die man ererbte, all das zu entreißen, was die Einfälle und Launen befriedigen und das neue Heim mit wenig Kosten schmücken könnte. So ist begreiflich, daß die meisten Gebäude, die aus diesem zwiefachen Grund dem Untergang geweiht sind, binnen kurzer Zeit verfallen und verschwinden.

Von den riesigen und prunkvollen Palästen Schâh

Brücke in Dscholfâ

Abbâs' kann man sagen, daß sie den Schmerz der Vergeltung erlitten haben, denn man bezichtigt solcherart Verwüstung und Plünderung gerade diesen Herrscher, der genügend Reichtümer zur Verfügung hatte und dessen Einfluß auf die persische Nation so groß war, daß sein Reich in kurzer Zeit eine neue Blüte erlebte. Die Autoren des Landes haben ihn sogar beschuldigt, die größte und schönste Moschee der Stadt nicht geschont zu haben, als er seinen Thron dort errichtete und mit viel Luxus diese prächtige Hofhaltung entfaltete, der Isfahan seinen Glanz verdankte.

Diesem Brauch entsprechend und getreu diesem Vorurteil haben die Nachfolger Schâh Abbâs' den größten Teil seines Palastes in Verfall geraten lassen. Weniger prunkliebend als ihr Ahne, begnügten sie sich mit weniger herrlichen Wohnstätten oder zogen sich in irgendwelche Lusthäuser von der Art zurück, wie sie in der Palastanlage zwischen Wohnungen und Gärten stehen.

Neben dem Serailbezirk, mitten auf dem Tschahârbâgh, den wir bei unserem Einzug nur flüchtig gesehen hatten, steht ein Gebäude, das sich dieser Nachbarschaft würdig erweist. Es ist das letzte Monument der Sophis, eine Moschee, von Schâh Soltân Hossejn errichtet, mit dem Ruhm und Blüte Persiens ein Ende fanden. Ihre Kuppel und die eleganten Minarette verbinden sich mit den herrlichen Wipfeln der Platanen. Sie ist nicht nur für Gebete vorgesehen, denn sie ist das, was die Perser Madrasse nennen, das heißt eine Schule, in der die Mollâs die jungen Mirsâs unterrichten und für die religiösen Studien die arabischen Korantexte kommentieren.

Plan und Anordnung dieser Madrasse unterscheiden sich überhaupt nicht von einer Moschee. Nur herrscht nicht die übliche Strenge; ebenso den Freuden des Lebens wie den Bequemlichkeiten der Zöglinge ist Raum vorbehalten. Natürlich ist da auch ein geheiligter Ort, wo Gott und Mohammad der ihnen zukommende Platz eingeräumt ist, und auch ein Mehrâb für das Gebet, wo jeder seine frommen Handlungen verrichten kann, desgleichen findet man, und zwar vor den Lehrstuben, wohin die Mollâs ihre Schüler führen, kühlen Schatten, Blumen, Wasserbecken und im Säulengang Âschpas und Kaliântschis. Dem Gebäude haftet also nichts von der herben Nacktheit an, die für Moscheenwände bezeichnend ist. Man sieht, daß der Gründer die Bedürfnisse der lernwilligen Jugend im Auge gehabt hat. Es scheint, er hat ihr das Lernen angenehm machen und sie durch feine Lebensart und durch die reizvolle Gestaltung des Inneren an seine Schule binden wollen.

Den Eingang zu dieser Madrasse bildet ein hohes Portal, das, dem Brauch entsprechend, teilweise durch eine Kette versperrt wird. Ist man gebückt unter ihr hindurchgegangen, richtet man sich auf und steht in einer sehr langen und herrlich mit Mosaiken geschmückten Säulenhalle. Gegenüber befindet sich eine Front von Arkaden, hinter denen die Gärten und die schönen Bäume zu sehen sind, die den ganzen Tag über der Madrasse erquickenden, geheimnisvollen Schatten spenden. Zur Rechten und zur Linken liegen die Unterkünfte der Mollâs. Dort lassen sich auch die Händler nieder. Die Bretter ihrer Ständer sind mit Obst, Melonen und Gurken beladen. Schalen mit Joghurt, das ist dicke Milch, und mit Scherbetten, mit Honigwasser, mit duftendem, safrangewürztem Polou verlocken die Schüler, die sich auch gern bei den leckeren Kabâbspießen aufhalten, über die der Âschpas der Madrasse reichlich Pfeffer streut. Neben ihm halten die Kaliântschis ihren feinsten Tombaki bereit und führen ihre Pfeifen vor, deren Bullern bei jedem Zug von allerbesten Lungen zeugt. An diesen Ständen können sich die Schüler stärken, sie werden dort gut bedient. Das Essen ist nicht teuer, der schöne Himmel über Isfahan verleiht der einfachen Mahlzeit, die man im Freien zubereitet, einen Wohlgeschmack, für den auch ich nicht unempfindlich war.

Mitten in dem Säulengang steht ein großes, mit Wasser gefülltes Porphyrbecken, an dessen Rand für alle Durstigen Kupferbecher hängen. Zu beiden Seiten der gegenüberliegenden Arkaden sind die Tore zum Inneren der Madrasse. Rechts ist der Ort des Allerheiligsten mit der azurnen Kuppel darüber, wo Arabesken auf grüngekacheltem Grund leuchten. Das Portal wird von zwei Minaretten flankiert und beeindruckt durch seinen Spitzbogen und seine Wölbung mit den glasierten Stalaktiten, von Koranversen umrahmt, die sich auf dem blauen Untergrund girlandenartig abzeichnen. Alte Tschenârs mit breiten, gezackten Blättern stehen als Wächter vor diesem stolzen Eingang und unterstreichen durch ihren dunklen Schatten das Geheimnisvolle und die Stille des Heiligtums. Die beiden anderen Seiten des quadratischen Innenhofes nehmen lange Arkadenreihen ein, die auch den Gebeten und Predigten vorbehalten sind. Dazwischen liegen, wie gesagt, die Zellen der Mollâs.

Überall breiten sich Baumwipfel aus, überall ist Schatten, Jasminbüsche und Rosensträucher stehen in Blüte, ihre Zweige reichen bis zu den Baumästen hinauf, sie verströmen süße Düfte, denen sich die Frische aus einem großen Wasserbecken beimischt. An diesem Platz ist das Lernen ein Vergnügen, und die jungen Perser, die hierher zum Studium kommen, geraten ins Träumen. So erklärt sich, daß diese Schule am meisten besucht wird.

Abgesehen von den religiösen Bauwerken und den Palästen, die unter Schâh Abbâs errichtet wurden, verdankt die Stadt Isfahan diesem Herrscher noch Gebäude, die der Öffentlichkeit von Nutzen sind. Dazu gehören herrliche Brücken und Aquädukte, die den Sende-rud überqueren und die Stadt mit den Vororten im Süden verbinden. Besonders zwei Brücken sind beachtenswert; eine davon, am Ende des Tschahâr-bâgh gelegen, trägt den Namen Dscholfâ-Brücke, weil sie in besagten Stadtteil führt, oder wird nach ihrem Gründer die Brücke des Allâhwerdi Chân genannt. Sie ist tatsächlich nicht das Werk Schâh Abbâs', aber dieser Monarch wußte geschickt die schöpferischen Kräfte seines Volkes und den Reichtum seiner Günstlinge zu lenken und für die Verschönerung seiner Hauptstadt zu verwenden. Man verdankt auch einen Großteil der schönen Gebäude Isfahans dem Wetteifer unter den Würdenträgern des Hofes, die des Herrschers Gunst und Wohlgefallens wegen alles aufboten. Ebenso entstanden viele Gärten, Plätze, Karawansereien und Moscheen. Allâhwerdi Chân, Oberbefehlshaber des Heeres und ein besonderer Freund des Souveräns, ließ die Brücke bauen, die seinen Namen bekam. Er verschaffte Isfahan ein Bauwerk von größter Nützlichkeit, das heute noch eins seiner bemerkenswertesten Monumente ist.

Diese Brücke hat dreiunddreißig Bögen, unter denen der Sende-rud, selbst in der Zeit des hohen Wasserstandes, seinen Weg nimmt. Der untere Teil ruht auf mächtigen Aufschüttungen aus sehr hartem Stein. Die drei letzten Bögen am Südende werden von vier steinernen Pfeilern gestützt. Über die dreiunddreißig Bögen von gleicher Höhe und gleicher Weite verläuft die ebene Straße. Die Brüstung zu beiden Seiten besteht aus je einer Reihe siebzigbögiger Arkaden, wo sich Kaliântschis aufhalten, die den Passanten die Wasserpfeife und Tee anbieten. In gewissen Abständen geben die Arkaden den Zugang zu einer Galerie frei, die in der ganzen Länge der Brücke den Ausblick auf den Fluß ermöglicht. Abends sucht man dort die Kühle und genießt die schöne Aussicht, wobei die Kuppeln und Minarette der Stadt einen herrlichen Blickfang bilden. Über Stufen, die in das dicke Gemäuer gehauen sind, gelangt man von der Galerie hinab unter die Brückenbögen auf die Höhe der Wasseroberfläche. Die Straße, die über die Brücke führt, ist höher gelegen als die Ufer des Sende-rud, also hat man für das Befahren flache Abschrägungen geschaffen.

Die zweite Brücke, die Pol-e Kadschûk, stellt die Verbindung zu dem Vorort gleichen Namens her und führt auf die Landstraße nach Schirâs. Über sie ziehen die Karawanen, die nach dem Süden aufbrechen oder von dort kommen. Ihre Konstruktion gleicht etwa der ersten. Die darüber hinwegführende Straße verläuft ebenfalls horizontal und wird auch von zwei Arkadengalerien flankiert. Aber man hat auf jeder Seite noch drei Pavillons angebaut, in der Mitte und an den jeweiligen Enden. In einem jeden, mit einer Etage in der Höhe des Wasserspiegels und mit einer oberen Etage, befinden sich zwei kleine Salons, die zum Verweilen einladen. Daher sind die sechs Pavillons in den Galerien ein beliebter Aufenthalt. Die gesamte Masse der Brücke ruht auf den breiten Deichen zu beiden Seiten, die um einiges höher sind, etwa zwei Meter über dem Flußufer, und Spazierwege und Plätze der Begegnung bilden. In gewissen Abständen führen Treppen zum Wasser hinab, das aber nur beim Anschwellen die unteren, großen Bögen ausfüllt und dann die Deichkronen erreicht. Als Bauwerk ist die Pol-e Kadschûk noch großartiger als die Allâhwerdi-Chân-Brücke.

Isfahan

4

Es gab noch vieles in Isfahan zu sehen, Gebäude zu studieren, die ganze Stadt galt es zu durchstreifen, auch die Umgebung. Die Ausdehnung dieser Stadt, ihr Glanz, die Zahl ihrer Einwohnerschaft und die Vorteile, die ihre Lage inmitten weiter, von vielen Wasserläufen durchzogener Ebenen und an jenem Fluß bot, der ihre Mauern umspült, das alles vermittelt einen so gewaltigen Eindruck, daß der Reisende der Stadt, und zwar zu Recht, ein höheres Alter zumißt, als dem Gepräge ihrer jetzigen Bauwerke auf den ersten Blick abzulesen ist. Ihr Äußeres wird vom arabischen Stil bestimmt, und ihre Anordnung, auch im Detail, verrät die muselmanische Renaissance. Wenn man jedoch sucht und alle Bestandteile der verschiedenen Gebäude Isfahans einer genaueren Prüfung unterzieht, entdeckt man echte Spuren der älteren persischen Kunst, die sich in jahrhundertealten Materialien erhalten haben.

Diese eleganten Moscheen mit den gekachelten Kuppeln, diese herrlichen Brücken, Meisterwerke der neueren persischen Kunst, die die Sophi-Herrscher ihrer Hauptstadt beschert haben, sind mit Elementen errichtet worden, von denen die dauerhaftesten, die das

Fundament und höchstwahrscheinlich den Untergrund bilden, von vorhergegangenen Bauten herrühren. So haben diese ganz aus Ziegeln errichteten Gebäude Sokkel mit mächtigen Lagen aus hartem Stein, was seit der Invasion der Araber und dem Beginn der muslimischen Ära überhaupt nicht mehr üblich ist. Solche Art Mauerverband bemerkt man vor allem an den Pfeilern der Hauptbrücken, deren Fundamente an den Außenseiten noch unverständliche Zeichen tragen, wie man sie auf den Mauerresten von Bisotun sieht. Aber trotz all unserer Nachforschungen war es nicht möglich, an irgendeinem Bauwerk Zeichen zu finden, die auf das Alter jener Trümmer hindeuten. Das läßt vermuten, daß irgendein Heerführer oder neidvoller Fürst vergangener Zeiten, als Eroberer oder als Erneuerer, die Bauten des alten Aspadana zerstört hat: der erste, vielleicht um seine Zerstörungswut zu stillen und das Werk der Eroberung so besser darzutun; der zweite, um inmitten von Ruinen erprobte Piedestale zu finden, auf denen mit ganzer Gewißheit sein Ruhm kundgetan werde. Wenn Tamerlan und Schâh Abbâs schon nicht gleichen Anteil an der Verheerung des antiken Isfahan haben, so haben beide zumindest Hand an diese Stadt gelegt. Zwar aus unterschiedlichen Beweggründen, doch mit demselben Ergebnis haben beide Herrscher dazu beigetragen, daß alles, was aus der achämenidischen oder sassanidischen Epoche geblieben sein konnte, verschwand.

Wenn der Unterbau mancher Moscheen und die Brückenpfeiler nicht genügen, um mit Sicherheit auf die großen Bauwerke der Stadt in längst vergangenen Zeiten zu schließen, so kann man wenigstens auf zwei sassanidische Kapitelle am Eingang des Palastes auf dem Mejdân-e schâh verweisen. Sie sind aus weißem Marmor, gänzlich gestalterisch behandelt, und ähneln denen von Bisotun: Das eine Kapitell zeigt auf der Vorderseite die Büste eines Mannes, auf der Rückseite die einer Frau, während die zwei anderen Seiten reich mit Rauten, in Rosetten eingebettet, verziert sind; das zweite Kapitell weist ebenfalls zwei figurengeschmückte Seiten auf, etwa so wie beim erstgenannten, außerdem zwei Seiten mit dem Anblick einer herrlichen großen Blüte an grazilem Gezweig.

Wenn man ausschließt, daß die Kapitelle von einem anderen Ort hergebracht wurden, was kaum denkbar ist, so ist zu vermuten, daß sie von einem antiken Bauwerk stammen. Sie weisen eine allzu auffallende Ähnlichkeit mit den Überbleibseln von Bisotun auf, so daß man sie einem Monument gleichen Charakters zuordnen möchte, auch derselben Epoche, die den Namen Tacht-e Schirin trägt. Ich bin sogar geneigt zu glauben, daß man Grund hat, auf einen gemeinsamen Ursprung zu schließen, und daß man folgern muß, Chosrou oder Chosroës habe für die schöne Schirin einen zweiten Palast an den Ufern des Sende-rud errichten lassen wie jenen am Flusse Gamasiah. Aber der Sturm aus den Wüsten der Bucharei hat alles dem Erdboden gleichgemacht. Chosrous Palast ist im Staub versunken, den die turkomanischen Krieger aufwirbelten. Dieser letzte Schimpf, der zu der Schändung durch die bilderstürmenden Araber hinzukam, welche das Angedenken an Schirin schmähten, indem sie ihr edles Antlitz verstümmelten, ließ keine Spur von ihrem Thron und löschte die Erinnerungen an die tolle Leidenschaft ihres königlichen Liebenden.

Alles, was Isfahan an Beachtenswertem zu bieten hat, liegt nicht nur innerhalb seiner Mauern. Mehrere Orte und mehrere Bauwerke in der Umgebung, die man leider oftmals auf Ruinenfeldern suchen muß, verdienen eine besondere Aufmerksamkeit. Nach Norden zu ist die Besichtigung am wenigsten aufschlußreich. Dort sind die einzigen Punkte, auf die sich der Blick richtet, die in dem Durcheinander von Trümmern verstreut liegenden Dörfer. Aber im Süden, am Sende-rud, reihen sich kilometerweit Dörfer und immer wieder Dörfer an die Vororte, fast ohne Unterbrechung.

Zu den bemerkenswerten Örtlichkeiten hier, die sich an die einstige Hauptstadt der Sophis anschließen, gehört in erster Linie Dscholfâ. Diese Stadt, denn diese Bezeichnung verdient sie, verdankt ihre Gründung Schâh Abbâs dem Großen, der eine ganze armenische Bevölkerung dorthin verpflanzte. Zu jener Zeit bestand in Oberarmenien am Flusse Araxes eine Stadt desselben Namens. Die Türken, die häufig in persisches Gebiet einfielen und sich in Armenien versorgten, ließen Schâh Abbâs auf den Gedanken verfallen, den ganzen Landstrich zu verheeren und sogar zu entvölkern, um dem türkischen Heer das zu entziehen, was es an der Grenze zu seinem Unterhalt benötigte. Und Dscholfâ gehörte zu jenen Ortschaften, die diesem Verteidigungssystem geopfert wurden.

Aber Persiens Herrscher war zu umsichtig und zu sehr auf die Mehrung seiner Macht oder seines Landes Größe bedacht, als daß er die Bevölkerung, deren Heimat er zerstört hatte, sich ausbreiten und ihren Gewerbefleiß etwa Georgien oder der Türkei zugute kommen ließ. Er hatte nur zu Recht den Gewinn im Sinn, der

Kirche in Dscholfâ bei Isfahan

ihm aus dieser armenischen Kolonie zufließen würde, wenn er sie genau im Herzen seines Staates gründete. So leitete er die Gesamtheit der Ansiedler nach Isfahan, wo er ihnen eine Stätte am Ufer des Sende-rud zuwies. Die neuen Untertanen bauten dort schöne Häuser mit Höfen und Gärten, sie scheuten keine Mühe, um sich ihren Ansprüchen entsprechend einzurichten und ihrem Aufenthalt Annehmlichkeit zu verleihen. Sie gruben vom Sende-rud lange Ableitungen, durch die noch heute das Wasser zu den meisten Straßen der armenischen Stadt fließt. Schâh Abbâs wollte, daß der Name der alten Stadt für die neue erhalten blieb, um die Bevölkerung eher an den Boden, wohin er sie verpflanzt hatte, zu gewöhnen. Also wurde sie auch Dscholfâ genannt, während für die frühere Stadt der Name Eski-Dscholfâ oder Alt-Dscholfâ aufkam.

Die Einwanderer brachten es schnell zu Wohlstand, und ihre Zahl, die anfangs nur sechstausend betrug, stieg binnen weniger Jahre auf zwölftausend. Die Stadt teilte sich damals in sieben Parochien oder Mahalles, denen zwei Bischöfe und ein zahlreicher Klerus vorstanden.

Schâh Abbâs, der anscheinend ein großer Politiker war und ohne Zweifel die jetzigen engstirnigen und unfähigen Wesire weit übertraf, begriff, was nötig war, um den Aufschwung dieser entstehenden Stadt zu fördern. Deshalb ließ er es auch nicht zu, daß sich außer seiner persönlichen Gewalt irgendeine muslimische Obrigkeit in die öffentlichen Angelegenheiten dieser christlichen Stadt einmischte. Er wies ihr als Kalândar oder Bürgermeister einen Armenier zu, dem er am Hofe ungewöhnliche Ehren zugestand. Er befreite die Armenier während mehrerer Jahre von Abgaben, und da er sie nicht den nur allzu häufigen Ausplünderungen, die die Muselmanen unter den Christen verübten, ausgeliefert wissen wollte, sicherte er ihnen die Rechtswohltat der Wiedervergeltung zu, eine außerordentliche, ja ungeheure Tat, die den fanatischen Geist seiner muslimischen Untertanen über die Maßen gegen ihn aufbringen mußte, denn man muß wissen, daß das Wiedervergeltungsrecht Gleichheit vor dem Richterstuhl bedeutet und daß die Strafe, Gleiches mit Gleichem zu vergelten, unterschiedslos gegenüber dem zu Richtenden angewendet wird. Wenn also ein Mann getötet hat, dann hat jeder nähere Verwandte des Opfers das Recht, den Mord an dem Schuldigen zu rächen oder mit ihm eine Regelung zu vereinbaren, die ihm als Vergeltung oder als Strafe angemessen erscheint. Dieser Brauch, der unter den Muslimen streng befolgt wird, hatte sich, wenn zwischen Mörder und Gemordetem ein Religionsunterschied bestand, niemals auf die Christen erstreckt. Es war das also eine unerhörte, der Gewohnheit zuwiderlaufende Anordnung, die Umstürzung sämtlicher Vorrechte, die sich mit dem Namen Muselman verbinden. Schâh Abbâs war mächtig, er blieb nicht bei der Forderung stehen, er wich auch nicht vor dem Grollen zurück und verwirklichte die schwerwiegendste aller Befreiungen, die Christen erhoffen durften.

Es heißt, daß dieser große Landesfürst mit seinen klugen und wirkungsvollen Schutzmaßnahmen so weit ging, daß er den Armeniern beträchtliche Vorleistungen zukommen ließ, um sie im Handel, ihrem hauptsächlichen Erwerbszweig, voranzubringen. Diese Mittel erfüllten ihren Zweck. In kurzer Zeit erblühte Dscholfâ, die tüchtigen Familien wurden reich, einige erlangten sogar ansehnlichen Wohlstand.

Dscholfâs Ruf verbreitete sich über ganz Persien. Die Förderung, die der Souverän den Bewohnern angedeihen ließ, zog weitere Zuwanderer an. Auch Gebern aus Kermân und aus Jasd, ebenfalls vorwiegend im Handel tätige Menschen, kamen und siedelten sich neben dem Viertel der Armenier an.

Aber das Gute ist in Persien vergänglich, und die Dinge änderten sich unter den Nachfolgern Schâh Abbâs'. Alle begriffen nicht in gleicher Weise wie dieser Schâh, welche Vorteile Dscholfâ dem Land einbrachte. Die Mißgunst der Perser und zweifellos ihr religiöser Haß setzten die Armenier vielen Drangsalierungen und Erpressungen aus, wodurch sie zunächst entmutigt, dann zugrunde gerichtet und zum Teil auch vertrieben wurden.

Vor allem unter der Herrschaft Schâh Hossejns erfuhren die Armenier die Verschlechterung ihrer Lage. Ihnen wurden nach und nach alle Vergünstigungen genommen, die sie unter Schâh Abbâs genossen hatten. Aus Schwäche und Ängstlichkeit wollte und konnte Schâh Hossejn sie nicht gegen die Gier der Großen seines Reiches und den Neid der Mollâs verteidigen. Den Armeniern wurde Hab und Gut genommen, sie gingen auch ihrer Sonderrechte verlustig. Alle herkömmlichen Gewohnheitsrechte, gegen die sie das Wiedervergeltungsrecht gesschützt hatte, traten wieder in Kraft, so daß erneut galt: Tötet ein Muselman einen Christen, wird er nur zur Zahlung eines Sühnegeldes verurteilt. Und das entsprach hohnvoll dem Preis für einen Scheffel Korn oder für ein Kamel.

Trotz der Demütigungen, die die Isfahaner den Einwohnern von Dscholfâ bereiteten, muß gesagt werden, daß diese für jene nützliche Nachbarn waren. Man kann sich sogar vorstellen, daß sich unter ihnen, den Armeniern, ein Gefühl der Dankbarkeit für die Wohltaten, die ihren Vorfahren durch den großen Sophi-Herrscher zuteil geworden waren, erhalten hatte. Sie zeigten sich bei mancher Gelegenheit ihres Isfahaner Bürgerrechts würdig. So schrieben sie während der Belagerung der Stadt durch den Afghanen Mahmud mit ihrem Blut eines der Ruhmesblätter ihrer Geschichte. Die Truppen Schâh Hossejns und dieser feige Fürst selbst hatten die vorgeschobenen Posten aufgegeben und sich schändlich hinter den Mauern der Stadt verschanzt. Nur die Einwohner Dscholfâs hielten stand und ließen den persischen General wissen, daß sie sich, wenn er ihnen die fehlenden Waffen gäbe, erbötig zeigen würden, die Afghanen zu verjagen. Doch stieß dieses Anerbieten auf taube Ohren bei denen, die den Armeniern keine Gleichstellung gewähren wollten. Ihnen wurde nicht erlaubt, ihre Adoptivheimat zu retten, und so sahen sie sich schutzlos den Räubereien der afghanischen Krieger ausgesetzt und erlebten den Sturz der Dynastie jenes ruhmreichen Schâhs, dem sie ein ehrenvolles Gedenken bewahrten.

Nach dem unheilvollen Kriegsgeschehen hat sich Dscholfâ nie mehr erholen können. Dennoch zählte diese Stadt zu Beginn des vergangenen Jahrhunderts noch sechzigtausend Seelen. Später heftete Nâder Schâh, als er Geld brauchte und nicht wußte, woher es zu nehmen wäre, seine Blicke auf diese unglückliche armenische Bevölkerung, die er als leichte Beute ansah. Mit dem Raub ihres Besitzes befriedigte er seine Hab-

Jasdechast

sucht. Diese brutale, oft grausame Ausplünderung, die mit all ihrem Schrecken zu den jahrelangen Bedrängnissen hinzukam, trieb die Einwohner von Dscholfâ zur Verzweiflung. 1747 zwang ihr Elend eine große Anzahl zur Auswanderung, und am Araxes fand sich ein Teil der Flüchtenden ein, um sich in Georgien niederzulassen; die meisten der vom Schicksal Geschlagenen aber suchten Zuflucht in Indien. Zur gleichen Zeit wurden auch die Missionare, die bereits seit anderthalb Jahrhunderten ungestört die Strahlen der Religion in dieses Land getragen hatten, genötigt, ihre Klöster und Kirchen zu verlassen, die nun verödet dastehen.

Heute, da ganz Persien mit Ruinen bedeckt ist, erstaunt es nicht, daß man auch in Dscholfâ Ruinen vorfindet. Doch muß man sagen, daß diese christliche Stadt weit davon entfernt ist, einen derart traurigen Anblick wie die meisten muslimischen Wohngebiete zu bieten. Die Armenier bessern wenigstens die Mauern aus, die einzustürzen drohen, und obwohl sie bei weitem nicht mehr so wohlhabend wie ihre Väter sind, wohnen sie noch in schönen Häusern, die gewöhnlich gut gebaut sind, ja es gibt sogar welche mit einigem Prunk.

Unter den Kirchen verdient jene, die im Bezirk des armenischen erzbischöflichen Sitzes gelegen ist, besondere Erwähnung. Sie ist die größte und schönste; ihr Eingang befindet sich am Ende eines weiten Hofes, auf den auch die Wohnungen des Erzbischofs und seiner Wardapets oder Vikare gehen. Über dem Kirchenchor wölbt sich die Kuppel, die in ein Kreuz ausläuft. Die Wölbung ist die gleiche wie bei den Moscheen, aber ihre Oberfläche ist insofern charakteristisch, als sie nicht wie bei jenen mit Kacheln verkleidet ist. Die Fassade ist einfach und geschmackvoll; sie strebt auf zwei Reihen von drei übereinanderliegenden Arkaden, deren Schwibbogenverzierungen und Tympana mit Mosaikarbeiten geschmückt sind, in die Höhe. Die mittlere, ebenerdige Arkade gewährt den Zugang zur Kirche, die beiden anderen lassen durch ihre Fenster Licht ins Innere eindringen. Die Fassade endet oben in einem kleinen viereckigen Aufbau, wo jede Seite eine Laubengalerie und einen Balkon mit hölzernem Gitterwerk aufweist.

Der Glockenturm steht, wie bei den Kirchen Italiens, neben der Kirche mitten im Hof, gegenüber dem Kirchentor. Er ist ein viereckiger, zweigeschossiger Bau: Vier nicht sehr hohe, aber mächtige Säulen tragen vier flach konstruierte Bögen, die den oberen Teil stützen, der aus vier Rundbögen besteht; zu jedem dieser vier Bögen gehört ein Balkon mit farbig gestrichenen hölzernen Balustraden. Dieser Teil stellt einen kleinen Saal dar, zu dem der Glöckner auf einer Leiter emporsteigt und wo er sich aufhält. Auf einer zweiten Leiter gelangt er in den Glockenstuhl. Dieser ist achteckig, acht Säulchen tragen kleine Bögen, auf denen das Ziegeldach mit dem Kreuz ruht. Dort hängen zwei Glocken, die man nicht mit einem Strang zum Schwingen bringt, sondern gegen die man mit einem Hammer schlägt. Der Grund dafür liegt sicherlich in der geringen Standfestigkeit, der üblichen Bauweise im Lande, so daß das Ganze den Erschütterungen beim Läuten nicht gewachsen zu sein scheint.

Das Innere der Kirche hat mich an einige italienische oder griechische Kapellen erinnert. Es herrscht dort ein Halbdunkel, das zur Sammlung einlädt. Die Wände sind mit Malereien bedeckt, obwohl das dem religiösen Brauch der Armenier zuwiderläuft, die gewöhnlich in ihren Gotteshäusern als einzigen Schmuck das Bild der Jungfrau mit dem Jesuskind gestatten. Man erzählt, daß diese Malereien einem reichen Kaufmann namens Awadik zu verdanken seien, der durch Italien gereist und wohl beim Anblick der Meisterwerke der italienischen Schule zu der Annahme gekommen war, daß die christlichen Tempel Gott um so eher gefallen, je mehr sie mit Malereien geschmückt sind. Als er wieder nach Dscholfâ zurückgekehrt war, ruhte und rastete er nicht, bevor die Wände der Bischofskirche mit Bildern aller Art bedeckt waren. Um diesem Gebot seiner Frömmigkeit zu entsprechen, mußte er erst den Widerstand des armenischen Klerus überwinden. Dank seiner Beharrlichkeit, seines vielen Zuredens, vielleicht auch vieler Geldzuwendungen, denn er verfügte über großen Reichtum, erreichte er, daß das Weiß der makellosen Wände unter einer Menge Gemälde verschwand, die mir allerdings keinerlei Aufmerksamkeit wert zu sein schienen.

Die übrigen Kirchen in Dscholfâ sind kleiner und sehr arm. Sie haben keine Glocken; ein einfaches Läutebrett, gegen das man hämmert, zeigt die Stunde des Gottesdienstes an.

Die Vikare dieser Kirchen, die Tèrtêrs heißen, sind ebenso arm. Ihre beklagenswerte Lage zwingt sie, irgendeiner Beschäftigung nachzugehen oder einen Handwerksberuf auszuüben, was der Würde, die zu ihrem Kirchenamt gehört, natürlich abträglich ist. Außerdem sind sie sehr unwissend und kennen außer der üblichen Ordnung des Gottesdienstes und der Andachtsübung überhaupt nichts.

Die anderen Priester, die den Titel Wardapet tragen, ohne viel wissender zu sein als die vorher genannten, haben wenigstens einige Kenntnisse, und da sie sehr auf die Würde ihres höheren kirchlichen Grades bedacht sind, belassen sie die armen Vikare auf der untersten Stufe und halten sie in Abhängigkeit. Der große Unterschied zwischen diesen beiden Arten von Geistlichen besteht darin, daß es den Têrtêrs anheimgestellt ist, zu heiraten, während die Wardapets ein Leben lang im Zölibat leben. Aus ihrer Mitte gehen die Bischöfe hervor, sie sind der eigentliche armenische Klerus.

Die übergroße Zahl der Armenier in Dscholfâ sind Schismatiker. Die wenigen orthodoxen Familien dort bilden nur eine Parochie und versammeln sich in einer einzigen Kirche, wo der Gottesdienst von einem katholischen Priester gehalten wird, der den ständigen Belästigungen und Beschimpfungen der Schismatiker ausgesetzt ist, denn es muß gesagt werden, daß in jeder Religion, überhaupt in Glaubensdingen, die Rechtgläubigen – fast mutet es wie ein Gesetz an – ihre ärgsten Gegner in den Abtrünnigen finden, und die armenischen Katholiken haben keinen schlimmeren Feind als die Schismatiker ihrer Nation. Es gibt keine Beleidigung, auch keine Ausschreitung, wodurch sie ihre Intoleranz dem katholischen Priester von Dscholfâ gegenüber nicht zum Ausdruck gebracht hätten. Sie haben ihren Haß und ihre Gewalttätigkeit so weit getrieben, daß sie sein Kloster umstellten, um ohne Rücksicht auf seine geistliche Würde, ohne Achtung vor dem weißen Bart seinen Händen das Kind, das er taufte, zu entreißen oder den Leichnam, bei dem er das Totenamt versah.

Als wir nach Isfahan kamen, fanden wir einen Vikar dieser Glaubensgemeinschaft vor, der Armenier von Geburt war. Er hatte einige Zeit in Italien gelebt. Man nannte ihn Padre Giovanni. Er lebte in Armut und Ergebung und schien sich zu jener philosophischen Religion zu bekennen, die alles auf Erden ertragen läßt in Erwartung des ewigen Lebens. Er wohnte in dem alten Kloster der Dominikaner, die es seit langem verlassen und dem Verfall preisgegeben hatten. Er war der einzige katholische Priester, den es in Dscholfâ gab.

Aber zu jener Zeit, als Persien in Blüte stand und dieses Zentrum der Armenier im Lande über eine große Anzahl von Bewohnern verfügte, empfing man häufig Missionare, die zweifellos von der Hoffnung beseelt waren, sie könnten die verlorene Herde, fern dem Auge und dem Hirtenstab ihres Oberhauptes in Edschmiatsin, in Georgien, in den Schoß der römischen Kirche zurückführen.

Die ersten Mönche, die 1625 nach Dscholfâ kamen, waren Karmeliter, ihnen folgten die Kapuziner. Danach gründeten um die Mitte des siebzehnten Jahrhunderts die Jesuiten eine Niederlassung, für die die Königin von Polen, Maria Luiza Gonzaga, die Mittel aufbrachte, und zum Unterhalt der Ordensbrüder setzte sie eine Rente aus. Es muß auch bemerkt werden, daß fast alle Missionare in Persien von Frankreich entsandt wurden. Dieselbe Anmerkung gilt ebenfalls für jetzt, denn die überwiegende Mehrzahl der frommen Männer, die Christi Religion zu den allerwildesten Nationen Asiens tragen, sind Franzosen. Seit einigen Jahren haben protestantische Engländer und Amerikaner versucht, auch Bekehrungen in Persien durchzuführen, indem sie ihre Bibel verteilten. Doch im Vergleich zu den französischen Missionaren sind sie in der Minderheit. Übrigens unterscheiden sie sich in ganz bezeichnender Weise: Während sich die katholischen Priester fast ausnahmslos an Muslime und Heiden wenden, um sie zu bekehren, suchen die protestantischen Prediger in ihrer böswilligen Gegnerschaft keineswegs die Seelen auf den Weg des Christentums zu führen, sondern begnügen sich damit, jene, die schon Christen sind, auf die Seite des Protestantismus zu ziehen. Man kann wirklich sagen, daß sie engstirnig arbeiten, im kleinlichen Interesse ihrer Doktrin, statt die Herzen über den Materialismus und Fetischismus jener Religionen zu erheben, zu denen sich die asiatischen Nationen bekennen.

Mögen die Absichten noch so großartig und noch so edel sein, immer führen sie nicht zum Gelingen. Die Jesuiten hatten nicht mehr Erfolg als die Kapuziner oder die Dominikaner. Die schismatischen Christen verhielten sich ihren Predigten gegenüber ebenso taub wie die Muslime. Wenig fehlte, und sie hätten sie zum Verlassen Isfahans gezwungen. Ohne Schâh Abbâs' überlegene und freisinnige Weltklugheit wäre ihnen das schon bei der Ankunft der Missionare gelungen, und es wäre ihnen nicht erlaubt worden, auch nur eine Niederlassung in Dscholfâ zu gründen. Dank der kräftigen Unterstützung, die sie bei dem Fürsten fanden, konnten sie sich ansässig machen und mehr als hundert Jahre bleiben. Aber seit der Mitte des achtzehnten Jahrhunderts wurden die verschiedenen katholischen Missionen nur noch von einem durchreisenden Beauftragten vertreten, und das auch nur hin und wieder.

Hinter Dscholfâ erstreckt sich von den Mauern der

Stadt bis hin zu dem Gipfel des Kuh-e Safâ, der dort das Isfahaner Gebiet begrenzt, das flache Land sowohl weit nach Osten wie auch weit nach Westen. Dort begegnet man überall Ruinen, die davon zeugen, daß einst die fürstlichen Paläste oder andere Wohnstätten einen gewaltigen Umkreis bildeten, während heute die Bevölkerung immer mehr nach dem Zentrum hin siedelt. Unter den Ruinen fallen besonders jene auf, die den Namen Farrâhâbâd oder Farrâhbâd bewahrt haben. Man sieht dort noch von Arkaden unterteilte hohe Mauern, an die sich in Abständen Reste von Gebäuden anschließen. Da stehen auch die Ruinen eines groß angelegten, befestigten Palastes, den Schâh Soltân Hossejn hatte bauen lassen. Er hielt sich in ihm auf, als er von dem heranrükkenden Heer der Afghanen unter Mahmud, dem Eroberer Persiens, in Schrecken versetzt wurde und sich hinter die Mauern Isfahans flüchtete. Die Afghanen bemächtigten sich des Gebäudes kampflos und richteten sich in ihm ein. Dort diktierte Mahmud den Armeniern seine grausamen und räuberischen Gesetze. Die Wände hallen noch von den Seufzern der fünfzig schönen jungen Mädchen wider, die die Familien Dscholfâs dem wütenden Sieger für seinen Harem und den seiner Offiziere ausliefern mußten. Ebenfalls in diesem Palast heftete der feige Schâh Hossejn eigenhändig den Diamantenstrauß, das Zeichen der Herrscherwürde, an den Turban seines Feindes und legte die Macht, die er von seinen Sophi-Ahnen erhalten hatte, in die Hände eines Anführers sunnitischer Banditen. Das war ein doppeltes Verbrechen in den Augen seines Volkes, das Abscheu vor den Afghanen, vor Omars Anhängerschaft, empfand. Nun sind diese Stätten, Zeugen von Freveltaten und der Niederträchtigkeit des Schâhs, Ruinen geworden, in denen die Schakale, die einzigen Wesen, welche dort anzutreffen sind, ein sicheres Versteck finden.

Oben auf dem Kuh-e Safâ erhebt sich ein kleines Bauwerk von sehr einfacher Art, das die Perser Âtesch-gâh oder Feueraltar nennen. Offensichtlich ist er heute verlassen. Sein Ursprung geht wohl auf die Ansiedlung der Gebern in Dscholfâ während Schâh Abbâs' Regierungszeit zurück. Wenn sie die Plündereien der Muslime fürchten mußten und ihre Feuer dort entfachen wollten, wo es hoch über dem Land leuchtete, dann konnten sie keinen besseren Platz wählen, denn dieser Âtesch-gâh steht auf einem Bergriesen, der als eine der höchsten Stellen des Gebirgszuges das flache Land und das ganze Gebiet von Isfahan beherrscht.

Zwischen Dscholfâ und diesen Ruinen sieht man da und dort in der Ebene mehrere Türme, die ins Auge fallen und nach deren Verwendung man sich fragt. Sie sind sehr groß, gut gebaut und ähneln Befestigungsanlagen. Aber ihre Vereinzelung widerspricht der Idee, die sich zunächst einstellt, daß sie für die Verteidigung Dscholfâs von Nutzen sein könnten. Diese Türme sind trotz ihres kriegerischen Aussehens die harmlosesten Gebäude der Welt. Es sind Taubentürme, die in ihrem Innern kleine Fächer haben, in die man die Tauben lockt. Dort nisten und brüten sie, und ihr Kot, der sich ziemlich schnell in beträchtlichen Mengen anhäuft, wird an die Bauern verkauft und stellt eine wichtige Einnahme der Herren der Taubentürme dar. Dieser Dünger gilt als sehr wirksam. Die Gärtner nehmen ihn für das Frühgemüse und vor allem für die Melonenbeete. Man hat mir versichert, daß ein einziger Taubenturm einen Gewinn von mehr als zwölfhundert Francs bringt.

Unweit davon liegt der armenische Friedhof, auf dem die Europäer ihre nach Nationen bezeichneten Grabstellen haben. Die Gräber weisen nichts Besonderes auf, sie sind aus Ziegelsteinen erbaute Rechtecke von einigen Dezimetern Höhe; die der Reichen sind mit einer Platte aus Marmor oder einfachem Stein bedeckt, auf der Schriftzeichen und Verzierungen eingraviert sind. An eins der Gräber knüpft sich eine abergläubische Vorstellung, die von der unwissenden Frömmigkeit genährt wird. Es ist das Grab eines Deutschen, der eher den Tod wollte, als ein Abtrünniger zu werden. Die Armenier schreiben seinem Stein Heilkraft gegen das Fieber und Hinweise auf die Zukunft zu. Um das Fieber zu vertreiben, muß man über dem Grab das Gefäß zerbrechen, aus dem man zu trinken pflegt, und um die Zukunft zu erfahren, sind fünf Steinchen auf das Grab zu werfen, die, wenn sie beim Fallen ein Kreuz bilden, ein gutes Vorzeichen sind.

Hinter dem Friedhof der Christen, durch einen ziemlich breiten Zwischenraum von diesem getrennt, befinden sich die viel größeren Friedhöfe der Muselmanen. Ihre Gräber haben den gleichen Charakter wie die der Armenier, aber es sind viel schönere darunter, richtige Bauwerke. Es besteht der Brauch, daß sich die Menschen zu dem Grab derer begeben, die sie verloren haben. Man trifft sich dort, plaudert und ißt sogar. Das ist so etwas wie ein Ausflug. Hauptsächlich an Freitagen, den Ruhetagen der Muselmanen, sieht man eine große Anzahl Frauen auf den Friedhöfen und hört aus ihrer Mitte Schluchzen und Schreie aufsteigen, die wahren oder vorgeblichen Schmerz bekunden. Manche muslimischen Gräber tragen das Bildnis eines Löwen oder Tigers, solche Symbole des Mutes bezeichnen Gräber von Kriegern.

Über das weite Gräberfeld, das sich fast bis an den Kuh-e Safâ erstreckt, erhebt sich unvermittelt dieses Gebirge, dessen Aussehen, düstere Farbe und nacktes Felsgestein einen auffallenden Kontrast zu der Fröhlichkeit, Regsamkeit und Eleganz der riesigen Stadt in der Ebene bilden. Auf halber Höhe steht ein einsames Haus, zu dem man nur schwer gelangt. Man muß über Felsblöcke klettern, durch die kein Weg gebahnt wurde. Da, wo der Hang eine Stufe aufweist, steht ein in drei Teile gegliedertes Gebäude. Der mittlere ist eine nach allen Seiten offene große Halle mit einem geschlossenen Raum. Dahinter ragen zwei Zypressen empor, die einzige Spur von Vegetation in dieser Bergwelt. Der rechte Teil ist ein Turm, dessen Gemäuer oben von mehreren Fenstern durchbrochen ist und der sicherlich das Andarun darstellte. Links reihen sich kleine Gemächer aneinander, die offensichtlich für die Dienerschaft bestimmt waren.

Die Perser nennen diese Art Einsiedelei Tacht-e Rostam oder Tacht-e Solejmân. Es scheint, daß dieser Ort einst Leuten aus der Stadt zugänglich war, die die Kühle der Felsspalten, wo die Sonne nie hindrang, suchten; sie fanden dort auch eine schöne Quelle mit klarem Wasser, über das sich Zweige von Sträuchern breiteten. Schâh Solejmân hatte den launischen Einfall gehabt, dort ein Lusthaus mit allen für sein Gefolge und seine Frauen notwendigen Nebengebäuden zu errichten. Die

Schwierigkeiten, die die Natur dem Unternehmen entgegensetzte, waren sehr groß; aber der Prügel spielte seine Rolle und überwand alle Hindernisse. Der Schâh wurde zufriedengestellt, er suchte diesen Ort oft auf, genoß die frische Luft und den herrlichen Blick auf die Hauptstadt. Im Gedächtnis einiger gebildeter Perser hat sich der Name des Gründers erhalten, die meisten haben ihn aber durch den Namen des Volkshelden Rostam ersetzt, doch konnte ich nicht in Erfahrung bringen, durch welche Folge von Geschichten oder Überlieferungen es zu dieser Umbenennung gekommen ist.

Geht man den Sende-rud entlang und an den Friedhöfen und den Gärten des Palastes Haft-dast vorbei, kommt man zu dem Vorort Kadschûk. Er ist sehr verfallen, so daß nur Ruinen zu sehen sind. Das wichtigste Gebäude, dessen Spuren man noch entdeckt, war zu Zeiten Schâh Abbâs' der Palast eines hochgestellten Offiziers dieses Herrschers. Als der Schâh ihm später den Kopf abschlagen ließ, überließ er den Palast den Kapuzinern als Unterkunft, denen man damals solche Ehre erwies, was im traurigen Gegensatz zu der Art steht, wie heute im ganzen Orient die eifrigen Verbreiter des christlichen Glaubens behandelt werden.

Die Ruinen dieses Vorortes und die Mauern seiner Gärten ziehen sich weit nach Osten hin. Der erste bewohnte Platz, den man erreicht, ist ein großes Dorf, das Schahrestân heißt. Der Name setzt sich aus »Schahr«, das ist Stadt, und der Endung »-stân«, das ist die Bezeichnung für die Lage einer Stadt, zusammen. Das Dorf verdankt seinen Namen dem Umstand, daß, wie orientalische Historiker sagen, die Stelle, die es einnimmt, ursprünglich zur Gründung jener Stadt vorgesehen war, die man später anderswo erbaute und die das heutige Isfahan wurde. Schwerlich kann man in dem Dorf Schahrestân eine verfallene Stadt erkennen, denn obwohl seine Ausdehnung beträchtlich ist, überschreitet sie doch nicht die Ausmaße eines Fleckens. Nach seiner Lage am Flusse Sende-rud zu urteilen, ebenso nach den Bewässerungsanlagen, die zur Nutzung des Wassers angelegt wurden, und der großen Brücke, die beide Ufer miteinander verbindet, kann man jedoch ermessen, daß Schahrestân eine Stadt gewesen ist, und sogar eine Stadt von einiger Bedeutung.

Ein Großteil seiner Einwohnerschaft ist vermutlich nach der neuen Stadt ausgewandert und hat die Wohnstätten hinter sich gelassen, die alsbald verfielen und verschwanden; das läßt sich an einigen Gebäuderesten ablesen, die vereinzelt und abseits der heutigen Häuser stehen. Zu den von der einstigen Ausdehnung Schahrestâns zeugenden Spuren zählt eine kleine Moschee, deren Kuppel und Minarett noch erhalten sind. Schahrestân war während der goldenen Zeit Isfahans das bevorzugte Wohnviertel der Würdenträger. Der Niedergang der Hauptstadt und der Aristokratie hat dann auch zu dem Verfall des Viertels geführt, was diese Ruinen bestätigen.

Die heutigen Bewohner Schahrestâns sind Bauern oder Gärtner. Mehrere Mühlen am Sende-rud beschäftigen eine ansehnliche Zahl Arbeiter, denn für die Ernährung der großen Bevölkerung von Isfahan muß gesorgt werden.

Am anderen Ende des Isfahaner Gebiets steht eine etwas unansehnliche Moschee, die aber wegen einer absurden Geschichte, die sich an sie knüpft, von Interesse ist. Sie heißt Kârlâdân oder die Moschee der bebenden Minarette, weil ihre Minarette leicht ins Schwingen geraten. Die Muselmanen berichten von dem erstaunlichen Vorgang, nämlich daß Kinder, wenn sie das eine Minarett erklimmen und erzittern lassen, augenblicklich das andere Minarett ebenfalls zum Schwingen bringen. Die abergläubischen Perser preisen das Wunder und behaupten einfach, statt nach einer einleuchtenden Erklärung zu suchen, daß der Leichnam eines Heiligen unter der Moschee begraben liege und daß es sein Beben sei, das das Schwanken der Minarette hervorrufe. Der wirkliche Grund dieses im übrigen gut zu sehenden Schwankens beruht wahrscheinlich auf der schlechten Konstruktion des Gebäudes, es mag an einem Träger liegen oder einem anderen Verbindungsstück zwischen den beiden Minaretten.

Isfahan

5

Manchmal begleitete mich bei meinen Ausflügen und Studien ein junger Sekretär der russischen Gesandtschaft, mit dem ich mich freundschaftlich verbunden fühlte. Seine reizende Wesensart und schnelle Auffassungsgabe ließen mir seine Gesellschaft angenehm erscheinen, und mit seiner gründlichen Kenntnis der Landessprache war mir seine Beteiligung sehr nützlich, um von dem, was ich zu Gesicht bekam und was die Sitten der Perser betraf, viel Interessantes zu erfahren. Mit zwei oder drei Dienern ritten wir durch die Umgebung von Isfahan, und wo es uns gefiel oder wo es etwas Wissenswertes zu untersuchen gab, machten wir für mehrere Stunden halt. Diese Ausflüge führten uns oft sehr weit von Dscholfâ fort, und wir kehrten erst nachts zurück. Das war nicht sehr klug, denn das Gelände um Isfahan ist wirklich nicht sehr sicher. Nach dem Abzug der Truppen, die Schâh Mohammad nach Teheran zurückgeführt hatte, sahen sich die Bachtjâren der Nachbarschaft ermuntert, bis an die Mauern der Stadt vorzudringen. Außerdem hatten die Lutis, die der Schâh bestraft hatte, Rächer zurückgelassen, und Reste dieser Räuberbande zogen umher auf der Suche nach einem Gewaltstreich auf ihre Art. Aber wir verließen uns auf unsere europäische Kleidung, um respektiert zu werden, selbst von dem Diebsgesindel.

Einmal, als die Sonne schon untergegangen war und wir unsere Pferde antrieben, weil die Dunkelheit anbrach, und wir die ersten Mauern von Dscholfâ gerade erreicht hatten, glaubte ich, nun sei nichts mehr zu befürchten; also verabschiedete ich mich mit einem »Gute Nacht« von meinem Gefährten, und wir gingen auseinander. Ich stieg mit meinem Pferdeknecht zum Senderud hinab, um die Pferde zu tränken. Kaum standen wir im Fluß, da hörten wir schreckliche Schreie aus der Ferne, offensichtlich von dem Weg, den wir hinter uns gelassen hatten. Der Überfall galt meinem Kameraden. Ich ritt schnell zu der Stelle, wo wir uns getrennt hatten, hörte aber nur unbestimmte Stimmen und dumpfe Geräusche von Schritten und Eisengeklirr, so daß ich das ganze Unglück schon ahnte. Ich dachte sofort an einen Angriff von Marodeuren aus den Bergen; sie kamen bis in die Straßen von Dscholfâ, um sich eine Beute zu holen, die außerhalb der Mauern nicht zu finden war. Mit einem Hackenstoß in die Flanken trieb ich mein Pferd mitten in eine Schar Kämpfender, doch konnte ich keinen unterscheiden, weil im Gedränge viel Staub aufgewirbelt wurde, ich sah nur, daß es sich um vier Männer handelte. In einiger Entfernung standen die verschreckten Pferde, die ein Pferdeknecht mühsam hielt, und am Boden, gegen die Mauer gelehnt, saß der junge Russe und sagte, er sei verletzt, und wies auf die Banditen, die ihn überfallen hatten. Sein zweiter Diener, der ihn hatte verteidigen wollen, war das Opfer seiner Ergebenheit geworden, er war den drei Angreifern mit gezückten Messern nicht gewachsen und wurde erstochen.

Mein plötzliches Dazwischentreten änderte den ungleichen Kampf. Ich stürzte mich mit meiner einzigen Waffe, einer Pistole, auf die Gruppe im wilden Handgemenge und versuchte, die Angreifer im Dunkeln zu erkennen. Ich hätte am liebsten einem von ihnen eine Kugel in den Kopf gejagt. Glücklicherweise bewahrte ich kühles Blut, und im Augenblick, da ich abdrücken wollte, bedachte ich als Christ die schweren Folgen eines Mordes an einem Muslim. Welchen Schutz hatte ich gegen das Wiedervergeltungsrecht, das die Angehörigen eines Getöteten in Anspruch nehmen können? Den hatte ich nicht und hatte wahrscheinlich damit recht. Ich ließ meine Pistole sinken und benutzte sie als Keule und schlug kräftig auf die drei Schurken ein. Beim ersten Hieb verschwand einer von ihnen im Dunkel, die beiden anderen, die die heftige Gegenwehr verblüffte, stellten sich mir zum Kampf. Da spürte ich auch schon, daß mich ein Messerstich traf. Die Verwundung steigerte meine Wut, die Kaltblütigkeit wich hitziger Raserei, so daß ich den Banditen vor mir niederschlug. Er sackte zusammen, ich nahm ihm die Waffe ab, und der andere wurde leicht zu unserem Gefangenen gemacht. Beide, die stark verletzt zu sein schienen, führten wir ab. Auch ich war voller Blut, das mir über das Gesicht rann.

Kaum hatten wir das Innere Dscholfâs betreten, da sahen wir schon eine Menge Männer mit Stocklaternen, Fackeln, Waffen, einige mit Knüppeln, andere mit Dolchen und Säbeln, auf uns zueilen, angeführt von Monsieur Boré. Einer der Pferdeknechte, der unsere Pferde gehalten hatte, war, als er den Verlauf des kleinen Scharmützels sah, zu Monsieur Boré gehastet, dessen Wohnung nicht weit entfernt lag, um ihn zu benachrichtigen und um Hilfe zu bitten. Dieser exzellente Landsmann ließ sich nicht lange bitten und kam eilends mit allen, die er um sich scharen konnte, herbei; jeder hatte sich mit dem bewaffnet, was ihm gerade unter die Finger kam. So zogen wir durch Dscholfâ und führten im Triumph unsere beiden Gefangenen zur russischen Gesandtschaft, der einzigen europäischen Autorität, bei der wir unsere Klage und unseren Schadensanspruch vorbringen konnten. Die Schuldigen wurden eingesperrt. Der Arzt untersuchte unsere Wunden: mein Gefährte hatte starke Quetschwunden davongetragen, seinem Pischchedmat war eine Dolchklinge durch den Arm gedrungen, und ich hatte einen ähnlichen Hieb mitten ins Gesicht erhalten. Meine Verwundung war die ärgste, und der Arzt äußerte Bedenken wegen der Folgen. Er verband mich, ließ mich zur Ader, und nachdem er mir versichert hatte, daß nichts Beunruhigendes an dem Zustand des jungen russischen Attachés festzustellen sei, zog ich mich zurück, nicht ohne ihm und dem Personal der Gesandtschaft ans Herz zu legen, das Pfand, das wir ihnen anvertraut hatten, gut zu bewachen. Damit war es noch nicht getan, die Stunde des Gerichts mußte noch kommen, denn wenn ich auch meine Wunde mit einem kräftigen Schlag auf den Schädel des Angreifers gerächt hatte, so mußte den Schurken, die es gewagt hatten, uns zu überfallen, doch eine exemplarische Strafe zudiktiert werden.

Am folgenden Tag schickte der Gesandte Rußlands einen seiner Sekretäre zum Statthalter von Isfahan, um Klage zu führen wegen des hinterhältigen Anschlages auf zwei Europäer, von denen der eine Verletzte ein Attaché seiner Mission war und der andere durch den

Gesandten Frankreichs dem Schutz des Schâhs und der persischen Regierung anvertraut worden war.

Der Statthalter hieß Manutschehr Chân, ein wegen seines Gerechtigkeitssinns bemerkenswerter Mann. Fanatismus war ihm fremd. Er war bekannt für seine außergewöhnliche Tatkraft, die, wie man sagte, in manchen Fällen bis zur Grausamkeit gehen konnte. Wegen des Vertrauens, das ihm der Schâh entgegenbrachte, waren ihm schon verschiedentlich wichtige Aufgaben übertragen worden. Nach den Unruhen in Isfahan und den strengen Maßnahmen, die ergriffen worden waren, fürchtete man nun einen blutigen Gegenschlag von seiten jener Lutis, die dem Gericht des Schâhs entkommen waren und möglicherweise den Tod ihrer Kameraden rächen wollten. Die Isfahaner sind nicht Leute der mutigen Tat, so daß sie wirklich befürchteten, erneut unter das Joch der höllischen Banden zu geraten, von denen der Schâh die Stadt hatte säubern wollen.

Die Wahl des Manutschehr Chân zum Statthalter war, nach dem Abzug des kaiserlichen Heeres, von größter Bedeutung. Von ihm erwartete man die völlige Herstellung der Ordnung in dieser großen Stadt, die der Schauplatz abscheulichster Verbrechen gewesen war. Seit vielen Jahren galt er bereits als eine der angesehensten Persönlichkeiten im Reich. Er war schon dem Haus des vorherigen Schâhs verbunden gewesen und hatte unter Mohammad Schâh die einflußreiche Stellung beibehalten, die seinen Talenten, vor allem seiner Energie und seinem Beharrungsvermögen zu verdanken war.

Manutschehr Chân entstammte einer Adelsfamilie Georgiens. Als Jüngling geriet er in einem der Kriege mit den Persern in Gefangenschaft. Als er Fath Ali

Schâh vorgeführt wurde, war dieser von dem Verstand und der Willenskraft des Gefangenen – recht seltene Eigenschaften in Persien – so überrascht, daß er ihn an sich binden wollte. Er beabsichtigte, ihn mit wichtigen Aufträgen zu betrauen und ihn in einer Stellung bei Hofe zu sehen, die ihm zu jeder Zeit Zutritt zum Innern des Palastes gestatten würde. Aber wie schmerzlich war diese Gunst des Herrschers! Der Preis für das kaiserliche Wohlwollen bestand in einer widerwärtigen Verstümmelung, dank dieser der junge georgische Chân in den Rang des Ersten Eunuchen erhoben wurde. Wider seinen Willen, doch der Vernunft gehorchend, fügte sich Manutschehr Chân in das Amt besonderer Gnade. Seine Philosophie hielt ihn zunächst aufrecht, und dann regte sich der Ehrgeiz, der ihn seine verhaßte Lage vergessen ließ. Er lebte im Harem unter sechshundert Konkubinen des Monarchen und verstand es auf das beste, die Gunstbeweise auf sich zu ziehen, so daß er bald die Oberaufsicht des Palastes wahrnahm. Nichts geschah ohne sein Wissen, in Wirklichkeit ließen ihn sein enger Umgang mit dem Schâh und das Vertrauen, das er sich bei ihm erworben hatte, das Amt eines Ersten Ministers verrichten. In dieser Stellung, die sich jeder Perser gern zum selben Preis erkauft hätte, erwarb er sich große Reichtümer und fand in ihnen, wie man sagte, den Ausgleich für den Entzug eines anderen Gutes. Später gab Fath Ali Schâh seinem Lieblingseunuchen das Kommando über ein Armeekorps im Krieg gegen Georgien. In diesem Feldzug, der zwar für die Perser unglücklich ausging und den Verlust dieser Provinz zur Folge hatte, bewies Manutschehr Chân hervorragenden Mut und besonderes Geschick. Diesem

Beispiel eines Eunuchen als Kriegsmann und unerschrockener Kämpfer begegnet man oft in der Geschichte der früheren Völker dieses Landes wie überhaupt auch in der Geschichte des heutigen Asiens.

Manutschehr Chân hatte eine viel zu bedeutende Rolle unter Fath Ali Schâhs Regierung gespielt, als daß dessen Nachfolger seiner Dienste entraten konnte. Als Mohammad Schâh den Thron bestieg, fand er ihn von Ehrgeizlingen belagert, von Prinzen als Mitbewerber und Neider umlauert, die ihm durch irgendeinen Neffen oder irgendeinen Cousin die Turâ entrissen sehen wollten. Er brauchte Männer mit Mut und Verstand zur Unterstützung und zur Abwehr der Gefahren, die seiner Krone drohten und die von allen Seiten auf ihn zuzukommen schienen. Fath Ali Schâhs Eunuch war einer der Männer, in die der junge Souverän sein Vertrauen setzte und den er zur Verteidigung seiner Rechte zu sich berief.

Wir haben gesehen, wie Mohammad Schâh nach seiner Thronbesteigung im Interesse der Ruhe in seinem Staate und der eigenen Ruhe seine Onkel und Cousins aus ihren Regierungsämtern entfernen und sie durch Châne ersetzen mußte, denen er vertrauen konnte. Manutschehr Chân war einer der Großen des Reiches, die den Auftrag erhielten, mißliebige Schâhsâdes zu ersetzen und die Stimmung der Bevölkerung zugunsten Fath Ali Schâhs Nachfolger zu beeinflussen. Er erhielt also den Oberbefehl über die West- und Südprovinzen, die am schwierigsten dahin zu bringen waren, ihre Pflichten zu erfüllen. In der neuen Stellung erwarb er sich weitere königliche Gunstbeweise. Dank seines geraden Charakters und seines energischen Handelns herrschte in diesen zur Aufsässigkeit neigenden Gebieten binnen kurzem Ruhe. Gleichzeitig setzten die von ihm verhängten unverzüglichen, aber gerechten Bestrafungen dem im großen Stil organisierten Räuberunwesen, der bevorzugten und seit langem gehegten Lebensweise der Bergstämme, ein Ende; Strenge genügte nicht immer, Grausamkeit war oft vonnöten. Aber der Erfolg zeigte sich in der vollständigen Befriedung dieser Gebiete und in der Sicherheit auf den Straßen. Man sieht nach allem, was ich über die Lage innerhalb Isfahans und die verbrecherischen Umtriebe, die lange Zeit ungestraft geblieben waren, gesagt habe, daß Manutschehr Chân der rechte Statthalter für eine Bevölkerung war, die sich aus zwei ganz verschiedenen Elementen zusammensetzt: auf der einen Seite die ängstlichen Kaufleute und die furchtsamen Mirsâs, auf der anderen Seite, wozu die Feigheit der Isfahaner geradezu einlud, die frechen Räuber, die grausamen Mörder, die Lutis.

Aber ich komme auf meine beiden Banditen zurück. Der Gesandte Rußlands hatte die Beschwerde beim Statthalter vorgetragen. Dieser befahl uns, den russischen Sekretär und mich, in seinem Diwân-e chân̂e zu erscheinen, um aus unserem Munde die Einzelheiten unseres Mißgeschicks und die schwerwiegende Anschuldigung gegen die beiden Perser anzuhören. Er ließ uns ausrichten, daß wir uns mit unseren Gefangenen und dem Pischchedmat, der fast das Opfer seiner Hingabe für seinen Herrn geworden wäre, vor ihm einzufinden hätten. Auch ließ er uns sagen, daß wir in ordentlicher Begleitung den ziemlich weiten Weg von Dscholfâ bis zu seiner Residenz zurücklegen sollten, denn ein Handstreich der Freunde unserer Gefangenen zu ihrer Befreiung unterwegs könnte zu befürchten sein. So gewarnt, brachen wir mit unseren Gefangenen auf, die, inmitten unserer Schar gefesselt, am Sattel zweier Reiter angebunden waren. Eine kleine Vorhut sicherte uns, hinter uns ging die Eskorte aus mehreren gut bewaffneten Dienern der russischen Gesandtschaft. Die Lutis hatten wir nicht zu fürchten, sie würden es kaum wagen, uns anzugreifen, und wir würden ihnen auf keinen Fall diejenigen in die Hände fallen lassen, die wir unbedingt dem Statthalter übergeben wollten.

Unser malerischer Aufzug lenkte die Blicke der Menschen auf uns. Von den Gesichtern der meisten war Befriedigung abzulesen, man sah mit Freuden, wie zwei Lutis zu Manutschehr Chân gebracht wurden, um im Eilverfahren abgeurteilt zu werden. Aber weil einige, die uns auf dem Weg sahen, wohl Freunde unserer Gefangenen waren oder weil sie es zur Ehre ihrer Religion bedauerten, daß Muselmanen von Christen in Bande gelegt und abgeführt wurden, fiel uns auch die ziemlich große Zahl derer auf, die ihre Mißbilligung nicht verbargen. Die meisten jedoch schienen erstaunt zu sein, mich mit verbundenem Gesicht zu sehen, dem Zeichen der empfangenen Verwundungen, und konnten sich das nur dadurch erklären, daß unsere Angreifer in ihrer Kühnheit so weit gegangen sein mußten, mit Waffengewalt gegen Nâjebs eines Iltschis, also Attachés einer Gesandtschaft, vorzugehen.

So kamen wir zu dem Statthalter, der den kleinen Palast Amârat-e Sarposcht bewohnte. Der Hof war voller Mirsâs und Sarbâs. In einer Ecke lag ein Bündel grüner Ruten. Daneben standen vier kräftige Soldaten und warteten auf den Befehl zur Vollstreckung des

Richtspruches. Über die Absicht des Statthalters, wie uns Genugtuung verschafft werden sollte, bestand kein Zweifel, diese Vorbereitung sagte es uns deutlich. Aber wir wußten noch nicht, wie stark seine Erregung sein würde, sobald er alle Einzelheiten des Abenteuers erfahren haben würde.

Wir betraten das Diwân-e châne. Manutschehr Chân schickte die weniger wichtigen Besucher in den Hof und ließ uns neben sich auf dem Ehrensitz Platz nehmen. Wir tauschten die üblichen Höflichkeiten. Er redete mit uns über unseren Zustand, sprach von meiner Verletzung, die er für nicht so ernst hielt, und stieß mehrere Male ein Wallâh aus. Mein Gefährte schilderte selbst den Ablauf des Geschehens, was des Châns ganze Aufmerksamkeit in Anspruch nahm und die Zuhörer in Wallung brachte. Die Augen des Châns begannen zu funkeln, über seine Lippen kamen dumpfe Worte des Zorns, bald ein Pessewenk, bald ein Harâm-sâde. Des öfteren mischte sich der Ausruf »Mâschallâh!« in den Bericht von dem Kampf. Dieser wurde von den Anwesenden mit einer Art Begeisterung aufgenommen, als sie hörten, wie Monsieur Iwanowskis Diener erzählte, daß er von drei Angreifern zu Boden geschlagen und entwaffnet wurde und ohne mich sicherlich getötet worden wäre, daß ich ihm das Leben rettete und er mir seinen Dank ausdrückte. Ich nehme an, daß dieses Zeugnis den Ausschlag zu meinen Gunsten gab, auch in den Köpfen derer, die mir böse Blicke zuwarfen, weil ich einem Muselmanen Schläge versetzt hatte.

Der Chân fragte uns, welche Strafe er diktieren solle. Wir antworteten, daß die Bastonade zweifellos genüge. Damit wollte er sich aber nicht zufriedengeben und bestand darauf, sie dem Scharfrichter zu überantworten. Ich allerdings glaube, daß das so etwas wie eine Artigkeit uns gegenüber war, eine Schmeichelei, denn zur Verhängung der Todesstrafe bestand kein Grund. Wir dankten für »so viel Freundlichkeit«, baten ihn jedoch, seine »Höflichkeitsbeweise« für eine ernsthaftere Gelegenheit, falls sie sich ergeben sollte, aufzusparen, und sagten ihm, daß wir im vorliegenden Fall, in unserem Namen und im Namen des Generals Duhamel, nur auf Bastonade bestünden, auf eine »ordentliche« Bastonade. Die Schultern derer, die die Bestrafung durchzuführen hatten, und die biegsamen Ruten im Hof sagten uns, daß das genug sein würde. Es kostete große Mühe, das unerbittliche Urteil des Châns in eine Züchtigung umwandeln zu lassen. Er wiederholte, es seien Pessewenks, Lutis und Harâm-sâdes, an denen man ein Exempel statuieren müsse, und wollte von uns die Einwilligung erhalten, daß ihnen zumindest die Nase und ein Ohr abgeschnitten würden. Als wir nicht zustimmten, bestand er auf dem Abtrennen eines Ohres, denn es sei, so äußerte er, für diejenigen, die in die Versuchung gerieten, ihnen nachzueifern, nützlich, wenn ein bleibendes Zeichen seiner Rechtsprechung gegenüber jenen Untertanen, die in Isfahan noch ihr Unwesen trieben, sichtbar sei. Nur unser lebhafter Einspruch bewirkte einen Sinneswandel beim Statthalter, und er gab sich mit der Bastonade zufrieden. Wenn dieser Kampf zwischen ihm und uns in den Augen der Mitanwesenden uns als sehr menschlich fühlende Leute erscheinen ließ, mag er in der Vorstellung des blutrünstigen Eunuchen uns als schwache Männer herabgesetzt haben.

Nach dieser Diskussion klatschte Manutschehr Chân

dreimal kurz in die Hände. Die Pischchedmats brachten einen ausgezeichneten Imbiß, zu dem er uns einlud. Während des Essens sprachen wir von anderen Dingen, man vergaß die Schuldigen, die, zumal sie den Charakter des Richtenden kannten, in schrecklichen Ängsten der auferlegten Züchtigung entgegensahen. Nach dem Essen wuschen wir uns die Hände und den Mund über einer Schüssel, in die die Diener Wasser aus einer nach Kâschâner Art emaillierten Kanne gossen, und dann brachte man die Kaliâns, die in aller Ruhe geraucht wurden.

Der Statthalter, der neben dem Fenster saß, unter dem seine Offiziere und Nâsers auf seine Anweisungen warteten, gab nun das Zeichen, damit die Schuldigen vorgeführt wurden. Bei ihrem Anblick zeigte sich ein Zug von Grausamkeit in seinen Augen, die sich wild auf sie richteten, und er schleuderte ihnen Drohungen und Beschimpfungen entgegen. Er befahl den Sarbâs, mit der Bestrafung zu beginnen, wir aber wollten diesem Schauspiel nicht beiwohnen, das wir weder hatten verhindern können noch dürfen. Als man Kopf und Rücken der Männer entblößte, denen fünfhundert Rutenhiebe zugemessen worden waren, kehrte sich der Statthalter zu uns um und sagte: »Jetzt verstehe ich, daß Sie sie mit Stockschlägen genug bestraft finden. Sie haben, wie ich sehe, sich bereits der Mühe unterzogen, der Züchtigung, die ich vornehmen sollte, zuvorzukommen.« Tatsächlich waren die Köpfe dieser Unglückskerle, besonders der des einen, in einem fürchterlichen Zustand. Er hatte einen Messerstich abbekommen, und meine Schläge mit dem Pistolenknauf hatten ihm fast den Schädel trepaniert. Die Perser lassen sich nämlich den Kopf in der Mitte scheren, so daß dort keine Haare die Schläge abfangen. Als ich nun, nachdem die Wut längst verflogen war, den verwundeten, leidenden Menschen sah, den eine noch härtere Bestrafung als meine Schläge erwartete, überwältigte mich das Mitleid, und ich erbat vom Statthalter Strafmilderung, das heißt die Heruntersetzung der Anzahl von Stockschlägen. Dennoch erhielt jeder Schuldige hundert Hiebe als warnendes Beispiel

Die Rechtsprechung des Châns hatte ihren Lauf genommen. Dem nötigen Respekt gegenüber Vertretern Farangestâns war erneut mit Hilfe des Stocks öffentlich Genüge getan worden. Wir verabschiedeten uns von Manutschehr Chân und dankten ihm für die Unterstützung, die er den Europäern erweise, und für das Entgegenkommen, das er uns mit der Herabminderung der vollen Strenge gezeigt habe.

Dieser Vorfall hatte uns die Gelegenheit geboten, den Mo'taman, wie Manutschehr Chân genannt wurde, kennenzulernen. Er bot uns seine sämtlichen Dienste an. Da er wußte, daß ich von meiner Regierung den Auftrag erhalten hatte, alles, was sich auf die Künste bezog, zu studieren, sagte er mir mit dem größten Wohlwollen zu, daß er mir immer, soweit es von ihm abhinge, zur Verfügung stehen werde.

Einige Tage später nutzten wir die Bereitschaft des Statthalters, um den Palast Tschehel-sotun eingehend zu besichtigen. Wir fanden uns eines Morgens dort ein und ließen dem Chân ausrichten, daß wir seine Hilfe benötigten, um den Palast betreten und einen Teil des Tages darin verweilen zu dürfen. Er sandte uns sofort einen Farrâsch-bâschi, der uns alle Türen öffnete und uns als Gäste in dem Palast Schâh Abbâs' in Empfang nahm. Kaum waren wir näher getreten und standen unter eleganten Säulen, wo wir die Frische genossen, die uns aus einem Wasserbecken und von den Baumkronen entgegenwehte, als wir vier Farrâschs auf uns zukommen sahen, die große Platten, bedeckt mit goldbefransten Seiden- und Kaschmirtüchern, auf dem Kopf trugen. Manutschehr Chân schickte uns gnädigst ein auserlesenes Frühstück. Er ließ uns sagen, daß wir nicht den ganzen Tag ohne Imbiß zubringen könnten und daß er nicht wolle, daß andere als er Sorge um unsere Bewirtung trügen; wir seien seine Gäste, seine Mehmâns, und er bitte uns, sich als solche zu fühlen und alles Nötige in Anspruch zu nehmen. Wir ließen uns nicht vergebens bitten und sprachen dem Dejeuner des Châns munter zu. Scherbette und andere Erfrischungen gab es zu den kleinen Gerichten, und ich sah mich in meiner Meinung bestärkt, daß die Kunst der persischen Âschpas keineswegs barbarisch und verschmähenswert ist.

Nach einer Mahlzeit auf weichen Polstern am Rande eines Wasserbeckens mit Springbrunnen und nach dem Kaliân mit dem Tee dachte ich an meine Studien. Ich war an einem der beachtenswertesten Orte des heutigen Persiens. Tschehel-sotun gehört zu jenen Bauten, die die beste Vorstellung von der prächtigen Eleganz, vom Luxus und vom Geschmack der Perser geben. Gleichzeitig ist es ein Bauwerk, das am würdigsten die Glanzperiode, die blühende Zivilisation Persiens unter seinen ersten Sophi-Herrschern, in Erinnerung ruft.

Dieser Palast liegt in mehreren Gärten eingebettet, die Hascht Behescht oder Acht Paradiese heißen, was auf die entzückenden Plätze zum Verweilen hinweist. Er stellt ein Ensemble von mehreren eleganten, kleinen, verschwiegenen Räumen dar, die in einen Saal münden, der nicht weniger als dreißig Meter in der Länge und sechs in der Breite mißt und mit außergewöhnlich auffallender Verzierung ausgestattet ist: Die Wände sind mit verschiedenen auserwählten Malereien geschmückt; an den Fenstern, an den Türen und an der Decke sind zahlreiche Vergoldungen angebracht, besonders die an den Türen sind von ausgesuchter Feinheit. Auf den Türfeldern selbst sind Frauen dargestellt, Tänzerinnen in reizenden Gewändern, oder künstlerisch angeordnete Blumensträuße, alles mit einer erstaunlichen Leichtigkeit und Eleganz des Pinselstrichs ausgeführt.

Was dieser herrschaftliche Saal an Schönstem und wirklich Bemerkenswertem vorweist, sind sechs große Tafelgemälde von fünf Meter Länge und drei oder vier Meter Höhe, die Begebenheiten aus Persiens Geschichte darstellen. Schâh Abbâs, der Erbauer dieses großartigen Herrschersitzes, ließ es sich gefallen, Episoden aus dem Leben seiner ruhmreichen Vorfahren festzuhalten. Er selbst hat sich auch nicht vergessen: Neben Schâh Esmâ'il im Kampf mit den Türken und Schâh Tahmâsp, der den indischen Herrscher Homâjun empfängt und mit königlicher Gastfreundschaft bedenkt, sieht man Schâh Abbâs, der das Heer der Usbek-Tataren in Stücke haut. Die anderen Bilder zeigen königliche Festlichkeiten.

Das war, wie Chardin erzählt, der ihn gesehen hat, der Thronsaal. Man betritt ihn von einem Salon aus, der mit ihm durch zwei schöne Türen verbunden ist. Dieser Salon erstrahlt im Glanz des venezianischen Glases und bietet den Anblick verschiedener Gemälde, worunter sich mehrere Porträts befinden. Azurblau, Stuckarbeiten, Alabaster und Gold vereinen sich zu einem Ganzen, das in seinem Zusammenspiel das Auge entzückt. In der Mitte befindet sich ein Bassin, dessen Wasser beständig erneuert wird. Diese Art königliches Vestibül geht auf der einen Seite, völlig frei, nach Norden und mündet in eine Halle mit achtzehn zierlichen Säulen, deren Dach vor der Sonne schützt und die Luft darunter in Bewegung hält. Dieser Säulengang hat der Residenz zu dem Namen Tschehel-sotun verholfen. Tschehel heißt vierzig und ist die gebräuchliche Bezeichnung für ein Vielfaches; in diesem Fall handelt es sich exakt um achtzehn Säulen, die, vergoldet und äußerst anmutig gewunden, in eine Höhe von zehn Metern ragen. Die Basen der vier in der Mitte angeordneten Säulen sind ein Alabasterblock, aus dem eine vierköpfige Löwengruppe herausgearbeitet wurde. Jedes Tier ist der Mitte zugekehrt und hat ein Rohr im Rachen, aus dem Wasser in das Becken einer Fontäne schießt, durch deren Strahl ein leichter, erfrischender Sprühregen entsteht. Glücklicherweise haben alle feindlichen Einfälle, die Kriege und der Ruin dieses schöne Gebäude nicht in Mitleidenschaft gezogen, das wir in einem Zustand antrafen, der ihm auch noch eine Zukunft verheißt.

Hinter dem Tschehel-sotun liegt in einem Parkgelände mit großen Teichen ein weiterer herrschaftlicher Palast. Ihm ist nicht wie bei dem soeben beschriebenen eine Säulenhalle vorgebaut, sondern der erste Salon, in den man gelangt, hat nach drei Seiten hin Laubengänge, die, da sie nach Norden, Osten und Westen gerichtet sind, den Zutritt frischer Luft ermöglichen. Die übrigen Anbauten, die nach Süden liegen, schützen jene Gemächer, in denen man auch der Sonne trotzen kann, deren Strahlen, falls sie eindringen, dann schon schräg einfallen.

Ich will meinen Bericht über all die Wunder der orientalischen Kunst, die der persische Geist zum ungestörten Vergnügen und zur Verzärtelung der Fürsten hervorgebracht hat, nicht beenden, ohne den entzückenden kleinen Palast Chalwat-sarpuschide zu erwähnen. Dieser elegante Aufenthalt, der auch Amârat-e Sarposcht heißt, ist nun zum Ruhesitz des Mo'tamads geworden. Von dort diktiert er die Urteile nach seiner strengen Rechtsprechung. In diesem kleinen Paradies hört man jetzt öfter das Stöhnen der Schuldigen als festliche Freudenausbrüche. Die wollüstigen Ergötzlichkeiten, für die dieser Amârat geschaffen wurde, sind den Schmerzen der Verbrecher und den grausamen Racheakten der Opfer gewichen. Aber sobald der Justizapparat dieser nachsichtslosen Richterpersönlichkeit verschwunden sein sollte, würde dieser Ort sein prunkvolles und anmutiges Aussehen wiedergewinnen und nur noch an die geheimnisvolle Sinnenlust erinnern. Möge der Leser also die traurige Szene vergessen, deren Zeuge er geworden ist. Der unerbittliche Statthalter hat sich mit seinem schrecklichen Schwert zurückgezogen. Keine finstere Gestalt ist in unserer Nähe, wir sind allein, wir treten in einen kleinen Garten voller duftender Blüten, die immer frisch, immer benetzt sind von einem feinen Regen aus einem unaufhörlich aufsteigenden Wasserstrahl. Das wohlriechende Geißblatt und die Rose, »die köstliche Schale, aus der die Nachtigall trinkt«, bilden ein Gewirr von Girlanden über den gefälligen Alabasterschalen. Das klare Wasser überrieselt den Beckenrand und plätschert in launischem Spiel herab, wobei es die Hyazinthen und Tuberosen befeuchtet, die die Luft mit betörendem Duft erfüllen. Fliederbüsche und Myrtensträucher spiegeln sich in dem stets weißen, stets kühlen Marmorfußboden. Eine gute Fee hat uns in eins der Zauberschlösser aus den arabischen Erzählungen versetzt. Noch ein Schritt, und wir sind inmitten der phantastischen Wunderwelt des sagenumwobenen Orients. Schreiten wir die Stufen empor, lüften wir den eleganten Wandvorhang, und wir stehen zu unserem hellen Erstaunen in einem Gemach, wohin das Tageslicht nur mit gedämpften Strahlen durch zart mit Blumenmuster gezeichnete farbige Fensterscheiben dringt. Der Fuß gleitet lautlos über kostbare Teppiche. Liebreizende Bildnisse lenken hier und da den Blick selbst des Trägsten auf sich. Verschwiegene Eckchen laden zur Ruhe ein. Man läßt sich von süßen Träumereien einwiegen, zu denen die Stille und die entzückenden Gegenstände ringsum anregen; in dieser Zuflucht, wo alles geheimnisvoll wie ein Wunsch und wollüstig wie das Vergnügen ist, überkommt einen unwiderstehlich das Träumen. Ein Netzschleier hebt sich, ein von bläulichem Licht matt erleuchteter Saal wird sichtbar, das ist das Versteck der verborgensten Schönheit, das Bad, in das die Engel der Liebe ihre Flügelspitzen tauchen. Der einsiedlerische Sybarit dieser Zurückgezogenheit, wo sich tausend Wonnen für ihn verborgen halten, hat dort die sanftesten Schöpfungen hervorbringen und die ausgeklügeltsten Genüsse ersinnen lassen. In einem weiten, tiefen Becken, das mit klarem Wasser gefüllt ist, stehen, in Gruppen zu vier angeordnet, sechzehn marmorne Karyatiden, die vier vergoldete Glassäulchen tragen, an denen mildes Licht auf und nieder gleitet; auf seiner ungetrübten Oberfläche ruhen große kristallene Seerosen, aus denen Wasserspritzer leichthin, so wie lange Blütenstempel, entfahren. Vereinzelte Tropfen benässen die Steinplatten. Überall sind reizvolle Gemälde zu sehen, ansprechende Skulpturen, reiche Mosaiken; hundert Spiegel werfen all die entzückenden Einzelheiten dieses zauberhaften Ganzen zurück, als wären ihrer in der Wirklichkeit nicht schon genug. Belassen wir es dabei, lieber Leser, sonst wirst du am Ende deine Seele für dieses in Perlen, Gold und Saphire gefaßte asiatische Leben verkaufen, wo du auf Schritt und Tritt neue Freuden entdeckst, wo dir jede Stunde ein neues Glück zu bescheren scheint – hier wohnt der alte und gestrenge Eunuch Manutschehr Chân.

Der Palast Chalwat-sarpuschide ist jüngeren Datums, er wurde von Safi ed-doule, dem Sohn Fath Ali Schâhs, erbaut, dem die Regierung in Isfahan zufiel. Er hatte nicht den Ehrgeiz, mit dem Prunk Schâh Abbâs' zu wetteifern, er hatte nicht die prachtvolle Größe des Tschehel-sotun im Sinn. Als Mann von Geschmack und von Freude am Vergnügen, ein Epikureer der Hâfesschen Schule, hatte dieser Schâhsâde den Gedanken gefaßt, sich ein Paradies für den eigenen Gebrauch zu schaffen, und das tat er. Von den Ruinen der Sophis umgeben und den traurigen Anblick der Verwüstungen und des Elends, den ihm seine Epoche bot, fürchtend, hatte er glücklicherweise alles, was Kunst und Einfallsreichtum an Feinheit und an Artigkeit hervorbringen konnten, zum Entzücken der Seinen um sich versammelt. Aber welche Eintreibungen waren der Preis für diese herrschaftlichen Ergötzlichkeiten! Ich konnte das nicht erfahren, das können nur die Isfahaner sagen. Durch das System, das Mohammad Schâh in Anwendung brachte, wurde er seiner Stellung verlustig und lebt nun bescheiden in Teheran. Er kann nur betrübt von seinem lieblichen Amârat träumen. Wünschen wir ihm Erinnerungen, die ihn über die verlorenen Vergnügungen hinwegtrösten.

Isfahan

6

Die Zahl der Gäste, die Monsieur Boré in zuvorkommender Weise in seinem Haus empfing, vergrößerte sich mit jedem Neuankömmling. Ein Engländer zum Beispiel hatte den unverdächtigen Wunsch geäußert, er wolle Persien besuchen und archäologische Zeugnisse sammeln. Hâdschi Mirsâ Âghâssi hatte aber allen Grund gehabt, dessen Aufrichtigkeit zu bezweifeln, er glaubte nicht, was jener sagte, und fürchtete, was jener nicht sagte, und zwar nicht zu Unrecht, wie man später sehen wird. Trotz der Verdachtsmomente hatte er ihm die Erlaubnis erteilt, in Isfahan zu bleiben, zumal sich der Gesandte Rußlands zugunsten des jungen Mannes verwendet hatte, der ihm überhaupt nicht gefährlich erschien.

Zu jener Zeit versuchten die Engländer, die Bachtjâren zum Aufruhr anzustacheln in der Hoffnung, sie könnten sie zum Abfall vom Schâh bewegen, was sich auf den ganzen Küstenstreifen am Persischen Golf auswirken würde. Der Hâdschi hatte nicht von ungefähr befürchtet, daß sein junger Engländer die Freizügigkeit, die er ihm gewährte, dazu benutzen würde, sich in die Berge von Chusestân zu begeben und mit den dortigen Agenten Englands in Verbindung zu treten. Er hatte ihn deshalb von Reitern begleiten lassen, die den Auftrag hatten, ihn auf einem vorgeschriebenen Weg wieder nach Isfahan zurückzubringen und ihn erst dann zu verlassen, wenn er in der Stadt eingetroffen und wenn dem Statthalter Meldung von seiner Rückkehr erstattet worden sei. In dieser Begleitung und Bewachung stieg er also eines Morgens vor Monsieur Borés Haus ab und wurde herzlich in Empfang genommen. Die Abenteuer dieses jungen Mannes, das beharrliche Mißtrauen der persischen Regierung ihm gegenüber, die Gedanken, die sich uns beim Gespräch mit ihm aufdrängten, überzeugten uns schließlich, daß er wirklich einer jener heimlichen Agenten war, die England überall dorthin aussendet, wo es Ziele zu verfolgen und Interessen zu wahren hat.

Damals glommen in Persien an mehreren Stellen Revolten, die auf alle Provinzen überzugreifen drohten. Die Schwäche des alten Mollâs, der die Staatsgeschäfte lenkte und für den kranken, sanftmütigen Schâh regierte, gab dem empörerischen Geist nur noch Auftrieb. Wieder hatten sich die Hâhssi-Stämme als erste bewaffnet. Ein Anführer namens Âghâ Chân, Sektenführer aus politischen Erwägungen, Dieb aus der Not und bei sich bietender Gelegenheit, hatte das Banner erhoben, unter dem sich die Reste der Luti-Banden von Isfahan und einige fanatische Sufis zusammengefunden hatten. Nachdem sie eine Zeitlang die Wege in der Landesmitte unsicher gemacht und Karawanen und Dörfer beraubt hatten, waren sie nach der Kermâner Gegend abgezogen, wo sie viele Anhänger hatten. Aber der ernsthafte Feind, der damals Persien bedrohte, das waren die Engländer. Sie zeigten sich gereizt angesichts der

Folgen für sie, die sich nach der Belagerung von Herât, obwohl diese aufgehoben worden war, ergeben hatten, und konnten außerdem dem Schâh nicht verzeihen, den britischen Vertreter aus Teheran ausgewiesen zu haben. Zum Geist des heimlichen Grolls hatte sich der Geist des Eingreifens gesellt, und an mehreren Abschnitten des Landes zeigten sie sich oder agierten im verborgenen, um die Regierung in Schwierigkeiten zu bringen. Sie waren in Chiwa, sie hatten die Oberhand in Herât behalten und waren bis Orjân an der Grenze zu Chorâssân vorgerückt. Durch sie aufgestachelt, drohten die Balutschen damit, dem Âghâ Chân Verstärkung zuzuführen und Kermân zu belagern, wo der Statthalter gerade seinen Bruder in dem blutigen Aufruhr verloren hatte. Den englischen Emissären war im persischen Arabestân überall zu begegnen, und man behauptete sogar, daß die Engländer, die die Insel Chark gegenüber von Buschir in ihrer Gewalt hatten, eins ihrer Dampfboote den Kârûn hinauf bis nach Schuschtar geschickt hätten. Die Regierung des Schâhs konnte nicht die Augen vor solch einer kritischen Situation verschließen. Nach Lage der Dinge war es nicht erstaunlich, daß man den Absichten und Schritten eines Engländers Hemmnisse entgegenstellen zu müssen glaubte, zumal dieser aus Bagdad kam, persisch besser sprach, als er zugeben wollte, und ohne festes Reiseziel unterwegs war. Sein Tun und Treiben war zu fürchten, und es war nur natürlich, daß man annahm, er sei in geheimem Auftrag gekommen. Und in der Tat, er versuchte es mit Überredungskünsten beim Mo'tamad, er unternahm sogar einen Vorstoß beim russischen Gesandten, der ihm bei seinen Unternehmungen behilflich sein sollte. Er verhehlte nicht mehr seinen Wunsch, mitten in das Gebiet der Bachtjâren zu reisen. Angesichts des Widerstandes seitens des Statthalters von Isfahan legte er bei dem Gesandten Rußlands Verwahrung ein und war höchst erstaunt, daß dieser ihn nicht bereitwillig und wirksam unterstützte; das war wirklich allzu einfältige englische Unverfrorenheit. Wie sollten die Russen, die in diesen Gegenden schon immer die natürlichen Gegner der Engländer waren und auch noch lange sein werden, die Großmut aufbringen, ihren Einfluß auf die persischen Regierungsstellen für die Unterstützung eines Agenten Englands geltend zu machen, besonders unter diesen Umständen? Das war eine Abwegigkeit, die wir uns von dem übrigens sehr intelligenten jungen Mann nicht anders erklären konnten als aus jenem Anflug britischer Überheblichkeit, wonach sich alles vor solch einer Haltung zu beugen habe. Doch der Engländer reiste ab, ich weiß nicht, welche Mittel er anwendete, um sein Ziel zu erreichen, jedenfalls brach er nach Chusestân auf, und später erfuhren wir, daß er sich mehrere Monate bei einem großen Bachtjârenführer aufgehalten habe. Man wird sehen, was er angestellt hat.

Zur gleichen Zeit waren Meldungen vom russischen Expeditionsheer eingetroffen, das auf Chiwa zumarschierte. Man hatte bereits erfahren, daß diese unter dem Befehl des Generals Perrowski stehende Truppe schreckliche Strapazen auf sich genommen hatte und entsetzliche Entbehrungen beim Zug durch die große Wüste von Chârasm ertragen mußte, wobei starke Verluste nicht ausblieben. Der Kurier, der dem General Duhamel diese Nachrichten überbrachte, teilte ihm mit, daß die Russen wenige Tagesmärsche von ihrem Ziel entfernt stünden, aber daß die Schwierigkeiten immer größer und ihre Kräfte immer schwächer würden. Ich habe bereits gesagt, daß die Engländer Agenten in Chiwa hatten, das war nur natürlich, denn würde diese Stadt von Rußland bedroht, müßte man ihr durch die Gegenwart Englands Unterstützung und moralischen Halt geben. Man hatte sogar einen englischen Offizier in das Lager des russischen Generals entsandt, der vorstellig werden und die erdenklichsten Mittel anwenden sollte, um den Vormarsch aufzuhalten. Der General Perrowski empfing den Beauftragten mit aller Artigkeit. Als er ihn angehört hatte, ließ er ihn in eine Kosakenrotte stecken, und da er nicht wollte, daß jener nach Chiwa komme und von dem Mangel berichte, den er bei der russischen Heeresabteilung gesehen hatte, schickte er ihn nach Moskau. Doch nahm der russische Feldzug eine unglückliche Wende, den Anstrengungen der Engländer kamen die Natur dieser Wüstengebiete, der Wasser- und Nahrungsmangel, die Verluste an Menschen und Lasttieren zu Hilfe. Wir erfuhren nicht alles, aber die Depesche, die der Tschâpâr dem Gesandten Rußlands überbrachte, mußte ernste, ja ärgerliche Dinge enthalten haben, denn die ganze Mission brach plötzlich nach Teheran auf, um, wie zu vermuten war, dem Schauplatz der Ereignisse näher zu sein.

Nun bleibt mir bei meinen Eindrücken von Isfahan nur noch die Schilderung der Basare übrig. In einer asiatischen Stadt bilden die Basare sozusagen eine Stadt für sich, eine Stadt mit Straßen, mit einer Einwohnerschaft, mit einer Polizei und vor allem mit einem ganz eigenen Gesicht. Isfahans Basare, dieser großen Stadt würdig, sind in der Hinsicht die bemerkenswertesten von ganz Persien. Sie haben riesige Ausmaße und teilen sich in eine beträchtliche Anzahl von Vierteln, durch die viele Straßen oder sehr schön gebaute und mit Malereien geschmückte Galerien führen. Zu Pferd braucht man mehr als eine Stunde, um die Hauptstraße entlangzureiten, in die von allen Seiten die anderen Straßen einmünden. Nichts in unserem Land kann auch nur die geringste Idee von einem Orientbasar geben. Man stelle sich lange Alleen vor, etwa zwölf bis fünfzehn Fuß breit, überdacht von Gewölben, durch die das Licht einfällt, und flankiert von Läden, in denen Waren auf dem Boden liegen, sich an den Seitenwänden stapeln oder in der Auslage angeboten werden. In jedem Geschäft, das eine Fläche von kaum mehr als sieben oder acht Fuß in der Breite und in der Tiefe einnimmt, sitzt auf seinen Fersen der Kaufmann in würdiger Haltung, raucht, zählt, mißt oder streitet mit dem Käufer um den Preis. Den Weg zwischen den Geschäften verstopfen die Menschen, sie gehen oder reiten, es sind Mirsâs, Packträger, Soldaten, Maultiertreiber, Sakkâs, Kaliântschis, verschleierte Frauen, Ali anrufende Darwische, hinzu kommen Kamele mit schweren Lasten, zwischen denen sich die Menge mit bemerkenswerter Geschicklichkeit voranbewegt, und sie meidet die Stöße dieser Tiere, die in den engen Gängen viel Platz beanspruchen. Alles schiebt, drängt, drückt sich, weicht sich aus und schreit fortgesetzt: »Chabar deh! Chabar deh!«

Auf den Orientbasaren haben sich Händler und Handwerker nicht in wirrem Durcheinander niedergelassen, sie gruppieren sich nach ihren Waren, und nach ihrer jeweiligen Sparte sind die Basare benannt. So gibt es den

Basar der Tuchhändler, den Basar der Waffenhändler, den Basar der Schneider, den Basar der Zuckerbäcker und so weiter und so fort, und nach allem, was ich von den Empfängen berichtet habe, die uns in jeder Stadt zuteil wurden, ist auch der letztgenannte, wie man sich denken kann, nicht der unwichtigste. Die Perser sind leckermäulig und essen massenhaft Süßigkeiten. Diese Einteilung nach Warenarten ist für Käufer wie für Verkäufer gleichermaßen günstig, die ersten finden und wählen bequem an ein und demselben Ort das, was sie suchen, und die letzteren sehen den Vorteil ihres Beisammenseins darin, daß die Käufer genötigt sind, den Weg in ihr Viertel zu nehmen. Übrigens erhalten die Basare durch diese Anordnung ein sehr malerisches Aussehen. Nichts stellt sich dem Auge verlockender und gefälliger dar als der Basar, auf dem man bei allen glücklichen Zufällen, die es gibt, im tiefsten Winkel der Waffenläden Waffen aller Art entdeckt, wo ein Lichtstrahl, der bald auf eine Gewehrpyramide, bald auf eine Reihe Bögen oder Säbel trifft, die feinen Damaszenerklingen aus Chorâssân oder die Läufe aus Schirâs neben bemalten Pfeilen aus der Turkomanie in stählernem Glanz schimmern läßt. Weiter entfernt haben die Teppichhändler oder Kadak-Verkäufer Isfahans ihre entzückenden Sadschâdes ausgebreitet oder aufgehängt, die die Harmonie zahlloser Farben vorweisen, oder ihre langen baumwollenen Stoffbahnen mit Vogel- und Blütenmustern, Zusammenstellungen von Draperien und Farben, die dem Auge schmeicheln, wie es unsere Vorstellung kaum für möglich hält. Da ist die Straße der Âschpas, wo die Ladeninhaber ihre Mahlzeit, aus etwas Polou und Kabâb bestehend, einnehmen. Daneben bereitet der Kaliântschi die Pfeifen vor, die er mit echtem Schirâs-Tombaki versieht, der als der beste Tabak gilt. Dieser Teil des Basars ist nicht weniger malerisch: die ihm eigenen rauchgebeizten Tönungen verleihen ihm ein Halbdunkel aus Licht- und Schattengebilden, das der Palette eines Rembrandt würdig wäre. Im Gegensatz zu den bräunlichen und schwärzlichen Färbungen des kulinarischen Basars funkelt es vor unseren Blicken, sobald wir uns den eleganten Läden der Emailleure zuwenden, die zur Verlockung der Kunstliebhaber ihre gefällig emaillierten Kaliâns, reichlich mit Gold- und Silbereinlage und mit Korallen- und Perlengirlanden versehen, als geschmackvolles Arrangement auf den Stufen ausstellen. Neben ihnen sieht man jene Maler, die, Geschick und unerhörtes Zartgefühl walten lassend, Schreibkästchen und Schreibutensilien mit Blumen, Arabesken und Haremsszenen verzieren. Auch verführt einen da der Anblick mannigfaltiger Spiegel mit ebenfalls reizvollen Malereien.

In gewissen Abständen zeigt sich in der Flucht der Läden ein großes Tor, das zu einer Karawanserei gehört. Ebenso wie die Basare haben auch die Karawansereien ihre besondere Bestimmung. Die einen nehmen Gewürze auf, die anderen Seidenerzeugnisse oder Porzellan- oder Glaswaren, andere wiederum Felle oder Metalle und so weiter und so fort. Sie sind so etwas wie Wirtshäuser, wo die Großhändler Unterkunft für sich und einen Lagerplatz für ihre Güter bekommen, für letzteres zahlen sie während ihres Aufenthaltes ein kleines Standgeld. Dort versorgen sich dann die Einzelhändler, und dort überprüfen die Beauftragten der Staatskasse die Ballen, ihre Anzahl und die Art ihres

Inhalts, und erheben von dem Eigentümer die vorgeschriebene Steuer.

Die Basare öffnen am frühen Morgen und schließen, wenn sich der Tag seinem Ende zuneigt. Sobald die Sonne untergegangen ist, kehren die Händler zu ihren Wohnungen zurück, wo, während sie sich ihren Geschäften widmeten, ihre Frauen und Kinder zurückgeblieben sind. Um die Mittagszeit aber ist in dieser Art Handelsstadt der größte Teil der Bevölkerung, Handwerker und Arbeiter jeglichen Berufes, auf den Beinen, dorthin kommt jedermann, dort trifft man sich, dort schließt man Geschäfte ab, und dort besucht man sich. Die höhergestellten Personen begeben sich nicht auf den Basar, in Begleitung ihrer Farrâschs durchqueren sie ihn, falls der Weg sie dort entlangführt, aber sie verweilen nicht, weil das ihrer Würde abträglich wäre. Mit dem Einbruch der Nacht liegen die Basare verlassen da; gut verschlossen, die Kette vorgehängt, sind die Läden der Obhut der Polizei anvertraut, deren Agenten die einzigen Menschen sind, denen dort zu begegnen wäre, doch stehen sie gewöhnlich im Finstern und lauern den zugegebenermaßen sehr wenigen Dieben auf.

In Persien sind die Straßen im allgemeinen eng, eigentlich findet man nur in Isfahan ein paar breite Straßen. Sie bieten mit ihren fensterlosen Mauern aus Ziegelsteinen zu beiden Seiten einen traurigen Anblick, denn Türen und Fenster der Häuser gehen auf die Innenhöfe. In gewissen Abständen sind die langen Mauern, die die Anwesen nach außen abschließen, von Türen, den Zugängen, durchbrochen, jedoch geben diese auf keinen Fall den Blick ins Innere frei. Die

Türen sind klein oder groß, niedrig oder hoch, je nach Rang und Wohlstand des Besitzers; an der größeren oder geringeren Höhe der Haustür erkennt man die mehr oder weniger gehobene Stellung eines Persers. Vielleicht haben sich aus dieser Vorstellung auch Benennungen wie Âli-Kâpu oder Hohe Pforte und Bâb-e homâjun oder Erhabene Pforte ergeben, die den Eingang zum Palast des Schâh Abbâs in Isfahan beziehungsweise zum Serail in Konstantinopel bezeichnen. Die Unterscheidung zwischen den Türen der Großen und denen der Kleinen, denen der Reichen und denen der Armen haben viele Begüterte veranlaßt, die Zugänge zu ihren Wohnungen bescheiden zu halten in der Hoffnung, sie könnten so eine Wende in ihren Verhältnissen anzeigen und der Ausplünderung durch die Regierung entgehen.

Um einen Begriff von dem Innern eines persischen Hauses zu vermitteln, werde ich das eines Mannes der Mittelschicht wählen, der in Wohlstand lebt. Hat man die Türschwelle überschritten, tritt man in einen ersten, mit Bäumen und Büschen bepflanzten Hof, in dessen Mitte sich ein Bassin mit fließendem Wasser befindet oder mit Wasser, das nach den Gegebenheiten der Lage zu erneuern ist. Dort nehmen der Hausherr, die Besucher oder die Diener mehrmals am Tage die religiösen Waschungen vor. Im allgemeinen ist ein Haus folgendermaßen gegliedert: Im ersten Gebäudeteil, der nach dem Hof hin liegt, ist das Diwân-e châne untergebracht; das ist der Empfangssalon, also der Ort, an dem sich der Herr des Hauses aufhält, um Besucher zu begrüßen und Angelegenheiten zu besprechen. Andere, kleinere Räume zur Rechten und zur Linken oder dahinter sind für die Unterbringung von Gästen vorgesehen, dort bereiten auch Diener die Kaliâns, den Tee oder den Kaffee für die Besucher vor. Hinter diesem ersten Teil befindet sich, völlig versteckt, der Wohnraum der Frauen und der Kinder, das Andarun. Man sieht also, in einem persischen Haus gibt es zwei ganz verschiedene Bereiche, der eine ist in gewisser Hinsicht für die Öffentlichkeit gedacht, und der andere gilt als derjenige, wohin kein Fremder dringt. Alles liegt zu ebener Erde. Diese horizontale Anordnung erfordert viel Platz. Und da die Sitten es nicht zulassen, daß sich zwei Haushalte in ein Haus teilen, braucht jeder genügend Boden, folglich auch die Städte, deren Ausdehnung, mit der unserer Städte verglichen, in keinem Verhältnis zu der zahlenmäßigen Stärke der Bevölkerung steht.

Hat der Herr des Hauses seine Morgentoilette gemacht und sein Gebet verrichtet, begibt er sich von seinem Harem, dem Andarun, in das Diwân-e châne. Dort erwartet er auf einem Teppich, der den ganzen Boden bedeckt, die Besucher, die sich einfinden könnten. In der schönen Jahreszeit sitzt er nahe dem Fenster, das nach dem bepflanzten und blumengeschmückten Hof hinausgeht, im Winter nimmt er seinen Platz in der gegenüberliegenden Ecke ein, während in der Mitte des Zimmers ein Kohlebecken, Manghal genannt, aufgestellt ist, das Glut oder heiße Asche enthält, auf die man eine Quitte zum Braten legt, damit sich das Zimmer mit Wohlgeruch füllt. Handelt es sich bei ihm um eine etwas angesehene Persönlichkeit, dann stellen sich die Besucher in großer Zahl ein: Die einen umschmeicheln ihn wie einen Vorgesetzten, um irgendeine Gunst zu erlangen, die anderen befriedigen ihr Verlangen nach der ausgeprägten, in Persien weitverbreiteten Lust an Besuchen und am Geplauder. Der Herr des Hauses sitzt am Boden auf den gekreuzten Beinen, die Besucher, die sich ebenso niederlassen, verteilen sich im Zimmer nach einer peinlich eingehaltenen Ordnung, der zufolge jeder seinen Platz einnimmt, und zwar gemäß seinem gesellschaftlichen Rang in Abhängigkeit von dem des Hausherrn. Die Perser treiben es mit der Beachtung dieser hierarchischen Anordnung sehr weit und beweisen in vieler Hinsicht, wie sehr sie sich zu Sklaven gemacht haben. Wenn also jemand den Raum betritt, und es handelt sich dabei um eine vornehme Person, erhebt sich der Hausherr und bleibt stehen, bis jener Platz genommen hat, und er setzt sich nicht auf die gekreuzten Beine, sondern auf die Fersen; ist der Eintretende ein Gleichgestellter, steht der Hausherr auf und setzt sich sofort wieder auf die gekreuzten Beine; bei einem Untergeordneten deutet er das Aufstehen lediglich an. Die Perser haben ein unwahrscheinliches Gespür, beim Eintritt in den Diwân mit einem Blick den Platz zu erkennen, den sie einzunehmen haben; wortlos durchqueren sie den Raum und setzen sich schicklich vor oder hinter jene, die bereits anwesend sind. Die Neuankömmlinge verhalten sich dem Hausherrn gegenüber so wie dieser sich zu ihnen. Sind sie gleichen Ranges, dann kreuzen sie die Beine, sind sie ihm im Rang untergeordnet, hocken sie sich auf die Fersen. Sind es Leute der niederen Schicht oder Diener, so bleiben sie dicht an der gegenüberliegenden Wand stehen, die Hand am Gürtel oder am Dolch, und reden nur, wenn es auf Fragen des Herrn zu antworten gilt.

Das Gesetz, das die Beziehungen der Perser untereinander und die Höflichkeiten, die sie sich schulden, regelt, ist derart streng, daß auch ein Sohn vor seinem Vater zu stehen hat und ihn nur ansprechen darf, wenn er dazu aufgefordert wird. Bei diesen Zusammenkünften läßt der Herr des Hauses den Kaliân mehrmals die Runde machen, er bietet auch Tee oder Kaffee an, dem immer Rosen- oder Zimtwasser beigemischt ist, doch ist das eigentlich schon die Besonderheit bei einem Höflichkeitsbesuch. Gewöhnlich reicht man einzig den Kaliân.

Ein Perser nimmt seine Speisen üblicherweise in seinem Andarun ein. Es kommt auch vor, daß er sich das Frühstück oder die Abendmahlzeit in sein Diwân-e châne bringen läßt und seine Besucher zum Essen einlädt. Dann breitet man auf dem Teppich ein großes Tuch aus Baumwolle, Seide oder Kaschmirgewebe aus, je nach Wohlhabenheit. In die Mitte stellt man die Gerichte, die aus gaumenfreudigen Fleischragouts oder aus Geflügel und Eiern bestehen, ohne je die Schüsseln mit Reis zu vergessen, der auf mannigfaltige Weise zubereitet ist: entweder einfach mit Butter oder mit Mandeln, Safran und anderen Gewürzen. Die Perser greifen mit den Fingern der Rechten zu, denn die Linke gilt als unrein; sie benutzen weder Messer noch Gabel, die sie mit Geschick zu ersetzen wissen. Sie haben keine Teller, vor jedem Gast liegt ein rundes, weiches Brot, dünn wie ein Kräuselflor, das sie mitessen und das ihnen gleichzeitig als Mundtuch dient. Sie trinken Wasser oder verschiedene Arten von Scherbetten oder Limonaden. Aber wie ich bereits gesagt habe, wird der Koran nicht überall gottesfürchtig beachtet, so daß sich recht viele der Unmäßigkeit befleißigen, was Wein und sonstige geistige Getränke anbelangt. Wenn sie sich der Schwelgerei hingeben wollen, treffen sie meistens am Abend zusammen und verbringen einen Teil der Nacht mit dem Trinken. In diesem Fall genügt ihnen der Wein nicht, er erscheint ihnen schal, und vom Scharâb wechseln sie zum Arrak, dem Lebenswasser, das sie eigentümlicherweise Âb-e farangi oder Wasser aus Europa nennen. Die Perser verstehen es nicht, zu trinken, ohne sich zu betrinken, und Orgien dieser Art enden immer nur damit, daß die Berauschten umfallen.

Nach dem Essen tragen die Diener eine Wasserkanne und eine Schüssel herbei, über der sich jeder die Hand, den Bart und den Mund wäscht, danach läßt man den Kaliân kreisen. Die reichen Perser lassen zu einem Gastmahl zwei oder drei Musikanten kommen, von denen einer eine monotone, von schrillen Tönen unterbrochene Weise, Dichtungen auf die Frauen, die Liebe, den Wein und die Helden, singt. Die Instrumente, die den Kunstfertigen begleiten, sind ein Tamburin, eine Mandoline und eine Art Viola, Kamântsche genannt. Das Konzert der Instrumentalisten klingt wenig harmonisch, ihr Spiel ist fast immer feurig und abgehackt, man muß schon persische Ohren haben, um bei dem kreischenden Kratzen des Bogens und den gellenden Klängen des ganzen Orchesters nicht die derart strapazierten Nerven zu verlieren. Aber mag nun diese Musik noch so barbarisch sein und das Melodieempfinden der Perser noch so in die Irre gehen, es ist mit dieser Kunst wie mit allem anderen: man sieht, daß sie ihnen schmeichelt, daß sie sie dafür empfänglich macht, und wenn man sich mit der Kunstausübung dieser Musikanten bescheidet, dann mangels eines Besseren. Auf so wunderbare Weise liegt es im Wesen der Perser, Eindrücke von jeder Art Kunst aufzunehmen. Wenn die Musik bei ihnen zurückgeblieben ist, so gibt es dafür zwei Gründe: erstens, weil sie nicht wie die Malerei eine Kunst der Nachahmung ist, sondern Wissen und Kenntnisse erfordert, die noch nicht bis dorthin gelangt sind; zweitens, weil das Ausüben von Musik für verwerflich gehalten und den Lutis oder Unglücksmenschen ohne anderen Lebensunterhalt überlassen wird. Es sind sehr wenige, die sich ihr verschrieben haben, und somit gibt es auch kaum ein Wetteifern und Mitbewerben, geschweige denn einen Anlaß zur Entfaltung.

Habe ich das Innere einer persischen Wohnung beschrieben, so ist es auch angebracht, von der persischen Kleidung zu sprechen. Über die Frauen habe ich schon gelegentlich des Haremsbesuches bei dem Prinzen Malek Kâssem Mirsâ in Tabris berichtet; darauf komme ich nicht zurück. Die der Kleidung Männer unterscheidet sich nicht nach der sozialen Stellung noch nach der Wohlhabenheit, die Abstufungen, die zu bemerken sind, ergeben sich aus der Beschaffenheit der Kleidungsstücke und dem Preis dafür. Die weite Hose aus amarantroter Seide oder blauem Baumwollstoff – man nennt sie Schalwâr – sitzt eng in der Taille; doch wegen ihrer sonstigen Weite wirkt sie fast wie ein Rock. Man zieht ein kurzes Hemd über, das kaum bis an die Lenden reicht, es ist aus grobem weißem oder blauem Kaliko oder auch aus Seide und heißt Pirâhan. Darüber trägt man den Archâlok, das ist ein Wams mit Ärmeln, gut sitzend, gesteppt, das bis zu den Knien geht. Die Ausstaffierung wird durch die Abâ, das lange Gewand, vervollständigt, die dem Körper angepaßt sein soll, also eng anliegend, damit die Formen gut hervortreten; die engen Ärmel laufen am Unterarm weit aus oder schließen vermittels kleiner Knöpfe am Handgelenk ab. Dieses Gewand ist aus Baumwollstoff. Es hat den Überschlag in Brusthöhe, jedoch so, daß das Hemd zu sehen ist, und reicht, fest schließend, bis an die Knöchel, so daß die Bekleidung darunter nicht hervortritt. Diese Abâ trägt man mit Schärpe als Gürtel, einem Putz, dem Rang und Wohlstand eines Persers abzulesen sind, denn er ist entweder aus einfachem Batikstoff oder aus Musselin, aus Kermâner Kaschmirwolle oder aus feinem tibetanischem Gewebe. Im Gürtel eines jeden Persers steckt ein Dolch, der nach Form und Preis unterschiedlich ist. Die verschiedenen Kleidungsstücke, die ich beschrieben habe, sind unerläßlich, sie sind im übrigen nicht auszuwechseln; einiges jedoch ist je nach der Jahreszeit, nach der Witterung, nach der Provinz und nach den Mitteln eines jeden durchaus auswechselbar, in erster Linie die Abâ, die sich die Perser über die Schultern werfen; das ist ein leichter, weiter Kamelhaarmantel, der ganz weiß oder weiß mit braunen Streifen oder ganz braun ist, zuweilen auch schwarz und gold- und silberdurchwirkt. Es gibt auch ein langes, weites Gewand mit Ärmeln, oben sehr weit, unten eng, das sich Biruni nennt. Besonders im Norden ist ein weniger weites, weniger langes mit offenen Ärmeln gebräuchlich, das Tekme heißt, ebenso die kurze Redingote, die Kordi. Für den Winter ist der Kâtebi bestimmt, die pelzgefütterte Mantille. In den Nordprovinzen, wo die Kälte sehr streng ist und Schnee in Mengen fällt, trägt man einen Mantel, den Poschti, der ganz aus Schafsfell besteht; ist es trokken, wird die Haarseite nach innen gekehrt, schneit es, wird sie nach außen gewendet, so ist man völlig vor Nässe geschützt, da sie die dichte, lange Wolle nicht durchdringt.

In der Stadt ist das gängige Schuhwerk der Pantoffel aus grünem Chagrinleder, der in eine nach oben gebogene Spitze ausläuft. Kürzer als der Fuß, bedeckt der Pantoffel nur zwei Drittel von ihm, und da das Hinterleder fehlt, wird der Fuß von einem sehr hohen, sehr schmalen Absatz gestützt. Das einfache Volk, also Handwerker und Ra'ijes jeder Art, trägt die viel bequemeren breiten Schlappschuhe, die aus gelbem Leder oder weißem Baumwollstoff sind. Zum Reiten und zum Reisen benutzen die Perser hohe Stiefel, in die sie ihre Schalwârs, an den Knöcheln zusammengebunden, stopfen; so sitzen sie zu ihrer Annehmlichkeit im Sattel.

Die heutzutage gebräuchliche Mütze mit der leicht nach hinten gebogenen Spitze ist aus schwarzem Lammfell und fällt tief in den Nacken. Diese Kolâh, wie man sie nennt, ist in der Form dieselbe für jedermann, im Preis jedoch schwankt sie je nach der Qualität des Fells; die Perser wissen gut ihren Wert abzuschätzen und erkennen schon allein an der Mütze den gesellschaftlichen Rang ihres Besitzers. Um eine Vorstellung davon zu geben, will ich hier erwähnen, daß die meisten Mützen für nur fünf oder sechs Sâbkerân, also sechs bis sieben Francs, zu haben sind, während andere bis zu zehn oder zwölf Tumân, ungefähr hundertfünfzig Francs, kosten; letztere sind die aus Buchara, deren Wolle besonders weich und glänzend ist. Früher war die allgemeine Kopfbedeckung der Perser der Turban, der nach der Thronbesteigung der Kâdschâren durch die hohe schwarze

Mütze ersetzt wurde. Nur die Mollâs und die Sejeds, die Abkömmlinge des Propheten, haben den Turban beibehalten, die ersteren tragen ihn in der Farbe Weiß, die anderen in den Farben Blau oder Grün.

Die Perser lassen sich nicht wie die Türken den Kopf völlig kahl scheren, ihr Haar fällt nach beiden Seiten ziemlich lang herab, so daß es unter der Mütze hervorguckt. Einen Bart, ob länger oder kürzer, tragen alle, sie lassen ihn einfach wachsen. Bei Prinzen, Chânen, Beamten und Militärpersonen wird er sehr kurz gehalten, nur der Schnurrbart darf wuchern und erreicht bei einigen ein übergroßes Ausmaß. Diesem Mannesschmuck gilt die ganz besondere Pflege aller Perser. Weiße Bärte bei den Alten sieht man nicht; Angehörige der unteren Volksschichten, vor allem auf dem Lande, färben sich den Bart mit Henna, die ihm eine sehr unangenehme orangenfarbene Tönung verleiht, jedoch ist das kein weitverbreiteter Brauch. Die Mehrzahl der Männer, auch die mit dem natürlichen tiefschwarzen Barthaar, unterzieht sich einer Behandlung mit Henna und Indigo, was ein kräftiges, glänzendes Blauschwarz erzeugt. Diesem Verfahren, das im Badehaus vorgenommen wird, unterzieht man sich etwa alle vierzehn Tage, und zwar wie folgt: Der Bart wird mit einer Salbe aus Henna bestrichen, die nach einer Stunde abgewaschen wird, dann ist der Bart hellrot; auf diesen Farbton trägt man sehr dick einen weiteren, aus Indigoblättern gewonnenen, auf, und der Kunde muß dann zwei Stunden bewegungslos auf dem Rücken liegen, damit die Packung trocknet und gut in den Bart eindringt. Diese zweite Pomade ist scharf ätzend und bereitet ziemlichen Schmerz auf der Haut. Doch die angestammte Gefallsucht läßt die Perser diese öfter vorgenommene kleine Marter ertragen. Wenn das Indigo seine Wirkung getan hat, ist der Bart von einem tiefen Grün, was auf der Vermischung der Henna mit dem Indigo beruht. Nach und nach setzt sich die Indigofarbe durch, und aus dem Grün wird ein Blauschwarz. Doch erreicht man dieses Ergebnis erst nach vierundzwanzig Stunden. Man hat auch die Gewohnheit, sich die Hände bis zum Gelenk und die Fußsohlen mit Henna zu behandeln; die Nägel werden karminrot gefärbt.

Bevor wir Isfahan verließen, machten wir einen Abschiedsbesuch bei dem Mo'tamad, um ihm für seine Freundlichkeiten zu danken. Er war so liebenswürdig und entgegenkommend wie immer. Er versicherte mir, daß ich mit seiner Unterstützung rechnen könne, solange ich in seinem Herrschaftsbereich sei, den er so weit, wie es ihm möglich sei, ausdehnen werde. Die Hofsitte, die an Manutschehr Châns Sitz herrschte, und die Personen, die zu seinem Diwân zählten und die ihn auch sonst umgaben, das alles zeigte mir noch einmal, daß dieser Mann die allergrößte Achtung in Isfahan genoß. Kein Fall von ernsthafter Ordnungsstörung hatte seit seiner Machtübernahme die Ruhe der Stadt beeinträchtigt, schon allein sein Name flößte den einen eine derartige Angst und den anderen ein solches Vertrauen ein, daß seine Beliebtheit unter den Bewohnern, gleich welcher Schicht, ständig gestiegen ist. Ich war sehr zufrieden, das Anwachsen seines Ansehens und der moralischen Stärke unter seinem Befehl zu sehen, denn wir mußten Monsieur Boré allein in Isfahan zurücklassen. Dessen Arbeiten und dessen Bemühungen, ein französisches Collège auf dauerhafter Grundlage zu gründen, verdienten Ermutigungen, hinter denen eine gebieterische Gewalt zu stehen hatte. Ihm bereiteten einige Muselmanen, mehr noch die Armenier, besonders die schismatischen Priester, eine Menge Schwierigkeiten; sie stellten ihm jede Art von Fallen. Er ließ sich aber von ihnen nicht abhalten; das edle Ziel, das er sich gestellt hatte, gab ihm Mut und die Kraft, alle Hemmnisse zu umgehen oder einzureißen. Nur konnten der Unwille und der Neid des Bischofs und seiner Wardapets so gefährlich oder zumindest hinderlich werden, daß Monsieur Boré die gebieterische Macht Manutschehr Châns in Anspruch nehmen müßte. Daher war es beruhigend, zu wissen, daß der Statthalter ihm gegenüber die besten Absichten hegte und bereit war, ihm seinen Schutz angedeihen zu lassen.

Von Isfahan zu den Ruinen von Mâdar-e Solejmân

Wir hatten in Isfahan das Nachlassen der Sommerhitze abgewartet und dachten nun an die Weiterreise und an den künftigen Verlauf unserer Exkursionen. Sie sollten uns in den Süden Persiens bis an den Golf führen. Um für diese lange Strecke entsprechend gerüstet und auf die Studien, die sie uns ermöglichen würde, gut vorbereitet zu sein, war es wichtig, mit dem Einsetzen der Herbstwinde den Abzug der giftigen Fieberschwaden abzuwarten, die über diesen Gegenden, denen unser Besuch galt und wo wir unser Zelt aufzuschlagen beabsichtigten, während des ganzen Sommers lagern. Ich wünschte mir besonders, daß es mit der Kraft der Sonne ein Ende haben und daß eine kühlere Jahreszeit auf die Hitze, die uns niedergedrückt hatte, folgen möge, weil ich in mir schon den Keim und die Anzeichen des Fiebers spürte.

Wir brachen in Isfahan, besser gesagt, in Dscholfâ auf, und unser hervorragender Gastgeber, Monsieur Boré, gab uns noch eine Stunde das Geleit. Alle um mich herum waren frohgemut, jeder freute sich, daß es weiterging. Zugegeben, in diesem Land, in dem das Leben so wenig im Einklang mit den europäischen Gewohnheiten verläuft, bevorzugt man trotz aller auferlegten Entbehrungen jene Abläufe, die Unternehmungsgeist erfordern und auf einem Pferderücken über öde Landstriche hinweg und zwischen Ruinen bewältigt werden, wobei bei dem wechselnden Anblick durchreister Gegenden wenigstens das Auge Zerstreuung findet. Ich aber war in trüber Stimmung und kümmerte mich wenig um Neues, das mich auf dem Wege erwarten würde. Ich wurde vom Fieber geschüttelt, das nun auf dem Höhepunkt war, und konnte mich kaum im Sattel halten. Die Hitze drückte mich nieder. Wir waren erst zwei Stunden unterwegs und wußten, daß die für die Rast vorgesehene Karawanserei zehn Stunden von Isfahan entfernt lag. Ich konnte mich nur an den Sattelbaum klammern und mich von dem Pferd dahintragen lassen, dem ich die Zügel kraftlos und willenlos überließ.

Der Weg war holprig und mit Steinen besät, mein Pferd strauchelte oft. Jeder falsche Tritt verursachte mir heftige Schmerzen im Kopf und im Leib. Das war eben mein Pech: wochenlang hatte ich mich in Isfahan ausgeruht, und genau am Tag meiner Abreise packte mich dieses verdammte Fieber. Nur, was war zu machen? Es hieß sein Los tragen, sich mit Widerstandskraft wappnen, um dem Übel begegnen zu können, ebenso mit Mut, wenn man derlei Ungemach und Bürde mit sich umherschleppt.

Nachdem wir eine lange Strecke zurückgelegt hatten und dann fortwährend dem Saum der Berge zu unserer Linken gefolgt waren, kamen wir um fünf Uhr nachmittags in Majar an. Dort ritten wir zur Karawanserei. Ich konnte aber nur mit Hilfe von zwei Männern vom Pferd absteigen, ließ mich sofort auf eine Decke fallen und blieb bis zum anderen Tag wie erschlagen liegen.

Die Karawanserei von Majar ist eine der schönsten in Persien. Es heißt, daß die Reisenden sie der Mutter des Schâh Abbâs verdanken. Dieses Gebäude trägt nicht nur den persischen Gewohnheiten Rechnung, sondern zeugt auch von einem Geschmack, der es zu einer eindrucksvollen Schöpfung seiner Art macht. Trotz seines Namens und trotz seiner Nützlichkeit für die vielen Karawanen, die hier haltmachen, ist es schon sehr mitgenommen und wird bald in Verfall geraten. Im äußeren Bezirk befindet sich ein Sammelbrunnen, in dessen Auffangbecken immer Wasser zu finden ist. Auf der gegenüberliegenden Seite liegt ein Dorf, in dem man alles Nötige für die Beköstigung und für die Fütterung der Tiere bekommen kann.

Majar ist die erste Etappe auf der Straße nach Schirâs. Die zweite ist Kumischâh, etwa sechs Stunden weiter gelegen. Das war einst eine ziemlich weitläufige Stadt, heute ist es nur ein Haufen Ruinen, in deren Mitte sich ein paar Häuser erhalten haben, die einer kleinen Schar von Bewohnern Unterkunft bieten. Das trügerische Ansehen von Kumischâh beruht auf großen, von Mauern umgebenen Gärten und auf einer beträchtlichen Anzahl von Taubenschlägen jener Art, die ich schon von Dscholfâ her erwähnt habe. Kumischâh blühte zur Zeit der Sophis, doch die Revolutionen und inneren Kriege wurden dieser Stadt wie vielen anderen zum Verhängnis.

Wir fanden Herberge bei einem Einwohner, der uns nach bestem Vermögen aufnahm, aber zweifellos in Verlegenheit geraten wäre, wenn er alle Pflichten einer vollendeten Gastfreundschaft uns gegenüber zu erfüllen gehabt hätte, so elend sah es bei ihm aus. Wir kamen ihm entgegen, indem wir nur Aufnahme verlangten, für die wir ihm eine Vergütung gaben, nach der er hastig griff. Am andern Tag machte ich mich, besorgt wegen des Fiebers, über das ich mich nicht täuschte, erneut auf den Weg. Nach kaum einer Stunde spürte ich die Attacken. Es ist eine schreckliche Qual, derart bedrängt den Ritt fortzusetzen. Die Stunden, die ich so zubrachte, summierten sich zur gesamten Tagesstrecke. Nichts konnte mich unterwegs zerstreuen, ich folgte ohne eigenen Antrieb, vom Schmerz völlig in Beschlag genommen.

Übrigens kann man, in welchem Land auch immer, kaum einen einsameren, eintönigeren Weg entlangziehen. Auch in Persien, einem Land der unermeßlichen und unfruchtbaren Ebenen oder der wilden, wasserlosen Gebirge, stößt man selten auf einen solch langweiligen Abschnitt. Wir hatten gehofft, auf diesem großen Handelsweg, dieser Schlagader der lebenswichtigen Wirtschaft Persiens, vielen Karawanen zu begegnen. Wir dachten, durch viele Dörfer zu kommen, Weideplätze oder Reis-, Weizen-, Gersten- und Tabakfelder zu sehen, aber wir wurden um unsere Hoffnung betrogen; wir erblickten hier und da nur jämmerliche Weiler, umgeben von einigem Ackerland, ansonsten Tag für Tag nur endlose Wüsten, wo ein paar stachlige Ginsterbüsche kümmerlich wuchsen, die von Gazellenherden, den einzigen Wesen, die zuweilen diese Verlassenheit belebten, abgeknabbert wurden. Solcherart Überlegungen, die ich über das Antlitz des Landes anstellte, waren das einzige, was mich von meiner Niedergeschlagenheit ablenkte.

Persepolis

Nach sieben Stunden kamen wir in Aminâbâd an. In der Karawanserei warf ich mich in der ersten Zelle, die sich mir auftat, auf mein Lager.

Am folgenden Tag ritten wir nur vier Stunden weiter bis Jasdechast. Die Lage dieser Stadt ist sehr eigenartig, sie erinnerte mich, abgesehen von den Ausmaßen, an die afrikanische Stadt Constantine. Wie diese ist Jasdechast tatsächlich auf einem kleinen felsigen, senkrecht abfallenden Berg erbaut, der völlig abgesondert emporragt. Die Häuser am Rande der Stadt stehen genau an der steilen Felswand. Ihre Fenster, mehr noch die hölzernen Balkone, auf denen sich die Bewohner abends aufhalten, um die Kühle zu genießen, springen weit vor und hängen in erschreckender Weise über einem Abgrund von hundertfünfzig bis zweihundert Fuß. In das Innere dieser natürlichen Festung dringt man lediglich durch ein einziges Tor ein, vor dem eine kleine Holzbrücke die Schlucht überspannt. Dieser ganz leicht abzureißende Steg gibt den Einwohnern von Jasdechast eine Sicherheit in ihrer Verteidigungsmöglichkeit, die sie oft dazu bewogen hat, sich den Befehlen des Schâhs zu widersetzen; sie gelten daher auch für rebellisch und haben einen ziemlich schlechten Ruf. Aber der hauptsächliche Nutzen ihrer starken Stellung besteht in dem Schutz vor Überfällen der Bachtjâren, die gewöhnlich von den benachbarten Bergen herabsteigen und in der Umgebung dieser Stadt umherstreichen.

Jasdechast überragt ein enges Tal, auf dessen Sohle ein Fluß in westöstlicher Richtung verläuft. An seine Ufer gelangt man auf einem steilen Weg am Fuß des Felsens, auf dem sich die Stadt erhebt. Über das Tal wölbt sich eine schlecht erhaltene steinerne Brücke, und so gelangt man zu der Karawanserei auf der anderen Seite. Dort stiegen wir ab, denn die Bevölkerung der Stadt wird nicht als gastlich angesehen.

Ich hatte noch Fieber, konnte aber seit vier Tagen bemerken, daß es nachließ. Nachdem sich seine wechselhafte Natur herausgestellt hatte, brauchte ich nur die Vorschrift zu befolgen, die mir Doktor Lachèze mit seinen ausgezeichneten Empfehlungen liebenswürdigerweise gegeben hatte: fünfundzwanzig Körner Chininsulfat am ersten Tag und an den folgenden Tagen eine immer geringer werdende Menge. Das machte mich fieberfrei.

Am Abend empfingen wir den Besuch eines Mannes, der von der Stadt herabgestiegen war, um uns, wie er sagte, seine Dienste für alle Fälle anzubieten. Er gab sich als Offizier aus, der den Auftrag hatte, das Gebiet zu bewachen und eine Bande von Gebirglern wegen verschiedener Raubzüge festzusetzen. Er versicherte uns, daß es um unser Gut, möglicherweise sogar um unser Leben gehe. Dieser Chân legte seinen Worten solchen Nachdruck bei und drängte sich uns derart auf, daß wir in seinem Auftreten nur eine schlechtverhüllte Absicht zu erkennen glaubten, nämlich einen Pischkesch zu erlangen. Wir hielten ihm unsere Zweifel entgegen und die Erfahrungen, die wir schon auf den Reisen in seinem Land gewonnen hatten, auch in der Nachbarschaft von Bachtjâren, vor denen er uns große Angst einjagen wollte. Er aber blieb beharrlich und wollte uns unbedingt mit seinen Reitern begleiten. Dieses inständige Bemühen, den Farangis, also uns Christen, einen Dienst zu erweisen, schien uns bei diesem Mann nicht recht begründet zu sein, als daß wir uns darauf eingelassen hätten. Zudem belehrte uns ein Seitenblick auf unseren Gholâm Rassul Bejg, dessen Redlichkeit wir nun schon erprobt hatten, daß es überflüssig war, sich jenem Mann mit seinem Trupp anzuvertrauen. Wir waren überzeugt, daß seine Anbiederung das Deckmäntelchen für Geschenkschnorrereien war, und dankten ihm höflich. Unseren Dank für sein Anerbieten bekundeten wir ausdrücklich, indem wir ihn mit den Worten verabschiedeten, wir seien so zahlreich und seien so gut bewaffnet, daß wir uns vor nichts fürchten zu müssen glaubten. Da jedoch etwas Wahres an dem, was dieser Chân uns gesagt hatte, hätte sein können, bereiteten wir uns vor der Abreise aus Jasdechast auf einen angemessenen Gegenschlag im Falle irgendeines Angriffs vor. Jeder überprüfte seine Waffen und lud sie dann; unsere Perser, die die Gewohnheit hatten, ihren Säbel, der festsitzen soll, mit dem Knauf an die Scheide zu binden, lockerten ihn fürsorglich. Dann zogen wir los, ohne unser Gepäck, das uns immer in einiger Entfernung voraus war, aus den Augen zu verlieren.

Ungefähr zwei Stunden zogen wir dahin, als wir in der Ferne einen kleinen Trupp bewaffneter Reiter bemerkten. Unsere erste Regung bei diesem Anblick war uns an den Ratschlag zu erinnern, den wir in Jasdechast erhalten hatten. Auch Rassul Bejg schien sich nicht sicher zu fühlen und traf Anstalten zur Verteidigung. Er ließ den Tschârwâdâr hinter uns und schüttete, sich im Sattel aufrichtend, Pulver in sein Gewehr, als ginge es darum, den unausweichlichen Kampf mit einem Gegner zu bestehen. Ich wußte nicht recht, was ich davon halten sollte, als ich sah, daß sich die auf uns zukommenden Reiter ebenso wie die unsrigen vorbereiteten.

»Da werden wir wohl einiges zu tun bekommen«, sagte ich zu meinen Gefährten. Die beiden Trupps näherten sich ziemlich schnell, denn wir hatten eine lebhaftere, der Lage angepaßte Gangart angeschlagen. Als ich jedoch denjenigen, der der Anführer der entgegenkommenden Reiter zu sein schien, genauer in Augenschein nahm, konnte ich an seinem Mienenspiel nichts von einem Räuberhauptmann oder sonstigen Bandenchef erkennen. Meine Zweifel wurden mir zur vollen Gewißheit, als wir uns auf gleicher Höhe befanden. Er hielt an, grüßte höflich, die Hand militärisch an die Mütze gelegt, und wünschte uns eine gute Reise. Wir machten ebenfalls halt, um ein paar Worte mit ihm zu wechseln. Er sagte uns, daß er aus Schirâs komme und dem Ersten Minister die Nachricht vom Tod des Bejgler-bejs dieser Stadt zu überbringen habe, der ein Opfer des Fiebers geworden sei. Das ganze Garmsir-Land, erklärte er, habe augenblicklich wegen der Epidemie große Verluste zu beklagen. Wir grüßten uns erneut; und so hatten sich auf beiden Seiten die kriegerischen Vorsichtsmaßregeln als überflüssig erwiesen.

Wir ritten weiter und trafen nach fünf Stunden bei der Karawanserei von Schurdschestân ein. Den Weg dorthin hatten die Kamele und Maulesel der Karawanen kaum zurechtgetrampelt. In den endlosen Ebenen aber gilt es, der Spur dieser Tiere zu folgen. Verliert man sie, dann hilft nichts, sie wiederzufinden, kein Zeichen führt auf sie zurück, keine Wegemarke weist die einzuschlagende Richtung in dieser Unermeßlichkeit, deren unerreichbarer Horizont aus einer trügerischen fernen Spiegelung hervorgeht, entstanden durch Verdunstung der an der Erdoberfläche reflektierenden weißen Salzflächen. Links verliert sich der Blick in der grenzenlosen Leere der Kermâner Wüste, die in einem dichten, glühendheißen Dunst mit dem Himmel eins wird. Rechts sucht das Auge vergeblich nach etwas, was einen Reiz haben könnte, es wendet sich traurig von den wilden Bergen ab, in deren Schluchten sich jene verwegenen Räuber verstecken, die unter dem gefürchteten Namen Bachtjâren der Schrecken dieser Gegend und der durchreisenden Karawanen sind. Auf dieser unwirtlichen Strecke kann der Reisende oft nichts vorfinden, er muß sicherheitshalber alles mit sich führen, sogar das Wasser. Denn im Sommer und auch danach sind die Flußläufe ausgetrocknet, eine Salzkruste bedeckt die Ufer, und auf dem Grund der Brunnen lagert nur eine hartgewordene, stinkige Schlammschicht.

Von dem Gebiet, das wir in den folgenden Tagen durchquerten, lohnt keine Beschreibung. Immer ein und dieselbe Einöde, immer derselbe traurige Anblick. Wir übernachteten in Âbâde, das, nach der Ausdehnung der dortigen Ruinen zu urteilen, einstmals recht bevölkert gewesen sein mußte, dann in Surmak, einem kleinen Dorf, wo wir in dem großen Raum einer Moschee unterkamen. Das schien einige Einwohner sehr zu verärgern, aber da sie uns kein anderes Lager anboten, blieben wir da, ihnen und Mohammad zum Trotz.

Am 4. Oktober sichteten wir ein paar Onager, das sind Wildesel, die mit erstaunlicher Schnelligkeit vor uns das Weite suchten. Das war die einzige Zerstreuung in der Wüstenlandschaft, durch die wir hindurchmußten. Die Perser nennen dieses Tier Gur-char, sie schätzen sehr sein Fleisch, von dem sie behaupten, daß es das der Gazelle übertrifft. Sie jagen es mit Hunden, mit hochbeinigen Windhunden, sagen aber, daß es äußerst schwierig sei, ihm beizukommen. Sie schreiben dem Tier Arglist zu, so daß die Hunde und die Jäger die Verfolgung schließlich verdrossen aufgeben; sie versichern nämlich, daß es eine bemerkenswerte Geschicklichkeit aufbringt, gegen sie Steine zu schleudern, und zwar mit solcher Wucht, daß es wirklich eine Gefahr ist. Das Wunder erklärt sich, daß bei der Hetzjagd kleine Kiesel, die unter den Hufen des Onagers haftengeblieben waren, durch die Kraft der Hinterläufe wegspritzen, denn das Tier stiebt über den Boden dahin und wirbelt alles hoch. Aber diese einfache Erklärung gefiel den Persern nicht, sie geben dem Außergewöhnlichen den Vorzug, wenn sie dem unschuldigen Vierbeiner ganz aus freien Stücken böse Absicht nachsagen.

Der Gur-char erinnert auch an eine volkstümliche Legende des Landes. Mit seinem Namen ist die Gestalt eines Herrschers aus der Sassanidendynastie, Bahrâm, verknüpft, den man üblicherweise Bahrâm Gur nennt, weil er im Bogenschießen derart geschickt war, daß er bei der Verfolgung der Onager stets den Pfeil in das Ohr des zuvor bezeichneten Tiers der Herde setzte.

Zehn Stunden waren wir unter den Strahlen der senkrecht herabbrennenden Sonne dahingezogen, kein Schatten war in der Wüste anzutreffen, auch kein Tropfen Wasser. Vor Mattigkeit und Durst hätten wir umfallen können. Endlich entdeckten wir in dem flimmernden, am Horizont zitternden Dunst die Karawanserei, in der wir haltmachen und wieder zu Kräften kommen wollten. Wir alle, Mensch und Tier, allesamt keuchend, japsend, vor Müdigkeit und Hunger erschöpft, faßten Mut. In diesen Mauern oberhalb der welligen Ebene würden unsere Leiden ein Ende haben, dort würden wir Wasser vorfinden und etwas Eßbares. Wir kommen näher, die Pferde wiehern und traben drauflos, wir alle legen voll Ungeduld einen Schritt zu, sind da, treten in die Karawanserei ein, eilen zum Brunnen . . . ach, der ist ausgetrocknet. Schmutziges Gewürm ringelt und krümmt sich auf dem Rest fauligen Schlamms. Selbst dieses schreckliche Ungeziefer findet nichts zum Leben, es kann sich nicht gegen die abtötende Hitze zur Wehr setzen. Wir sind niedergeschlagen. Mit trockenem Mund, mit wunden Lippen wenden wir uns von diesem häßlichen Schauspiel ab, wir fliehen den Pesthauch, der diesem fürchterlichen Loch entsteigt, wo selbst das klarste Wasser uns kaum hätte vergessen lassen können, was da zu erblicken war.

Der Hunger plagte uns. So suchten wir den Wächter der Herberge, der müßte Vorräte an uns verkaufen. Niemand antwortet auf unser Rufen. In dem düsteren, stillen Gewölbe der Karawanserei gab es weder Wasser noch Brot, dabei war Konak-Horrâh ein Rastplatz, nur kein Dorf und keine Behausung zeigten sich in der Umgebung. Und die Sonne stand noch genügend hoch. Was war zu tun? Wie Schiffbrüchige, an eine menschenleere Insel geworfen, mußten wir irgendwo in der Ferne ein Federvieh aufstöbern, das uns als Futter dienen sollte. Ohne große Hoffnung ging ich auf die Jagd, stieß jedoch auf Rebhühner und konnte zum Glück ein paar erlegen. Über einem Feuer aus trockenen Stengeln gebraten, wurde aus ihnen ein ziemlich mageres Mahl, doch waren wir froh, daß wir sie erwischt hatten.

Wir befanden uns in einer Karawanserei, einer jener einst durch die Fürsorge einer menschenfreundlichen

Regierung oder auf den frommen Wunsch einer gottesfürchtigen Persönlichkeit hin errichteten Unterkünfte. Aber welchen Schutz bieten sie nun dem Reisenden? Baufällig, zur Hälfte schon eingestürzt, oft ohne Tür und Tor und ohne Wächter, sind es Plätze für jedermann und für niemanden. Alle ziehen dort ein und schlafen dort, keiner kümmert sich darum, und keiner schafft die Trümmer und den Schutt weg. Es trete ein, wer will, ohne jemandem etwas für seinen Aufenthalt zu schulden, auch nicht etwas für die Erhaltung dieses sich selbst überlassenen Gemäuers zurückzulassen. Es ist unglaublich, daß solche schätzenswerten Zufluchtsorte in einem Land, das weder Herbergen noch ein freundliches Haus für den Vorüberkommenden hat, durch die Achtlosigkeit der Perser, der Regierung und mehr noch der Bewohner, dem Verfall preisgegeben werden. Die Mauerreste, die sich mit der Zeit übereinandertürmten, und der Mist der Lasttiere, der sich mittlerweile angehäuft hat, füllen die Räume ebenso wie die Ställe. Noch ein paar Jahre, und es gibt sie nicht mehr für den Reisenden, der nicht wissen wird, wohin er sein Haupt betten und wo er sein Pferd anbinden soll. Und dabei führt diese Strecke vom Persischen Golf zum Kaspischen Meer, von Bandar-Abbâsi oder Buschir nach Teheran und nach Tabris; sie ist der Hauptweg, auf dem Waren aus Indien, Arabien oder aus dem Norden Persiens befördert werden. Die Nachlässigkeit einer Regierung ohne Verwaltung und ohne Voraussicht läßt alles herunterkommen, läßt die Quellen des öffentlichen Reichtums schwächer fließen und versiegen, weil sie versäumt, die angelegten Rinnen zu erhalten.

Mit großer Mühe konnten wir uns einige Lebensmittel verschaffen. Aber die Jagdbeute und etwas Reis, den wir bei uns hatten, konnten keine Hilfe für unsere Pferde und Packesel sein. Einer der Tschârwâdârs hatte behauptet, daß in einiger Entfernung in einer versteckten, für die Vorüberkommenden nicht zu entdeckenden Schlucht ein kleiner Weiler sein müsse. Er begab sich mit einem unserer Pferdeknechte dorthin. Nach zweieinhalb Stunden brachten sie etwas Stroh und Gerste auf ihren Pferden herbei.

Am folgenden Tag erging es uns in der Karawanserei von Chonakergun nicht besser.

Noch einen Tag weiter zogen wir auf schwierigen Wegen durch ein sehr bergiges Gelände. Wir erblickten viele Rebhühner und begegneten zwei Karawanen.

Nun waren wir zehn Tage von Isfahan entfernt, und wir wußten, daß wir an einer jener Stellen angelangt waren, die für Spuren aus dem Altertum von Bedeutung waren. Tatsächlich hatten wir den Bezirk Morghâb erreicht, wo sich Ruinen befinden, bei denen man glaubt, das alte Pasargadai in Erinnerung rufen zu müssen. Unser Weg führte uns zu dieser Stadt, in die wir einzogen und in der wir uns zunächst aufzuhalten gedachten. Aber als wir erfuhren, daß die Überreste, die wir studieren sollten, ungefähr anderthalb Stunden entfernt lagen, entschieden wir, dort in ihrer Nähe unser Lager aufzuschlagen. Das war den Tschârwâdârs nicht recht, die sich lieber einen Aufenthalt in Morghâb gewünscht hätten als einen Lagerplatz mitten in der Ebene von Mâdar-e Solejmân, aber sie schickten sich drein. Nachdem sie die nötigen Vorräte besorgt hatten, folgten sie uns.

Die kleine Stadt, besser gesagt, der Flecken mit dem

Namen Morghâb, liegt auf einem Hügel und überragt ein heiteres Tal mit einigen Bächen, die später zu dem Fluß gleichen Namens zusammenfließen. Wir überquerten mehrmals diese geteilten Wasser und bogen vom linken Ufer des Morghâb-su in eine weite Ebene ein, wo mehrere Gruppen von Ruinen hintereinander in ziemlicher Entfernung auftauchten. Als Lagerplatz wählten wir uns den am bequemsten erscheinenden Ort und stiegen bei einem Gebäuderest ab, nach dem diese ganze Gegend benannt ist: Mâdar-e Solejmân. Die Zelte waren bald aufgestellt, und unser kleines Lager wurde eingerichtet.

Die Ruinen von Mâdar-e Solejmân erheben sich hier und da inmitten einer großen Ebene. Von einigen Archäologen werden sie im Zusammenhang mit dem alten, von Kyros gegründeten Pasargadai gesehen. Es ist wahr, daß alles an diesen Überresten auf das hohe Alter ihrer Entstehung hinweist. Aber nichts kann mit Sicherheit beweisen, daß sie das sind, was man allgemein in ihnen zu erkennen glaubt. Es besteht ein bemerkenswerter Gleichklang und eine Gleichbedeutung zwischen Pasargadai und Fassâ, sobald man diesen Namen mit der awestischen Endung »-gherd« versieht, die im Süden Persiens gebräuchlich ist, was Fassagherd ergibt. Mit einigem Recht meinte man deshalb, annehmen zu dürfen, daß das heutige Fassâ auf der einst von der alten Stadt eingenommenen Stelle liege. Einerseits liest man bei Herodot, daß die Familie der Achämeniden aus dem angesehensten Stamm Persiens hervorgegangen sei, der Pasargadai hieß. Fassâs Lage wird im Süden der Provinz Fârs angenommen, mitten unter diesen berühmten Stämmen, die den Ausgang der persischen

Nation darstellten und deren Name auf die Stadt übergegangen ist. Und daraus ergibt sich noch ein Grund, Pasargadai für die Stelle zu halten, wo sich heute die kleine Stadt Fassâ befindet, die demnach den Namen bewahrt haben müßte. Nun aber ist kein beachtenswertes Monument erhalten geblieben, obwohl Spuren von sehr alten Bauwerken vorhanden sind; kein triftiges Argument also, diesen Ort seiner antiken Berühmtheit zu entkleiden. Andererseits ist, was die Tradition angeht, die Tatsache gesichert, daß Kyros Pasargadai auf dem Gelände, wo er Astyages besiegt hatte, erbaute. Jener Fürst lebte in Medien, dessen Grenze nicht weit von Morghâb entfernt war. Deswegen ist es eher wahrscheinlich, wenn man der vorher erwähnten Auffassung Glauben schenken will, daß die Schlacht, die über die Zukunft Persiens entschied, an der Trennlinie beider Länder stattgefunden hatte. Es gibt also ein Argument zugunsten Pasargadais Lage auf dem Gelände, das heute Mâdar-e Solejmân heißt. In der Nachbarschaft von Morghâb befinden sich außerdem mehrere Spuren einer einst großen Stadt. Man kann nicht abstreiten, daß ein wenn nicht entscheidender, so zumindest ernsthafter Grund dafür besteht, Pasargadai dorthin zu verlegen. Auch muß gesagt werden, daß eins der dort anzutreffenden Monumente eine große Übereinstimmung mit der Beschreibung aufweist, die Arrianus von Kyros' Grab gibt, von dem er sagt, es sei an diesem Hauptort errichtet worden. Aber genügt das, um, erstens, über die Echtheit des Grabmals zu entscheiden und, zweitens, über den Namen der Stadt zu befinden, in deren Bezirk es errichtet wurde? Zugegebenermaßen beruhen alle diese Erörterungen mehr oder weniger auf Annahmen. Welche Stadt nun auch dort lag, ich gebe hier einfach die Beschreibung seiner Ruinen, ohne weiter in dieses Gewirr von aus unsicheren Fakten gezogenen Schlußfolgerungen einzudringen.

Das ansehnlichste Monument ist ein Grabmal von strengen, gedrängten Formen. Diese trugen zu seiner Größe bei und haben gleichzeitig für seinen Bestand gesorgt, denn es ist, wenigstens äußerlich, fast erhalten geblieben. Seine steinerne Masse ragt vom Grund etwa dreißig Fuß in die Höhe. Sie gliedert sich in zwei fast gleiche Teile; der eine, der aus sechs rückversetzten, übereinander angeordneten Stufen besteht, dient dem zweiten, der Grabkammer, als Fundament oder Sockel. Die rechteckige Grabkammer ist wie die Stufen aus mächtigen, sehr schön geglätteten Kalksteinblöcken erbaut; sie läuft in einen First aus, dessen linke und rechte eng aneinandergerückte Stirnpartien je einen Fenstergiebel aufweisen.

Dieses Monument ist so angelegt, daß es den Zugang, eine Tür mit Verkleidung und Kranzleiste, auf der nordwestlichen Seite hat. Obgleich diese verschiedenen Verkleidungen größtenteils zerbrochen sind, erkennt man noch den Stil, der den griechischen Profilen entspricht.

Wegen der geringen Höhe der Tür, die in die Grabkammer führt, muß man sich beim Eintreten bücken. Dann steht man zunächst in einem sehr engen, rechteckigen, kleinen Vorraum, an dessen Ende sich eine zweite Tür befindet, die zweifellos nur geöffnet wurde, wenn die erste geschlossen war, damit weder Licht in das Heiligtum, das länglich und mit Deckenschmuck versehen ist, einfiel noch Geräusche hereindrangen, noch die Sicht von außen möglich war. Die Grabkammer bewahrte den Sarkophag auf oder zumindest die sterbliche Hülle, die man in ihr eingeschlossen hielt, denn nichts zeigt an, was sie enthalten haben könnte.

Die rauchgeschwärzten Mauern, so wie sie sich heute darbieten, tragen keine Spuren, weder Abbildungen noch Inschriften. Soll man nun glauben, daß diejenigen, die dieses Monument erbaut haben, mit dem Toten, den sie dort bestatteten, nicht auch irgendwelche Zeichen der Ehrung hinterlassen haben? Dieses Grab muß nach seiner Errichtung in all den Kriegen und bei den vielen Einfällen, die Persien zu erdulden hatte, mehrfach geschändet und ausgeraubt worden sein. Es ist anzunehmen, daß nach dem Verschwinden dessen, was es enthalten hatte, die Muselmanen den Gedanken gehabt hatten, es zu einem Wallfahrtsort zu machen, der der Anrufung des Mâdar-e Solejmân vorbehalten blieb. Hier, das heißt bei diesem Namen, begegnet man einer neuen Ungewißheit. Wer ist dieser Solejmân, dessen Name so verehrt wird, daß er den Namen desjenigen ersetzt hat, zu dessen Gedenken das Grabmal erbaut worden war? Ist es Salomo, und muß man an Bathseba denken, die die Muselmanen heute verehren? Das kann kaum möglich sein. Ist dieser Name mit einem der heutigen Heroen der islamischen Welt in Verbindung zu bringen? Aber dann hätte man es ganz offensichtlich mit einem schrecklichen Anachronismus zu tun, denn es kann keinen Zusammenhang zwischen diesem Denkmal des hohen Altertums und einer der berühmten Persönlichkeiten seit Mohammads Zeiten geben. Wahrscheinlich wird der Zweifel noch sehr lange dieses Mausoleum umkreisen, so scharfsinnig die forschenden Archäologen auch sein mögen. Mag dem sein, wie es will, nachdem es gleich allen Monumenten dieser Art entweiht und daraufhin sicherlich als unreiner Ort gemieden worden war, mußte durch den Einfall irgendeines Fanatikers eine Umwandlung des Namens und der Bestimmung vonstatten gegangen sein. Man hat eines jener zahlreichen Emâmsâdes daraus gemacht, die die frömmsten der Gläubigen aus allen Gegenden Persiens anziehen. Dazu hat es einiger Änderungen im Innern des Bauwerks bedurft. Ein paar arabische Koranzeilen wurden in die Wände der Kammer gegenüber dem die Gebetsrichtung nach Süden anzeigenden Stein eingemeißelt. Mit einer solchen Vorkehrung und unter dem Namen Masdsched-e Mâdar-e Solejmân haben die Perser aus diesem antiken Grab eine berühmte Stätte der Andachtsübung gemacht, hauptsächlich für Frauen, die, wie man uns sagte, hier ohne Begleitung eintreten dürfen.

Man sieht rings um dieses Bauwerk noch einige Säulenschäfte stehen. Aber als wir sie untersuchten, schienen sie uns keine zuverlässige Gewähr dafür zu bieten, daß sie an ihrem ursprünglichen Platz standen und derselben Epoche angehörten wie das Mausoleum. Jedenfalls sind Zweifel angebracht, und es scheint, als hätten die heutigen Perser in ihrer Versessenheit, mit der sie alles, was die Alten für ihre Helden aufgestellt hatten, an Größe und Ausschmückung überbieten müssen, wenn es um ihre Heilige geht, von irgendwelchen Gebäuden, deren Ruinen in der Nähe zu sehen sind, Säulenbruchstücke hergebracht, um einen Bezirk zu schaffen, der der Würde des mit dem Namen Solejmân wiedererstandenen Baus entsprechen sollte.

Wenige Schritte von dort entfernt, befindet sich eine Ruine von gänzlich moderner Art. Es gibt da zwar auch antike Reste, aber es ist klar, daß sie von anderen Bauwerken herrühren und daß dieses Gebäude aus einer Epoche stammt, die nicht weiter zurückliegt als die Zeit der Kalifen. Man sagte uns, es sei eine Madrasse oder ein Kloster der Mollâs gewesen, die mit der Aufsicht über das jetzt verlassene Grab betraut gewesen waren.

Zur Mitte der Ebene hin stehen drei Pfeiler und eine Säule, Überbleibsel eines Gebäudes, das entweder ein Tempel oder ein Palast gewesen war. Es ist unmöglich, genügend Einzelheiten zu erkennen, um die Anlage und die Anordnung genau zu bestimmen. Zu ebener Erde findet man nur Fundamente weiterer Säulen und Pfeiler, die den Gedanken hervorrufen können, es habe sich um ein eindrucksvolles Bauwerk gehandelt. An einem Pfeiler sieht man vier Zeilen in Keilschrift. Die benachbarte Säule, die zu demselben Gebäude gehört haben mag, ragt ungefähr elf Meter empor. Sie besteht aus drei Blöcken und ruht auf einer kleinen Basis aus schwarzem Stein. Von den höheren Teilen ist nichts zu entdecken.

Östlich dieser Ruinen stößt man auf Reste eines anderen Gebäudes, errichtet aus sehr großen Steinschichten, die einen weiß und die andern schwarz. Zwischen diesen Resten steht ein Säulenstumpf. An dieser Stelle ist ein Pfeiler vermutlich wegen seiner Schwere und der Massigkeit des Steinblocks stehengeblieben. Dieser Monolith bietet auf seiner geglätteten, schön gekörnten Oberfläche eine Skulptur, völlig andersgeartet als jene, die sich sonst in Persien finden. Sie stellt ein Wesen in langem, mit Fransen besetztem Gewand dar, ein Wesen, das, mit einem Menschenkopf im Profil, ein gewundenes Horn über dem Ohr trägt. Auf dem Kopf selbst ragen zwei große Steinbockhörner, eins nach vorn, das andere nach hinten gerichtet, jeweils mit drei gleichartigen Gegenständen besetzt, die nicht zu deuten sind, die man aber als Gefäße ansehen dürfte, auf denen drei Kugeln oder Äpfel Platz gefunden haben könnten. Vier große Flügel sind dieser Symbolfigur angefügt. Zwei entfalten sich nach hinten, zwei nach vorn. Über dem Kopf befinden sich vier Zeilen in Keilschrift.

Man begegnet noch einem andern Pfeiler, der ebenfalls eine vierzeilige Inschrift trägt.

Nördlich dieses Geländes mit den vorgefundenen Überresten stehen Ruinen, allerdings höher als die vorherigen, Ruinen eines Gebäudes, dessen Charakter unmöglich zu erkennen ist. Gebaut war es aus mächtigen Steinschichten, von denen sich einige erhalten haben.

Die große, von dem Fluß Morghâb bewässerte Ebene ist in ihrer Längsausdehnung durch fünf einzelnstehende, zur Mitte hin angeordnete kleine Hügel sozusagen in zwei Hälften geteilt. Auf der einen Seite befindet sich das eigentliche Morghâb-Gebiet, auf dem der Flekken gleichen Namens liegt. Auf der anderen, im Südwesten, erstreckt sich die eintönige Weite mit den verstreuten Ruinen der Stadt ohne verbürgten Namen, deren von mir beschriebenes Grabmal ihr den Namen Mâdar-e Solejmân gegeben hat. Die Besichtigung der Örtlichkeiten macht es sehr wahrscheinlich, daß die Hügelgruppe nordöstlich der Ruinen das Stadtgebiet begrenzt hat. Man gewahrt in der Tat auf dem den Ruinen nächstliegenden Hügel vielerlei Gemäuer, das den Rest einer Befestigung darzustellen scheint. Die Art der Errichtung eines umfänglichen Mauerwerks, die beherrschende Lage und allein schon der Grundriß lassen an die Fundamente einer Zwingburg denken. Nach dem Urteil über andere, ähnliche Ruinen kann man aber allein mit diesen Anzeichen nicht über diese Frage entscheiden, denn die einstigen Alleinherrscher in Asien pflegten ihre Paläste und Tempel an erhabenen Plätzen errichten zu lassen.

Von Mâdar-e Solejmân zu den Ruinen von Naksch-e Rostam

Nach einem Aufenthalt von zwei Tagen in Mâdar-e Solejmân legten wir am 9. Oktober in aller Frühe unser Zelt zusammen. Zum Abschied waren die Kara-tschâdors zu uns gekommen, die sich in der Nähe aufhielten und bei denen wir die notwendigen Vorräte für unseren kleinen Trupp bekommen hatten. Sie nahmen Rassul Bejg beiseite und sagten ihm, sie würden uns raten, immer zusammenzubleiben und uns nicht von dem Gepäck zu trennen, denn wir könnten in den Schluchten, durch die unser Weg führt, angegriffen werden; sie erklärten sogar, sie wüßten, daß man uns dort auflauern würde. Wir kannten die Ilijât als Menschen, denen man nicht trauen konnte. Ihnen als Nomaden war es leichter als den seßhaften Bewohnern, sich ungestraft, wenn sich die Gelegenheit bot, der Räuberei zu widmen. Ich dachte, sie selbst könnten ein Auge auf uns geworfen haben und der Ratschlag, den sie uns gaben, sollte uns auf die Probe stellen. Vielleicht wollten sie, bevor sie sich auf ein Abenteuer mit eventuell ungünstigem Ausgang einließen, erst einmal auf den Busch klopfen und sehen, was zu erwarten wäre. Wie wir nun ihre angeblich offizielle Mitteilung aufnehmen würden, das sollte sie zweifellos abschätzen lassen, was ihnen bevorstünde, je nach dem Eindruck, den wir verrieten. Hätten wir uns eingeschüchtert gezeigt, wären sie von dem Gelingen eines Angriffs selbstverständlich überzeugt gewesen. Wer Furcht zeigt, ist halb verloren. Aber so war es nicht. Wir waren mit den Fährnissen der Reise recht vertraut geworden, wir kannten zur Genüge das Land und seine Bewohner, um die Gefahr, die man uns drohend beschrieb, nicht überzubewerten. Doch waren wir zuversichtlich. Es hätte schon einer zahlenmäßig starken und fest entschlossenen Schar bedurft, um uns den Weg zu verlegen. Also antworteten wir den Ilijât, daß wir nichts fürchten würden und wenn wir es mit Räubern zu tun bekommen sollten, stünden wir ihnen mit ein paar Kugeln zu Diensten.

Jedoch schien es angezeigt zu sein, die Warnung der Kara-tschâdors nicht gänzlich in den Wind zu schlagen. Wir befanden uns auf der Trennlinie zum Bachtjârengebiet. Vor uns tat sich ein Gebirgspaß wilden Aussehens auf, wo sich die Banditen bei jeder Wegbiegung hinter jedem Felsbrocken verschanzt haben konnten. Wir wußten, daß die Gegend, durch die wir ziehen würden, von den Bergbewohnern in ihren hoch gelegenen Diebesnestern unsicher gemacht wurde. Deshalb beschlossen wir, uns nicht von unseren Tschârwâdârs zu trennen, sondern den ganzen Tag über an ihrer Seite zu bleiben.

Mitten auf dem engen, holprigen Weg, dem wir folgten, wuchs Gestrüpp und lagen herabgestürzte Felsstücke. Die Berghänge ragten zu unserer Rechten steil empor, während sie zur Linken einigen Abstand hielten und nicht so hoch waren, doch ein ebenso strenges Aussehen hatten. Die Wasser des Morghâb-su fließen oft eingekeilt zwischen den Wänden dahin, manchmal aber auch unbeengt, so daß sie sich in mehrere Läufe teilen. An den Ufern wuchern überall Sträucher, die ihre Wurzeln in das Flußbett gesenkt haben und es verstopfen und die ihre langen Zweige wie bei einem Laubengang über dem Wasser hängen lassen. Unter den Blättern verstecken sich Scharen von Enten und anderem Wassergetier. Einzelne hohe Bäume mit mächtigen Ästen und dickem Stamm sind der Beweis dafür, daß, wenn heute Persien arm an Pflanzenwuchs und öde ist, es weniger der Natur zuzuschreiben ist als dem Menschen. Wahr ist, daß in diesem Land das Wasser knapp ist. Aber zu dieser natürlichen Ursache kommen genügend andere Umstände hinzu, wie die Nachlässigkeit und das Fehlen an Weitsicht, was man den Persern zu Recht bei dem elenden Zustand ihres Landes vorwerfen kann. Ich will nur eine Ursache nennen, die für sich spricht: Um Kohle zu gewinnen, steckt man in Persien wie überhaupt im Orient eine ganze Waldfläche in Brand und läßt das Feuer wüten, bis es aus Mangel an Nahrung in sich zusammenfällt. Diese seit Jahrhunderten angewandte barbarische Methode hat zu dem vernichtenden Ergebnis geführt. Man braucht nicht nach einer anderen Erklärung für das Verschwinden der Wälder zu suchen, die einst Gegenden bedeckten, wo heute nicht einmal ein Hälmchen sprießt. Man begreift nicht, daß der Mensch in einem heißen Klima, wo die Klarheit des Himmels der Sonne alle Kraft läßt, den Baumschatten nicht schätzt, ja auch nicht ein paar Schößlinge wachsen und Triebe schießen läßt. Ich habe Perser gesehen, die zur abendlichen Rast Feuer an Eichen legten, um etwas Glut für die Polouzubereitung und ihre Kaliâns zu erhalten. So ist im allgemeinen die Unbekümmertheit und

Interesselosigkeit des Orientalen. Bei dieser seiner geringen Sorge um die Zukunft könnte man sagen, er dächte, die Welt sei bald am Ende und ihm selbst bleibe kein neuer Tag.

Das Bett, das sich der Morghâb-su gegraben hat, ist sehr gewunden. Kaum hat man es überquert und glaubt, es hinter sich gelassen zu haben, ist es plötzlich wieder da. Der Weg kreuzt es fortwährend und oft an Stellen, wo das Wasser tief ist. Die verschiedenen Furten bedeuteten für uns haltmachen und Verzögerung, denn keine der Traglasten durfte naß werden. So wurde es ein langer Tag; erst nach einem siebenstündigen beschwerlichen Marsch kamen wir in dem Dorf Siwand an. Keinem Räuber waren wir begegnet, wohl aber zahlreichen Scharen harmloser Rebhühner, von denen wir etliche schossen, weil sie, wie anzunehmen war, einen besseren Braten ergaben als die mageren Hühner, die uns unsere Gastgeber zur Abendmahlzeit anboten.

Wir hatten gehofft, daß diese Strecke zwischen den beiden größeren Orten Persepolis und Pasargadai einige Reste alter Bauwerke oder Skulpturen aufzuweisen haben würde, aber wir sahen in den sieben Stunden nichts dergleichen, nicht einmal ein Dorf. Keine Spur von einer Ansiedlung. Lediglich auf halbem Wege bemerkten wir in einem Seitental nach Osten zwei oder drei Dörfer.

Der Flecken Siwand liegt auf einem Hügel am Fuß des Gebirges, ungefähr einen Kilometer vom linken Ufer des Morghâb-su entfernt, der seinen Namen hier in Siwand-rud, das heißt Siwand-Fluß, ändert. Es ist Brauch in Persien, daß man die Flüsse nach den anliegenden Ortschaften benennt, sie tragen also keine eigene Bezeichnung, demzufolge kann man sich sehr schwer unter den verschiedenen Namen ein und desselben Flusses zurechtfinden. Der Fluß von Morghâb nimmt nun den Namen Siwand an und im späteren Verlauf dann den von Polwâr.

Als wir uns Siwand näherten, waren wir höchst erstaunt, es völlig leer vorzufinden. Aber da die Häuser sorgsam verschlossen und anscheinend in gutem Zustand waren, sagten wir uns, die Bewohner dürften nicht in weiter Ferne sein. Tatsächlich standen uns zur Rechten ihre Zelte am Flußufer. Sie hatten sie dort aufgeschlagen, um den Weiden und den Ländereien oberhalb der steilen Böschung des Siwand-rud näher zu sein. Wir lagerten in ihrer Mitte.

Zwischen Mâdar-e Solejmân und Siwand gibt es einen anderen Weg als den, dem wir gefolgt waren. Statt in die Schlucht des Morghâb-su-Tals einzudringen, muß man das Gebirge über dem rechten Flußufer erklimmen. Dort begegnet man nicht den Schwierigkeiten, die wir gehabt hatten, vor allem braucht man nicht beständig eine Furt zu durchwaten, nur ist dieser Weg länger. Er führt durch das Dorf Kamin, das als Rastplatz zwischen Morghâb und Siwand dient.

Anderntags brachen wir früh auf, um rechtzeitig in der Ebene von Merdascht zu sein, wo sich die Ansammlung von Altertümern befand. Wir überquerten alsbald den Fluß, der sich mehr und mehr verbreiterte. Bei öfterem und unvermitteltem Richtungswechsel ging es endlos am Fuß der kahlen Gebirge entlang, die nur von den letzten Rauchfäden der nächtlichen Hirtenfeuer etwas Belebung erhielten. Der traurige Anblick dieser alten Felsen, die Stille im Tal, die Erhebungen am Boden, die sich bereits abzeichneten, bereiteten uns auf die berühmten Orte vor, auf die Zeugen des Ruhms der alten Könige Persiens, wo zwischen den verstreuten Überresten ihrer Städte noch die Schatten des Dareios und des Schâpur zu irren scheinen.

Fünf Stunden zogen wir voller Erregung, voller Neugier dahin. Wir trieben unsere Reittiere an, denn wir wollten die antiken Monumente endlich sehen, auf die die Zeit mehr Rücksicht genommen hatte, als es die Menschen vermocht hatten. Links von uns erkannten wir eine Säule, inmitten eines Haufens von Ruinen und Erhöhungen emporragend, die überall als Hinweis auf das Verscharren einer untergegangenen Welt, eines großen, dort begrabenen Gemeinwesens zu gelten hatten. Es handelte sich in der Tat um den großen Tumulus der Stadt Estachr.

Eine Stunde später bogen wir um einen steil aufstrebenden Felsen und standen vor einer eindrucksvollen natürlichen Mauer, die mehrere ausgehauene große Reliefs mit darüber befindlichen Grabkammern aufwies: das war Naksch-e Rostam. Wir hielten uns einige Zeit dort auf, um diese staunenswerten Erinnerungen an das alte Persien zu bewundern. In der Ferne suchten wir die Persepolispaläste, das berühmte Plateau Tschehel Minâr oder, wie man auch sagt, Tacht-e Dschamschid, aber wir konnten nichts erkennen. Keine Säule bezeichnete uns den Platz. Hinter einer Felsenspitze im Südostteil von Naksch-e Rostam entdeckten wir nach wenigen Schritten das Plateau.

Wir hatten einen der an Altertümern reichsten Orte erreicht, den Schauplatz, wo mit allen Erinnerungen an Persiens Geschichte an unserem Auge die unzähligen

Skulpturen vorüberzogen, die sich mit ihr verbinden. Wir wußten, daß es an diesem Ort viel Arbeit geben und daß es aller Wahrscheinlichkeit nach zu einem langen Aufenthalt kommen würde.

Wir hielten nach einem Dorf Ausschau, das in der Nähe unserer Studienobjekte und bequem erreichbar liegen sollte, um uns als Unterkunft zu dienen. Westlich von den Felsen des Naksch-e Rostam lag ein Weiler, nicht weiter als eine halbe Stunde entfernt, den vier Mauern mit Ecktürmen umschlossen; dorthin begaben wir uns kurzerhand. Mehrere Bewässerungskanäle hatten wir zu überqueren, dann standen wir vor dem Tor des Dorfes mit Namen Hossejnâbâd. Ein paar Männer saßen in der Sonne und rauchten ihren Kaliân. Rassul Bejg ließ wie üblich den Katchodâ herbeirufen, dem er den herrschaftlichen Farmân vorzeigte. Der aber nahm die Benachrichtigung recht unwillig auf, sagte, er könne uns nicht unterbringen, uns kein Haus zuweisen, wir sollten uns anderswo eine Unterkunft suchen. Als unser Gholâm darauf bestand, daß wir aufzunehmen seien, wurde der Katchodâ sehr ungehalten und äußerte mit einer Gebärde gemeinster Verachtung gegenüber dem Farmân mit dem ihn zierenden Siegel, daß er den Schâh nicht kenne und ihn alle Farmâne, Barâts und ähnlichen Befehle der königlichen Regierung nicht interessierten; er sei Schâh in diesem Dorf und würde tun, was ihm passe. Und da es ihm nicht paßte, uns zu beherbergen, forderte er uns auf weiterzureisen. Zwar waren wir verschiedentlich auf den Unwillen eines Teils der Bevölkerung oder dieses und jenes Katchodâs gestoßen, hatten aber niemals eine solche Unverschämtheit nicht nur uns gegenüber, sondern auch im Hinblick auf den Schâh erlebt. Rassul Bejg war aufgebracht, trieb sein Pferd auf den groben Katchodâ zu und erteilte ihm einen beispielhaften Verweis. Er war um so wütender, als er, der Gholâm-e Schâh, der Träger des Farmâns war und in dieser Eigenschaft der Würde und dem Namen seines Souveräns Achtung zu verschaffen hatte. Wer weiß, was für ein Aufruhr und welch eine Schlägerei aus diesem Streit entstanden wären. Wahrscheinlich wagte der Katchodâ diese Rede, weil er sich von den Dorfbewohnern unterstützt fühlte, vielleicht auch von der ganzen Umgebung, die als wenig rebellisch galt. Ich warf mich dazwischen, hinderte Rassul Bejg, von den ausgestoßenen Drohungen zu Taten überzugehen, wozu er in seiner Raserei fähig gewesen wäre. Schon hatte er die Pistole in der Hand, und mir stand das Unglück sowohl für den Katchodâ wie für uns vor Augen. Die Folgen wären unberechenbar gewesen. Unsere Mission verlangte von uns ebensoviel Ruhe und Besonnenheit wie Mut und Festigkeit. Weder durften wir ersteres vernachlässigen noch unser Unternehmen durch ein Abschwächen der letztgenannten Merkmale scheitern lassen. Wir mußten trotz Beharrens auf unsere Rechte und unser Ansehen jegliche Auseinandersetzung vermeiden, die den Erfolg unserer Reise unnützerweise in Gefahr gebracht hätte. Daher hielt ich es für angebracht, zumal die Schmähung nicht direkt gegen uns gerichtet war und sich nur der Unwille des Katchodâs gezeigt hatte, über den Streit hinwegzusehen und so gut wie möglich auf die Gastfreundschaft zu verzichten. Er würde schon genügend gestraft sein, dachte ich, wenn er seine Belohnung einbüßte, die wir ihm bei anderem Verhalten gegeben hätten.

Unweit dieses Dorfes lag ein großer Garten. Das Wetter war herrlich. Gegen einen Aufenthalt im Freien, in der reinen und noch milden Luft, war nichts einzuwenden. Also wandten wir uns dem Garten zu, nicht ohne zuvor den Katchodâ auf gut persisch mit Verwünschungen und Beschimpfungen überhäuft zu haben. Ich ließ ihm sagen, daß ich für meinen Teil mir vorbehielt, sein Benehmen dem Gouverneur des Gebietes und dem Bejgler-bej von Schirâs zu schildern.

Am 10. Oktober nahmen wir Besitz von dem Garten, der uns die verweigerte Unterkunft ersetzte. Er war gut bestellt und bewässert, die gefüllten Kanäle bildeten die Einfriedung; in seiner Mitte befand sich unter großen Bäumen ein erhöhter Platz aus Ziegeln, etwa einen Meter hoch und breit genug, daß wir unser Zelt darauf aufstellen konnten. Dort richteten wir uns ein. Eine solche Plattform, übrigens häufig in persischen Gärten zu finden und bei prachtvoll ausgestatteten Anlagen einen guten Unterbau für ein orientalisches Lusthäuschen abgebend, bot uns Schutz gegen die Feuchtigkeit am Boden und gegen Insekten oder Kriechtiere, die in unser Zelt hätten eindringen können. Gewöhnlich trifft man sich an dieser Stelle zum Frühstück oder zur Siesta, denn die Perser besuchen sich gern in den Gärten, unterhalten sich vertraulich, geben Geschichten zum besten oder tragen Verse ihrer Lieblingsdichter vor. Auch unsere Plattform mußte oft Zeuge derartigen Beisammenseins gewesen sein, jetzt aber hatten wir uns auf ihr niedergelassen, und es war eine europäische Wohnstatt daraus entstanden. Unsere Leute blieben in der Nähe, sie hatten bei ihren Zelten schnell eine Küche errichtet. Die Pferde waren an den Ulmen und Aprikosenbäumen angebunden, als Futter wurde ihnen bündelweise zartes Gras vorgeworfen. An den Ästen hingen hier und da Gewehre, Säbel, Zaumzeug und Decken; darunter standen Kisten, aus denen unser Koch Töpfe, Pfannen, Kaffeekannen und dergleichen hervorholte.

Jedenfalls wenn wir auch Grund zur Beschwerde über den Empfang durch den Katchodâ von Hossejnâbâd hatten, so trauerten wir keineswegs dem Haus nach, das er uns in seinem Dorf hätte zuweisen können, denn in unserem Garten fühlten wir uns unendlich besser aufgehoben. Als Herren dieses Ortes, allein und fern von allen Störenfrieden, an der frischen Luft und ohne Angst vor der Unsauberkeit der Einwohner, beglückwünschten wir uns insgeheim zu dem Mißgeschick, das uns in den Bâgh geführt hatte. Unser Aufenthalt dort sollte sich etwas in die Länge ziehen, denn wir gedachten, uns jeden Morgen von da nach Naksch-e Rostam zu begeben, um die Denkmäler zu studieren.

Als unser Tschârwâdâr abgeladen hatte, zahlten wir ihn aus, und er verließ uns. Er begab sich nach dem etwa zwei Tagesmärsche entfernten Schirâs. Maultiertreiber unnützerweise zu behalten erschien uns bei einer etwa zweimonatigen Dauer der Arbeiten in dieser Gegend nicht angebracht. Wir glaubten, in den Dörfern der Ebene leicht alles Nötige für die Beförderung bei einem Platzwechsel oder für die Weiterreise nach Schirâs zu finden.

Der Empfang in Hossejnâbâd und der schlechte Ruf, den diese Gegend genoß, ließen uns befürchten, daß hier unsere Sicherheit gefährdet sei. Nachdem wir uns mit Rassul Bejg beraten hatten, wurde beschlossen, daß er schnell, möglichst sofort, nach Schirâs aufbrechen und für uns und auf unsere Kosten zwei oder drei Soldaten zur nächtlichen Bewachung vom Gouverneur erbeten sollte.

Offensichtlich hatte der Katchodâ einige Überlegungen zu den Folgen angestellt, die auf ihn zukommen könnten, nicht nur wegen des Mangels an Aufmerksamkeit gegenüber farmânbewehrten Reisenden, sondern, und das ganz besonders, wegen der ungehörigen Grobheit, mit der er, was die Fremden anbelangt, seine Gleichgültigkeit zum Ausdruck gebracht hatte. Denn er kam am Abend des ersten Tages zu unserem Zelt, um uns seine Dienste anzubieten und sich für die Szene am Morgen zu entschuldigen. Ich behandelte ihn etwas schroff, indem ich ihm sagte, daß ich von ihm nichts wolle.

Vom nächsten Tag an machten wir uns an die Arbeit. Wir begaben uns in aller Frühe zu den Felsen von Naksch-e Rostam. Um reichlich Zeit zu gewinnen, ritten wir dorthin. Zu Fuß hätten wir den Weg gar nicht machen können, weil es zahlreiche Bewässerungsgräben zu überqueren galt. In Isfahan hatten wir uns zwei kleine Zelte anfertigen lassen, die Perser nennen sie Âftâb-gardân, Sonnenschirme, eigentlich Halbzelte, die, dreiseitig, mit je zwei Zeltstäben aufgestellt werden. Diese Zelte, die mit am Boden befestigten Schnüren gespannt werden, stellten wir zum Schutz gegen die Sonnenstrahlen auf. Die vierte Seite, die offen war, erwies sich als ein sehr glücklicher Umstand, weil wir, da die Skulpturen nach Süden gerichtet waren, unsere Studien unter diesen Zelten mühelos betreiben konnten. Diese Einrichtung war eine gelungene Sache, und wir konnten an der frischen Luft fast so bequem wie in einem Zimmer arbeiten. Unsere Leute brachten uns das Essen an den Arbeitsplatz und kamen am Abend mit den Pferden, um uns zu dem Bâgh zurückzubringen.

Angesichts der staunenswerten Skulpturen von Naksch-e Rostam galt unsere erste Sorge der gründlichen Wiederaufnahme jener Orientierung, die wir tags zuvor bei unserem Eintreffen vorgenommen hatten. Diese Denkmäler sind von zweierlei Art: die einen gehören der alten Epoche der Achämeniden an, die anderen, die der Sassaniden, reichen nicht weiter zurück als bis in das dritte Jahrhundert unserer Zeitrechnung. Das Vorhandensein letzterer an diesen Plätzen, den Zeugen des Untergangs der Paläste und der Hauptstadt des Dareios, beweist, daß dieser Ort noch lange nach der Zerstörung von Persepolis seine besondere Wichtigkeit behalten hatte. Vermutlich entstanden hier Bauwerke, denn die Verzierungen an den Felsen, die die Folge davon waren, müssen den Herrschern zwischen der glorreichen Dynastie der Achämeniden und der der Safawiden in ihrem rühmlichen Bestreben, Persien zu erneuern, zugeschrieben werden.

Die Monumente aus den beiden Epochen haben als gemeinsamen, unzerstörbaren Grund die steil aufragenden riesigen Felswände, die im Mittelteil behauen und künstlerisch bis ins kleinste bearbeitet wurden. Nicht nur durch ihren Stil, sondern auch ihrer Bestimmung nach sind sie untereinander sehr verschieden. Die ältesten, die aus der Achämenidenzeit, sind Grabdenkmäler. Sie haben dem Ort, an dem sie sich befinden, den Namen Kabrestân-e Gabrân, Friedhof der Gebern, verliehen. Es handelt sich um vier Höhlen, etwa fünfzehn Meter über dem Boden in die nackte Wand getrieben, von denen drei nach Süden liegen, während die vierte nach dem Sonnenuntergang blickt.

Nach der Einrichtung dieser Totengrüfte haben es sich Sassanidenherrscher einfallen lassen, sich derselben zur Verewigung ihres Ruhms zu bedienen, verliehen dabei aber ihren Monumenten einen gänzlich anderen Charakter. Das sind Reliefs, die am Fuße der Bergwand herausgemeißelt wurden. Manche befinden sich gleich unterhalb der Königsgräber, zu denen sie gewiß nicht in Beziehung stehen. Die Stelle für die auszuführenden Arbeiten wurde wohl wegen der leichten Zugänglichkeit und der schönen glatten Fläche gewählt. Es sind sieben an der Zahl. Wie die Reisenden vor uns sahen auch wir bei unserem Eintreffen nur sechs, und ein glückliches Nachforschen ließ uns das siebente entdecken.

Um methodisch an diese Beschreibung heranzugehen, werde ich mit dem äußeren Relief, dem im Osten, beginnen. Es besteht aus vier Figuren. Sie sind, abgesehen von einigen leichten Verstümmelungen, vollkommen erhalten. Die einst von Erde bedeckten und nunmehr freigelegten Teile sind erhalten geblieben. Das Bild scheint eine Familienszene darzustellen. In der Mitte steht eine Person, die man an ihrer Tiara mit einer Kugel darüber und an ihren über den Schultern flatternden Bändern als einen Fürsten erkennt. Mit der Linken umfaßt sie den Knauf eines seitlich herabhängenden Schwertes, während die Rechte einen großen bändergeschmückten Reif oder ein Diadem einer links von ihr stehenden Person reicht, die danach greift. Nach der aus langen, nach vorn und auf die Schultern fallenden Flechten bestehenden Haartracht dieser zweiten

Person zu schließen, auch nach ihrem augenscheinlich langen, in dichten Falten herabfallenden und die Füße völlig bedeckenden Gewand, ebenso nach den die Hände verhüllenden Ärmeln und vor allem nach den Umrissen gewisser Körperpartien zu urteilen, muß man sie für eine Frau halten. Dieses Bild, das entweder an eine Eidesleistung oder an die Teilhabe zweier königlicher Gatten an der Krone denken läßt, wird durch ein zwischen ihnen stehendes Kind ergänzt. Der kleine Prinz trägt eine Kopfbedeckung wie der König und ist ähnlich gekleidet. Er hat ein Schwert, auf dessen Knauf seine linke Hand ruht. Die Darstellung eines Wesens weiblichen Geschlechts ist eine im übrigen sehr selten anzutreffende Besonderheit, die man nur auf sassanidischen Abbildungen findet. Tatsächlich wird man unter den vielen Skulpturen von Persepolis oder aus anderen alten Zeiten Persiens keine Figur sehen, die als Frau gedeutet werden könnte. Diese Beobachtung oder besser Feststellung ist demnach bezeichnend für die Sassanidenära und scheint zu beweisen, daß, als diese Fürsten in Persien herrschten, die Sitten insofern eine Veränderung erfahren hatten, als sie den Frauen ein Hervortreten erlaubten. Man darf also annehmen, daß sie nicht in einer vollständigen, streng beachteten Zurückgezogenheit lebten, denn ihr Abbild konnte vor aller Augen auf Reliefs zur Schau gestellt werden. Vielleicht ist darin einer der Einflüsse westlicher, griechischer Herrschaft auf die Sitten des Orients zu sehen. Rechts von dieser königlichen Persönlichkeit ist eine vierte Gestalt zu erkennen, die ebenso gekleidet ist, deren Kopf aber mit einer hohen, nach vorn gebogenen und in einen kleinen Tierschädel auslaufenden Haube bedeckt ist. Der Teil der Kopfbedeckung ist lädiert, jedoch kann man nach den restlichen Umrissen, die zu erkennen sind, annehmen, daß es der Schädel eines Stiers oder eines Pferdes ist.

Die Beschädigungen an diesem Relief betreffen die Hände, einige Partien der Gesichter, vor allem das der Frau. Die Gründlichkeit, mit der man es anscheinend hat verschwinden lassen wollen, beweist einmal mehr die Vernichtungswut der bilderstürmerischen Muselmanen, die beim abergläubischen, fanatisch blinden Zerstören wohl ihre ärgste Entrüstung über den Anblick dieser Frauengestalt zum Ausdruck gebracht haben mußten. Wie dem auch sei, diese Skulptur ist dank ihrer einstmals sorgfältigen Ausführung, der Vollendung der Details eine der beachtenswertesten aus der Sassanidenzeit. Ihr ist ungefähr derselbe Charakter abzulesen, auch derselbe Stil, und wenn man alles miteinander vergleicht, sieht man, daß sowohl die Kunst als auch die Sitten und die Gewohnheiten während jener vier Jahrhunderte, die die Herrschaft dieser Dynastie dauerte, stagnierten. Aber selbst beim Beharren auf ein und derselben Linie mußten sich notwendigerweise mehr oder minder geschickte Steinbildhauer finden, und nur Abstufungen unter den Talenten ist die Unterschiedlichkeit in der Ausführung dieser verschiedenen Skulpturen zuzuschreiben.

Das zweite Relief, das mit zinnenartigem Besatz gekrönt ist, stellt den Kampf zweier Reiter dar. Sie sind mit allerlei Kampfgerät bestückt. Der zur Rechten erhält einen Lanzenstoß, der ihn niederzuwerfen scheint, während sein Pferd, gleicherweise getroffen oder von dem gegnerischen Stoß zum Straucheln gebracht, sich aufbäumt und auf sein Hinterteil fällt. Dem linken Ritter zu Füßen liegt hingestreckt ein toter Krieger. Hinter ihm, nur als Silhouette angedeutet, hält ein Edelknabe oder Schildknappe eine Art Standarte aufrecht, deren Form uns neu erschien. Die Spitze des Schaftes wird von einer Stange gleicher Stärke durchkreuzt, an deren Enden wellige Büschel wie Woll- oder Seidenflocken herabhängen, aber unmöglich genauer zu bestimmen sind. Oberhalb der Stange sieht man einen Reif mit einer Art Helmbusch darüber. Insgesamt erinnert diese Szene an die mittelalterlichen Turniere. Zwischen welchen Personen hat dieser Zweikampf wohl stattgefunden? Nichts erklärt es. Keine Inschrift bringt uns die Erkenntnis. Man kann nur annehmen, daß es sich um Könige oder Prinzen handelt. Der linke Ritter trägt eine Kopfbedeckung, eine Art Helm, über dem zwei Vogelschwingen mit einer Kugel in der Mitte schweben; und da man weiß, daß diese Kopfbedeckung sassanidisch ist, kann berechtigterweise angenommen werden, daß ihr Träger ein Fürst dieser Dynastie ist. Was den anderen betrifft, so scheint er auch einen Helm zu tragen, dessen Kamm die Form eines Vogels hat; sonst aber zeigt er kein Unterscheidungsmerkmal, an dem man ihn erkennen könnte.

Naksch-e Rostam

Ich widmete mich nun meinen Studien. Die am Grunde der Felsen von Naksch-e Rostam herausgemeißelten Reliefs waren recht vollständig erkennbar. Einige befanden sich in Bodennähe, andere nicht, wieder andere waren etwas von der Erde, die sich während der Jahrhunderte bis zu den unteren Partien aufgehäuft hatte, zugedeckt. Aus Hossejnâbâd hatten wir fünf, sechs Männer mit Hacken und Schaufeln mitgenommen und ließen sie vorsichtig die Erde, die die Skulpturen bedeckte, abtragen, um jene völlig freizulegen. Die Funde oder, besser gesagt, die Entdeckungen, die wir dabei machten, fanden plötzlich ein viel größeres Interesse. Als wir den unteren Teil des zuletzt beschriebenen Reliefs säuberten, zeigte der Fels am unteren Ende Reste von Skulpturen. Wie spärlich auch diese Andeutung war, verriet sie doch das Vorhandensein eines zweiten, unbekannten, von der Erde geschluckten Reliefs. Das reichte uns, um dieser Spur nachzugehen und die Arbeit mit der Hacke voranzutreiben. Der Boden war fast so hart wie der Fels. Man mußte sich in eine Böschung aus herabgestürzten Erdschichten graben, die sich, durchsetzt mit Felsbrocken und Steinschutt, im Laufe der Jahrhunderte aufgehäuft hatten und fest geworden waren; aber die Anstrengungen unserer Ausschachter wurden durch die fortschreitende Freilegung eines ebenso großen Reliefs wie das erste, nur viel besser erhalten, belohnt.

Diese geistig aufgeschlossenen Männer interessierten sich wie wir für den Ausgang dieser Entdeckung, die sie überhaupt nicht vermutet hatten. Keins der vergangenen Menschenalter hatte von dem Dasein dieser Skulptur gewußt. Sie mußte, wenn man aus dem Zustand ihrer Erhaltung Schlüsse zog, seit vielen Jahrhunderten zugedeckt gewesen sein. Trotz des Eifers unserer Gräber ging die Arbeit langsam voran, weil die mangelhaften Werkzeuge kaum in die feste Steinerde eindringen konnten. Nach drei Tagen verbissener Arbeit hatte man aber einen Graben von vier Meter Tiefe und sechs oder sieben Meter Länge ausgehoben, und wir hatten ein Relief von der Größe der anderen vollständig ans Tageslicht gebracht.

Dieses Relief, von dem darüber befindlichen durch eine schmale Einfassung getrennt, stellte eine ähnliche Szene dar. Seine Ausführung war etwa von der gleichen Beschaffenheit, doch sein Erhaltungszustand ließ kaum zu wünschen übrig, es gewährte bessere Einsichten in die militärischen Gebräuche und gab Aufschluß über die Rüstungen des damaligen Persiens. Einzig die Kopfbedeckungen sind verstümmelt und unkenntlich geworden. Soweit man aber daraus schließen darf, sind sie von derselben Art wie die zuvor erwähnten und zeigen, daß von den Zweikämpfern der eine auch in die sassanidische Epoche gehört. Der interessante Teil ihrer Ausstaffierung ist das, was sie auf dem Leibe tragen. Die an den Schultern des rechten Ritters und desjenigen, der links unter den Pferdehufen liegt, noch gut sichtbaren Spuren von Schuppen beweisen, daß eine eiserne Brünne die Oberkörper bedeckt hatte. Parallele Linien rund um ihre Arme und Beine weisen darauf hin, daß sie entweder mit einer Rüstung aus kleinen Plättchen, die ihnen dank der Verschiebbarkeit alle Bewegungsfreiheit ließen, oder mit einem Metallnetz angetan waren, dessen Maschen die Glieder deckten. Diese Art des Schutzes steht in vielem der Gewohnheit im mittelalterlichen Europa nahe. Die Körpermitte wurde von einer Art Panzerhemd geschützt, das zwar nicht aus eisernen Maschen bestanden haben dürfte, sondern aus übereinanderliegenden Metallplättchen, gleich jenen, die den Oberkörper decken. Wie den Kämpfern auf dem darüber befindlichen Bild dient auch ihnen die Lanze als Waffe. Am Sattelbaum zu ihrer Rechten hängt ein mit Pfeilen gefüllter Köcher.

Außerdem ist es wahrscheinlich, und dieses neuentdeckte Relief bestätigt es, daß sowohl die Kampfpferde wie die Ritter, wenn nicht durch die Rüstung, so doch wenigstens durch eine Art Umhüllung geschützt waren, die den Körper und die oberen Partien der Gliedmaßen abschirmte. Diese Hülle gibt den Blick frei auf die Muskeln der Tiere; und eine Öffnung oberhalb ihrer Brustgurte war zweifellos dazu da, um das Bekleiden vorzunehmen. Dann wurde sie mit Knöpfen oder Spangen geschlossen, die der Bildhauer ganz deutlich wiedergegeben hat. Aus all diesen Anzeichen glaubt man annehmen zu dürfen, daß diese Art Rüstung oder Schutz für die Pferde so etwas wie eine Schabracke aus Eisenmaschen oder sehr dicker Tierhaut gewesen sein mußte, um wenigstens gegen die Pfeile gewappnet zu sein.

Von allen persischen Reliefs, sei es aus der Achämeniden- oder Sassanidenzeit, ist dieses das einzige, das eine recht gute Vorstellung von der Bewaffnung der Perser gibt. Es ist schon erregend, wenn man erkennt, wie sich die Krieger jener zweiten Epoche ausrüsteten, und wir dürfen uns glücklich schätzen, es ans Licht gebracht zu haben.

Das bemerkenswerteste steinerne Bild dieser interessanten, die Wißbegier so erregenden Serie ist das vierte. Es tritt nicht durch eine prächtige Komposition oder eine in schwelgerischer Fülle dargestellte Episode hervor, sondern gibt nur eine einzige, kraftvoll behandelte Episode wieder, wobei der entschiedene Gesichtsausdruck auffällt, der etwas Wildes und Gewaltiges an sich hat: Schâpur, auch Sapor genannt, der Sieger über Valerianus, erscheint hoch zu Roß und nimmt aller Wahrscheinlichkeit nach die Huldigung zweier römischer Befehlshaber entgegen, von denen der eine einen Lorbeerkranz trägt und der andere, der sich niedergeworfen hat, dem König die Arme entgegenstreckt. Das ist alles auf dem Bild, dazu noch in einer Ecke der Oberkörper einer Figur, die einen bartlosen Perser zeigt.

Die Ausführung dieser Skulptur läßt gewiß viel zu wünschen übrig. Wie bei allen bisher betrachteten und noch aufzusuchenden antiken Skulpturen ist es der Mangel an Gestaltung, sind es die konventionellen Haltungen, diese Steifheit oder diese Symmetrie, an denen man zu Recht etwas auszusetzen hat. Aber ich wiederhole, was ich anfangs gesagt habe, daß der Bildhauer trotz dieser Fehler dem Relief einen Ausdruck von großer Kraft, etwas Majestätisches und sogar einiges von barbarischer Erhabenheit verliehen hat, und das tut seine Wirkung. Es muß auch gesagt werden, daß man an bestimmten Teilen dieses wirklich schönen Werkes eine Geschicklichkeit ablesen kann, die über den Grad des künstlerischen Fortschritts in der Epoche des Schâpur keinen Zweifel läßt. So sind die Köpfe, sowohl der dieses Monarchen wie der seines Pferdes und die der Römer im Vordergrund, mit einer Kunstfertigkeit ausgeführt, die weit von ihren ersten Schritten entfernt ist.

Der Hintergrund des Bildes ist mit Pahlawi-Inschriften bedeckt, die in einer Unzahl von Zeilen zweifellos von den Taten unter Schâpurs Herrschaft oder von den königlichen Siegen berichten. Leider sind diese Inschriften sehr verschwommen, und es ist bisher nur möglich gewesen, Bruchstücke davon abzunehmen.

Anderntags fand sich bei uns ein Reitertrupp ein. Ein bejahrter Mann, wahrscheinlich der Anführer, stützte sich beim Absitzen schwerfällig auf seinen Pferdeknecht, der ihm die Schulter als Stütze hinhielt und das Pferd am Zügel hielt. Er trat mit aller Höflichkeit und mit dem ungezwungenen Benehmen eines wohlerzogenen Menschen unter den Âftâb-gardân, wo ich arbeitete, und ich entschuldigte mich, ihn nicht gebührender empfangen zu können. Er teilte mir mit, daß er der Hâkem des Bezirks sei, Mohammad Nafi Chân mit Namen. Als gebildeter, ja beschlagener Mann erzählte er uns von verschiedenen Besonderheiten, die die Altertümer dieser Orte betrafen, und nannte uns alle Stellen, wo wir auf Überreste stoßen würden. Unter anderem erklärte er, die Engländer hätten vor einigen

Jahren viele Steine von Tacht-e Dschamschid fortgebracht, ganz gewiß auch viel Gold, denn die Keilschriften, die Gandsch-nâmes, die ihnen über die einstmals zwischen den Ruinen verscharrten Schätze Auskunft gaben, verstünden sie zu lesen. Mohammad Nafi Chân nahm uns das Versprechen ab, ihn zu besuchen, und wiederholte, wir sollten uns seiner und seiner Befehlsgewalt bedienen, sooft es uns nötig erschien. Wir verabschiedeten uns von ihm, höchst erfreut über diese neue Bekanntschaft, die uns während unseres Aufenthalts in Persepolis sehr nützlich sein konnte.

Ich hatte Mohammad Nafi Chân vor dem fünften Bild empfangen, das wieder einen Kampf zweier Ritter in Waffen, so wie zuvor schon beschrieben, darstellte. Der Krieger zur Rechten erhält von seinem Gegner einen Lanzenstoß in den Hals, der ihn aus dem Sattel hebt und vom Pferd wirft. Dieses Relief ist Anlaß zu einer neuerlichen Bemerkung: Die Brust des einen Pferdes ist mit einem Panzer aus kleinen Eisenplättchen bedeckt, an denen man noch leicht die Verknüpfungen erkennt. Der restliche Teil, die Schabracke, ähnelt dem bereits Gesagten, mit dem einzigen Unterschied, daß unter dem Pferdeleib kleine Kugeln hängen, die wahrscheinlich nur Verzierung sind. Die Kopfbedeckung der beiden Ritter weicht von der bekannten ab: Der Ritter rechts scheint einen Helm mit einer Art bizarrer Kugel obenauf zu tragen, und der linke hat eine nach oben sich verbreiternde, in drei Spitzen auslaufende Kopfbedeckung, an der kleine Quasten mit Bändchen angebracht sind. Auf den Schultern trägt er ähnliche Troddeln. An der rechten Seite seines Pferdes sieht man vier andere, größere Büschel, von Schnüren gehalten und, wie die

Eicheln, von gezackten Kapseln halb umschlossen. Man findet für diese Art Eicheln oder Stoffbüschel nur eine Erklärung, wenn man sie in Beziehung setzt zu dem, was heute noch im ganzen Orient gebräuchlich ist, wo am Harnisch von Reitpferden Eicheln gleicher Art aus Wolle befestigt werden, die als Schmuck dienen und gleichzeitig als Fliegenwedel. Manche Reisende haben diese auf alten Skulpturen dargestellten Gegenstände mit dem bei den Königen der Gebern-Religion gehüteten heiligen Feuer in Verbindung bringen und darin so etwas wie Öfchen sehen wollen. Was sie wohl zu dieser von mir als ein Mißverständnis zu bezeichnenden Erklärung geführt hat, muß an der Zeichnung der Wollbüschel oder Eicheln liegen, die sie für Flammen gehalten haben. Mir erscheint es aber unmöglich, daß man sich auch nur einen Augenblick bei dieser Idee aufhält, denn wie sollte man annehmen, daß ein Ritter im Kampf brennende Kohlebecken an den Flanken seines Pferdes mitgeführt haben könnte. Diese Annahme kommt mir widersinnig vor. Hinter dem siegreichen Ritter steht ein dritter, der eine kreuzförmige Standarte mit fünf Büscheln, drei aufwärts weisenden und zwei fallenden, hält.

Wir haben dieses Relief in einem sehr schadhaften Zustand angetroffen, der uns um viele Einzelheiten brachte. Dennoch, wenn man das zu nutzen weiß, was auf dem gänzlich zerfressenen und rissigen Stein noch zu erfassen ist, kann man zu der Überzeugung kommen, daß Steifheit und Symmetrie, die die Skulpturen zuweilen anmutslos und eintönig erscheinen lassen, durch das Thema und die aus den Sitten der Perser hergeleitete konventionelle Form bedingt sind, und man gelangt dann zu jener anderen Überzeugung, daß, wenn sie wollten, sie es auch ausgezeichnet verstanden, ihren Abbildungen Beweglichkeit und Leben zu verleihen, denn dieses Relief ist wegen der Lebendigkeit der Szene und der Ausdruckskraft beim Angriff des Siegreichen bemerkenswert und zeigt, wie getreu alles in der Haltung des Unterlegenen erfaßt ist, der sich vergeblich müht, sich auf seinem in die Enge getriebenen, sich aufbäumenden Streitroß im Sattel zu halten.

Die letzten vier Bilder, die ich beschreibe, hauptsächlich die drei Darstellungen von Einzelkämpfern, haben die heutigen Perser veranlaßt, diesem Ort den Namen Naksch-e Rostam, das Rostambildnis, zu geben. In den Bildern sehen sie nichts anderes als die Verherrlichung der Ruhmestaten des von ihnen bevorzugten Helden oder Pahlawâns und die an die Stofflichkeit gebundene Schilderung der sagenhaften Unternehmungen, von denen ihre Dichter und Erzähler berichten. Das hat seit einigen Jahrhunderten den alten Namen Kabrestân-e Gabrân oder Gebern-Gräber für die Gruppe dieser interessanten Altertümer zu Naksch-e Rostam, so wie es heute ausschließlich heißt, werden lassen.

Ich war in das aufmerksame Studium aller Einzelheiten dieser Skulptur versunken, deren verwitterte Partien das Erfassen schwierig machten, als sich mir ein einzelner Besucher näherte. Es war ein bejammernswerter Ra'ije aus diesem Landstrich, ein armer Teufel in Lumpen, der, nachdem er mich sehr untertänig gegrüßt hatte, in schweigsamer Andacht meiner Arbeit zusah und mich schüchtern um einen Pischkesch bat. Ich war an Beharrlichkeit in solchen Dingen gewöhnt und absolut unzugänglich, sobald es sich um Pischkesch handelte. Da aber dieser Mann sehr höflich war und ehrerbietig Abstand hielt, überkam mich die Lust, mich mit ihm bei meiner Arbeit ein wenig zu unterhalten. Statt ihm zu sagen, er möge sich entfernen und mich nicht stören, fragte ich, weshalb er ein Geschenk von mir verlange. »Weil ich Farangi-Augen habe«, war die zuversichtliche Antwort. Über diese seltsame Erwiderung erstaunt, sah ich mir diesen Menschen an, den ich kaum betrachtet hatte, denn ich hatte mich von meiner Arbeit nicht ablenken lassen wollen. »Was? Farangi-Augen?« – »Ja, sie sind blau wie die der Farangis, wie Ihre!« Das stimmte, und es stimmte auch, daß es eine außergewöhnliche, ja so seltene Sache war, zum erstenmal in Persien einem Menschen zu begegnen, der keine schwarzen Augen hatte. Dieser hier hatte wirklich blaue, und daraus zog er den Schluß, daß ich ihm ein Geschenk schuldig sei. Das konnte ich ihm allerdings nicht abschlagen.

Jenseits des letzten Bildes, von dem ich gesprochen habe, verläuft der Saum der Felswand in die andere Richtung, nach Norden hin. Dort befindet sich ein sechstes Bild mit einer friedlicheren Anordnung als die vorhergehenden. Es ist das schlichte Porträt eines Sassanidenkönigs mit einer Vogelschwingen ähnelnden Kopfbedeckung, über der sich eine Kugel befindet. Acht Personen umgeben diesen Herrscher, sechs zur Rechten und zwei zur Linken. Einige haben starke Bärte, aber die anderen, ohne Bart, stehen dem König näher. Da nach asiatischer Sitte den ranghöchsten Personen die Plätze in seiner nächsten Nähe vorbehalten sind, kann man mit gewissem Recht annehmen, daß die fünf bartlosen Gestalten Söhne oder zumindest Mitglieder der

Herrscherfamilie darstellen. Ein anderes Unterscheidungsmerkmal kennzeichnet sie sonst nicht. Zwei von ihnen tragen eine oben abgerundete Tiara oder Mitra, die ihnen bis zum Nacken reicht, die drei anderen tragen so etwas wie phrygische Mützen, wovon zwei in einem kleinen Tierkopf, dem eines Löwen oder Pferdes, enden. Von den drei anderen auf jeder Seite des Bildes ist die linke Gestalt barhäuptig, die vorletzte rechts hat eine phrygische Mütze auf dem Kopf, und die letzte trägt eine Mitra mit aufgezeichnetem kleinem Halbmond. Diese acht Personen im königlichen Gefolge sind aber nicht vollständig. Man hat nur die Oberkörper ausgeführt, darunter erscheint der Fels geglättet. Sowohl diese Vorbereitung wie die Umrisse eines Rahmens, den man bemerkt, lassen denken, daß die Absicht bestand, die Inschriften dort unten in Tafeln einzuhauen. Doch ist nicht die geringste Spur zu entdecken. Auf einem benachbarten Felsblock zeichnet sich schemenhaft eine Figur ab, die sich an das vorige Bild nicht anzuschließen scheint.

Ein paar Schritte weiter trifft man auf das letzte Bild dieser Serie von interessanten Reliefs. Es zeigt zwei Männer zu Pferd, die in lange Gewänder gekleidet sind und keine Waffen tragen. Was sich zwischen ihnen abspielt, verläuft völlig friedlich. Der rechte, der der ältere zu sein scheint, hält in der linken Hand einen langen Stab, den man für ein Zepter halten kann, und mit der rechten Hand reicht er der gegenüberstehenden Gestalt eine Krone, von der Bändchen sich entrollen. Diese zweite Gestalt greift mit ihrer Rechten nach der Krone, wobei sie mit der linken Hand ein Zeichen macht, das einen Eidschwur zu bedeuten scheint. Obgleich der rechte Ritter das Zepter in der Hand hält und größere Autorität zu besitzen scheint als der andere, da er ihm die Krone übergibt, trägt er dennoch nicht das Kennzeichen des Königtums, denn über dem Kopf befindet sich nicht diese Kugel, die zur Kopfbedeckung der Sassanidenherrscher gehört. Der linke Ritter, der einen Eid abzulegen scheint, trägt über dem Kopf die Kugel. Hinter ihm erkennt man außerdem einen Knaben, der einen Fliegenwedel, was auch auf die Königsherrschaft hinweist, schwingt.

Beim Betrachten dieses Bildes drängen sich zwei Gedanken auf: Entweder stellt es die Abdankung eines Königs und die Übergabe der Krone an seinen Nachfolger dar, oder es bringt die Anerkennung des Feuerkults und den Eid auf die zoroastrische Lehre zum Ausdruck, wie er von einem Fürsten einem Kultpriester oder Zoroaster selbst gegenüber geleistet wurde. Die letzte Auffassung scheint mir die begründetere zu sein, und dabei möchte ich mich auf zwei Fakten stützen. Zunächst liest man auf dem Brustgeschirr der beiden Pferde zwei kleine griechische Inschriften, die besagen, daß die linke Gestalt der »Sohn des Königs« ist, während bei der rechten nichts von königlichem Geblüt vermerkt wird. Es muß gesagt werden, daß die Besonderheit, auf dem Relief griechische Buchstaben zu entdecken, zu dem Gedanken hinführt, die wichtige Persönlichkeit dieser Szene sei einer der ersten Herrscher der Sassanidendynastie, der zu jener Zeit regierte, als der Gebrauch der griechischen Sprache bei öffentlichen Kundmachungen noch nicht völlig geschwunden war. Der Gebrauch des Persischen, Medischen und Assyrischen für ein und denselben Text trifft bekanntlich für jene Zeit zu, da die persische Monarchie die drei entsprechenden Völkerschaften als Hauptbestandteile ihres Reiches ansah. Ihn findet man auch hier, und zwar mit dem Wandel, den die Umstürze und Eroberungen für die verbreitetsten Sprachen jenes Teils Asiens mit sich gebracht haben. So mußten die Perser wegen ihrer Besitzungen in Kleinasien und ihrer Kontakte mit griechisch sprechenden Bevölkerungen auch auf das Griechische zurückgreifen, das in ihrem Land nicht geläufig war, aber auch nicht völlig fremd. Daher trifft man es auf diesen Monumenten neben der Nationalsprache an.

Die beiden Ritter haben unter die Hufe ihrer Pferde zwei Gestalten gezwungen, von denen die eine eine bebänderte Mitra trägt und die andere barhäuptig ist. Die Darstellung dieser Unterlegenen in solch einer überhaupt nicht kriegerischen Szene ist nur im allegorischen Sinne zu sehen: Die am Boden Liegenden stellen wahrscheinlich unterworfene und unter das Joch des Monarchen, der die Krone empfängt, gezwungene Völker dar oder symbolisieren den Raub der Königsmacht durch die Sassaniden, den die Arsakiden erfahren, deren letzter Vertreter von Ardaschîr, dem Gründer der neuen Dynastie, eigenhändig getötet wurde. Dieses letzte Relief beschränkt sich auf die Skulpturen der zwei sich ablösenden Epochen auf den Felsen von Naksch-e Rostam.

Diese Zusammenballung von großen Monumenten aus zwei Zeitabschnitten bezeugt die Wichtigkeit, die diesem Ort in der Vergangenheit zukam. Die Könige beider Dynastien, unter denen Persien glanzvoll erstrahlte, gefielen sich, ihre Begräbnisstätten dort anlegen oder die Ruhmestaten ihrer Geschichte dort in den dauerhaften Fels einmeißeln zu lassen, um die Erinnerung an die künftigen Menschenalter weiterzugeben. Und wie man sieht, ist es ihnen gelungen, denn wir begegnen diesen Zeugnissen nach fünfzehn Jahrhunderten. Wie auch die Grundidee in den beiden unterschiedlichen Epochen gewesen sein mag, auf die sich diese Monumente beziehen, es ist sehr wahrscheinlich, daß dieser Ort immer hoch in Ehren stand. In jenen längst vergangenen Zeiten, als der Gehorsam gegenüber der weltlichen Gewalt des unumschränkt Herrschenden und dem religiösen Kult, der der Gottheit entgegengebracht wurde, ungeteilt war, mußte dieser Platz als Heiligtum angesehen worden sein, den man aufsuchte, um sowohl das höchste Wesen wie den Monarchen anzubeten. Ein heute abgesondert, nicht weit entfernt stehendes kleines Monument scheint diese Meinung zu stützen. Auf einer vorgeschobenen Anhöhe, die die Ebene etwas überragt, befinden sich zwei in den Stein gehauene Feueraltäre, sozusagen Zwillingsgeschöpfe, denn sie gleichen sich und sind nur wenige Zentimeter voneinander getrennt. Sie haben eine viereckige Form. An den vier Ecken sind kleine zusammengehörende Säulen dargestellt, dazwischen sind auf den vier Flächen vier Nischen oder bogenförmige Öffnungen ausgehöhlt. Die obere Partie der vier Seiten beherrscht ein zinnenartig gekröntes Gesims.

Nahebei stößt man auf viele Spuren alter Steinbrüche und zu Baumaterial behauene Quader. Mitten unter ihnen erhebt sich eine kleine Säule aus demselben Gestein. Wie sie so isoliert dasteht, deutet nichts darauf hin, daß sie zu irgendeinem Gebäude gehört haben könnte, denn es ist unwahrscheinlich, daß dort jemals eins stand.

Von Naksch-e Rostam nach Estachr

Sechs Tage zuvor war Rassul Bejg fortgeritten und kehrte nun zurück. Er brachte drei Soldaten aus einem aserbaidshanischen Regiment mit, das in Schirâs in Garnison lag. Sie führten ein Eselchen mit sich, das ihre Bündel und etwas Verpflegung trug. Unser Gholâm hatte es auch mit einer Ladung Reis, Rosinen, Zucker, Kaffee und anderem bepackt, eben mit allem, was wir uns in den nahe gelegenen Dörfern nicht beschaffen konnten. Wir machten uns mit den Tofangtschis bekannt, die brave Leute zu sein schienen und wie höchst wachsame Karâwols aussahen.

Während ich mit größter Genauigkeit die schönen steinernen Felsbilder abzeichnete, auf denen die Perser der alten Zeit die Herrscher und Helden ihrer Geschichte in originellem Stil und nach bizarrem Entwurf dargestellt hatten, beschäftigte sich Monsieur Coste mit der Untersuchung der Gräber und ließ sich dazu mit Hilfe von Leitern, Stangen und Seilen auf den ebenen Teil vor diesen Grüften über den Reliefs hinaufbefördern. Die Gräber waren, nach der Art und der Sorgfalt, wie der Fels unter ihnen senkrecht abgeschnitten war, nicht zugänglich und sollten es auch nie sein. Da war keine Spur von einem Absatz oder einer Treppe zu sehen, und somit ist auch anzunehmen, daß man nach der Bestattung in den Höhlen alles, was den Zugang ermöglicht hätte, entfernte, so daß die sterblichen Reste vor jeglichem Zugriff geschützt blieben, dem Sarkophag in dem stummen Berg anvertraut. Die hohe Lage und Unzugänglichkeit dieser Gräber erklärt sich vielleicht aus dem Brauch der Magier, die, wie Herodot sagt, die Leiber der Abgeschiedenen an erhabenen Orten betteten, wo sie nicht der Gefräßigkeit der Hunde und der wilden Tiere ausgesetzt waren, wo aber Raubvögel auf sie niederstürzen und das Fleisch in Fetzen herausreißen konnten. Denn wenn auf solche Weise Adler und Geier die Körper zerstückelt und wenn deren Schnäbel das Skelett völlig gesäubert hatten, trugen es die Magier zur Begräbnisstätte. Demnach wäre es nicht unwahrscheinlich, daß die Plattform vor jeder Höhle in Naksch-e Rostam dazu diente, die toten Leiber dem bequemen Fraß der Vögel darzubieten, deren Aufgabe darin bestand, alles zu beseitigen, was die Särge nicht aufnehmen sollten.

Diese Gräber sind alle nach demselben Plan angelegt, zu ihrer Beschreibung werde ich eins von ihnen wählen. Es besteht aus drei Teilen gleicher Höhe, der mittlere ist länger und bildet mit den beiden anderen das Kreuz. Der tiefer gelegene Teil dieses Kreuzes endet nach etwa zehn Metern, dort ist der Stein geglättet, jedoch kahl, und erst in dem zweiten Teil beginnt das eigentliche Monument. Da ist der Zugang zu dem Grab, das nichts anderes ist als ein geräumiger Stollen, in den Berg hineingetrieben. Dieser Zugang befindet sich im unteren Teil einer Fassade mit einem durch vier zusammengehörende Säulen angedeuteten Portikus.

Die Kapitelle werden von zwei sich aneinanderlehnenden Stierkörpern gebildet, deren gehörnte Vorderpartien einen gezackten Sims und ein Hauptgesims mit einem sehr großen und sehr interessanten, gänzlich religiös gehaltenen Relief stützen. Den oberen Teil nimmt der Mehr ein, der eine Handlung des Feuerkults auszuführen scheint, und zwar im Beisein einer auf drei Stufen stehenden Gestalt, die in der Linken einen Bogen hält und die Rechte zum Zeichen der Eidesleistung oder Anbetung einem Altar entgegenstreckt, auf dem das lodernde heilige Feuer abgebildet ist. Das Motiv dieser Szene scheint der Weihe der Feueranbetung zu gelten, der sich der Herrscher unterzieht, dessen sterbliche Hülle in dieser Höhle bestattet worden war. Der erste Teil dieses Bildes steht auf einer mit Eierstabverzierungen versehenen Tafel, die an beiden Enden von den Leibern zweier bizarrer Ungeheuer, Scheusale mit mächtigen Füßen, großen Ohren und einem Horn an dem häßlichen Kopf, abgeschlossen wird. Figuren mit verschiedenem Gesichtsausdruck und in unterschiedlicher Gewandung scheinen diese Tafel oder Bühne zu tragen, es sind zwei übereinander angeordnete Reihen von je vierzehn Figuren.

Um dieses Bild herum und auf jeder Seite des Reliefs sind noch in drei Feldern drei Reihen von Gestalten herausgemeißelt, die sich im Winkel auf der geglätteten und über dem Fassadenfries als Überhang verbliebenen Fläche des Felsens fortsetzen. In jedem Feld steht eine einzige Figur auf derselben Ebene wie das große Relief, und zwei andere stehen auf der senkrecht abfallenden Ebene. Diejenigen zur Linken stellen Krieger oder Garden dar, jene zur Rechten tragen dieselbe

Kleidung, aber keine Waffen. Sie haben ihre linke Hand, von den Falten ihres Ärmels bedeckt, erhoben und scheinen durch diese Geste den Strom ihrer Tränen anzudeuten. Diese äußere Ansicht bietet eine jede der Totengrüfte. Wenn es irgendwelche Unterschiede geben sollte, so beziehen sich diese nur auf unwichtige Einzelheiten. Jedoch eins der Gräber fällt durch einen recht beachtlichen Unterschied gegenüber dem benachbarten auf: nämlich durch eine lange Inschrift in Keilschrift von den Säulenabständen des Portikus bis hinauf zur oberen Einrahmung. Leider ist die Inschrift arg verstümmelt, was sehr zu bedauern ist, denn sie hätte die Philologen in die Lage versetzt, zweifelsfrei die historischen Ereignisse zu verstehen, die sich an das Leben des berühmten, in dieser Höhle einstmals bestatteten Toten knüpfen.

Das Innere dieser Gräber zeigt wenig Unterschiede in der Aufteilung, jedes enthält drei leere, in den Felsen gehauene Sarkophage. Gegenüber den Felsen mit diesen für die sterblichen Reste der Könige bestimmten Aushöhlungen befindet sich ein kleines Monument, dessen Bauweise von größter Einfachheit ist und das einen sehr strengen Anblick bietet. Als einzige Verzierung trägt es ein gezacktes Gesims. Es läuft in eine Terrasse aus. An drei Seiten, von schwarzem Stein umrahmt, sind so etwas wie Nischen oder geschlossene Fenster sichtbar, übereinander in drei Etagen angeordnet, deren Größe von Rang zu Rang variiert. Die vierte, den Gräbern zugewandte Seite weist eine Tür auf, durch die man das Innere dieses Baus betrat. An ihr sind Spuren der Verkleidung und des sie umrandenden Gesimses erhalten. Dank der Erdanhäufungen rundum ist diese Tür heute einigermaßen zugänglich, ursprünglich befand sie sich mehrere Meter über dem Boden. Kann man aus der Höhe schließen, daß diese Tür unerreichbar sein sollte? Man darf daran zweifeln, sobald man unterhalb der Schwelle gewisse Abstufungen entdeckt, die die Vermutung nahelegen könnten, Reste einer Freitreppe zum Hinaufsteigen zu sein. Andererseits berichten die antiken Geschichtsschreiber, unter ihnen Herodot, daß der Brauch, die Leichen zu waschen und vor der Bestattung einiger Behandlungen, wie der mit Wachs, zu unterziehen, bei den Persern üblich war. Ist es dann nicht wahrscheinlich, daß der Platz, an dem sie sich dieser frommen Arbeit widmeten, abgeschieden und unzugänglich war und daß, wenn man in der Ruine ein Gebäude für die Aufnahme der Leichen und für ihre Einbalsamierung sehen will, die Tür tatsächlich hoch über dem Erdboden, den Zugang verwehrend, angebracht sein mußte? Wie dem auch sei, diese Tür erlaubt den Zugang zu einer Halle kleinen Ausmaßes, die nichts Bemerkenswertes bietet und deren Wände jeglichen Schmucks entbehren.

Äußerlich bemerkt man an den steinernen Lagen der vier Seiten rechteckige Aushöhlungen in symmetrischer Ordnung. Der Zweck dafür ist schwer verständlich, vielleicht waren sie dazu vorgesehen, die Tafeln aufzunehmen, auf denen die Namen der Toten bei ihrem Einzug in diese Einbalsamierungsstätte verzeichnet waren. Die alten persischen Könige, die diesen Platz für ihre Beisetzung bestimmt hatten, haben diesem ausgehauenen Felsen wie auch dem soeben beschriebenen Gebäude offensichtlich in Übereinstimmung mit ihrer Ausersehung einen ernsten Charakter verliehen.

Unsere Forschungen und Studien in Naksch-e Rostam gingen ihrem Ende zu. Für den nächsten Tag hatten wir einen Standortwechsel vorgesehen. Wir fühlten uns nach dem, was wir bereits gesehen hatten, dazu ermutigt, einen anderen Ort, einen neuen Gang dieser an Erinnerungsstücken einer kaum bekannten, bislang unvollkommen vorgestellten und begrifflich wenig bestimmten antiken Kunst so kostbaren Fundgrube aufzusuchen. Unsere Arbeiter waren mit der Freilegung aller Skulpturen fertig. Als wir sie ausgezahlt hatten, verlangten sie einen Pischkesch, den sie wohl verdient hätten, wie sie sagten, weil sie gewiß bald krank sein würden. Als ich sie fragte, worin die Ursache einer bedrohlichen Seuche liegen sollte, antworteten sie, die Engländer hätten vor Jahren Teile von Skulpturen aus Persepolis mitgenommen, die sie genau wie wir aus der Erde hervorgeholt hätten, und von diesem Augenblick an seien fast alle Einwohner des Nachbardorfes, aus dem die Arbeiter zur Arbeit geholt worden waren, von der Krankheit heimgesucht worden. Ich lachte über ihren Aberglauben, aber sie blieben bei ihrer Meinung, und was mich noch mehr erstaunte, war, daß Rassul Bejg ihre Ansichten und Behauptungen teilte. Wir allerdings hatten keine Skrupel und nahmen uns vor, andernorts neue und ähnliche Arbeiten in Angriff zu nehmen, ohne für die öffentliche Gesundheit fürchten zu müssen.

Meine Überlegungen zu den eigentümlichen Vorurteilen, die allen Orientalen gemein sind, waren noch nicht abgeklungen, als ein Umstand für einen neuen Fall sorgte. Es stellte sich eine Frau als Bittstellerin ein. Sie hielt ein Kind in den Armen, das sie mir mit den Worten: »Ihr seid Hakim, heilt es!« entgegenstreckte.

»Ich bin kein Arzt«, antwortete ich ihr, »ich würde es nicht wagen, deinem Kind eine Medizin zu geben, die ihm Schaden bringen könnte, und im übrigen habe ich gar keine.« – »Aber Ihr seid Farangi, also seid Ihr auch Hakim, gebt ihm eine Medizin!« flehte sie mich wieder an. Ich konnte ihr nicht begreiflich machen, daß Europäer sein nicht genügt, um die Heilkunst zu beherrschen. Sie begann zu weinen. Schluchzend sagte sie: »Mein Kind ist übel dran, o Allâh, so laßt mich wenigsten Eure Kleidung anfassen.« Diese Genugtuung, wie kindisch und zwecklos sie auch war, konnte ich der armen Frau nicht abschlagen, aber es war eine abergläubische Vorstellung, genährt aus zärtlicher Mutterliebe und deshalb nur allzu achtenswert, als daß ich ihr nicht nachgegeben hätte. Ist denn solchen abergläubischen Verhaltensweisen nicht beizukommen? Die ihnen anhängen, haben eine derartige Glaubensstärke, daß es, besonders wenn sie sich als Trostspendung erweisen, eine Grausamkeit wäre, sie zunichte zu machen oder auch nur ihre Wirksamkeit herabzusetzen. Erinnerte mich diese weinende Frau, die nur an ihr in Gefahr schwebendes Kind dachte, sich an eine letzte Hoffnung klammerte und mit ihrer Liebe auf falsche Leichtgläubigkeit setzte, etwa nicht auch an die gläubige Zuversicht unserer Mütter? Habe ich nicht auch Christinnen gesehen, die Kleider und Wäschestücke zu Füßen von Altären legten und über Heiligenreliquien breiteten in der Erwartung, daß diese durch die bloße Berührung eine wohltuende und schützende Kraft empfingen? Es ist wahr, sagte ich mir, daß ich kein Heiliger bin, weit gefehlt, aber diese unglückliche Frau glaubt nun einmal an eine übernatürliche Kraft, der Gegenstand ihres Glaubens ist nicht in Betracht zu ziehen, nur ihre Fähigkeit zu glauben muß ich sehen, das ist alles. Ich gab also den Tränen der armen Mutter nach, und als ich ihr eine kleine Münze gereicht hatte, sah ich sie ruhiger werden; sie faßte Hoffnung.

Am 21. Oktober hatten wir unsere Arbeiten in Naksch-e Rostam abgeschlossen.

Als wir in unser Lager zurückkehrten, erfuhren wir von dem unglückseligen Unfall eines unserer Soldaten. Eine Schlange hatte ihn in die Hand gebissen, und sein Arm war bereits stark angeschwollen. Er hatte heftige Schmerzen. Ich verband ihn sofort mit Ammoniak und ließ ihn auch ein paar Tropfen davon schlucken. Aber es war zu spät, das Gift war bereits in die Blutbahn gelangt. Ich schickte ihn nach Schirâs und riet ihm, ganz schnell zum Aderlaß zu gehen.

In Persien gibt es Männer, gewöhnlicherweise Darwische, die über Rezepte gegen den Biß oder Stich jeglichen Getiers verfügen sollen. Das erinnert mich an einen Mann in Isfahan, den ein Skorpion gestochen hatte und den der Europäer, in dessen Dienst er stand, mit Salmiakgeist hatte pflegen wollen. Der Mann aber vertraute nicht den Mitteln seines Herrn, sondern ging fort, auf den Basar. Als er wieder zurückkam, sagte er, er sei geheilt, und tatsächlich war dem so. Der Europäer in seiner Neugier über die fast augenblickliche Heilung fragte seinen Diener, zu wem er sich begeben habe. Dieser erzählte, er habe einen Darwisch aufgesucht, der im Ruf stand, alle Wunden dieser Art zu heilen. Der habe, nachdem er die verletzte Stelle untersucht und etliche Worte gesprochen hatte, eine kleine Eisenklinge mehrere Male an die besagte Stelle geführt und sie nur leicht berührt. Dieses Instrument, über das der Europäer mehr erstaunt war als über die Behandlung, wollte er sehen. Um den Preis eines kleinen Pischkeschs wurde ihm gestattet, es einige Momente in seinen Händen zu halten. Er drehte es hin und her und prüfte es von allen Seiten, konnte aber nichts Besonderes entdecken. Er dachte folglich, da sei nur Gaukelei im Spiele und der Darwisch sei ein Betrüger. Wenn der Patient geheilt sei, so nur, weil der giftige Stachel nicht eingedrungen sei, er habe mehr Angst gehabt als Schaden erlitten. Verächtlich warf der Europäer das Werkzeug auf den Tisch, beschämt, daß er einen Augenblick lang an seine Kraft geglaubt hatte. Aber wie groß war sein Erstaunen, als er sah, daß es fest an einem dort liegenden Messer haftete. Das Instrument des Basarquacksalbers war einfach magnetisch. Nur, welche Gewalt über Gifte konnte die Anziehungskraft des Magneten ausüben? Diese Entdeckung war überaus verblüffend, und aus war es mit dem Unglauben, denn der von dem Skorpion gestochene Mann war geheilt worden, und der ihn geheilt hatte, genoß in Isfahan großen Ruhm, was die Behandlung derartiger Wunden betrifft. Ich gebe das kommentarlos wieder, denn wer weiß, ob nicht die Wissenschaft eines Tages das für sie noch Unbekannte entdeckt, das die Perser anwenden. Haben nicht auch die Wilden Mittel aus Pflanzensäften gewonnen, deren Vorhandensein unsere europäische Wissenschaft überhaupt nicht vermutet hat?

Was unseren Soldaten betraf, so hatten ihm seine Kameraden ihren Esel gegeben, auf dem er fortritt. Er verließ uns in recht angegriffenem Zustand, so daß wir uns seinetwegen Sorgen machten.

Am nächsten Tag beauftragten wir Rassul Bejg, uns Tragtiere für die Beförderung des Gepäcks nach Persepolis zu beschaffen, das nun der Platz sein sollte, wo unsere Forschungen weiterbetrieben würden. Um genau zu wissen, auf welche Weise wir uns die Arbeit bequem einrichten könnten, aber ebenso von Neugier getrieben, dehnten wir unsere Erkundung mit einem Führer bis zu den Ruinen aus. Wir überquerten den Fluß Siwand, mehrere breite, tiefe Kanäle und ein paar Sümpfe. Wir zogen an einer ausgedehnten, aus Steinen errichteten ebenen Fläche vorüber, die uns als Unterbau eines Monuments vorkam: das war Tacht-e Rostam oder Rostams Thron. Nach einer Stunde erreichten wir dann den Rand des Plateaus, auf dem die imposanten Reste der Paläste der Achämenidenkönige ruhen.

Dieser Erkundungszug überzeugte uns davon, daß das Dorf Kanâre, das nächstliegende bei Persepolis, als Unterbringung zu weit entfernt lag und daß wir, wenn wir uns dort einrichteten, durch den täglichen Hin- und Herweg zuviel Zeit verlieren würden, so daß es geraten schien, an Ort und Stelle zu zelten, wie wir es in Hossejnâbâd getan hatten. Das Jahr war schon recht vorgerückt, aber das Wetter hielt sich noch, und wir zögerten nicht, im Vertrauen auf die letzten Herbsttage unser Zelt direkt auf dem Plateau der Ruinen aufzuschlagen.

Wir setzten unsere Ortsbesichtigung fort, um einen Überblick über die noch auszuführenden Arbeiten zu bekommen. Von Persepolis oder Tacht-e Dschamschid ging es, dem Saum des Gebirges in nördlicher Richtung folgend, zur Besichtigung der Skulpturen, die den Namen Naksch-e Radschab tragen. Sie befinden sich in einem von drei oder vier steil aufragenden Felsen gebildeten Winkel, wodurch auf natürliche Weise eine kleine Halle entsteht, deren Rückwand das Gebirge ist und deren Öffnung auf die Ebene hinausführt.

Um ihre Monumente zu errichten, müssen die alten Perser Orte gesucht haben, wo die Natur die gewünschten Bedingungen erfüllte. Vor allem zur Sassanidenzeit schienen sie weniger Anstrengungen auf sich genommen zu haben, um mit ihrer Hände Arbeit Bauwerke hinzustellen, als in der Weite ihres Landes Gebirge und Felsen ausfindig zu machen, die für die Aufnahme des Bildnisses ihrer Herrscher geeignet waren und die den Bildhauern von der Natur vorbereitete Flächen boten, die ihnen die Schwierigkeiten bei der Arbeit verringerten. Auf diese Weise sicherten sich die Herrscher, die um ihren persönlichen Ruhm besorgt waren, dauerhaften Bestand, denn die Erinnerung sollte den fest im Boden stehenden und zum Gebirge gehörenden Felsen anvertraut bleiben, die, was die Festigkeit angeht, größere Gewähr bieten als der bestgeschaffene Untergrund.

Die Anlage Naksch-e Radschab ist eine der am wenigsten bekannten, sie fällt wegen ihrer Lage in der Gebirgsfaltung nicht ins Auge. Um sie zu entdecken, muß man sie mit der Gewissenhaftigkeit eines ernsthaften Forschers suchen, der bei all den Ruinen nichts zu übersehen trachtet, was sich sonst noch an die Aufmerksamkeit Beanspruchendem bietet.

Reisende haben Naksch-e Radschab als erstellte Halle beschrieben. Sie haben einen Fehler begangen, es gibt da nicht die geringste Spur von Erstelltem, ebensowenig wie in Naksch-e Rostam. Die drei Reliefs, um die es sich handelt, sind in die für diesen besonderen Zweck geglätteten drei Felsenwände eingehauen, deren übrige Teile ganz im ursprünglichen Zustand blieben. Ich glaube, entgegen der unzweifelhaft wenig begründeten Meinung jener Reisenden die These aufrechterhalten zu dürfen, daß hier niemals irgendeine Menschenansiedlung gewesen ist und daß man in dem Vorhandensein dieser drei Reliefs, in annähernd symmetrischer Stellung zueinanderstehend, nur eine dank der Laune der Natur bedingte Begünstigung sehen muß, so daß die Steine, an denen die Bilder ausgeführt wurden, nachdem sie von den Herrschern für diesen Ort bestimmt waren, auf solche Art angeordnet sind.

Das erste Relief zur Linken fällt durch größere Kunstfertigkeit, durch Entwurf und Linienführung, auf. Es stellt einen König zu Pferd dar; seine Kopfbedeckung besteht aus einer Tiara mit einer Kugel darüber. Diese Figur wurde von den fanatischen Zerstörern dieser interessanten Bildnisse wenig geschont. Aus dem, was geblieben und was zu erraten ist, kann man schließen, daß diesem Reiter eine lange, füllige Haartracht eigen war wie dem Schâpur. Er zügelt sein Pferd mit der Linken, und mit der Rechten hält er etwas, was ein Zepter sein muß.

Hinter dieser Gestalt, die die rechte Hälfte und die Mitte des Bildes einnimmt, sind neun andere Personen gruppiert, von denen drei nur zu Fuß sind. An ihren Gürteln hängt vorn ein Schwert, dessen breiten Knauf sie mit der Hand umspannen. Die dem König am nächsten stehende Person überragt die zwei anderen, die von gleicher Größe sind, bei weitem. Von den übrigen ist nur der Oberkörper zu sehen. Sie alle, mit Ausnahme eines einzigen, tragen jene hohe, runde Mitra, die ich schon erwähnt habe. Von den Kopfbedeckungen weisen drei seitlich ein Unterscheidungsmerkmal auf, das kein Schriftzeichen ist und wahrscheinlich den Rang oder die Amtsverrichtung des Trägers anzeigen soll. Die neunte Figur, von der man nur den Kopf und die in die Falte des Königsmantels übergehende Schulter sieht, ist barhäuptig; das Haar scheint zusammengefaßt zu sein und über dem Scheitel von einem Ring gehalten zu werden, wo es einen großen, helmbuschartigen Schopf bildet. Auf dem Brustgeschirr des Pferdes befindet sich eine kleine griechische Inschrift, wahrscheinlich von seiner Übersetzung ins Pahlawi begleitet. Auch eine zweite Pahlawi-Inschrift ist rechts von dem Pferd verewigt.

An dem Felsen im Hintergrund, der mit dem soeben beschriebenen einen Winkel bildet, ist eine Szene wiedergegeben, die an die auf dem letzten Relief von Naksch-e Rostam erinnert. Die Personen sind hier zu Fuß, aber beide, die zur Rechten, die einen Ring oder ein Diadem in der Hand hält, und die zur Linken, die danach greift, ähneln, was Kopfbedeckung und verschiedene andere Einzelheiten ihrer Kleidung betrifft, den zwei Rittern, von denen ich gesprochen habe. Wollte ich jedoch schlußfolgern, daß es sich um dasselbe Thema handeln könnte, würde ich nicht die Vermutung hegen, daß es aus genau derselben Zeit stammt und durch denselben Herrscher veranlaßt wurde, denn das Relief von Naksch-e Rostam stellt eine Arbeit dar, der es nicht an Geschicklichkeit mangelt, während dieses hier wenig vollendet ausgeführt ist, was entweder auf das Kindheitsstadium der Kunst oder auf ihren Niedergang, ihren beklagenswerten Verfall hinweist.

Welche Beziehung zwischen diesen beiden Skulpturen auch bestehen mag, es ist augenfällig, daß das Thema dasselbe ist: es stellt ebenfalls eine Übergabe der Krone oder eine religiöse Eidesleistung dar. Zwischen den beiden Hauptpersonen stehen zwei Kinder. Hinter der linken Person befinden sich zwei Figuren, von denen eine einen auf sein Schwert sich stützenden Krieger darstellt und die andere, die bartlose, einen Pagen mit erhobenem Arm, einen Gegenstand hochhaltend, der, obgleich unzureichend wiedergegeben, nichts anderes sein kann als ein Fliegenwedel. Hinter der rechten Person, die die Krone hält, ist eine von einem Kapitell gekrönte Säule abgebildet; es scheint, sie bewirkt eine Teilung des Bildaufbaus: dadurch soll ein anderer Ort als der Schauplatz der Hauptszene angedeutet werden. In dem so von ihr abgetrennten Teil sind zwei bartlose Figuren zu sehen, von denen zumindest eine, nach den Zügen und den langen Zöpfen zu urteilen, die ihr bis auf die Schultern fallen, eine Frau zu sein scheint. Alle beide stehen in entgegengesetzter Stellung zur Hauptgruppe, was bedeuten soll, daß sie sich an einem anderen Ort aufhalten und nicht zu dieser Gruppe gehören. Am Felsen oben, außerhalb des Rahmens dieses Reliefs, befindet sich eine Figur, von der nur der Oberkörper gestaltet wurde. Wenig erkennbar wegen der Art der Beschaffenheit, war sie außerdem teilweise von einem Strauch verdeckt, der in einem Spalt Wurzeln geschlagen hatte. Als wir die herabhängenden Zweige zurückbogen, um die Figur besser betrachten zu können, entdeckten wir hinter den Blättern eine sehr gut erhaltene Pahlawi-Inschrift, die nicht weniger als einunddreißig fast vollständige Zeilen aufwies. Ich glaube behaupten zu dürfen, daß diese Inschrift völlig unbekannt gewesen war, denn sie wird von keinem Reisenden erwähnt. Es handelt sich also um eine glückliche Entdeckung, nicht nur hinsichtlich des Studiums des Pahlawi, sondern auch der Erschließung dieses Monuments, auf das sie sicherlich neues Licht wirft.

Wenn das von mir beschriebene Bild an eins von denen in Naksch-e Rostam erinnert, so zeigt das dritte eine noch größere Ähnlichkeit. Es stellt zwei sich gegenüberstehende Ritter dar – der eine mit einer Krone, der andere mit Bändern –, die ein Diadem halten. Diese beiden Personen sind von täuschender Ähnlichkeit, so daß sich nicht erraten läßt, welche Rolle dem einen und welche dem anderen zukommt.

Nach einer halben Wegstunde betraten wir ein Gelände mit Erhebungen und Gräben, aus dessen Mitte jene Säule emporragte, die wir zu unserer Linken bemerkt hatten, kurz bevor wir in Naksch-e Rostam anlangten. Um sie herum wiesen Brocken von Kapitellen und von Mauerwerk auf die Überreste eines Gebäudes hin: das war Estachr, die Stadt des Volkes, benachbart und dennoch abgesondert von der der Könige.

Der Name Estachr hat seinen Ursprung im Sand, und der so benannte Ort meint eindeutig die Stelle einer Stadt. Die Bezeichnung Estachr findet sich bei vielen orientalischen Schriftstellern, nicht jedoch bei denen des klassischen Altertums. Man gerät in Schwierigkeiten, will man entscheiden, ob der Name für die Hauptstadt zur Achämenidenzeit steht, die die Griechen Persepolis genannt haben sollen, oder nur für die Stadt, die aus der Asche der Dareios-Stadt hervorging und bis zum Einfall der Araber bestand. Die Schwierigkeit wird durch das Abwägen der sehr unterschiedlichen Behauptungen der Geschichtsschreiber noch größer: Die einen, die Historiker des Okzidents, behaupten, Alexander habe die persische Metropole der Plünderung anheimgegeben und sie wegen des bekannten Hasses seiner Bewohner auf die Griechen völlig zerstören lassen. Nach ihrer Meinung wollte der Eroberer einzig den Palast der Könige zunächst verschonen, der aber, wenn man den griechischen Autoren Glauben schenkt, in jenem Moment in Flammen aufging, als dem makedonischen Heros die Sinne durchgingen. Den orientalischen Autoren zufolge soll die Stadt Estachr aber die Vernichtung des Palastes der Könige lange Zeit überlebt haben, und die Einwohner sollen sich seitdem vor ihren Landsleuten durch einen unversöhnlichen Haß auf die Eroberer ihrer Heimat hervorgetan haben, eben wegen des Niederbrennens des Palastes ihrer Herrscher.

Ohne die eine Behauptung gegen die andere ausspielen zu wollen, kann ich nach Inaugenscheinnahme der Orte nicht umhin, mich der ersten zuzuneigen. Heute versteht man unter dem Namen Estachr einen Platz von acht, neun Kilometern im Umfang, der große Unebenheiten im Gelände aufweist: Hier und da, im weiten Umkreis, folgen kleine Erhebungen und Böschungen aufeinander und Reste von Mauern und Türmen, die die Einfriedung der Stadt bildeten. Unter einer dicken Schicht Humusboden, die im Laufe der Jahrhunderte die Einebnung der Ruinen zu bewirken sucht, stößt man auf antikes Gemäuer. Andere, nebeneinanderliegende Schuttanhäufungen, die überall anzutreffen sind, zeugen ebenfalls von dem Zerstörungswerk in längst vergangener Zeit an diesem Ort. Inmitten dieser traurigen Spuren erhebt sich eine einzige stehengebliebene Säule. Acht Fundamente, verschiedene Säulenschäfte und Bruchstücke von Kapitellen anderer Säulen liegen neben Mauerbrocken. Die stehengebliebene Säule weist Kanneluren auf, ebenso die umgestürzten, und hat nur geringe Ausmaße. Ihr Kapitell wird von zwei Rücken an Rücken gelehnten Stierleibern gebildet, was, wie wir sehen werden, der allgemeine Typus aller Kapitelle in Persepolis ist. Man findet in einem Umkreis von einigen hundert Metern um diese Trümmer andere Kapitelle und auch Säulenfragmente, aber sie sind von keinerlei Interesse. Diese Spuren antiker Bauten entdeckt man zu beiden Seiten des Siwand-rud, und wir hatten nun genug gesehen, um uns auf eine lange, fruchtbare Abfolge von Forschungen und Studien einzurichten.

Wir befanden uns unweit des Dorfes Hâdschiâbâd und nahmen die Gelegenheit wahr, den Hâkem aufzusuchen und ihm einen Höflichkeitsbesuch abzustatten. Mohammad Nafi Chân bot alles auf, um uns einen zuvorkommenden und herzlichen Empfang zu bereiten. Wir sprachen viel über das, was wir an jenem Tag gesehen hatten. Er sagte uns die liebenswürdigsten Dinge, als er erfuhr, daß uns unsere Erkundungen zu dem Ergebnis gebracht hatten, mit einem längeren Aufenthalt auf seinem Territorium zu rechnen. Er erneuerte sein Anerbieten, uns zu Diensten zu stehen, und als wir erklärten, daß wir uns mitten unter den Ruinen von Tacht-e Dschamschid niederlassen würden, schlug er vor, uns eine Wachmannschaft zu stellen. »Das Land ist keineswegs sicher«, sagte er. »Hüten Sie sich vor den Dieben der Nacht!« Wir dankten ihm und versicherten, daß wir wohl genug bewaffnete Männer zu unserer Verteidigung seien, um seinen gütigen Vorschlag nicht in Anspruch nehmen zu müssen.

Wir erkundigten uns bei dem Hâkem nach einer Grotte in der Nähe von Hâdschiâbâd, die etliche Inschriften aufweisen sollte. Das seien kleine Steinplatten hier in der Nähe, gab er uns Auskunft, in einem versteckten Winkel des Gebirges, der Schejch Ali genannt wird. Sein Sohn selbst würde uns dorthin führen. Als wir dann von Mohammad Nafi Chân Abschied nahmen, bestieg Nasrollâh Chân sein Pferd und begleitete uns mit einigen Reitern.

Südwestlich der Hügel, die das Gebiet der alten Stadt Estachr abstecken, und nahe dem Dorf Hâdschiâbâd entdeckt man in einer Schlucht natürliche Höhlen. An der Seitenwand der einen sind fünf Platten angebracht mit zwei gut erhaltenen Pahlawi-Inschriften. Im Volk heißt der Ort Schejch Ali, nach einer von den Persern verehrten Person so genannt. Wie man sieht, hängt der Name nicht mit diesen Inschriften zusammen, die für sie ohne Interesse sind, sondern mit der Erinnerung an einen Einsiedler, der, wie sie meinen, lange Zeit zurückgezogen in dieser Grotte gelebt hat. Aber diejenigen unter den Persern, die sich einiger Bildung rühmen, gebrauchen nicht den Namen Schejch Ali, sondern nennen diese Höhle Sendân-e Dschamschid, das heißt die Kerker des Dschamschid. Diese Bezeichnung paßt in der Tat eher zu den antiken Monumenten, die sich in dieser Gegend überall befinden, aber es ist nichts zu entdecken, was an die Achämenidenzeit denken läßt.

Nicht weit davon stießen wir auf Rebhühner. Für den jungen Chân war das die Gelegenheit zu einem dreisten Annäherungsversuch, um mir im Verein mit seinem Familienanhang mein Gewehr abzuluchsen. Aber ich stellte mich einfach taub. Dennoch machte ich dann dem jungen Mann, der nur allzugern die Waffe handhaben wollte, die Freude, sie ihm auszuhändigen, und er nahm die Verfolgung der Rebhühner auf. Diese flüchteten von Felshang zu Felshang hinauf in das Gebirge, und er hatte die Genugtuung, kräftig schauspielern zu können, denn das gehört bei den Persern zum Schießen. Seine Farrâschs waren von seiner Geschicklichkeit und natürlich auch von dem Gewehr begeistert, das ihrer Meinung nach solchen Händen, die sich seiner so gekonnt bedienten, nicht wieder entzogen werden dürfte. Einer von ihnen sprang vom Pferd, stürzte hinter dem nur angeschossenen Rebhuhn her und trennte ihm mit dem Dolch den Kopf ab. Das tun die Perser immer, wenn sie ein Wild erlegt haben, sie würden es nicht essen, wenn es nicht auf diese Weise sofort ausblutete. In ihren Augen ist jedes getötete Tier, in dessen Körper Blut geblieben ist, unrein. Nach dieser für Nasrollâh Chân vergnüglichen Heldentat verließ er uns, und wir kehrten zu unserem Garten zurück.

Bevor wir aus Hossejnâbâd auszogen, hatten wir noch eine höchst interessante Stelle in dieser Gegend aufzusuchen: die drei Estachr-Berge im Westen der Ebene von Merdascht. Dort, wo sie sich verengt und von den Gebirgen Lorestâns abgeriegelt wird, bemerkt man sie, die, dicht beieinander, in fast gerader Linie ausgerichtet sind. Sie sind an ihrer gleichartigen, eigentümlichen Form, von weitem wie Kegelstümpfe erscheinend, zu erkennen. Diese drei Erhebungen heißen Kuh-e Estachr, Kal'e-Estachr, Kuh-e Râmgard, also Estachr-Berge, Estachr-Zitadelle, Die einzelnstehenden Berge, und liegen zwei oder drei Kilometer auseinander. Man stößt dazwischen auf Spuren von Fundamenten und sogar auf Mauerreste, die aus dem Boden ragen. Demnach wäre zu urteilen, daß diese von der Natur geschaffenen Verteidigungsanlagen durch Mauern verbunden gewesen waren und so die Befestigung der Stadt Estachr ausgemacht hatten. Die drei eigenartig sich erhebenden Berge bieten aber weiter kein großes archäologisches Interesse. Nur auf dem Gipfel des mittleren, dem die Einwohner den besonderen Namen Kal'e-sarw, Zypressen- oder Zedernfestung, gegeben haben, finden sich Spuren, die einige Beachtung verdienen. Wenn auch unbedeutend, so bestätigen sie doch das Vorhandensein von Schanzen eines Abwehrsystems, das die Achämenidenherrscher als Umwallung ihrer Hauptstadt und Schutz für ihren Thron errichtet hatten. Dieser Kal'e-sarw genannte Berg trägt in der Höhe von ungefähr vierhundert Metern über der Ebene die Reste eines festgefügten steinernen Baus. Die Grundfläche, die sich zur Mitte neigt, ist in Becken unterteilt, die das Regenwasser und das Wasser einer benachbarten kleinen Quelle aufnahmen. Diese Auffangbecken waren gemauert und mit sehr hartem Zement verkleidet. Sie waren stufenweise angeordnet, so daß das gefüllte Becken sein überschüssiges Wasser an das nächste abgab und so weiter bis hin zur Mitte, zu dem größten, dem Hauptbassin. Bei ihm steht der grüne Baum, der dem Felsen den Namen gegeben hat. Mit seinen horizontal ausgestreckten Ästen erschien er uns als Zeder und dürfte, dem Umfang seines Stammes zufolge, der an die vier Meter mißt, sehr alt sein. Dieser Baum und der Platz, wo er das Bassin, neben das er gepflanzt wurde, beschattet, lassen die Annahme zu, daß die heute trockenen Becken noch Jahrhunderte nach dem Untergang von Persepolis oder Estachr erhalten geblieben waren und Wasser gesammelt hatten. Das scheinen auch die auf dem Gipfel umherliegenden Mengen von zerschlagenen Ziegeln zu bestätigen, deren Oberfläche emailliert ist, was auf einen jüngeren Ursprung hinweist. Am Ende des sechzehnten Jahrhunderts befand sich dort noch eine Zitadelle, denn die Autoren jener Zeit berichten, daß man Staatsgefangene dort in Verwahrung hielt, während andere sagen, Schâh Abbâs habe sie belagert und erstürmen lassen, um den aufsässigen Befehlshaber von Fârs in seine Gewalt zu bringen.

Die Lage von Kal'e-sarw, die alle wünschenswerten Bedingungen eines Militärpostens erfüllt, war gewiß von größter Wichtigkeit, vor allem in den alten Zeiten. Der steile Hang und die Höhe des Felsens, auf dem das Befestigungswerk angelegt war, mußten, wie auch noch heute, den Zugang äußerst erschwert haben. Da die Perser keine Erklärung für die Errichtung einer Zitadelle auf diesem nahezu unzugänglichen Plateau haben, behaupten sie, es seien Ziegen gewesen, die sämtliche Baustoffe hinaufgetragen haben. Auch heute scheint die Erhebung mit anderen Tieren wohl kaum zu bewältigen sein.

Die Ruinen von Tacht-e Dschamschid

1

Am 25. Oktober bereiteten wir uns zum Aufbruch vor, aber der Tag verstrich fast völlig mit dem Warten auf die Beförderungsmittel, die Rassul-Bejg auftreiben wollte und die nicht ankamen. Die Zelte waren zusammengelegt, die Pferde gesattelt; wir saßen auf unseren geschlossenen Kisten und blickten nach dem Horizont der Ebene, ob da etwas die Ankunft der Tiere für den Lastentransport anzeigte. Erst am Abend kündigte das ferne Gebimmel einer Glocke das Herannahen eines Dutzends Kamele an, es war das erste Mal, daß wir uns dieser Geschöpfe bedienten. Dank ihrer Kräfte und ihres sprichwörtlichen Langmuts sind sie für den Karawaneneinsatz sehr geeignet, aber wegen ihres bedächtigen Schrittes benutzen Reisende sie nicht, sie sind ausschließlich für Lasten zu gebrauchen. Ihre Gangart war, was unsere kurze Strecke bis zu den Ruinen von Tacht-e Dschamschid betraf, kein Grund für irgendwelche Einwände, und wir empfingen sie mit Genugtuung. Wir verließen ohne Bedauern unseren Bâgh von Hossejnâbâd und auch den Katchodâ, der mit kläglicher Miene herbeigekommen war, um uns ein letztes Mal zu grüßen. Es war der Augenblick des Vergessens, und gnädig ließen wir ein paar Worte des Verzeihens auf ihn niederfallen.

Die Kanäle und Sumpfflächen der Ebene hatten wir trotz häufigen Umgehens bald hinter uns, aber die Sonne sank, als wir bei der großen Treppe anlangten, die zu dem Plateau mit den Überresten des Palastes der Achämenidenkönige hinaufführt. Wir sahen vor uns die fünfzehn emporragenden Säulen. Ihre goldenen Vorderseiten schienen wie Spiegel die Strahlen der untergehenden Sonne zurückzuwerfen. Die Schatten wuchsen schnell, sie krochen die feinen Kanneluren hoch, die sich, auch bald erloschen und düster geworden, vor den noch leuchtenden Wänden des Gebirges abhoben. Nun verfinsterte sich das Gebirge, es war fast Nacht, als wir absaßen inmitten dieser antiken Trümmer einstigen königlichen Glanzes, den Alexander in einem Tobsuchtsanfall oder aus Barbarenverachtung zu Staub werden ließ. Eulenflug und scheues Vorbeihuschen der Schakale, die ihre Schlupflöcher verließen, störten kaum die Stille des Ortes. Diese Stunde und die Einsamkeit, ja alles trug dazu bei, ihm einen traurigen, ernsten Anblick zu verleihen.

Wir hatten unsere Kamele etwas vorausgehen lassen, und als man die Gepäckstücke am Fuße der alten Säulen abgeladen hatte, war es tiefe Nacht geworden. Unseren endgültigen Lagerplatz konnten wir nicht mehr wählen, wir behalfen uns zunächst, so gut es ging, die feste und, soweit es der Ort zuließ, bequeme Einrichtung verschoben wir auf den nächsten Tag.

Die Schatten zwischen den zusammengestürzten steinernen Massen und schweigenden Säulen auf dem Gelände der großen Bildnisse von Königen und Kriegern, deren strenge Silhouetten das Mondlicht zu beleben schien, kamen uns wie Gespenster uralter Zeiten vor.

Als wir erwachten, vergoldete schon die noch hinter dem Gebirge verborgene Sonne die Kapitelle der höchsten Säulen. Wir warfen einen Blick der Freude und des Staunens ringsum, sahen wir uns doch inmitten verehrungswürdiger Ruinen. Nun verloren wir keine Zeit mehr, uns einzurichten. Wir standen vor den bemerkenswertesten Altertümern nicht nur des Bezirkes von Merdascht, sondern ganz Persiens. Persepolis, das ist die Stadt im wahrsten Sinn des Wortes, die königliche Stadt. Dieser Name, der sich im Geist der antiken Autoren auf die Hauptstadt in ihrer ganzen Ausdehnung beziehen mußte, hat nach und nach seine Bedeutung eingebüßt und bezeichnet heute im allgemeinen nicht mehr als die Gruppe von Monumenten, die den riesigen Palast der persischen Könige darstellen. Man muß zugeben, daß diese nicht vernünftige Einschränkung, was diese Ruinen betrifft, zur Verwirrung führt und daß man mit der Bezeichnung Persepolis einzig für den Palast zu der Meinung beiträgt, daß sich dort ehedem nur eine königliche Residenz befunden habe.

Ich glaube, die Perser machen unter all den Altertümern dieses Bezirkes einen Unterschied, der viel vernünftiger ist: sie geben jeder Gruppe und jedem Denkmal einen eigenen Namen, eine besondere Bezeichnung. Sie nennen dieses hier Tacht-e Dschamschid, wörtlich Dschamschids Thron oder, mit anderen Worten, Palast des Dschamschid, sie geben ihm manchmal auch den Namen Tschehel Minâr, Tschehel-sotun, was vierzig Säulen heißt, in Anspielung auf die große Anzahl von Säulen, die einst zu diesem Palast gehörten. Die Zahl Vierzig ist völlig willkürlich gewählt, und Tschehel Minâr ist eine Allerweltsbenennung. Die Perser gebrauchen sie auch für andere, heutige Gebäude, die in keiner Beziehung zu den antiken stehen. Der Name Tacht-e Dschamschid hat den zwiefachen Vorteil, einmal der gebräuchlichste in Persien zu sein und zum anderen ausschließlich für den Palast zu gelten.

Nachdem wir uns der ersten Begeisterung und einer gerechtfertigten Bewunderung für diese schönen Ruinen überlassen hatten, dachten wir an einen festen Standort. Es galt, einen bequemen Platz für das Lager, gleichzeitig für den Schutz vor einem plötzlichen nächtlichen Überfall zu suchen, denn wir mußten mit einem längeren Aufenthalt rechnen. Unsere Ankunft war den Bewohnern der Ebene und der umliegenden Berge gewiß schon bekannt. Ihre wilden Sitten und ihre Leidenschaft für die Räuberei machten einen Angriff wahrscheinlich. Also mußten wir auf der Hut sein. Das Plateau mit den Ruinen liegt offen da und ist von allen Seiten zugänglich, es bot uns daher keine Gewähr für Sicherheit. Wir wählten uns einen günstigeren Lagerplatz auf einer tiefer liegenden Terrasse, die durch einen sieben bis acht Meter hohen Abhang auf zwei Seiten abgeschirmt war, und nach der dritten hin durch eine hohe Mauer, an der wir unser Zelt aufschlugen und wo wir die Pferde anbanden. Die vierte Seite aber blieb ungedeckt, und wir konnten nur hoffen, nicht in eine Attacke verwickelt zu werden, die wirklich nicht ausgeschlossen werden konnte. Diese recht ungenügenden Vorbereitungen waren die einzigen, die wir zu treffen in der Lage waren. Übrigens setzte sich unser Gefolge nur aus fünf Dienern, darunter drei Perser, in die wir kein besonderes Vertrauen setzten, und zwei Soldaten zusammen. Unser kleiner Trupp belief sich auf neun mehr oder weniger verteidigungsbereite Kämpfer zum Schutze des Lagers.

Vom nächsten Tag an waren wir vollauf beschäftigt und begannen das mühselige lange Studium, das, so hofften wir zumindest, die Arbeiten unserer Vorgänger vervollständigen sollte. Das Gebirge, an dessen Fuß wir uns niedergelassen hatten und das die Ebene im Osten abschließt, bildet zu diesem Platz eine Art Halbkreis und läuft in Form eines sanften Hanges aus. Auf einem weiten Plateau, das teils durch den Felsen auf natürliche Weise gebildet wird, teils mit Steinblöcken, die den Untergrund ausgleichen, geschaffen wurde, erheben sich nun die immer noch majestätischen Ruinen von Tacht-e Dschamschid. Die Lage war bewunderungswürdig getroffen: gegen das Gebirge gelehnt, nach drei Seiten von einem Gürtel aufragender Felsen umgeben, lag der Palast ganz im Schutz vor den Unbilden, die mit den Winden aus dem Norden und Osten herangetragen werden konnten, und wurde, halb nach Süden und ganz dem Westen zu gerichtet, von den Strahlen der Sonne eigentlich nur gestreift. Die Kraft der derart gemäßigten Strahlen sorgte für eine laue Luft, die unter den weitläufigen Portiken ständig in Bewegung war.

Von der Höhe des Plateaus beherrschte der Palast die Merdascht-Ebene in ihrer gesamten Ausdehnung. Der Gebieter konnte mit einem einzigen Blick von seinem Thron aus einen gewaltigen Teil seines Reiches erfassen. Im Süden bemerkte er die Berge Lorestâns. Direkt vor sich sah er der scheidenden Sonne nach, die mit ihren letzten Strahlen die emporstrebenden Bergspitzen von Fârs färbte. Im Nordwesten ruhte sein Auge zuversichtlich auf den fast unüberwindlichen, sich langhin erstreckenden Bergen des Bachtjârenlandes, auf den Befestigungen von Estachr und schließlich, im Norden, auf den Fassaden der Trauer, den ausgehöhlten Felsen von Naksch-e Rostam, wo auch seiner die Grablegung harrte.

Die erhabene Lage der riesigen Terrasse, auf der der Palast gebaut worden war, hat sich dank dem felsigen Untergrund kaum geändert. Ihre Höhe mißt mehr als zehn Meter, ihre Länge von Nord nach Süd vierhundertdreiundsiebzig Meter und ihre Breite von Osten nach Westen zweihundertsechsundachtzig Meter. Dieses weite Plateau hat nicht immer das gleiche Niveau, es ist uneben gestaltet durch mehrere Plattformen, auf denen die verschiedenen Bauwerke, die die Palastanlage von Tacht-e Dschamschid bilden, errichtet wurden. Wollte man, indem man die Ungleichheit des Niveaus nutzte, der architektonischen Linienführung Bewegung verleihen, einen dem Auge gefälligeren Eindruck erzielen, oder kamen diese Bauten notwendigerweise wegen der schroffen Natur des Felsens, der die Grundlage bildet, auf einander überragenden Punkten zustande? Das ist eine der Fragen, die sich der Altertumsforscher inmitten dieser Ruinen beim Betrachten des ungleichen Bodens stellt. Die zweite Annahme scheint der äußeren Erscheinung der Örtlichkeit eher zu entsprechen.

Die Reste der herrlichen Paläste, aus denen Dareios, besiegt und seine Rettung in der Flucht suchend, entkam, aber durch den Dolchstoß eines Verräters sterben sollte, verteilen sich auf einem riesigen Plateau, das die Merdascht-Ebene beherrscht. Gewiß ist heute wenig von dem geblieben, was zu Zeiten des letzten Gebieters, der unter dem königlichen Giebel Schutz suchte, Ehrfurcht einflößte. Jedoch was man noch vorfindet, ruft Erstaunen hervor und erregt ein Gefühl religiöser Bewunderung für eine Zivilisation, die so prachtvolle Denkmale hervorgebracht, ihnen einen solchen Charakter von Größe aufgeprägt und solche Festigkeit verliehen hat, die bis in unsere Tage, über zweiundzwanzig Jahrhunderte hinweg und durch so viele Umwälzungen und Verheerungen in Persien, die wichtigsten Einzelstücke überdauern ließ. Im übrigen ist alles groß und ergreifend in dieser herben Landschaft, die Tacht-e Dschamschid umgibt: endlose Weite um den antiken Palast ringsum, majestätisches Gebirgsprofil mit stets anderer Ansicht, die Reinheit der Luft, das tiefe Blau des hohen Himmels und die Stille des menschenleeren Ortes. Nichts kann eine Vorstellung von diesem feierlichen Zusammenspiel vermitteln, das sich dem Reisenden beim Anblick dieser Monumente eröffnet: Vor ihm ragt der Palast der Könige auf, zerstört und öde, und er erstreckt sich von dem Gebirge her bis zu der grünen Ebene, er erhebt sich über eine lange Mauer, die eine mächtige Treppe mit zwei Rampen unterbricht; oberhalb steht die Gruppe formschöner Säulen, die noch einige Bruchstücke ihrer luftigen Kapitelle tragen, linker Hand die schweren Pfeiler, von denen sich achtunggebietende Kolosse, einst Wächter vor dem Eingang zur königlichen Wohnung, abheben, und zur Rechten andere verfallene Paläste, deren mit Bildnissen bedeckte Mauern aus dem anfänglichen Dunkel in die Helligkeit treten und unter den Strahlen der glühenden Sonne nach und nach getönt erscheinen. Weiter hinten entdeckt das Auge zwischen den Säulen wieder Ruinen und Mengen von Steinblöcken mit Symbolfiguren und bemerkt in dem bläulichen Dunst dieses schweigenden Umkreises die Gräber, in die Gebirgswand getrieben, die den Horizont dieser Bühne darstellt.

Schon das anfängliche Befragen dieser verehrungswürdigen Trümmer gibt Anlaß zu einem ersten Erstaunen über diese erhalten gebliebene Mauer, deren Quader den Jahrhunderten trotzten und der Langlebigkeit so entsprechen, wie es sich die Erbauer dieser mächtigen Anlage vorstellten. Die riesenhafte Mauer ist von der Art einer zyklopischen Zurüstung, die Steine sind von jeglicher Gestalt und von allen Größen, neben solchen von einigen Zentimetern gibt es welche von bis zu fünfzehn, ja siebzehn Meter Länge und von zwei bis drei Meter Stärke. Sie sind rechteckig, quadratisch oder länglich, sind trapezförmig, dreieckig oder haben einen einspringenden Winkel. Es scheint, daß ihre Wahl einzig durch die Härte der Blöcke bestimmt wurde und daß man sie mit den naturgegebenen Unregelmäßigkeiten, lediglich die Kanten begradigend, genommen hat, um die Einpassung zu ermöglichen. Dieses Zusammenfügen ist vollkommen gelungen, die Steine sind mit größter Genauigkeit zugehauen und liegen ohne Zuhilfenahme von Mörtel so vollendet nebeneinander, daß es Stellen gibt, wo kaum Zwischenräume wahrzunehmen sind. Der obere Teil dieser Mauer hat zwischen den einzelnen Steinen schwalbenschwanzförmige Aushöhlungen, in die Metall zum festeren Zusammenhalt gegossen wurde.

Übrigens trägt der obere Rand dieser Mauer keine Verzierung. Bei dem Bau war man nur auf Dauerhaftigkeit aus, und gerade die Einfachheit läßt eine Wirkung hervortreten, die zu dem verschwenderisch reichen Zierat an den beherrschenden Palästen im Gegensatz stehen. Diese Mauer birgt in der Mitte eine mächtige Treppe, die zur Terrasse hinaufführt. Nach rechts und links streben zwei Rampen mit achtundfünfzig Stufen nach oben; am Ende dieser beiden ersten Aufgänge befinden sich zwei Absätze, von denen zwei andere Rampen derselben Breite in Gegenrichtung zu den beiden ersten weiterführen, jede mit achtundvierzig Stufen. Die Stufen dieser vier Rampen haben eine Höhe von nur zehn Zentimetern, und die Steigung ist so sanft, daß man sie zu Pferd bequem bewältigen kann. Das läßt vermuten, daß die Treppe so gebaut wurde, um Reitern wie Fußvolk den leichten Aufstieg zu ermöglichen.

Das erste Monument, dem man auf der Terrasse begegnet, besteht aus zwei riesigen Pfeilern mit zwei die Vorderseite beanspruchenden Vierbeinern von kolossalem Ausmaß. Dahinter stehen zwei Säulen und in einiger Entfernung zwei weitere Pfeiler, die den ersten entsprechen. Wahrscheinlich befand sich da einer jener herrlichen Portiken, durch die man Zugang zur Palastumfriedung hatte. Die vier Pfeiler tragen, massiv herausgemeißelt und auf einem Sockel ruhend, vier gigantische Tiere, sechs Meter lang und fünfeinhalb Meter hoch. Auf der Fläche zu der großen Treppe hin zeigt jeder Koloß ein breites Brustgeschirr über zwei stämmigen Beinen. Die Vorderpartie des Tierleibes, die sehr hervorspringt, ist als erhabene Arbeit ausgeführt. Die hintere Partie setzt sich auf dem inneren Teil jedes Pfeilers fort, wo sie ein weniger vorspringendes Relief aufweist.

Viele Reisende fanden die Tiergestalten an den Pylonen abstoßend. Ich rede nicht von Chardin, jenem Edelsteinhändler, der wegen seiner Handelsgeschäfte Persien besuchte, der ein Archäologe ohne irgendwelche Vorsätze war und unfähig, diese Monumente zu verstehen. In seiner naiven Verwirrung hinsichtlich der näheren Bestimmung dieser Kolosse wußte er überhaupt nicht, ob er in ihnen Pferde, Löwen, Elefanten oder Rhinozerosse sehen sollte. Das heißt, dem Augenschein bei der Unterscheidung dieser verschiedenen Tiere gar nicht trauen zu wollen. Andere Reisende, die weder Frauengesichter noch Löwenkörper erkennen konnten, versteiften sich auf einen angeblichen Mangel an Deutlichkeit der Formen, um sie als Sphinxbilder anzusehen.

Ich muß den Ruf des Bildhauers, der diese gigantischen Vierbeiner geschaffen hat, hier wiederherstellen. Weit entfernt davon, sie unvollkommen behandelt zu haben, hat er bei der Ausführung, sei es als Ganzes, sei es in den Einzelheiten, eine Sorgfalt und eine Wahrhaftigkeit an den Tag gelegt, die keinen Platz für das leiseste Zaudern lassen soll, denn auf den ersten Blick sind Stiere zu erkennen. Es ist unmöglich, sie nicht an ihren massigen, gedrungenen Proportionen, Zeichen ihrer Stärke, und an ihrem kurzen Hals, ihren kurzen, aber kräftigen Beinen mit gespaltenen Hufen und an ihrem sehnigen, am Ansatz erhobenen Schwanz, der die Schenkel abwärts bis auf den Boden reicht, wo er in einem großen Büschel Kräuselhaare endet, zu erkennen. Das trifft bis auf die Geschlechtspartien zu, die dergestalt angedeutet sind, daß nicht der geringste Zweifel besteht. Es ist wahr, der Kopf fehlt, aber welch anderem Tier als dem Stier könnten die verschiedenen Körperteile des auf den ersten beiden Pfeilern dargestellten Vierbeiners sonst gehören? Was uns die Kunst des Bildhauers begreifen ließ, fand übrigens seine Bestätigung durch die Entdeckung von Resten des Kopfes eines dieser Tiere, die neben einem der Sockel in der Erde verscharrt lagen. Diese Gestalten von symbolhaftem Äußeren sind auf ganz konventionelle Weise verziert, und um die stärkste künstlerische Wirkung zu erzielen, hat der Bildhauer einige Teile der Leiber, wie die Brustpartie, den Hals, die Schultern, die Flanken, die Kruppe und die Schenkel, mit der Darstellung des Fells versehen. Auch ein Kumt, mit Rosetten besetzt, hat er hinzugefügt.

Die beiden anderen Pfeiler sind auf dieselbe Weise angeordnet, aber die Kolosse sind sehr verschieden. Diejenigen mit dem Leib und den Beinen eines Stiers haben große Flügel und zeigen gefiederte Brustpartien mit einem Menschenkopf darüber, der eine hohe Tiara trägt. Das Gesicht wird von einem Bart umrahmt, hinter den Ohren fällt das Haar lang herab. Die Tiara endet in einer Krone mit Rosetten und Federn, auf der Vorderseite sind drei Paar Hörner abgebildet.

An jedem Pylon sind oben drei Tafeln mit zwanzigzeiligen Inschriften angebracht. Das System der Keilschriftzeichen, das hier verwendet wurde, scheint für die drei Tafeln nicht dasselbe zu sein. Die Inschrift zur Rechten, die die schwierigste zu sein scheint, hat viel Ähnlichkeit mit der Schrift auf den bekannten babylonischen Ziegeln und nähert sich so stark den Reliefs von Ninive, daß man annehmen kann, sie sei in assyrischer Sprache gehalten.

Der Unterschied zwischen den beiden anderen Inschriften scheint weniger groß zu sein, dennoch ist er spürbar genug, um auf den ersten Blick zwei verschiedene Schreibarten erkennen zu können. Diese Beobachtung, auch schon von unseren Vorgängern getroffen, berechtigt zu dem Schluß, daß die Tafeln dreisprachig sind, und zwar persisch, medisch und assyrisch, zweifellos, um von den Menschen dieser drei Völkerschaften verstanden zu werden, von denen die zwei letzten damals Vasallen der persischen Krone waren. Man bemerkt, daß der Ehrenplatz immer der persischen Inschrift gebührt, die stets die erste links ist. Dieser Platz kam rechtmäßig der Sprache der herrschenden Nation zu. Das System der dreisprachigen Tafeln trifft man überall bei den Beschriftungen in Persepolis an.

Eine Besonderheit ganz anderer Art, die an diesen Pfeilern zu bemerken ist, sind die Beschriftungen mit europäischen Namen, die tief eingemeißelt wurden. Es scheint, daß die Vorüberreisenden die Absicht hatten, dank der Solidität der Steine die Erinnerung an sie und an ihren Aufenthalt in Persepolis künftigen Zeitaltern zukommen zu lassen. Die großartigen, edlen Steintafeln sind mit englischen Namenszügen bedeckt, als wären sie Alben der gebräuchlichsten Sorte. Unter den Namen, die auf den Überbleibseln des Xerxespalastes eingeritzt wurden, entdeckt man wenige, die an berühmte Reisende erinnern. Dennoch lasen wir die von zwei englischen Diplomaten, die von ihrer Durchreise durch Persien einen rühmlicheren Nachhall hinterlassen haben als den simplen Vermerk zwischen den Beinen oder auf der Brust der Kolosse von Persepolis. Der eine ist der des Sir John Malcolm, Botschafter bei Fath Ali Schâh im Jahre 1807, der eine vortreffliche Geschichte des Landes verfaßt hat, und der andere gehört James Morier, dem charmanten Verfasser des »Hadschi Baba«, des persischen »Gil Blas«, der sein schriftstellerisches Talent um die Begabung eines Beobachters und Schilderers der Sitten vermehrt hat. Die anderen Autogramme stammen von einer recht zahlreichen Schar englischer Offiziere oder Handelsleute, die diesen Weg von und nach Indien zogen.

Nur zwei Franzosen hatten sich neben all diesen Engländern hier verewigt. Es waren die beiden Offiziere unter unseren Reisegefährten, Monsieur de Beaufort und Monsieur Daru, gewesen, die zur Mission des Monsieur de Sercey gehörten. Aus der vorangegangenen Zeit fanden wir in Persepolis aber keinen Namen aus unserem Land, obwohl die ersten Erforscher dieser Gegenden Franzosen waren. Thévenot im Jahre 1650, Chardin zehn Jahre später und Tavernier hatten die Wege nach Persien in einer Epoche gebahnt, da man sich, vor zweihundert Jahren, kaum auf solch kühne Unternehmungen, wie es eine Reise ins Innere Asiens war, einließ. Warum findet man in Persepolis nicht die Namen Fabvier, Trezel, Lami? Haben sie nicht mehr Anspruch auf ein Angedenken an ihre Reisen in Persien als die Engländer, die seit vierzig Jahren nichts unversucht lassen, um dieses Land zu verkleinern und zu erledigen und sein Volk in Armut zu stürzen, wogegen die französischen Offiziere die Armee des Schâhs organisiert, die Städte befestigt, die Perser in der Kunst der Kanonenherstellung unterwiesen haben? Wenn der Schâh von Persien und sein Volk heute von den englischen und russischen Konsuln in Abhängigkeit gehalten werden, dann geschieht das, weil weder der Schâh noch seine Untertanen Nutzen aus den Lektionen zogen, die ihnen mit hochherziger Hingabe die ausgezeichneten Offiziere Napoleons erteilten, der sie auf die Befreiung des asiatischen Kontinents vorbereitet hatte.

Lassen wir das dahingestellt sein und kommen wir auf die Altertümer von Persepolis zurück. Es steht fest, daß die Pfeiler am oberen Ende der großen Treppe die Einfassung zweier herrlicher Tore waren, die durch eine Gruppe Säulen voneinander getrennt standen und zwischen denen die Besucher auf und ab gingen, bevor sie in den Palast geführt wurden. Nach den aufgefundenen Fragmenten zu urteilen, waren diese Säulen von gleicher Art, kanneliert, auf ebenso gerilltem Fuß stehend, von einem aus mehreren Stücken auf sehr bizarre Weise zusammengesetzten, aufwärts strebenden Kapitell gekrönt. Der erste Teil dieses Kapitells erinnert an einen Palmwipfel, dadurch, daß die eine Hälfte auf den Schaft herabfällt und die trockenen Zweige dieses Baums bildet, die sich natürlich gegen den Stamm senken und biegen, und die andere die neuen, saftstrotzenden Zweige darstellt, die sich über die vorherigen emporschwingen und aus Gründen ihres Gewichts dann nur eine sehr leichte Krümmung aufweisen. Diesen Teil überragt ein Verband von sechzehn Spiralen auf je einer der vier Seiten, die sich im rechten Winkel schneiden und die jede vier Spiralen tragen, zwei oben und zwei unten, in sich selbst eingerollt. Auf diesem Bündel von Rillen und Spiralen lag ein Stierleib, zu dem zwei einander abgewandte Köpfe, zwei Brustpartien und unter dem Bauch eingezogene Beine gehörten. Als Zeichen der Kraft waren dort die Bildnisse dieser Tiere als Stützen des Gesimses angebracht, das von den Säulen getragen wurde. Man erkennt in der Tat zwischen den beiden Halspartien, auf jenem Teil des Rückens, den sie gemeinsam haben, eine glatte, ausgehöhlte Fläche, in die der steinerne oder hölzerne Bortensims eingefügt gewesen war, der von Säule zu Säule entlanglief. Die Köpfe waren völlig frei.

Heute muß sich der Reisende wie ehedem der Höfling oder Bittsteller, nachdem er diesen Portikus durchschritten hat, nach Süden wenden, um zu den Palästen zu gelangen, die gruppiert auf der rechten Seite des Plateaus standen. Vor ihm erheben sich dreizehn Säulen inmitten einer großen Anzahl von Bruchstücken. Zwischen der Terrasse, auf der die Säulen stehen, und dem Portikus, den man hinter sich gelassen hat, dehnt sich ein weiter Raum, auf dem man keine weiteren Überreste erblickt als die eines viereckigen, in den Felsen eingelassenen Bassins. Unmöglich kann dieser Platz zwischen dem Portikus und dem gegenüberliegenden großen Palast einst völlig leer gewesen sein. Wenn ich nicht befürchten müßte, einem Irrtum zu unterliegen, würde ich zur besseren Erklärung der Monumente zum System des Analogieschlusses, also nach dem, was ich in den heutigen Palästen gesehen habe, greifen. Die Skrupel werden durch die Ähnlichkeiten stark abgeschwächt, die das Studium der persischen Altertümer zwischen jenen sehr weit zurückliegenden Epochen und der Jetztzeit oft zutage gefördert hat. Ich habe gesagt, daß der Platz zwischen dem Portikus und dem Plateau mit den dreizehn Säulen keine Spur eines Bauwerks aufweist. Ich glaube, vor dem Palast erstreckte sich ein großer Hof oder ein Garten, der der Weg zu der Freitreppe war, zu der man durch den Säulengang gelangte. Könnte nicht das zur Linken vorgefundene Bassin der passende Hinweis für diese Vermutung sein? Noch heute haben alle königlichen Wohnsitze in Persien, auch die einfacher Bürger, immer oder fast immer einen bepflanzten Vorplatz mit einem gefüllten Wasserbecken für die häufigen rituellen Waschungen. Der Garten, dessen Stelle ich in den Ruinen von Tacht-e Dschamschid gefunden zu haben glaube, wäre also eine weitere Ähnlichkeit zwischen diesem alten Palast und den meisten der heutigen. Obwohl man heute bei dem ausgetrockneten Boden nicht mehr auf alles Notwendige für eine Gartenanlage trifft, muß man aber annehmen, daß das Klima einst eine üppige Vegetation dort begünstigt hat und daß sich die alten Herrscher Persiens darin gefielen, diese Üppigkeit mit der architektonischen Pracht ihrer herrlichen Wohnstätten zu vereinen.

Das Gebäude, zu dem die dreizehn auf diesem Teil des Plateaus stehengebliebenen Säulen gehören, stand auf einer Terrasse, zu der man über vier Treppen gelangt. Die ursprüngliche Höhe der Mauer, die die Terrasse abstützte, mußte drei Meter betragen haben. Die hinaufführenden Treppen waren entgegengesetzt verlaufende Rampen. Zwei stießen in der Mitte längs der Mauer zu einem ersten Perron zusammen, der beiderseits in ähnliche Treppen auslief und einen zweiten, geräumigeren Perron bildete. Die ganze Mauer in einer Ausdehnung von dreiundachtzig Metern ist buchstäblich mit Skulpturen verkleidet. Die vier Rampen haben jeweils einunddreißig Stufen, und die mit den steinernen Bildern geschmückten Wände zeigen ebenso viele Garden mit Lanzen, Bögen und Köchern, die von Stufe zu Stufe gleichsam zum Schutz der Palastzugänge dastehen. In einem dreieckigen Rahmen zwischen dem Boden und der Neigungslinie der Treppe befindet sich ein sehr beeindruckendes Relief. Es stellt einen Stier dar, der sich aufbäumend vergeblich gegen einen wütenden Löwen verteidigt, der ihn mit den Pranken gepackt hat und ins Hinterteil beißt. Dieses Bild kann nur eine symbolische Bedeutung haben, der Beweis dafür sind die zahlreichen Wiederholungen desselben Motivs.

Welche Idee sich auch hinter dieser rätselhaften Symbolfigur verbergen mag, es ist seltsam, daß der Zweikampf dieser Tiere fortlebt und, von dem Abbild in die Wirklichkeit versetzt, zu einem der beliebtesten Spektakel der Perser geworden ist. Auf ihren Festen, bei den großen Volksbelustigungen, wo Gaukler und Kraftmenschen auftreten, führt man in die Mitte des Schau- und Kampfplatzes einen jungen Stier, den man anstachelt und reizt, und wenn er in Wut gerät, läßt man einen Löwen auf ihn los. Der Löwe ist eines der Wahrzeichen der persischen Monarchie und drückt mit seinen Königsmerkmalen Stärke und Adel aus. Man begreift, daß die in Dingen der Weissagung sehr abergläubischen Perser es nicht ertragen, wenn der symbolisch Stellvertretende ihres Reiches von einem Stier besiegt werden sollte. Wird der glücklose Stier von dem Löwen nicht niedergeworfen, völlig in Fetzen gerissen und gefressen, dann würden sie darin ein verhängnisvolles Vorzeichen für ihr Land sehen. Um nichts befürchten zu müssen und um sich einen günstigen Wink zu verschaffen, gehen sie stets listig vor und nehmen den Augenblick wahr, wenn sich die Beute dem Löwen rückwärts zukehrt und reglos dasteht. Dann geben sie den Löwen frei. Mit ein paar Sätzen hat sich der Löwe auf den Hals oder die Kruppe des Stiers gestürzt und ihn niedergerissen. Scheitert aber zu seinem Mißgeschick der Angriff, oder zeigt er sich widerspenstig, weil es ihm an Hunger mangelt, um gegen die gefürchteten Hörner des Stiers anzugehen, dann holt man ihn zurück. Irgendwann wird das armselige, dem Aberglauben dargebrachte Opfer doch unter den Pranken des Löwen oder unter dem Dolch seines Herrn sein Leben aushauchen.

Die Mauerstücke zwischen den aus Treppen und Rampen gebildeten dreieckigen Abschnitten sind mit Skulpturen geschmückt, deren Reihung nur durch drei Tafeln für die Inschriften unterbrochen wird. Eine einzige dieser Tafeln ist beschriftet, und ich zweifle nicht, daß, weil sich ihre Inschrift auf den anderen nicht wiederholt, die Monumente von Persepolis noch vor ihrer endgültigen Vollendung von der Zerstörung ereilt wurden. An der Mauer des mittleren Perrons scheinen Figuren großen Ausmaßes beiderseits der nicht ausgefüllten, aber zur Beschriftung vorgesehenen Tafeln Leibwachen darzustellen. Diese Krieger sind in weitärmlige, in den Hüften zusammengefaßte und regelmäßige Falten werfende lange Tuniken gekleidet und tragen eine Art gerippte, oben etwas breiter werdende Tiara. Sie halten vor sich mit beiden Händen eine Lanze, und ein Schild ist an ihrer Seite angebracht. Dieser Teil der Mauer ist gänzlich eingestürzt und war bis zu unserer Ankunft in Persepolis unbekannt. Als erste haben wir die riesigen Blöcke aus ihr beiseite tragen können.

Rechts und links dehnte sich die Mauer über eine Länge von sechzehn Metern bis zu den äußeren Rampen. Oben war sie in drei Felder geteilt, in die jene auf die Mitte zugehenden Personen und Tiere im Prozessionszug aufgestellt waren. Der Unterschied zwischen den Personen rechts an der Mauer und denen links ist recht anschaulich: er besteht nicht nur in der Anordnung der auf beiden Seiten abgebildeten Szenen, sondern auch in der Kennzeichnung und Kleidung der dazugehörenden Menschen. Diese Abstufung ist derart auffallend, daß man allein schon auf den ersten Blick verstehen muß, daß zwei Grundideen, voneinander reinlich geschieden, der Leitgedanke zu diesen beiden großen Bildfolgen gewesen sein mußte. Links erkennt man die Leute des Königs, Palastoffiziere und Höflinge, rechts sind es Menschen einer anderen Schicht, Handwerker und Bauern, und wenn man nach der Verschiedenheit ihrer Kleidung und der Eigentümlichkeiten urteilt, dann ist mit Sicherheit anzunehmen, daß sie die unterschiedlichen Nationen oder Völkerschaften darstellen, die im persischen Reich vertreten waren.

Die Gestalten auf dem linken Bild sind von zweierlei Art, das heißt, sie tragen nur zwei zu unterscheidende Kleidungsstücke. Sie erscheinen entweder in langen, weitärmligen Gewändern und mit gerippter, breiter Tiara oder in kurzen, bis an die Knie reichenden, über weite Hosen fallenden Tuniken und mit helmartiger runder Kopfbedeckung. Ihre gepflegte Haartracht bildet einen kräftigen Büschel im Nacken, und ihr ebenfalls gepflegter Bart läuft spitz aus. Sie sind alle mit einem Dolch im Gürtel oder an der Seite bewaffnet, der von einem Wehrgehänge gehalten wird. Es sind auch welche darunter, die in der Hand eine Art Blumenstrauß tragen. Sträuße zu tragen, was, sofern man das aus den Reliefs von Tacht-e Dschamschid beurteilen will, unter den einstigen Bewohnern Persiens wahrscheinlich sehr verbreitet war, hat sich als Brauch bis heute bewahrt. Die Perser finden es ausgesprochen stilvoll, einem Freund eine Blüte zu überreichen oder einem Besucher mit einem solchen Höflichkeitsbeweis entgegenzutreten. Die Hyazinthe ist die bevorzugte Blume. Andere Gestalten dieses Bildes tragen einen seitlich herabhängenden Bogen, der als Zeichen ihres militärischen Dienstes gilt. Sie alle sind mit einem Halsband versehen, was auf die Würde und den gehobenen Rang im Staat hinweist. Der Bildhauer hat diesen Teil seines Werkes offensichtlich den Offizieren und hohen Beamten widmen wollen, also den Achtunggebietenden im Reich. Diese erste Reihe schreitet zum mittleren Perron hin, als würde sie die Stufen emporsteigen, angeführt von einer Art Ehrengarde aus fünfundneunzig Lanzenträgern.

Die Anordnung der Skulpturen des andern Teils der Mauer ist nicht die gleiche. Sie setzen sich zu verschiedenen Szenen zusammen, bilden aber kein einheitliches Thema von Ende zu Ende und stellen keine zueinandergehörenden Gestalten dar. Eine symmetrisch auf beiden Seiten jedes Abschnitts gesetzte Zypresse trennt sie voneinander. Die Figuren müssen als Repräsentanten verschiedener Körperschaften, Kasten oder Stämme des persischen Reiches angesehen werden. Ich füge hinzu, daß die wiedergegebenen Szenen Huldigungszeremonien oder Opferdarbringungen an das höchste Wesen, das als Feuer verehrt wurde, oder an die Person des Herrschers, dem religiöse Wesensart eigen war, zum Gegenstand gehabt haben müssen. Die Untersuchung der Altertümer von Persepolis, vermehrt um das Studium der heutigen Sitten und Gebräuche in Persien, beweist in der Tat, daß man den König mit einem Kult umgab, der sich in solchen Zeremonien ausdrückte. Alle Gestalten dieser Folge tragen verschiedene Gegenstände oder bieten sie an; einige führen Tiere mit sich. Sie werden von dienstfertigen Anweisern hergeleitet, die, wie noch heute am Hofe des Schâhs, einen großen Stab als Zeichen ihrer Amtsverrichtung in der Hand halten.

Unter den verschiedenen Gestalten dieses Reliefs bemerkt man in der ersten Reihe Männer in kurzen Tuniken, die ein Pferd am Zügel führen, und andere im langen Gewand, die eine Löwin mit prallen Zitzen herbeibringen. Diese Gestalten ähneln denen der linken Prozession, sie scheinen die beiden großen Familien, die medische und die persische, darzustellen, die an der Spitze der tributpflichtigen Nationen oder Völkerschaften des Reiches aufziehen. Die Personen mit den Pferden können als Meder oder Parther betrachtet werden, die wegen ihres geschickten Umgangs mit Pferden berühmt waren. Die mit der Löwin können die Bewohner des Südens oder der Berge sein, bei denen sich aus Tradition die Erinnerung an den häufig vorkommenden Löwen wachgehalten hat.

Unter den übrigen Gruppen bemerkt man Männer mit einem Büffel in ihrer Mitte und in Begleitung von Langgewandeten, die als Inder zu erkennen sind, ferner einen Kampfwagen, von zwei schmuck angeschirrten Pferden gezogen, und weiterhin ein zweihöckriges Kamel aus Baktrien und einen Onager oder wilden Esel, den die Perser wegen seiner Behendigkeit und seiner stolzen, unbändigen Natur sehr schätzen. Auf diesen neunzehn unterschiedlichen Bildern gibt es fünfzehn oder sechzehn sich durch Kleidung und Erzeugnisse ihrer vielfältigen Handwerkskünste voneinander absetzende Menschengruppen.

Bis heute ist man sich nicht eins oder hat man sich nicht auf eine klare Meinung verständigt, was den Charakter der Zeremonie in langer Abfolge auf dem Relief und was die einzelnen Personen betrifft. Der Mitteilung mancher mehr oder weniger scharfsichtigen Reisenden zufolge hat sich der Gedanke festgesetzt, daß die Mauern, deren Skulpturen Schmuck sind, zu Tempelbauten gehört hätten.

Es gibt Reisende und Archäologen, die in diesen Ruinen des Altertums nie etwas anderes haben sehen wollen als Überreste religiöser Bauwerke. Zweifellos hat die Religion in den alten Zeiten ebenso wie im Mittelalter und in unserer Epoche, gleich welchen Kults, gleich welcher Ausdrucksstärke, ob nun götzenbildnerisch, heidnisch oder christlich, große Bauten hervorgebracht, wie der Parthenon in Athen, das Pantheon in Rom oder das Straßburger Münster. Aber neben diesen griechischen, römischen oder gotischen Tempeln hat es andere, genauso bewunderungswürdige und von weltzugewandten Ideen inspirierte Gebäude gegeben, so das Kolosseum in Rom oder unseren Louvre. Geht man in das ferne Altertum zurück, dann zeigen die kürzlich gemachten Entdeckungen in Ninive auf glaubwürdige, unwiderlegbare Weise, daß die mit Reliefs bedeckten Mauern, die die Anlage dieser Ruinen in mehrere Hallen aufteilen, zu einem einzigen riesigen Palast gehörten.

Für mich und für einige unvoreingenommene Reisende sind die Ruinen, die sich auf der Ebene von

Merdascht an der Stelle der Hauptstadt der Achämenidenkönige erheben, die letzten Spuren eines prachtvollen Palastes. Die Behauptung mancher Autoren, die in ihm Reste alter Feuertempel sehen wollen, ist aber mit meiner Auffassung nicht völlig vereinbar, jedoch kann man beide Ansichten in Übereinstimmung bringen. Man weiß doch, daß zur Zeit der Magier und des Feuerkults im alten Orient der Hohepriester den Königen beigesellt war, die, mit der eigenmächtigsten Gewalt noch nicht zufrieden, ihre Herrschaft mit einer Art göttlichen Glanzes zu umgeben suchten. In jenen Zeiten monarchischer Götzendienerei und blinder Anbetung übten die persischen Könige eine Macht aus, die mehr war als die geistige und weltliche der Päpste: es war eine militärische und zugleich religiöse Machtvollkommenheit. In dem Ruinenkomplex von Tacht-e Dschamschid Reste eines oder mehrerer Paläste sehen heißt auch zugeben, daß sich in der Mitte des Herrschersitzes ein dem Feuerkult geweihtes Heiligtum befand. Die Themen der Reliefs des Perrons von Tacht-e Dschamschid erklären sich somit und können nicht länger als Hinweise auf rein religiöse Zweckbestimmung gelten, die man den Bauten auf dem Plateau von Persepolis hat beimessen wollen. Um die unterschiedlich interpretierten Reliefs zu verstehen, genügt es, in den heutigen Bräuchen Persiens nach einer Analogie Ausschau zu halten, die mit der Vergangenheit in Einklang zu bringen wäre. Das ist es, was ich getan habe, und eine solche Annäherung hat mich dazu geführt, in den Skulpturen des Perrons von Persepolis die Darstellung einer großen Zeremonie zu sehen, bei der die ganze Nation, vertreten durch ihre Abgesandten, dem König der Könige die Huldigung erweist. Diese Zeremonie entspricht wahrscheinlich dem Nourus-Fest, das man heute noch begeht. Die einheimischen Autoren sagen, daß Dschamschid dieses Fest zu Ehren der Sonne eingeführt hat, die zur Zeit der Tagundnachtgleiche im Frühling alle ihre Kraft wiedergewinnt und die Natur belebt. Dieser Dschamschid, dessen Herrschaft derart von Fabeln übersponnen ist, so daß ihm ein geschichtliches Datum unmöglich zuzuordnen ist, scheint jedoch derselbe zu sein, den die Griechen Achaimenes nennen, den Begründer der Achämenidendynastie. Diese Überlieferung hat sich an den Orten bewahrt, wo die Paläste von Persepolis, jetzt Tacht-e Dschamschid genannt, standen. Also ist anzunehmen, daß der auf dem großen Relief wiedergegebene feierliche Aufzug, dessen Aussage so oft erörtert wurde, das Nourus-Fest zeigt. Die dargestellten Ehrenbezeigungen und die Geschenke sind die gleichen, zu denen man auch heute am Festtag verpflichtet ist.

Auch das Symbol des den Stier niederreißenden Löwen, wozu Monsieur Lajard eine sehr scharfsinnige Erklärung gegeben hat, kann als Argument zur Stützung meiner Ansicht angeführt werden. Die Forschungen dieses geistvollen, gelehrten Interpreten der antiken Monumente Asiens, hauptsächlich die Religion der alten Perser betreffend, sind bekanntlich von einem Erfolg gekrönt worden, dessen glänzende Bestätigung auch die neuerlichen Entdeckungen auf dem Gelände von Ninive finden. Aus Monsieur Lajards Lehre über die Mysterien der antiken Feueranbeter ergibt sich, daß der Löwe das Prinzip Hitze darstellt, der Stier das Prinzip Wasser. Daraus folgert, daß der Sieg des Löwen den

Sieg der Sonne über die Nässe symbolisiert. Die Frühjahrs-Tagundnachtgleiche ist der Punkt, da die Wärme wiederkehrt, an Kraft gewinnt und über die kalte Jahreszeit endgültig triumphiert. Demnach gehört zum Nourus-Fest das Symbol des Löwen, der den Stier besiegt. Monsieur Lajards Einführung in die religiösen Mythen der Perser stellt also eine Hilfe dar, wenn es um die Deutung des wahren Sinns der Skulpturen von Persepolis geht. Ich glaube, sehr vorteilhaft der ausschließlich vertretenen Meinung gewisser Altertumskundler entgegentreten zu können, die in den Bildwerken nichts anderes als die zum Tempel geführten Opfer sehen wollen. Diese Zeremonie hatte einen doppelten Sinn, die Huldigung, die man dem Herrscher darbrachte, fiel notwendigerweise mit der Huldigung zusammen, die der Gottheit oder der Sonne beigemessen wurde.

Diese Skulpturen sind vom künstlerischen Standpunkt nicht minder bemerkenswert als vom archäologischen. Was sie besonders auszeichnet, ist die saubere Zeichnung und Genauigkeit der Umrisse, die an Nüchternheit grenzt. Dabei ist nicht über die symmetrische Anordnung der ohne irgendwelche Belebung dargestellten Szenen hinwegzusehen, doch schließt das weder Würdevolles noch Gepränge aus. Von weitem fallen diese langgestreckten Reliefs nicht sehr ins Auge, das unterscheidet sie stark von den Kolossen des Säulengangs, die sich durch ihre gewaltigen, hervorgehobenen Formen klar gegen die sie tragenden Mauern abheben und eine sehr große Wirkung schon aus der Entfernung hervorrufen. Die Skulpturen, von denen ich spreche, müssen aus der Nähe betrachtet werden. Da sie nach

Norden gerichtet sind, kann die Sonne ihr Lichterspiel nicht entfalten, das mit Helligkeit und Schatten das schwache Hervortreten der Figuren ausgleichen würde. Das bemerkenswerteste an diesen Reliefs sind die als Seitenansicht wiedergegebenen charaktervollen Köpfe. Da trifft man wieder auf die Gesichtszüge der Südperser. Die Kleidung und die längeren Körperpartien, die sich weniger zur Bildhauerei anbieten, sind äußerst schlicht ausgeführt. Dagegen sind alle jene Teile, die durch Einzelheiten einigen Eindruck bewirken, mit einer Feinheit und Vollendung gemeißelt, die, würde man sie nicht in ihrer erhabenen Erscheinung im Rahmen der verschiedenen Skulpturen bewundern, eine falsche Vorstellung von der Kunst in Persepolis vermitteln könnten.

Der ernsteste Vorwurf, den man zu Recht dem geschickten, talentvollen Bildhauer dieser riesigen steinernen Vierecke machen muß, ist der, daß der Künstler nicht sklavisch die natürlichen Proportionen gewahrt hat. Die Figuren sind im allgemeinen zu kurz geraten, es besteht kein Ebenmaß zwischen Mensch und Tier, die Menschen sind vergleichsweise zu klein, doch sind das hergebrachte Unregelmäßigkeiten oder Einfälle, an die man sich beim Studium der antiken Reliefs gewöhnen muß. Man begegnet ihnen häufig. Die meisten dieser Seltsamkeiten, vor allem in Persepolis, beruhen weniger auf krasser Unkenntnis als auf einem vorgefaßten Entschluß, sie ergeben sich aus einer ganz üblichen Raumeinteilung. Es wäre wirklich kaum anzunehmen, die Schöpfer der Reliefs hätten das Studium der Natur derart vernachlässigt, daß sie solche groben Fehler, wie ich sie nannte, begangen haben würden. Die kunstvolle

Ausführung bestimmter, recht schwer wiederzugebender Partien wie Gesicht, Hände und anderes ist nicht dazu angetan, die wunderbare Geschicklichkeit, mit der sie den Meißel handhabten, in Zweifel zu ziehen. Jedoch erregen solche Unregelmäßigkeiten auf den ersten Blick Anstoß, aber sie treten bald hinter der Pracht und Anmut dieses bewundernswerten Zierats zurück.

Hat man den weiten Perron, von dem ich alle Teile beschrieben habe, durchmessen, kommt man auf die Plattform, auf der sich die prachtvolle Säulenhalle erhoben hat, deren Trümmer zu Füßen der dreizehn einzig inmitten der Ruinen stehengebliebenen Säulen liegen. Heute ist die Bestimmung dieses Gebäudes schwer zu erkennen, ebenso die Verbindung, die zwischen seinen verschiedenen Teilen bestanden haben könnte. Nach den vorgefundenen Fundamenten zu schließen, setzte sich dieses unfertige Ensemble aus vier Reihen von Säulen zusammen. Die Hauptreihe zählte sechsunddreißig Säulen, die drei übrigen, vorn und zu beiden Seiten in gewissem Abstand, hatten nur je zwölf und mußten als Portiken vor dem Mittelteil gegolten haben. Sie ähnelten wohl endlosen Hallen, wo sich die Wachen aufhielten und wo die Leute, die Zutritt zum Palast hatten, auf und ab gingen und warteten, bis sie in den heiligen Bezirk eingelassen wurden. Wahrscheinlich stand da kein Wohnpalast, eher ist zu vermuten, daß es sich um einen beeindruckenden Raum gehandelt hat, der für die großen königlichen und religiösen Festaufzüge vorgesehen war. Wie ich sagte, kann man ihn begreiflicherweise auf Grund der Anlage und Ausdehnung dieses Baus für einen Tempel ebenso wie für einen jener weltlichen Orte halten, an dem der König der Könige in all seiner Pracht und Herrlichkeit erschien.

Der erste Portikus vor der großen Halle in der Mitte hatte ähnliche Säulen, wie ich sie an dem Bau des ersten Plateaus beschrieben habe. Was die seitlichen Säulengänge betrifft, so sind sie viel einfacher, ihre nicht so reichgestalteten Kapitelle zeigen oben auf dem Schaft einen zweiköpfigen Tierleib. Außerdem sind die Reihen insofern voneinander geschieden, als daß die rechte Stiergestalten trägt, während die linke jene Ungeheuer oder Einhörner vorweist, deren wiederholter, in Persepolis anzutreffender Typus sich an keinem anderen Monument aus antiken Zeiten findet, weder in Griechenland noch im Orient. Es scheint sich um ein Tier ausschließlich persischer Schöpfung zu handeln: Es hat ein verzerrtes, ausgeprägt mißgebildetes Gesicht, sein weit aufgerissener Rachen läßt zwei Kiefer mit kräftigen Zähnen sehen, und auf seiner breiten Stirn mit langen Ohren an den Seiten sitzt das eine Horn. Die Füße sind wie beim Löwen mit kräftigen Krallen versehen, eine Art Haarkrause fällt von den Ohren herab auf den Hals, und eine strähnige Mähne liegt über der Nackenkrümmung. Die Vorderleiber dieser einander den Rücken zukehrenden Scheusale bilden hier die Säulenkapitelle.

Es ist natürlich sehr schwer zu sagen, wie dieses Gebäude vollendet aussah und welche Art Dach es trug. Zwischen den Kapitellen mit den Tiergestalten zur Rechten und zur Linken gibt es eine Vertiefung, die auf einen Bortensims aus Stein oder einen starken Balken hinzuweisen scheint, der die Grundlage für einen Architrav bildete und den oberen Teil des Gebäudes trug.

Aber das ist die einzige Bemerkung, die man über die Anlage der oberen Teile des Baus wagen darf. Man hat weder im Untergrund noch an der Oberfläche irgendwelche Steintrümmer oder Holzreste finden können, die hierüber genaue Hinweise geliefert hätten.

Etwas weiter entfernt erkennt man rechter Hand die Spuren eines anderen, kleinen Bauwerks, das anscheinend isoliert gestanden hat. In seiner Mitte ist eine Steinlage zu sehen, die aller Wahrscheinlichkeit nach als Basis eines Denkmalsockels, einer Statue oder eher eines Feueraltars gedient hat. Mit diesen Resten wird die Hauptgruppe der Altertümer von Tacht-e Dschamschid vervollständigt.

Die Ruinen von Tacht-e Dschamschid

2

Unsere verschiedenen Arbeiten des Erforschens und Bestimmens verliefen gemeinhin in völliger Einsamkeit und tiefer Stille. Hin und wieder bog ein Reisender, der in der Ferne durch die Ebene zog, von seinem Weg ab und kam heran, um die schönen Ruinen zu betrachten. Die aus einer Entfernung von vier oder fünf Meilen sichtbaren Säulen führten ab und zu Besucher zu mir. Selbstverständlich waren das immer Perser. Seit langem schon hoffte ich nicht mehr auf einen Europäer, der mit mir die Abgeschiedenheit teilen würde. Ich sah, wie die Perser alles beäugten und die Reliefs, die hauptsächlich ihre Aufmerksamkeit fesselten, zu verstehen suchten. Mit Wejh-wejh-Rufen drückten sie ihr wiederholtes Erstaunen und ihre Bewunderung über die zahllosen Skulpturen aus. Sie kamen, begrüßten mich und unterhielten sich mit mir. Beim Betrachten meiner Arbeiten überhäuften sie mich mit Fragen nach diesen Ruinen, nach meinem Tun, nach dem Nutzen meiner hingebungsvollen Studien. Sie konnten nicht begreifen, daß ich Meere überquert hatte, daß ich aus meinem weit entlegenen Land hergekommen war und nur die Absicht hatte, diese antiken Überbleibsel zu zeichnen. Und was ihre Überraschung noch steigerte, war unsere Einrichtung an Ort und Stelle, unser Lager inmitten der Trümmer. Sie konnten sich einen längeren Aufenthalt wie den unseren, unter so unbequemen Umständen und mit so geringer Sicherheit, nicht vorstellen. Sie zogen daraus den Schluß, den sie mir mit gewissem Stolz erläuterten, daß es wohl in meinem Land nicht so etwas Schönes und Großes wie diese Monumente gebe. Mit der Einfalt jener, die die Bedürfnisse und Früchte unserer Zivilisation nicht kennen, sahen sie in unserer Reise und in unserer Anwesenheit in Persepolis keinen anderen Sinn als den nutzlosen Wunsch, etwas Schöneres als in Frankreich und Europa zu erblicken. Einen anderen Antrieb konnten sie darin nicht erkennen, nicht die unwiderstehliche Leidenschaft des Gelehrten oder des Künstlers, der hingerissen unter den scheinbar wenig anschauungswürdigen Resten noch nach den Spuren einer Kunst und den Anfängen einer Wissenschaft forscht, deren Fortschritt sie betrieben haben.

Ich machte mir übrigens auch das Vergnügen, die persischen Besucher zu befragen. Sie zeichneten sich allesamt durch völlige Unkenntnis der Geschichte ihres Landes und seiner Denkmale aus. Ihre verschwommenen Ideen verloren sich in einem Wirrwarr unzähliger, an irgendwelche Geschehnisse geknüpfter Fabeln. Den Bau dieses Palastes schrieben sie Dschamschid zu und umgaben die Existenz dieser Person mit vielen unsinnigen Erzählungen. Sie rechneten für die Dauer seiner Herrschaft mit so vielen Jahrhunderten, daß es unmöglich war, in der von ihnen gezeichneten Gestalt jemanden zu erkennen, der an einen der Fürsten erinnert und dessen Erinnerung die Geschichtsschreiber festgehalten haben. Die Perser lieben allzusehr das Übernatürliche, als daß sie sich ernsthaft damit beschäftigten, die historischen Fakten aus dem Chaos der fabulösen Überlieferung zu lösen. Die Befragten wußten nichts Genaues über den Ursprung oder die Zerstörung des Palastes von Persepolis. Jedoch hatten sie alle von einem Eroberer namens Iskander gehört, in welchem ich mühelos Alexander erkannte. Wenn auch die Berichte, in denen sich das Unwissen der Perser hinsichtlich ihrer eigenen Geschichte immer wieder kundtat, für mich wenig interessant waren, erlaubte ich mir doch das Vergnügen, die seltenen Besucher, die der Zufall zu unseren Zelten geführt hatte, zu Rate zu ziehen. In unserem einsamen, eintönigen Leben war alles ein Ereignis, auch die Ankunft eines Fremden bot eine willkommene Zerstreuung. Waren die Perser höflich und unaufdringlich, so fanden sie eine freundliche Aufnahme. Und ich muß sagen, daß ich fast immer von ihrem artigen Benehmen und ihrer Zurückhaltung eingenommen war. Aber auch an eine Ausnahme erinnere ich mich, die verdientermaßen als der merkwürdigste Zwischenfall während unseres Persepolis-Aufenthaltes erwähnt werden soll.

Eines Tages zog einer jener großen Nomadenstämme, Kara-tschâdors oder Schwarzzelte, nach der Farbe ihrer Zelte genannt, den verwilderten Weg am Fuß der Mauern von Tacht-e Dschamschid entlang. Den herankommenden Winter fliehend, wanderte der Stamm aus den Ebenen des nördlichen Persiens nach Süden und suchte unter einem milderen Klima neue Weideplätze. Zahlenmäßig war er recht stattlich und führte mehrere Herden mit sich. Die vielen Kamele trugen die Frauen und Kinder, die auf Zeltbahnen und Gepäckstücken aller Art saßen. Die Männer schritten nebenher, den Stock in der Hand, das Gewehr geschultert, einige, die jüngeren, hatten sich von ihnen getrennt, waren die Treppe heraufgekommen, um im Vorüberziehen dem Thron des Dschamschid einen Besuch abzustatten. Nachdem sie mit mir ein paar Worte gewechselt hatten, waren sie davongegangen. Ich dachte, sie hätten sich nun schon entfernt, und war zu meinem Zelt zurückgekehrt, als ich sie meinen Gefährten, Monsieur Coste, umringen sah, der gerade einen Grundriß zeichnete und sich über die Störung sehr erboste. Ich rief unserem Gholâm, der bei Monsieur Coste stand, zu, er solle die Leute beiseite drängen und sie weiterschicken. Kaum hatte ich diesen Befehl erteilt, als ich auch schon von einem dieser Elendigen aufs Korn genommen wurde, der von etwa zwanzig Schritt einen Schuß auf mich abfeuerte. Die Kugel flog knapp vorbei und schlug hinter mir in die Wand ein. Ich sprang zu den Gewehren unserer Wachmänner, aber die hatten zum Unglück oder aus übertriebener Vorsicht das Zündhütchen herausgenommen, damit es nicht feucht würde. Keine Waffe war schußbereit, und während ich herumfuhr und eine suchte, floh der Mann, der geschossen hatte, mit seinen Kameraden zum Gros des Stammes, das schon weitergezogen war.

Diesen feigen Angriff wollte ich aber nicht ungestraft lassen und nahm, den Säbel in der Hand, mit zwei von den Unsrigen die Verfolgung des Schuldigen auf. Er hatte bereits einen erheblichen Vorsprung. Erst nach einem Kilometer sah ich, daß ich ihn zu Fuß nicht erreichen konnte, und ich entschied mich dazu, an einem seines Stammes Rache zu üben. Ich ergriff das erstbeste Kamel, das mit seiner Last daherkam, und ließ es trotz des Geschreis der Frauen auf ihm in mein Lager bringen. Dadurch, daß ich diese Geisel von ungewöhnlicher Art zurückhielt, hoffte ich, man würde mir, um sie wiederzubekommen, den Schuldigen ausliefern. Leider hatte ich meine Rechnung ohne die Frauen gemacht, die nicht getrennt sein wollten und die das ohrenbetäubend mit Klagen und Wehgeschrei kundtaten, wovon ich nichts verstand. Sicherlich waren diese Klagen mit tausend deftigen Beschimpfungen und Verwünschungen durchsetzt. Das Kamel stieß ein verzweifeltes Jammern aus, als es seine Kameraden enteilen sah. Nach einer Stunde hatte sich mein Zorn gelegt. Das lärmende Konzert war nicht mehr auszuhalten. So entschloß ich mich, das arme Tier freizulassen, um nicht mehr sein Gebrüll und das schrille Weibergeschrei von der Höhe des Höckers herab zu hören. Ich hegte auch die Hoffnung, eigens durch das Stammesoberhaupt eine Entschädigung zu erwirken, indem ich unseren Gholâm zu ihm schickte mit dem Auftrag, er solle, so oder so, auf Abbitte bestehen. Am darauffolgenden Tag erst kam der Bote zurück und überbrachte die ehrerbietige Entschuldigung des Anführers, der sich verpflichtete, den Schuldigen zu bestrafen. Mit diesem Versprechen, besser, mit dieser vorgeblichen Genugtuung mußte ich mich zufriedengeben. Diese kleine Episode lenkte meine Gedanken einen Augenblick von den zu besichtigenden Ruinen ab, sie zeigt aber die Gefahren, die dem französischen Reisenden in einem Land, wo Frankreich keinen Vertreter hat, drohen. Doch war das nur eine flüchtige Begegnung. Bald richtete sich meine Aufmerksamkeit wieder auf die bewundernswerten Monumente, von denen erst ein kleiner Teil aufgenommen war, aber ich wollte mich noch dem gesamten Ensemble widmen.

Ich habe die Hauptgruppe der Ruinen beschrieben, die man mitten unter den zahlreichen Monumenten antrifft, allgemein als Persepolis bezeichnet. Neben diesem Palast erheben sich andere, und weitere kostbare Reste erregen die Aufmerksamkeit des Archäologen. Ich muß diese Monumente der Reihe nach vorstellen.

Hinter dem herrlichen Säulengang, auf den man stößt, wenn man den großen Perron von Tacht-e Dschamschid überquert hat, erkennt man die Ruinen eines Bauwerks, das ein bewohnter Palast gewesen sein muß. Dieser rechteckige Bau steht auf einem um drei Meter erhöhten Fundament und ruht auf breiten Steinlagen. Erhalten haben sich ein paar Türen und Fenster, von denen Verkleidung und Schlußstein nicht eingestürzt sind. Diese aus Riesensteinen gebildeten Maueröffnungen haben der Zerstörung widerstehen können, während die Teile zwischen ihnen, vermutlich aus kleineren Materialien errichtet, völlig verschwunden sind. Was die Aufteilung des Innern dieses Baus betrifft, so findet man kaum erkennbare Spuren. Durch Funde an mehreren Stellen war es jedoch möglich, aufschlußreiche Hinweise zu entdecken und die Überzeugung zu gewinnen, daß es sich um eine Wohnung gehandelt hat.

Dieser Palast hatte zwei Fassaden, an denen zwei Perrons mit Doppelrampen entlangliefen. Die Mauern des Fundaments und die Treppen waren mit Skulpturen verziert, die wiederum Träger von Geschenken, die Gruppe Löwe – zu Boden stürzender Stier und lanzenbewaffnete

Garden darstellen und von drei Tafeln mit Inschriften an der Mauer des größeren Perrons begleitet sind und von einer in der Mitte des kleineren Perrons. Zu dem ersten Perron führen zwei Treppen von je dreiundzwanzig Stufen, an jeder einzelnen ist eine kleine Person abgebildet, die die Stufen emporzusteigen scheint. Alle diese Gestalten tragen einen Gegenstand, den sie offenbar dem königlichen Bewohner des Palastes darreichen wollen: die einen haben ein Zicklein im Arm, die anderen halten Gefäße in der Hand oder tragen etwas schwer Auszumachendes, etwa ein Kästchen, auf der Schulter. Die Ausschmückung und die Aneinanderreihung weisen eine Übereinstimmung zwischen diesem Perron und jenem des großen Säulengangs auf, und das wird noch verdeutlicht durch die Reliefs an der Stützmauer: Man findet da die sinnbildträchtige Gruppe Löwe–Stier im tödlichen Kampf, das Bild, das von blütenbesetzten Lotosstengeln umrankt wird, und zwischen den Beschriftungstafeln sind lanzentragende Leibwächter zu sehen.

Über der Tafel in der Mitte bemerkt man das untere Stück des Mehr oder Frawahr, die symbolische Darstellung der beiden persischen Gottheiten Ormuzd und Mithras. Zu beiden Seiten dieses Bildnisses saß ein Tier, von dem man nur das Ende der Pfoten sieht, die Löwentatzen ähneln. Diese Verzierung wurde durch den nun zerstörten Teil der Brüstung vervollständigt, die an der Terrasse mit der Freitreppe entlanglief; ineinander verschlungene Lotosstengel bildeten auf beiden Seiten eine anmutige Girlande bis zur Treppe. Über diesen Perron gelangte man zu einem Portikus aus acht Säulen, zweireihig angeordnet; die Seitenansicht des

Hauptgesimses am oberen Teil der Fassade zeigt eine Aushöhlung, deren Spur am oberen Ende der Eckpfeiler noch sichtbar ist.

Tritt man in den Innenraum dieses Palastes, erkennt man in der Mitte eine quadratische Halle, die mit anderen, kleineren Gemächern in Verbindung steht. Diese Halle war mit Erde angefüllt, die wir erst fortschaffen mußten. Sechzehn Steinlagen am Boden deuteten auf eine gleiche Zahl von Säulen hin, die das Dach trugen. Ins Innere der Halle führten mehrere Türen und Fenster, deren Pfosten aus mächtigen Basaltblöcken bestanden und somit zwischen all den Trümmern und Erdanhäufungen an ihrer alten Stelle stehengeblieben sind. Die rechteckige Form herrscht fast ausschließlich in den unterschiedlichen Teilen dieser Architektur vor: Alle Türen, Fenster oder Nischen bestehen aus zwei Seitenpfeilern, ein jeder in einem Block, die ein dritter krönt; dieser verläuft nicht geradlinig, sondern ist nach innen gewölbt und überragt die Verkleidung. Türen und Fenster wurden durch Flügel geschlossen, was die Bohrlöcher in den Seitenpfosten belegen und was ersichtlich macht, daß da die Tür- und Fensterangeln eingepaßt waren.

Durch die stehengebliebenen Seitenpfosten ist unschwer zu erkennen, daß es in diesem Gebäude zwölf Türen gab, von denen die meisten erhalten sind. Alle sind ausnahmslos auf der inneren Seite der Pfosten mit Skulpturen verziert, von denen einige eine Beschreibung verdienen. Unter anderen nenne ich den Haupteingang, der den Zutritt von dem Portikus in die Säulenhalle freigibt. Diese Tür hat zu beiden Seiten je ein Relief, das eine Person mit einem Stab in der einen

Hand und eine Art Strauß oder eine Lotosblüte in der anderen zeigt. An dem Schirm oder Fliegenwedel, den zwei Diener von kleinerem Wuchs über den Kopf dieser Person halten, erkennt man, daß es sich um einen König handelt. Im Hintergrund der Halle befinden sich zwei weitere skulpturengeschmückte Türen, die dasselbe Motiv aufweisen, das sich übrigens sehr oft an diesen Wänden wiederholt.

Zu diesen Darstellungen königlicher Erhabenheit kommen die Erinnerungen an die persische Mythologie hinzu. Götter- und Heldensagen ebenso wie die weltliche Herrschaft des Monarchen haben einen sehr hohen Stellenwert in den Motiven von Persepolis. Die dunklen, phantastischen Symbole der Religion der Perser, die der irdischen Welt entlehnt sind oder einer wunderlichen Vorstellung entstammen, sind überall an die Gestalt des Königs gebunden. So zeigen mehrere Palasttüren eine Gestalt im Zweikampf mit einem Tier, das sich der starken Hand und dem Dolch zur Wehr setzt. Um wen handelt es sich da, um einen Gott, einen König oder einen einfachen Sterblichen? Nichts kennzeichnet ihn zur Genüge, als daß man sein Wesen bestimmen könnte. Wer er auch sei, zu verkennen ist nicht, daß diese symbolische Skulptur einen religiösen Sinn hat. Das für die Opferung vorgesehene Tier ist bald ein Löwe, bald ein Stier, ein Greif oder ein Ungeheuer seltsamsten Ursprungs. Es hat einen schreckenerregenden Kopf mit großen Ohren und einem Horn auf der Stirn, löwenartige Vorderpranken und Hinterbeine mit Adlerkrallen. Sein Körper ist gefiedert, es hat große Flügel, und sein Hinterteil läuft in einen Skorpionstachel aus.

Reisende, wie vor allem der Engländer Ker-Porter, haben sich gewaltig geirrt, was diesen Schwanz angeht. In seinem Atlas hat Ker-Porter ihn als Fortsetzung der Wirbelsäule dargestellt. Das ist schlechthin eine sehr lächerliche Vorstellung, doch um gerecht zu sein und sich nicht allzusehr über solche befremdliche Skulpturen zu wundern, ist zuzugeben, daß es zuweilen zu Formen und Auffassungen kommen konnte, denen der gesunde Menschenverstand eine Abfuhr erteilt. Allein im Charakter dieser steinernen Bilder muß man die Entschuldigung für unsere Vorgänger suchen, die nicht genau verstanden haben, was dargestellt ist. Der Irrtum des englischen Reisenden Ker-Porter beruht außerdem auf der Vernachlässigung von Ausgrabungsarbeiten, bei denen die Figuren zur Gänze sichtbar geworden wären, deren untere Extremitäten er aber so nicht sehen konnte. Denn hätte er sie freigelegt, wäre der Schwanz des Tieres zum Vorschein gekommen, und der ist eindeutig der eines Skorpions. Dieser Stachel versinnbildlicht den Gedanken, sich ein Ungeheuer vorzustellen, das in sich die gefährlichsten Formen und Eigenschaften vereint, um es möglichst schrecklich erscheinen zu lassen.

Eine andere Tür zeigt den geheimnisvollen Kämpfer in der Auseinandersetzung mit dem Stier, der, aufrecht auf den Hinterbeinen stehend, sich dem Bedränger zuwendet und ihn mit einem der Vorderbeine zurückstößt. Sein Gegner packt ihn jedoch mit der Rechten an einem Horn und stößt ihm mit der Linken einen langen Dolch in den Körper. Eine vierte, nur mit einem Pfosten stehengebliebene Tür trägt als Schmuck ein Relief mit ebenderselben Gestalt, die einen vom Boden hochgehobenen Löwen, der sich mit den Tatzen vergebens loszumachen sucht, in einer mächtigen Umarmung erdrückt. Die Gestalt des Gottes oder Menschen ist bei diesen verschiedenen Kampfszenen in ein sehr einfaches Gewand gekleidet, in eine faltenreiche Tunika, vorn geschürzt, um den Beinen Bewegungsfreiheit zu geben, und den Saum über die Schulter geworfen, dabei den Rücken bedeckend, aber die Arme frei lassend. Bart und Haare sind äußerst gepflegt und vorteilhaft geordnet. Die Stirn gürtet ein schmales Band, die Füße stecken in hochsohligen Schuhen, Kothurnen ähnlich. Die ganze Erscheinung strahlt Kühle aus, sie verbreitet Ernst und besagt majestätisches Walten.

Dieser Zweikampf findet wahrscheinlich zwischen Ormuzd und Ahriman statt, letzterer durch verschiedene bösartige oder erschreckende Tiere dargestellt. Der siegreiche Gott verhält sich kaltblütig und beweist eine Gelassenheit, die in diesen Szenen nicht voll zur Wirkung kommt, aber kommen könnte. Vielleicht muß man in dieser Ruhe, ja in dieser Steifheit das religiöse und althergebrachte Merkmal der unwiderstehlichen Macht des Siegers sehen.

Zwei andere Türen, die vermutlich zu den Räumen der Zurückgezogenheit führten, zeigen Motive eher des persönlichen Lebens, wohl der Bestimmung entsprechend. Bei der einen wie bei der anderen sieht man auf den Seitenpfeilern die Gestalt eines bartlosen Jünglings, der Diener oder Edelknabe sein könnte und der in der einen Hand ein Gefäß hält, in der anderen so etwas wie ein Tuch oder Weihrauchwedel. Es gibt noch andere Türen, deren Reliefs sich von den vorherigen unterscheiden, sie gehen auf den Portikus oder auf den kleinen Perron. Hier hat der Bildhauer lanzenbewehrte

Garden abgebildet, die die Zugänge zum Palast zu bewachen scheinen.

Ich war in den Ruinen gerade mit meinen Forschungen und Untersuchungen beschäftigt, als ich einen Mann erblickte, der auf mich zukam. Die Sonne und der trockene Wind hatten seine Haut geschwärzt, sein sehr langes Haar fiel in dichten Strähnen auf die Schultern, über die er ein Tigerfell geworfen hatte. Er trug eine spitze Mütze aus gelbem Filz. Arme und Beine waren entblößt, ebenso die Brust, auf der in einer schwarzen Lederhülle ein großer Talisman hing. Von dem einen Arm hing an einer kupfernen Kette eine Schale aus einer halbierten Kokosnuß herab, in der er ein paar kleine Münzen mit sich herumtrug und etwas Honig, den er mir anbot. Das war die Art und Weise, mich um ein Almosen anzubetteln, indem mir scheinbar ein Geschenk gemacht würde. Dieser eigentümliche Mensch, dessen fahriger und glasiger Blick auf eine gewisse Verstörtheit hinwies, war, was die Perser einen Darwisch nennen, die Inder einen Fakir, das heißt einen armen, umhergetriebenen Teufel, der von der Barmherzigkeit lebt und der mit dem Stock in der Hand vom Tigris zum Indus und vom Persischen Golf bis in den Kaukasus wandert. Diese besondere Menschengattung, die fast ausnahmslos aus Schelmen, Dieben und Wüstlingen besteht, gilt bei den Frömmlern aber als Gottesvolk, dem der Herr seinen Geist eingehaucht hat und das seinen Platz unter Mohammads Paradiesjungfrauen einnimmt. Der orientalische Aberglauben gewährt diesen heiligen Personen zahlreiche Vorrechte. Man preist zum Beispiel die geheimnisvollen Zaubertränke, mit denen sie, wie man sagt, Schlangenbisse und Skorpionstiche heilen. Man glaubt, sie haben Rezepte gegen alle Übel. Die Frauen wenden sich an sie bei Unfruchtbarkeit, die Männer bei Zeugungsunfähigkeit. Da sie wegen ihrer Hexereien und ihrer angeblichen Macht, das Unglückslos zu werfen, allgemein gefürchtet sind, geht man mit ihnen sehr rücksichtsvoll um; wenn es ihnen beliebt und wenn sie es sich in den Kopf gesetzt haben, sich in der Wohnstatt ihrer Wahl niederzulassen, wagt es keiner, sie zu verjagen. Man muß ihnen also Entgegenkommen erweisen und ihren Launen stattgeben. Mit dem Ruf »Jâ Ali!«, der ihnen eigen ist und den sie täglich tausendfach ausstoßen, lassen sie sich alles geben, was sie wollen. Ich habe einen kennengelernt, den man Darwisch Schâh nannte, weil er sich zum König aufgeschwungen hatte. Er trennte sich nie von dem Herrschaftsbezirk, folgte dem Schâh überallhin, hatte sein Zelt, auch sein Maultier oder Pferd, um den Gebieter an jeden Ort zu begleiten. Er war der denkbar größte Taugenichts: Saufbold, Glaubensverächter, Spieler, Lotterbube, kurz, er vereinigte auf sich alle vorstellbaren Laster. Er war nicht im geringsten ein Heiliger, doch eines Tages wird man ihm vielleicht ein Grabmal errichten, das mit dem Namen Imam als Zeichen der tiefen Verehrung geschmückt wird. Diese Darwische oder Fakire leisten das Gelübde der Armut, jedoch nach allem, was sie rechtens einfordern, versteht man nur zu gut, daß das für sie eine leichte Verpflichtung ist, denn sie brauchen einzig das Verlangen auszusprechen, und sie erhalten das Gewünschte. Sie sind also in einer besseren Lage als sonstwer, und außerdem kettet sie ihr Gelübde nicht auf ewig. Wenn die Sache schlecht steht oder wenn es sich herausstellt, daß etwas Besseres zu erlangen ist, dann werfen sie Kappe und Fakirstock weit von sich und verstehen es ebensogut, die Rolle eines Mirsâs oder Châns zu spielen, je nachdem, wie das Glück sie begünstigt. Aber es gibt auch welche, die als echte Gläubige und als Fanatiker in der enthobensten Ergebung leben, in einem Kreis mystischer Vorstellungen, der sie von der Welt absondert. Diese verbringen den lieben langen Tag mit Fasten und Gebeten, völlig versunken in stumpfsinnige Verzükkung, die die Bewunderung der Muselmanen erregt.

Der Darwisch, der mich inmitten meiner Steine überraschte, war zweifellos keiner mit dem strengen Festhalten an Grundsätzen, denn er geruhte, einen Christen anzusprechen und um ein Almosen zu bitten, und er drückte sich mit einer Höflichkeit aus, die zu einem überspannten Fanatismus nicht gepaßt hätte. Da er mir, dem Christen, nicht hochmütig entgegentrat, wollte ich auch ihm nicht die nötige Achtung schuldig bleiben. Ich gab ihm also, worum er bat. Voll Dankbarkeit küßte nun der Darwisch einen Zipfel meiner Bekleidung, und ich sah mich wohl oder übel gezwungen, seinen Honig anzunehmen.

Ein paar Schritte von dem zuletzt beschriebenen Palast entfernt, bemerkt man auf dem Boden Säulenfundamente. Unter diesen Steinlagen befinden sich Reste einer Mauer mit dem Abbild der Gruppe Löwe-Stier und den lanzenbewehrten Wächtern. An diese Mauer schließt sich ein zerbrochenes Relief an mit acht Figuren in Löwenfellen, die Elfenbein herbeibringen. Prüft man die unvollständig erhaltenen, untereinander nicht verbundenen Skulpturen, kann man zu der Annahme kommen, daß das an dieser Stelle errichtete Gebäude einer späteren Epoche entstammt als der, in der die Ornamente entstanden, und daß diese Bruchstücke irgendeinem älteren Bauwerk entliehen sind. Diese Beobachtung ist dazu angetan, den Archäologen in Verwirrung zu versetzen. Hat die letzte und gründliche Zerstörung des Palastes von Persepolis, die vom Einfall der Griechen herrührt, eine vorherige Verheerung erfahren? Und wenn, dann aus welchem Anlaß? Die Geschichte hat keinerlei Spuren bewahrt. Die Fürsten, die Kyros' Erbe antraten, schienen bis zu Alexanders Erstürmung die ruhmreichen Inhaber des persischen Throns geblieben zu sein. Soll man annehmen, daß die Feldherren des makedonischen Eroberers, denen das Erbe des Dareios aufgeteilt zugefallen war und die begierig waren, sich an dem Platz, wo der Thron des besiegten Herrschers gestanden hatte, niederzulassen, sich einen Palast haben errichten wollen, indem sie die noch rauchenden Trümmer der Bauten von Persepolis zusammentrugen? Soll man denn in dem ungeordnet, unzusammenhängend Hingestellten nur die Reste des grobschlächtigen Nebeneinanders von irgendwelchen ungleichen Materialien sehen, die einem zum Satrapen aufgestiegenen Heerführer zeitweilig als Wohnung gut genug waren?

Sei dem, wie ihm wolle. Die hier getroffene Beobachtung trifft auch auf andere Teile der Palastanlage zu, und zwangsläufig wiederholt sie sich im Hinblick auf das nächste Bauwerk. An den stehengebliebenen Blöcken erkennt man die Verwendung von sowohl bloß zugehauenen wie auch bildnerisch gestalteten Stücken als Grundlage, die vorher sicher zu anderen Bauten gehört haben. Obwohl die Tatsachen nicht anzuzweifeln sind, zumal sie wirklich auf genauer Betrachtung beruhen, kann ich mich doch nicht von der Überzeugung trennen, daß der nun letztgenannte Bau, zu dessen Errichtung diese Fragmente ihre Verwendung fanden, der Epoche von Persepolis entstammt. Unbestritten gehören diese verschiedenen Bauwerke, wenn nicht derselben Regierungszeit und somit in einem Guß geformt, so doch demselben Zeitalter an, und unbestritten sind sie derselben Kunstausübung verpflichtet und huldigen Ideen, die keinerlei Veränderung erfahren haben. Man kann nicht nur die Ähnlichkeit, sondern die Gleichheit, die Übereinstimmung untereinander feststellen, die da besteht, sowohl als Ganzes wie in den Einzelheiten.

Der Bau, von dem ich spreche, ist einer der wichtigsten von Tacht-e Dschamschid und auch einer von jenen, die die meisten Teilstücke aufweisen, um den Plan und die Einzelheiten des genannten architektonischen Ensembles erkennen zu lassen. Er hatte eine Ausdehnung von zweiundsiebzig mal fünfundsechzig Metern. An der Vorderseite erstreckte sich eine geräumige Plattform mit dem sich anschließenden Haupteingang zu diesem Palast. Man erreichte ihn vom Osten und vom Westen über zwei Perrons, die in ihrer Anlage und Ausschmückung den bereits beschriebenen ähnlich waren, es handelte sich immer wieder um Wachen, um begleitende Inschriften, um wiederholte Darstellungen des allegorischen Kampfes Löwe – Stier und an den Stufen der Treppen um die kleinen mit Geschenken beladenen Personen.

Links vom östlichen Perron befindet sich eine einzelnstehende Grundmauer von vier Meter Länge und von einem Meter dreißig Stärke. Als wir die Bestimmung dieses Überrestes gewissenhaft untersuchten, entdeckten wir zu unserem Glück auf der gegenüberliegenden Seite des Perrons das Hochrelief eines Stiers von neunzig Zentimeter Länge, gemessen von der Stirn bis zum Schwanzansatz. Aller Wahrscheinlichkeit nach muß aus der Abbildung geschlossen werden, daß die linke Grundmauer ein Sockel oder Unterbau war, auf dem ein steinerner Stier ruhte, ähnlich dem zur Rechten, der umgestürzt ist und neben seinem ursprünglichen Platz liegenblieb. Dieses Hochrelief ist übrigens das einzige seiner Art, dem wir auf der ganzen Fläche der Ruinen von Tacht-e Dschamschid begegnet sind, was die Entdeckung um so wertvoller machte.

Die Ruinen von Tacht-e Dschamschid

3

Bei unseren Ausgrabungen beschäftigten wir Männer aus Kenâre, dem nächsten Dorf in der Ebene. Sie zeigten sich willig, aber ihre Werkzeuge waren für diese Arbeit wenig geeignet. In einem Land, wo die Sonne der immerfort ergiebigen Erde zur Fruchtbarkeit verhilft, strengt sich der Mensch zu ihrer Bestellung wenig an. Er benutzt stabiles, schweres Werkzeug nur, wenn er sie umbrechen will. Unsere Arbeiter mit ihren kurzen, leichten, kleinen Hacken brachten daher nicht viel zustande. Sie zeigten die schnelle Einsicht aller Perser und interessierten sich für unsere Entdeckungen, sie halfen uns bei der Bloßlegung der schönen Skulpturen, von denen sie bisher immer nur die Teile über dem Erdboden gekannt hatten. Aber bei allem Verständnis und bis zu einem gewissen Grad der Anteilnahme an unserer Wißbegierde konnten sie nicht glauben, daß die Liebe zur Kunst unser einziger Antrieb war, sie waren davon überzeugt, daß wir nach Schätzen suchten. In Persien wie überhaupt im Orient gilt ein eingewurzeltes Vorurteil: alle Zeugen des Altertums, hauptsächlich jene, die mit Inschriften bedeckt sind, weisen auf verborgene Schätze hin. Da die Perser nun sahen, wie Europäer Inschriften abzeichneten und deren Sinn zu ermitteln trachteten, oft auch in den Ruinen Ausgrabungen vornahmen, zogen sie den Schluß daraus, daß diese von so weit her angereisten Menschen die Trümmerstätten aufsuchten, um nach vergrabenen Reichtümern zu suchen. Eines Tages drang zu mir ein eigenartiges Gerede, das unsere Arbeiter in der Gegend aufgeschnappt hatten. Es hieß, wir würden Tag für Tag Gold, Silber und Edelsteine finden. Man behauptete sogar, wir hätten ein Gefäß mit sechzehn Bâtman – das sind vierundzwanzig Kilogramm – Goldmünzen entdeckt und zum Teil an den Schâh gesandt als Geschenk und als Abgabe für alles, auf was wir noch zu stoßen hofften. Ich konnte mir alle Mühe geben, um ihnen den Unsinn ihres Geschwätzes vor Augen zu führen und zu beweisen, daß, soweit es uns betraf, es gar nicht möglich war, solche Funde zu machen, denn sie waren es ja, die die Grabearbeiten machten. Doch das wollten sie nicht einsehen. Die Uneinsichtigen hielten daran fest, daß wir die Ausgrabungen bis zu einer Tiefe vorantreiben ließen, wo wir wußten, daß da der Schatz lag, und wir kämen nachts, um ihn zu holen. Nichts war den Leuten entgegenzuhalten, die mit einem derart festsitzenden Vorurteil stets eine Gegenmeinung hatten, es konnte aber auch höchst gefährlich werden, und vielleicht muß man aus keinem anderen Grund als diesem die zwei nächtlichen Überfälle erklären, die auf unser kleines Lager unternommen wurden.

Ich habe gesagt, daß wir zwei Soldaten eines Regiments, das in Schirâs stationiert war, bei uns hatten und daß sie uns der Befehlshaber dieser Stadt zuvorkommenderweise zugeteilt hatte, um uns nachts zu bewachen. Diese beiden wirklich zuverlässigen Männer taten ihren Dienst, während wir und unsere Diener schliefen. Sie wachten abwechselnd neben unserem Zelt bei einem Feuer, um das sie eine Art Barrikade aus Kisten und Brettern errichtet hatten, um einer Überraschung vorzubeugen. So verdeckten sie auch den Feuerschein, der in der Dunkelheit ein gutes Ziel abgeben konnte. Das war alles gut und schön gedacht und bewies, daß sie sich nicht in völliger Sicherheit wiegten. Wenn sie sich abends auf ihren Dienst in der Nacht einrichteten, verstärkten sie ihre Verteidigungsvorbereitungen durch eine lächerliche Kriegslist, auf deren Wirksamkeit sie ihr Vertrauen setzten: sie hängten rund um das Feuer über Pfähle Mützen und Mäntel, um die Anwesenheit mehrerer Wachmänner vorzutäuschen. Das ist der Kniff, zu dem man bei uns greift, um Spatzen zu erschrecken. Unsere Soldaten hielten ihn auch Räubern gegenüber für anwendbar.

Doch trotz dieser Vorsichtsmaßnahmen wurde während unseres Aufenthaltes in den Ruinen unser Schlaf zweimal durch Alarm gestört. Räubergesindel hatte sich im Dunkeln herangeschlichen und auf den Schuß unserer Wache hin zurückgeschossen. Sofort waren wir alle auf den Beinen. Aber wohin rennen? Nach welcher Seite die Räuber verfolgen? Das Gebirge war ihr Unterschlupf, dort konnte man sie nicht erwischen, zumal nicht in der Dunkelheit. Wir sahen nichts. Fast unbekleidet und daher fröstelnd, mußten wir unverrichteter Dinge in unsere Zelte wieder zurück. Die Banditen hatten damit gerechnet, daß alles schlief, und hatten gehofft, bis an unser Gepäck herankriechen und uns das, was ihnen zwischen die Finger käme, stehlen zu können. Zu einem Kampf waren sie nicht entschlossen. Sicherlich hatten unsere vermeintlichen Schätze sie angelockt. Hätten wir doch nur jene fabulösen Schätze entdeckt, die nach Meinung der Perser König Dschamschids verfallener Palast barg! Unsere Geldmittel gingen zu Ende, unsere Ausgrabungen hatten ein großes Loch in die Börse gerissen, wir hätten also mit Recht sagen können, daß nicht wir, sondern unsere Arbeiter in den Ruinen von Persepolis, wenn nicht gerade Gold gefunden, so doch Geld aufgelesen hatten.

Glücklicherweise waren diese kleinen Zwischenfälle nicht dazu angetan, uns in ernsthafte Schwierigkeiten zu bringen, wir setzten unsere Arbeiten mit demselben Eifer wie vorher fort. Auf dem Plateau, das wir schon zum größten Teil erkundet hatten, blieb uns nur noch ein Palast zum Untersuchen. Er ist von beträchtlichem Ausmaß, und wegen der Anzahl und der Schönheit seiner Skulpturen kommt ihm eine besondere Bedeutung zu. Seine Fläche beläuft sich auf einundneunzig Meter in nordsüdlicher Richtung mal sechsundsiebzig Meter von Ost nach West.

Nach den verschiedenen Elementen zu urteilen, aus denen sich der Palast zusammensetzt, vereinigte er auf sich alle Schönheiten, die wir nacheinander an einem jeden Monument von Persepolis festgestellt haben, so daß man sagen kann, dieser hier war einer der grandiosesten und schönsten unter all denen, die von diesem prächtigen Herrschersitz der Könige Persiens geblieben sind. Wir fanden ihn in einem kläglichen Zustand, von den Erdmassen des Gebirges, an dessen Fuß er stand, bis zu mehr als einem Meter verschüttet. Dennoch sind seine Reliefs in den oberen Partien recht gut erhalten, und durch die Ausgrabungen am Untergrund haben wir sie vollständig wiederhergestellt.

Dieser Bau bestand aus zwei verschiedenen Teilen: vorn eine große viereckige Halle und nach Norden ein breiter Portikus. Um dem Säulengang mehr Größe zu verleihen, hatte man zu beiden Seiten einen kolossalen Stier aufgestellt. Die beiden Stiere überragten um fast zwei Drittel ihrer Länge, also um beinahe vier Meter, die erste Reihe der Säulen mit dem Giebeldach. Diese Auskragung hatte den Vorteil, die großen Skulpturen hervortreten und in ihrer ganzen Erhabenheit erscheinen zu lassen, so daß sie die Wirkung der Fassade noch steigerten, die mit weiteren sechzehn großen Säulen, deren Kapitelle aus Doppelstieren bestanden, geschmückt war.

Von diesem Portikus trat man in das Innere durch zwei gewaltige Flügeltüren ein. Man hatte auch Zugang von drei anderen Seiten mit je zwei Türen, somit acht im ganzen. Nur die Türpfosten aus nischenartig ausgehöhlten und in ein und derselben Ordnung aufgestellten Blöcken bezeichnen die Stelle und die Anlage des Gebäudes. Diese Seitenpfosten künden heute noch von dem Reichtum und von der Art der Verzierung dieses Monuments. Sie sind ausnahmslos mit Reliefs bedeckt, auf denen man dem Löwen, dem Greif, dem Stier und jenem anderen, namenlosen Tier wiederbegegnet, besiegt von einer allegorischen Gestalt, einer Art Hausgott, den wir schon an der Schwelle aller anderen Paläste gesehen haben. Der König ist in seiner ganzen Herrlichkeit vorgestellt. Um seinem Bild noch mehr Ehrfurcht zu verleihen, stellt man ihn auf seinem Thron dar, inmitten einer noch größeren Anzahl von Garden und Tributpflichtigen. Was die Schönheit dieses Bildhauerwerkes angeht, so kann kein anderes Gebäude von Persepolis mit diesem hier wetteifern. Kann es sein, daß sich in dieser schönen Halle Alexander beim Anblick dieser prangenden Bildnisse des Perserkönigs, vielleicht des Xerxes, in sinnloser Trunkenheit dazu hinreißen ließ, alles in Brand zu stecken und zu vernichten, was die Kunst jener alten Zeiten an Pracht für die Wohnung des Siegers über Griechenland geschaffen hatte?

Der weite Raum innerhalb der vier Wände dieses Saales und das Fehlen jeglicher Spur, die auf Unterteilung durch Trennwände hindeuten könnte, brachte uns auf den Gedanken, daß es dort Säulen gegeben haben müßte. Und in der Tat fanden wir in zwei Meter Tiefe die Basen und hatten damit den Beweis, daß hundert Säulen existiert hatten, zehnmal je zehn, und daß sie kanneliert waren und in Tierleiber ausliefen.

Die vier Tore auf der Ost- und Westseite sind der Darstellung jener Gestalt mit Menschenantlitz und übernatürlicher Kraft vorbehalten, die einen Stier, einen Löwen, einen Greif und ein weiteres Tier bekämpft, das letzteren beiden zuzurechnen ist. Zwei dieser Motive wurden bereits beschrieben. Die Auseinandersetzung mit dem Greifen war nur halb sichtbar. In diesem symbolischen Zweikampf hat das Ungeheuer einen Adlerkopf mit haubenförmiger Verlängerung, die bis zum Hals reicht und auf dem Kopf einen langen Federbusch bildet. An diesem wird es von seinem Gegner gepackt. Der gefiederte Hals geht in den Schulterpartien in zwei große Flügel über, die den Körper bedecken. Dieses Phantasietier vereint in sich zwei Eigenheiten, die des Vierfüßlers und die des Vogels. Unschlüssig die erste, weil zwei verschiedene Arten teilhaben: den Kopf des Scheusals überragen Ohren wie die eines Pferdes, und die Schwingen geben mächtige Füße mit gewaltigen Krallen frei, von denen die eine den Feind kräftig zurückstößt und die andere seinen Arm umklammert. Dieser Teil des Körpers, an dem man den Löwen wiedererkennt, setzt sich zu den Hinterbeinen hin fort. Dort zeigt sich das Vogelhafte an den Adlerkrallen, die an den Löwenbeinen sitzen, und an dem Schwanz, der einem Vogel zuzuordnen ist und nicht einem Vierbeiner. Wahrlich, eine sehr fremdartige Skulptur. Es gibt nichts Seltsameres als diese Zusammenstellung aus Körperteilen mehrerer Tiere. Man muß daher in diesen völlig auf Übereinkunft beruhenden Bildnissen etwas Symbolisches, etwas Mystisches sehen, das die Gelassenheit in diesen Szenen erklärt, in denen die ganze Kraftentfaltung des Unterlegenen den Sieger nicht aus dem Gleichmut bringen kann.

Wir waren schon diesem Relief begegnet, ohne es zu beschreiben. Es stellt auch einen Zweikampf dar: ein Löwe setzt sich einer übermächtigen Umschlingung und dem Dolch des Gott-Menschen zur Wehr. Der Bildhauer hat nicht nur die typische Haltung des Löwen getreu nachgestaltet, er hat bei der Ausführung dieser Figur seine ganze Begabung zum Ausdruck gebracht. Dieser Löwe, klar erfaßt und mit Größe in diesem Zusammenhang vorgestellt, ist ein Werk der Wahrhaftigkeit, des Verstehens der wirklich bewundernswürdigen Natur. Übrigens ist seine Haltung dieselbe wie bei allen diesen Tieren: der besiegte Löwe drückt Gefaßtheit aus ebenso wie sein Widersacher.

Die Haupttore gehen auf den Portikus, und die schmückenden Reliefs an ihnen übertreffen die anderen an Ausmaß und Reichtum der Zusammenstellung. Die zwei Tore der vierten Seite, den vorhergehenden gegenüberliegend, tragen Reliefs mit Motiven wie an den Haupttoren. Alle vier verdienen den Namen Königstor, denn die Skulpturen zeigen allesamt den König auf dem Thron, allerdings mit Abweichungen, die die Südseite von der Nordseite unterscheiden; die eine Seite zeigt den Herrscher mit seinen Untertanen aus allen Völkerschaften zu seinen Füßen, während er auf der anderen Seite inmitten seiner Familienmitglieder und seiner Garden dargestellt ist. Zweifellos hat die letztgenannte Idee eins der seltsamsten und schönsten Stücke der antiken Bildhauerkunst geliefert: Das Relief ist horizontal in sechs voneinander durch Rosettenbänder getrennte Felder aufgeteilt, die in der Höhe und in der Breite verschiedene Teile dieses großen Bildes vorweisen. In den fünf unteren Teilen sind die Garden mit ihren Lanzen, Köchern und Schilden, wie schon so oft gesehen, aufgereiht, und zwar zu je zehn. Über diesen fünfzig Garden, denen die Sicherheit des Königs in seinem Palast zu obliegen scheint, thront unter einem Traghimmel der Herrscher, gekleidet, wie schon bekannt, und den Stab mit der Blume in der Hand haltend. Der Thron oder Tacht (das persische Wort bezeichnet den Königssitz, von dem sich die heutige Bezeichnung für diese Bauwerke herleitet) ist ein Sitz mit Rückenlehne, ein erhöhter Sitz, denn die Füße des Königs durften nicht den Erdboden berühren, sondern ruhten auf einem Schemel. Der Thron ist eine der interessantesten Abbildungen auf allen Reliefs von Tacht-e Dschamschid; und bei all dem Ausgefallenen, das dem Thron des Königs der Könige eigen war, hat man dank der Anmut der Formen zumindest den Beweis von dem Geschmack und der schon sehr entwickelten Kunst dieser weit zurückliegenden Epoche der menschlichen Zivilisation. Außerdem hat dieser Sitz eine auffallende Ähnlichkeit mit denen, die von den Reliefs aus Ninive bekannt sind. Diese Ähnlichkeit ist von archäologischer Wichtigkeit, da man annehmen darf, daß die Perser in einigen ihrer Gebräuche Nachahmer der Assyrer gewesen sind; vielleicht ist man der Wahrheit nicht allzufern, wenn man meint, daß die Meder oder Perser bei der Plünderung Ninives den Thron für ihre eigenen Herrscher mitgenommen haben.

Hinter dem Monarchen, der die anderen an Größe weit überragt, steht ein Diener, der den Fliegenwedel über dem königlichen Haupt bewegt; dann kommt ein Offizier, dessen Kleidung einen Bogenschützen anzeigt und der die Waffen des Königs zu halten scheint: in seiner Rechten ein kleines Beil oder eine Streitaxt und auf seiner linken Schulter einen Bogen, der von einem gegabelten Stiel gestützt wird, möglicherweise von einer Armstütze, um treffsicher zu schießen. Vor dem Herrscher steht eine Person, gleichfalls mit einem Stab versehen und in eine kurze Tunika gehüllt, die rechte Hand ist erhoben und das Wort an den König gerichtet. Neben dem Thronhimmel steht zu beiden Seiten je eine Gestalt, die eine ist ein Wächter und die andere ein Diener mit einem Gefäß. Den königlichen Traghimmel bezeichnen zwei Pfosten, die eine an den Ecken herabhängende Überspannung tragen, und schließt eine Franse mit Eichelborte ab. Oberhalb der Franse verlaufen drei schmale Rosettenstreifen. Die Zwischenräume dort werden von zwei kleinen übereinanderliegenden

Feldern ausgefüllt, in deren Mitte der Mehr schwebt, und zwar vereinfacht als Ring, der mit Vogelschwingen und einem Vogelschwanz versehen ist. Jede Seite des Mehr weist fünf symbolische Tiere auf, im oberen Feld ist das zehnmal dargestellte Tier ein Stier, im unteren ein Löwe.

Von den vier Reliefs, die die Ausschmückung der Türen dieses Palastes vervollständigen, weisen zwei ein übereinstimmendes Motiv auf. Die obere Partie gilt der Darstellung des Königs, unter dem Traghimmel sitzend, während die untere Figuren zeigt, die den Thron stützen und die verschiedenen Völkerschaften und Stämme bedeuten, die damals zum persischen Reich gehörten. Dieser Gedanke wird mit drei Reihen übereinandergestellter Figuren ausgedrückt, unter denen an ihren Gewändern oder an ihren Gesichtszügen Assyrer, Meder, Skythen oder Neger zu unterscheiden sind. Beim Betrachten dieser verschiedenen Typen gelangt man, soweit es die Verstümmelung der Skulptur überhaupt zuläßt, zu der Überzeugung, daß der Bildhauer nicht nur die Völker und Stämme, wesentliche Bestandteile des persischen Reiches, hat darstellen wollen, sondern auch jene, die den siegreichen Eroberern der Achämenidendynastie eher zufällig tributpflichtig geworden waren.

Im Nordteil des Plateaus, des gemeinsamen Untergrundes all dieser Monumente, sieht man noch eine große Anzahl grob behauener Fragmente, die für die Meißelarbeit hergerichtet oder einfach in die Wand des Felsens eingehauen waren. Sie sind ohne Interesse, beweisen aber, daß an diesem riesigen Werk noch nicht letzte Hand angelegt worden war, da Feuersbrunst und Plünderung dies verhindert hatten.

Ich habe die einzelnen Gebäude beschrieben, die das bewundernswürdige, in Persien unter dem Namen Tacht-e Dschamschid bekannte Ganze bilden. Ich habe gesagt, daß an diesem Aufenthaltsort der persischen Könige die Wohnungen des Zurückgezogenseins neben pompösen Sälen der Gepränge liebenden, Prunk entfaltenden Fürsten zu erkennen sind. Die Begründer dieses Riesenpalastes hatten nicht nur ihr Verweilen zu Lebzeiten dort im Auge, sondern wollten sich auch eine ihrer Größe würdige und sich in die Wohnung harmonisch einfügende Grabstätte errichten. Dieser Gedanke, sich prachtvolle und dauerhafte Grabdenkmäler zu schaffen, ist fast allen Völkern gemein, aber in keinem anderen Land ist er auf eine den Königsgräbern von Persepolis vergleichbare Weise ausgeführt worden. Gewöhnlich liegen Gräber fern oder zumindest außerhalb der von den Lebenden bewohnten Orte. So befinden sich die Pyramiden oder Grüfte Ägyptens inmitten der Sandebenen Alexandrias, oder die Höhlen wurden an den kahlen Hängen der libyschen Bergkette angelegt. Die Grüfte der Achämenidenfürsten dagegen sind Teil ihrer Wohnung und fügen dem Glanz der Paläste, wo sich die Macht der Herrscher über Persien mit so viel Kunst und so viel Pomp dargestellt hatte, die Strenge der Totenornamentik hinzu.

Zwei gleichartige Gräber lagen am Berghang, der im Osten die Palastumfriedung bildet. Man hatte sie einfach in den Felsen getrieben, und der mit architektonischen Linien und Reliefs geschmückten Fassade wurde kein angesetztes Stück hinzugefügt: der Felsen wurde ausgehöhlt und gewährte alles Notwendige für die Anlage und Ausschmückung.

Nach antiker Gewohnheit und nach dem besonderen Brauch bei den Persern waren diese Grabmale wohl nicht eigentlich unzugänglich, aber sichtbar standen sie nicht in Verbindung mit den Palästen. Es führte keine Treppe zu ihnen hinauf. Wenn man auch hier und da Spuren eines Pfades bemerkt, der in den Felsen geschlagen worden war, mußte man doch, um zu den Gräbern zu gelangen, die Felswand wegen ihrer Unebenheit mit Leitern erklimmen. So erreichte man eine Plattform, teils vom bearbeiteten Felsen gebildet, teils künstlich in fünf zurückspringenden Wänden, dem Untergrund, mit vierkantig behauenen und ohne Zement übereinandergeschichteten Blöcken angelegt. Am hinteren Ende dieser Terrasse war dann der Zugang zu dem Grab.

Wie gesagt, war der Fels geschickt ausgenutzt und bearbeitet worden. Er hatte das Äußere eines Bauwerks, das zu der bevorzugten Art von Palästen in Persepolis gehörte. Die Fassade zeigt im unteren Teil einen vorgetäuschten Portikus aus vier verbundenen Säulen, deren Kapitelle von zwei mit dem Rücken einander zugekehrten Stierleibern gebildet werden. Die gehörnten Köpfe tragen eine gezahnte Kranzleiste. Darüber verläuft ein Fries mit achtzehn eingemeißelten Löwen, auf jeder Seite neun in jeweils entgegengesetzter Anordnung und in der Mitte durch eine Art Lotosblüte getrennt. Unter diesem Hauptgesims tritt die Fassade zurück. Zwischen den beiden Felsvorsprüngen befindet sich in einem Rahmen ein großes Relief mit dem offensichtlich unerläßlichen religiösen Motiv. Den oberen Teil bildet der Mehr über einem Akt der Feueranbetung, der von einer Gestalt ausgeführt wird, in der ich den König zu erkennen geglaubt habe. Sie steht am Ende der drei Stufen aufrecht da. In der Linken hält sie einen Bogen, mit der Rechten weist sie zum Zeichen des Schwurs oder der Anbetung auf einen Altar, auf dem die heilige Flamme abgebildet ist. Diese Szene scheint die Weihe des Feuerglaubens durch den Herrscher zu bedeuten, dessen sterbliche Reste in dieser Höhle beigesetzt worden sind.

Dieser erste Teil des Reliefs ruht auf einer Art Untersatz, der mit einer Eierstabreihe verziert ist und beiderseits in dem Doppelleib jenes seltsamen Halblöwen-Halbadlers endet. Den Untersatz scheinen vierzehn Figuren mit unterschiedlichem Gesichtsausdruck und verschiedener Bekleidung, in zwei Reihen geordnet, zu stützen. Andere sind auf beiden Seiten aufgestellt, darunter einige, deren Haltung und Gebärden darauf hinzuweisen scheinen, daß sie weinen. So stellt sich auch das Innere dieser Grabkammer dar, wo sich, wie man sieht, das Ausschmückungsmuster wie bei allen Palästen von Tacht-e Dschamschid wiederfindet.

Von meinen Untersuchungen in den Grüften wurde ich durch einen Vorfall abgelenkt, der erzählt werden muß. Als ich den Pfad zu den Gräbern emporkletterte, bemerkte ich zwei Gestalten, deren Kleidung mir schon von weitem anders als die der Perser erschien: es waren zwei alte Männer von gedrungenem, kräftigem Wuchs, mit lebhaften Augen. Statt der spitzen Lammfellmütze bedeckte ihren Kopf ein breiter Turban mit bis auf die Schultern herabhängenden Zipfeln. Ihr Bart war nicht nach dem Brauch der Perser sorgfältig mit einer schönen schwarzen Tönung versehen, sondern sah so aus, wie ihn die Jahre hatten werden lassen, völlig weiß. Sie wechselten ein paar Worte in einer Sprache, die ich in diesen Gegenden noch nicht gehört hatte, dann redeten sie mich auf persisch an. Auf die Fragen, die ich ihnen stellte, antworteten sie, sie seien Kaufleute aus Jasd, wohin sie nach einer langen Reise, die sie in den Norden Persiens geführt hatte, nun zurückkehrten. Sie fügten hinzu, daß sie sich wie fast alle Einwohner von Jasd zur Gebern-Religion bekennten, wie Dschamschid, der große König, der die Paläste von Persepolis errichtet habe. Sie hatten an den Ruinen nicht vorbeiziehen wollen, ohne ihnen einen frommen Besuch abzustatten. Nachdem sie so gesprochen hatten, begannen sie Reisig und trockenes Gras zusammenzutragen und am Fuß des Berghanges, wo wir standen, eine Art kleinen Holzstoß aufzuschichten, den sie in Brand steckten, und in jener Sprache, in der sie sich beim Herannahen unterhalten hatten, Gebete zu flüstern. Das mußte Sand sein, die Sprache Zoroasters oder des Zendawesta, dessen Schriftzeichen auf den Mauern in Persepolis eingegraben waren.

Während die beiden Gebern vor ihrem Feuer beteten, richtete ich die Augen auf das obere Relief in der Fassade der Grabstätte, vor der wir uns befanden. Die dort dargestellte Szene war die gleiche. Also hatte der Kult noch nach mehr als zweitausend Jahren Eingeweihte, deren Glauben sich trotz der Verfolgungen durch die Anhänger der Sekte Mohammads und Alis bewahrt hatte. Noch lange nach dem Aufbruch der beiden Gebern brannte der kleine Holzstoß, und sein leichter Rauch reckte sich als bläuliche Säule zum Himmel. Ich konnte mich des Eindrucks einer religiösen Empfindung nicht erwehren, zumal ich nun allein neben dieser angebeteten Glut stand, der die Verehrung der beiden vor ihr knienden Alten gegolten hatte. Der Rauch der frommen Handlung stieg allmählich über die wilden Felsen der schweigenden, trümmerbedeckten Ebene hinaus, in deren Mitte noch die Bruchstücke antiker Feueraltäre lagen.

Das Innere des Grabes war von einer Einfachheit, die ganz im Gegensatz zu dem Äußeren stand und den Gräbern von Naksch-e Rostam gleichkam. Man betrat es durch eine Tür zwischen den beiden Säulen in der Mitte der Stirnwand: Diese Tür öffnete sich nicht in ihrer ganzen Höhe, sondern nur der untere Teil gab den Zugang frei, das übrige war wahrscheinlich nach der feierlichen Beisetzung in dem Grabesverlies zugemauert worden. Die Grabkammer teilt sich in zwei Hälften, die, obwohl verschieden durch die ungleiche Höhe ihres sich überschneidenden Gewölbes, dennoch eine einzige Gruft bilden, mit einem Sarkophag in der Mitte, der wie alle anderen Teile aus dem Felsgestein herausgearbeitet worden ist.

Folgt man dem Gebirgshang in südlicher Richtung, dann stößt man auf einen anderen Pfad und auch auf einige noch erhaltene Stufen im Felsen. Er führt zu einem zweiten Grab, das sich vom Palast weiter entfernt befindet und etwas höher in der Bergwand liegt. Äußerlich ähnelt es dem ersten, im Innern birgt es aber sechs Grabstätten.

Ebenfalls nach der Südseite hin liegen unterhalb der Mauer, die die große Terrasse von Tacht-e Dschamschid stützt, sehr viele Bruchstücke, die zu Grundlagenschichten, Schäften und Kapitellen von Säulen gehört haben. Dort entdeckt man auch einen Kanal für die

Wasserzufuhr und einen ausgetrockneten Brunnen beziehungsweise ein Wasserbecken. In einer nach Nordosten verlaufenden Schlucht findet man eine vereinzelte, ohne in irgendwelchem Zusammenhang mit anderen Gebäuden stehende Tür von der Art, wie ich sie bereits beschrieben habe. Die Pfosten enthalten zwei verstümmelte und nicht zu erkennende Reliefs. Um diese Trümmer herum und nach allen Richtungen hin zeigt das Gebirge Spuren von gewaltigen, mühseligen Arbeiten, die notwendig waren, um die Materialien für den Bau all dieser Monumente herbeizuschaffen. Mit den Säulenschäften oder Kapitellen, die man dort im Zustand des Entwurfs vorfindet, hält man den Beweis in den Händen, daß die Einzelteile in den weit entlegenen Steinbrüchen vorbearbeitet wurden, bevor man sie an den jeweiligen Bestimmungsort brachte.

Eines Tages sah ich zu meinem Erstaunen die Landstraße voller Reiter und wurde von den Gholâms laut schreiend und heftig gestikulierend in Kenntnis gesetzt, daß der Gouverneur der Provinz Fârs den Ruinen einen Besuch abstatten werde. Es war Farhâd Mirsâ, ein Schâhsâde, also ein Bruder des Schâhs, der kürzlich in der Residenz von Schirâs eingesetzt worden war. Er wollte bei seinem Durchzug die Orte besichtigen, die einst von seinen Vorgängern vor zwanzig Jahrhunderten bewohnt gewesen waren.

Den Schâhsâde hatte ich bereits in Teheran gesehen, ich war sogar von unserem Gesandten beauftragt gewesen, ihm einige Geschenke zu überreichen. So ging ich ihm entgegen, und wir hatten bald unsere Bekanntschaft erneuert. Ich bereitete ihm in den Ruinen einen ehrenvollen Empfang und gab über alles Auskunft. Der

Prinz machte mir einen gebildeten Eindruck, wie es ein Perser nur sein konnte. Er wußte Bescheid über die fabulösen Einzelheiten aus Dschamschids Herrschaftstagen, wie es die persischen Historiker, besser Geschichtenerzähler, überliefern. Für die meisten Reliefs hatte er eine Erklärung, die er als guter Muselman mit Mißbilligungen gegenüber der Gebern-Religion verquickte, von der er sagte, daß in ihr die Teufelsspuren zu finden seien.

Farhâd Mirsâ interessierte sich für unsere Arbeiten, betrachtete aufmerksam unsere Mappen und äußerte seine beifällige Befriedigung wiederholt mit den Worten: »Chub, chejli chub!« (Gut, sehr gut!) Wir bewirteten ihn mit Erfrischungen. Dann bestieg er sein Pferd und lud uns gnädig ein, ihn in Schirâs zu besuchen. Er ritt die große Treppe hinab, und wir konnten lange noch seinem großen Gefolge nachsehen, das in loser Ordnung durch die Ebene davonzog.

An demselben Tag wurde uns noch eine Zerstreuung geboten: ein Hochzeitsfest bei den Nomaden, die sich in unserer Nähe aufhielten. Sie hatten ihre schwarzen Zelte in einem Bergkessel unweit der alten Ruinen aufgestellt und gaben sich der ausgelassensten Fröhlichkeit hin. Uns Christen war allerdings die Teilnahme an ihren Vergnügungen verwehrt, aber der monotone rhythmische Klang ihrer Tamburine drang zu uns herüber. Zwei Tage lang hörten wir sie, ohne daß die Nacht die geringste Unterbrechung zugelassen hätte. Diese fortwährende Musik war die notwendige Begleitung der Vorbereitungen für das Fest, das nun begann. Wir sahen, wie die Braut im stolzen Aufzug ins nächste Dorf geführt wurde, wo sie das Bad nehmen sollte. Der Zug durch die Ruinen, an Säulen und Skulpturen aller Art vorbei, war ganz besonders wirkungsvoll. An der Spitze ritt der Bräutigam, der unaufhörlich und immer auf die gleiche Weise sein Tamburin schlug und mit Kraft und Glut in den Bewegungen scheinbar seine Freude zum Ausdruck bringen wollte. Ihm folgte sein Vater, der auf einer Rohrflöte blies und Mißtöne hervorbrachte, die einen in die Flucht jagen konnten. Dann kam zwischen ihrer Mutter und der Mutter ihres Zukünftigen die völlig verschleierte Braut, die auf einem mit zerlumptem Flitterzeug pompös bedeckten Esel saß. Um sie herum sprangen und tanzten schleierwedelnde Frauen, die der Zurichtung für die Nacht beizuwohnen hatten.

Diese Ilijât waren unsere Nachbarn. Sie versorgten uns mit Butter, Eiern, Hühnern, Brot und anderem. Wir unterhielten also mit ihnen die besten Beziehungen und konnten nur lobend über sie sprechen. Weil ich auf ihre Freundlichkeit Wert legte, benutzte ich diese Gelegenheit und schickte schon am frühen Morgen ein Geschenk für die junge Gemahlin: Ich legte einen roten Kreppschleier, der mit Goldpailletten besät war, in den Korb für den Gatten. Rassul Bejg, der den Auftrag ausführte, erzählte mir später, daß es keine Tollheit gegeben habe, zu der sich die Braut nicht hätte hinreißen lassen, als sie meinen Pischkesch empfing. Auch wenn ihr der Schleier von einem Giaur übersandt worden war, legte sie ihn sogleich an und erging sich voller Freuden in wilden, überstürzten Tanzschritten.

Jetzt waren wir am Ende unserer Arbeiten. Das bislang fast unveränderlich schöne, warme Wetter schlug plötzlich um. Schnee bedeckte die fernen Berggipfel, auch in der Ebene wurde die Kälte spürbar, es war der

7. Dezember. Zwei Monate vorher waren wir auf dem Plateau von Tacht-e Dschamschid angekommen und hatten die ganze Zeit im Zelt gelebt.

Wir wollten Persepolis nicht ohne ein Andenken an unser Verweilen zurücklassen. Da so viele unbekannte Reisende ihre Namen an die antiken Monumente geschrieben hatten, war es uns, den ernsthaften Forschern, den Abgesandten der französischen Regierung und vertrauenswürdigen Beauftragten seitens des Instituts dieses Landes, zweifellos gestattet, den Besuchern nach uns eine Inschrift zu hinterlassen, die von unseren Arbeiten in Tacht-e Dschamschid kündete. Ich wählte dazu einen der höchsten und standfestesten Pfeiler aus und schrieb, auf einer Leiter stehend, weit oben mit großen Buchstaben den Namen und das Fachgebiet eines jeden von uns, benannte den Grund und die Art unseres Auftrages, das Ergebnis unserer Arbeiten und Entdeckungen, die Dauer unseres Aufenthaltes.

Von Persepolis nach Schirâs

Am 8. Dezember verließen wir zur Mittagszeit, nachdem wir die ehrwürdigen Ruinen von Persepolis ein letztes Mal gegrüßt hatten, diesen Ort, an dem wir sechs Wochen in hingebungsvoller Arbeit zugebracht hatten. Wir stiegen von dem Plateau der Palastanlage hinab und wandten uns nach Westen, um auf die Landstraße nach Schirâs zu gelangen. Dort bogen wir nach Süden ab und mußten nun die große Merdascht-Ebene durchqueren. Sie wurde zusehends morastiger; als wir uns dem Schilfgewirr näherten, flogen Wasservögel auf und brachen Wildschweine aus ihren Suhlen hervor. Zur Rechten floß der Polwâr oder Siwand-rud, der sein Wasser dem einstmals Kleiner Araxes genannten, heute unter dem Namen Band-e Amir bekannten Fluß zuführt, der gestaut wird, damit sich das Wasser über die Ländereien verbreitet. Wir wechselten bei der dreibogigen Brücke Pol-e Chân auf die andere Seite, etwas unterhalb der Vereinigung der beiden Flüsse, unweit der Spitze einer kleinen, nach Westen hin sich erstreckenden Gebirgskette.

Band-e Amir galt lange Zeit als ein Fluß, der sich in den Persischen Golf ergießt, aber dem ist nicht so. Er entspringt in den Lorestân-Bergen und hat nur einen kurzen Lauf nach Südwesten, wo er einige Farsach hinter der Brücke Pol-e Chân von dem Gebirge aufgehalten wird und einen abflußlosen See bildet. Sein stehendes Gewässer sättigt sich mit Salz und wird unter diesen Umständen ungenießbar, wie überall in Persien.

Als wir vier oder fünf Stunden von Persepolis entfernt waren, erblickten wir die Häuser von Sargun, einem Flecken, dessen Wohnstätten aber verfallen waren. Er sah so elend und entvölkert aus, daß er ein armseliger Weiler genannt zu werden verdient. Sein Umfeld, die einstigen Werke der Umfriedung, die Gräber und einige noch vorhandene Bewässerungsgräben ließen darauf schließen, daß seine Bedeutung vor dem Niedergang groß war. In günstiger Lage am Fuß des Gebirges, das Sargun vor dem Nordwind schützt, breitete es sich nach Süden in ein fruchtbares Flachland aus. Noch zeigen sich Spuren einer dahingegangenen Wohlhabenheit. Mehrere jüdische Familien hatten sich angesiedelt und eine emsige Tätigkeit entfaltet, wobei der Weinanbau der berühmteste und einträglichste Zweig wurde. Nun findet man hier nur noch zwanzig Häuser im erbärmlichsten Zustand vor. Wein wird nicht mehr kultiviert. Weinstöcke sind überhaupt nicht mehr zu sehen.

Als wir in Sargun einzogen, glaubten wir, in ein aufgegebenes, wüstes Dorf gekommen zu sein. Lediglich zwei oder drei Personen mit blassem, abgezehrtem Gesicht, in Lumpen gehüllt, waren uns mit schleppenden Schritten entgegengewankt, wie schleichende Gespenster in Resten einstiger Häuser. In einem großen Gemäuer ohne Fenster und Türen wurden wir untergebracht. In dem Hof, auf den Treppen, in den Räumen, überall stolperten wir über Ziegelschutt und Gipsbruch. Das war das Mehmân-châne, das Haus für die Fremden. Auf eine traurige Weise vereinte es in sich die Mittel der Gastfreundschaft. Es war bei der allgemeinen Armut an diesem Ort viel, wenn es genügend Schutz gegen die Unbilden der Jahreszeiten bot. So gut es ging, richteten wir uns ein, um die Nacht zu überstehen; wir konnten uns aber nur mit größter Mühe vor dem Wind in Sicherheit bringen, der kein Hindernis zu kennen schien. Ein schlechtes Lager hat den Vorteil für den Reisenden, daß er es früh verläßt. Wir brachen zeitig auf, um bald in Schirâs zu sein, das nur noch fünf Stunden entfernt war.

Es ging durch ein bergiges, völlig uninteressantes Gebiet. Auf halbem Wege machten wir in Chal'at-puschân kurz halt, dem Ort, wo, wie es heißt, das Chal'at, das Ehrengewand, angelegt wird. Dieses Kleidungsstück besteht gewöhnlich aus einem pelzgefütterten Mantel oder Umhang, den der Monarch einem Gouverneur als Geschenk schickt. Der Brauch will es, daß dieser die Stadt verläßt, in der er seinen Sitz hat, und dem Überbringer der königlichen Gabe entgegengeht. Chal'at-puschân, von dem hier die Rede ist, ist der Ort, an dem sich bei ähnlichem Anlaß der Bejgler-bej von Schirâs aufhält. Alle großen Städte haben ihr Chal'at-puschân. Man wählt als Treffpunkt möglichst einen Platz, wo es ein angemessenes Gebäude, Grün und Wasser gibt. Aber vor Schirâs ist nichts Verlockendes; da steht ein ziemlich häßliches Haus mit einem kleinen Brunnen, umgeben von ein paar kümmerlichen Bäumen. Das umliegende Land bietet einen eintönigen, abweisenden Anblick. Gewiß muß man sich den ganzen Pomp einer königlichen Gegenwart denken, die einen Provinzgouverneur herbeizurufen vermag. Wir sahen dort nur eine Wache mit ein paar Bewaffneten, die die Straße im Auge zu halten und Zollabgaben von den Karawanenkaufleuten einzunehmen hatten.

Etwas weiter gerieten wir auf einem hochgelegenen Hohlweg in Schnee und Kälte. Kein Dorf war auszumachen. Das erstaunte uns, denn wir hielten die Gegend um Schirâs für dicht bevölkert. Wir stießen auf einen Bach, Roknâbâd genannt, und folgten ihm längs der gewundenen Abhänge. Er stürzt in allerlei Windungen und Kaskaden zur Stadt hinab und gräbt sich ein immer tiefer werdendes Bett, bis er dann in der Ebene von Schirâs friedlich dahinzieht.

Eine ganze Zeit ging es unmerklich abwärts, bis sich die rechts und links steil aufragenden Berge plötzlich öffneten und den Weg freigaben. Man nennt diesen Paß Tang-e Ali Akbar. Der enge Ausschnitt erlaubte einen Blick auf eine grüne, sonnenbeschienene große Ebene, und als wir um einen Felshang bogen, lagen direkt vor uns die Gebäude von Schirâs, die Minarette und Kuppeln. Auf dem Grund einer tiefen Schlucht zur Linken war der Roknâbâd zu hören, wie er gegen die Wände toste. Beide Seiten waren durch ein Mauerwerk miteinander verbunden, das ich für einen Aquädukt hielt, doch erklärte man mir, daß es eine starke Mauer sei, fest auf beiden Wänden aufgesetzt, um die Wasser zu stauen, die bei der Schneeschmelze derart wild und wuchtig von allen Seiten herabstürzen, daß ihr Einbruch in die Ebene eine Gefahr darstellen würde. Dieses Wehr erfüllt den Zweck, die Fluten zurückzuhalten und nur allmählich in das Bett des Roknâbâd zu

Staumauer des Band-e Amir

leiten, durch das sie in den großen See, das Reservoir südöstlich von Schirâs, strömen.

Wir stiegen schnell ins Tal hinab und waren bald auf einer schönen, breiten Straße, die von Gärten, Häusern und Emâmsâdes gesäumt war. Am Ende dieser Art Avenue erblickten wir eines der Stadttore. Kaum waren wir ein Stück weiter, als die Tofangtschis der Wache uns anhielten und uns den Wegezoll und die Abgaben für das Gepäck abverlangen wollten. Wir fragten sie, ob sie sich über uns lustig machten, denn seit wann würden Farangis irgendwelchen Zoll innerhalb der Länder des Schâhs entrichten, besonders wenn sie mit besiegelten Farmânen ausgestattet seien. Sie stotterten ein paar Worte, wollten jedoch auf die Abgabe bestehen. Das war ihre List, um sich einen Pischkesch zu verdienen. Aber da hatten sie sich verrechnet, sie wollten ein Recht ausüben, und wir verweigerten ihnen ein Geschenk.

Wir zogen in Schirâs durch ein Tor ein, hinter dem sich der überdachte, sehr weitläufige und gut angelegte Basar auftat, einer der schönsten, ja, ich kann sagen, der schönste überhaupt, den wir in Persien gesehen haben. Er war auf Befehl des Karim Chân, eines Sand-Fürsten, errichtet worden, der zu Beginn des achtzehnten Jahrhunderts die Macht an sich gerissen hatte und sie lange Zeit behielt, nicht als Schâh, sondern unter dem bescheideneren Titel eines Wakils oder Regenten. Wir durchquerten einige andere, nicht so breite Verkaufsstraßen, die uns von Schirâs einen weniger guten Eindruck vermittelten. Nach vielen, vielen Umwegen gelangten wir ins Viertel der Christen. Wir hatten mehrere Empfehlungsschreiben bei uns, darunter eins an den reichsten Einwohner von Schirâs. Doch galt der als ein äußerst rühriger Agent der Engländer in der Provinz Fârs. Das war Ende des Jahres 1840. Die Ereignisse in Syrien und die Meinungsverschiedenheiten zwischen Frankreich und England in der Orientfrage waren uns wohlbekannt. Wir hielten es also nicht für angebracht, die Gäste eines Mannes zu sein, der in irgendeiner Weise in englischen Diensten stand. Nach unserer Auffassung entsprach es dem nationalen Taktgefühl, nichts von wem auch immer zu erbitten, der Großbritanniens Fahne aufzog, und so wollten wir keinen Gebrauch von dem Brief machen, selbst wenn wir dabei den kürzeren ziehen würden, denn die große, sowohl behagliche wie »politische« Gastfreundschaft besagter Persönlichkeit hatte man uns hoch gepriesen. Die Direktion der Ostindischen Kompanie, die hier wie überall in ihrem Sinne handelte, sorgte für seine gesellschaftliche Stellung, wachte aber auch darüber, daß ihre Agenten keine Möglichkeit für eine Verdingung bei anderen fanden.

So beschlossen wir, uns nach einer bescheideneren Unterkunft in einem der armenischen Häuser umzusehen. General Séminot, der uns von Isfahan her bekannt war, hielt sich in Schirâs auf. Wir besuchten ihn und baten, uns ein Haus in seiner Nähe zu nennen, in dem man gewillt war, uns aufzunehmen. Das geschah auch. Nahebei stand das Haus der bedauernswerten Madame de la Marinière, die wir in Teheran noch angetroffen hatten und die vor wenigen Monaten gestorben war. Als die Dame hierhergekommen war, um sich Anteile aus dem Staatsschatz auszahlen zu lassen, die ihr Mohammad Schâh als Pension ausgesetzt hatte, war sie einem Fieber erlegen, das Jahr für Jahr viele Einwohner von Schirâs dahinrafft. Nun, die Nachfolge in ihrer Wohnung hielten wir nicht für verhängnisvoll und richteten uns ohne Bedenken sofort in ihr ein. Der Vermieter war ein junger Armenier mit Namen Karapet. Er trieb Geschäfte, hauptsächlich mit Wein, der in Schirâs sehr gut ist und mit Recht geschätzt wird. Besser konnten wir es nicht getroffen haben, um uns nach monatelangem Wassertrinken zu entschädigen.

Wir wollten mehrere Tage in Schirâs bleiben, weil archäologische Forschungen zu erledigen waren und wir unsere Karawane für den schwierigsten Teil unserer Reise, die Erkundung der Provinz Fârs, vorzubereiten hatten. Der Schâhsâde, der uns in den Ruinen von Persepolis aufgesucht hatte, war der Bejgler-bej. Er, Farhâd Mirsâ, dessen zwanzig Jahre ihm einen Gouverneursposten anzustreben erlaubten, hatte an Mohammad Schâhs Hof schon ungeduldig auf die entsprechende Gelegenheit gewartet, bis das Fieber, das unter der Bevölkerung jedes Jahr große Verluste verursacht, auch den Gouverneur von Fârs ins Grab brachte. Nun wurde er an dessen Stelle gesetzt und war etwa seit einem Monat im Besitz der Regierungsgewalt. Dieser Prinz hat einige Kenntnisse im Französischen und in der europäischen Geographie, einer recht seltenen Unterweisung im Orient, die er jener Madame de la Marinière verdankt, auf die ich mehrmals zu sprechen kam. Er glich sehr seinem Bruder, was Gutherzigkeit und die betonte Liebenswürdigkeit betraf, auch die wohlwollende Aufgeschlossenheit gegenüber Europäern.

Als wir nach Schirâs kamen, glaubten wir den Prinzen im Ark-Palast, der üblichen Residenz der Bejglerbejs, anzutreffen. Aber er war noch nicht durch eins der Tore in die Stadt gekommen. Er wartete in wahrhaft orientalischer Ergebenheit, zurückgehalten von einem gebieterischen Brauch, nämlich daß für seinen Einzug sein Astrologe die günstige Stunde bezeichnet. Er hatte sich vorläufig in einem Land- und Lusthaus niedergelassen, eine halbe Stunde von dem Stadttor entfernt, das zu durchschreiten ihm verwehrt war. Dort wartete Farhâd Mirsâ auf das Sichüberschneiden zweier himmlischer Krümmungen und auf das Erscheinen des Sternbildes im Zenit, denn das wäre die Ankündigung jenes Augenblicks, da er sich furchtlos vor seinen neuen Untergebenen würde sehen lassen können. Es handelt sich um eine recht wunderliche Art von Männern, die sich als Wahrsager der guten und der bösen Geschicke aufspielen und sich als dreiste Dolmetscher der Sprache der Gestirne ausgeben, wobei sie sich wie Sancho Pansas Arzt hinter ihren Herrn stellen und zu ihm mit hochtrabender Gelehrsamkeit sagen: »Tue das nicht, gehe nicht dorthin zu dieser Stunde, weil der Moment nicht günstig ist.« Sie sind dienstbare Spitzbuben, die sich meistens mit den Feinden desjenigen verständigen, von dessen Geld sie leben, die ihn betrügen und die seinem Willen entgegenwirken. Sie errichten ihre Herrschaft der unsinnigen Vorurteile und des lächerlichen Aberglaubens über diejenigen, die sie um Rat angehen, und ziehen Vorteile aus deren Vertrauensseligkeit, indem sie ihr unverschämtes Nichtwissen in eine dunkle Gaunerrede hüllen. In jedem großen Haus gibt es einen Astrologen, wie es auch einen Arzt, einen Dichter und einen Spaßmacher gibt, von denen sich die beiden ersten, die ebenso unwissend sind wie die beiden anderen, als Schmeichler aufführen, und alle vier gedeihen auf Kosten der Gutgläubigkeit und der Gefallsucht ihres Herrn. Sie sind schmarotzende Misteln, die den Baum zum Sterben bringen, den sie mit ihren Wurzeln aussaugen.

Sobald Farhâd Mirsâ erfahren hatte, daß wir in Schirâs angelangt waren, bestellte er mich zu sich in sein Bâgh-e nou, jenes Landhaus, das er bewohnte. Er empfing mich auf das liebenswürdigste, wobei er freundlicherweise die Gefälligkeit erwähnte, mit der ich ihn durch die Altertümer von Tacht-e Dschamschid geführt hatte. Er betonte auch, daß ich ihn oft aufsuchen möge. Er wolle, so versicherte er mir, aus meinem Aufenthalt in Schirâs Gewinn für mehrere ihm am Herzen liegende Pläne ziehen. Ich sagte mir, der müßige junge Prinz rechnet mit mir, er möchte seine langweilige Untätigkeit und die Gefangenschaft, in der ihn die Sterne hielten, mit angenehmer Muße ausfüllen.

Bâgh-e nou ist ein hübscher kleiner Palast inmitten eines großen Gartens mit Zypressen, Orangen-, Granatapfel- und Zitronenbäumen, Myrten und anderen Gewächsen des warmen Klimas. Ihr fortdauerndes Grün, auf das die milde Sonne schien, versprach auch in dieser vorgerückten Jahreszeit noch einen sehr behaglichen Aufenthalt. Die Räume sind wenig aufwendig, doch sehr elegant. Die Empfangshalle oder das Diwân-e châne gibt den Blick auf eine herrliche Landschaft frei, in der die Stadt, das Flachland und die Hügel die verschiedenen Ebenen bilden und der Hintergrund von den schönen Gebirgszügen im Süden beherrscht wird. Vor den Fenstern liegt ein von weißem Marmor eingefaßtes großes achteckiges Becken, dessen stilles, klares Wasser die reiche Vegetation des Bâghs wie ein Spiegel zurückwirft.

Ark-Palast in Schirâs

Der Einladung Farhâd Mirsâs folgend, begab ich mich tags darauf wieder zum Bâgh-e nou, um, wie er es wünschte, sein Porträt und eine Ansicht von dem Palast zu malen. Ich stellte mich frühzeitig ein, und da meine Arbeit einen Teil des Tages in Anspruch nehmen würde, bat mich der Prinz, mit ihm das Frühstück zu teilen, das ihm die Pischchedmats auf einem feingewebten Teppich am Boden vorsetzten, denn einen Tisch kennt man hier noch nicht. Ich mußte mich also auf die Fersen hocken. Das recht vornehme Mahl wurde in kleinen Schalen aufgetragen, die köstlich hergerichtetes Fleisch und Gewürze, schneeweißes Polou und Süßigkeiten verschiedenster Art enthielten. Alles war mit vorzüglichen, appetitanregenden Früchten garniert. Der Prinz bediente sich beim Essen der Finger seiner Rechten, und ich, der ich gezwungen war, es ihm gleichzutun, konnte meine Verlegenheit nicht verbergen. Ich war ungeschickt und erschien ihm gegenüber ziemlich lächerlich, er dachte sicherlich, daß ich wohl ein schlechterzogener Mensch sein müßte. Ich wagte es schließlich, ihn zu fragen, ob man nicht statt der Finger eines Europäers irgendein bequemeres Zubehör nehmen könne, und mir wurde ein Holzlöffel gebracht, eine zierliches, durchbrochen gearbeitetes und mit Türkisen und anderen Edelsteinen besetztes Gerät. Aber dieses Instrument von ausgefallener Form, mit einer besonderen Vertiefung, war nicht das, was ich mir gewünscht hatte, selbst wenn ich eßlustig gewesen wäre. Glücklicherweise aß der Prinz schnell, und ich meinte, hoch erfreut über das Ende der Mühsal, der ich mich zu Ehren seines Frühstücks unterzog, bei dem im übrigen sehr schätzenswerten Beisammensein die Rolle des Fuchses, der von dem Storch eingeladen worden war, ganz trefflich gespielt zu haben.

Bei den verschiedenen Besuchen, die ich dem Schâhsâde abstattete, war er von einer stets gleichbleibenden Freundlichkeit. Er ging auf vertrauliches Geplauder ein und schien immer in Erfahrung bringen zu wollen, was Europa betraf. Er fragte viel nach unserem Regierungssystem. Ich hatte Schwierigkeiten, ihm begreiflich zu machen, daß es eine auf der Verfassung beruhende und repräsentative Regierung sei. Als ich von den Kammern sprach, von ihrer Macht, von ihren Befugnissen, ohne die kein Gesetz durchzubringen ist, war er höchst erstaunt und vermochte es nicht, mich ohne Bestürzung zu verstehen. Wie sollte auch ein Mann, auf dessen Wink hin tausend Köpfe rollen können, die Grenzen erkennen, in denen sich die Autorität eines konstitutionellen Monarchen hält!

Schirâs ist die Hauptstadt der Provinz Fârs und galt immer als eins der wichtigsten und blühendsten Gemeinwesen Persiens. Es ist auch eine Stätte des Gewerbefleißes, unter dessen verschiedenartigen Erzeugnissen sich die Waffen eines gewissen Rufs erfreuen. Unter der Regierung des Usurpators Karim Chân war es die Hauptstadt des Reiches, und zu anderen, nicht weit zurückliegenden Zeiten wurde es der Herd ernster Verschwörungen gegen das Ansehen des legitimen Herrschers. Erst kürzlich versammelten in dieser Stadt die beiden Prinzen königlichen Geblüts, Hossejn Ali Mirsâ und Hassan Ali Mirsâ, ein Heer, das auf Isfahan marschierte, bei Kumischâh aber geschlagen wurde und dem jetzigen Herrscher, Mohammad Schâh, den Thron Irans hätte streitig machen sollen. Schirâs ist also Mit-

Bâgh-e nou-Palast in Schirâs

telpunkt einer wichtigen Provinz, die von nomadisierenden und kriegerischen Stämmen und von eingeborenen Familien Persiens bewohnt wird. Die Sands, wie diese Stämme genannt werden, haben immer unwillig das königliche Joch ertragen, das ihre Unabhängigkeit beeinträchtigt und das ihnen nacheinander von arabischen, tatarischen und türkischen Gewalthabern aufgezwungen wurde. Das bedeutete für Schirâs, daß es mehrmals zum Ausgangsort von Empörungen wurde oder das Ziel, auf das die Bestrebungen der Aufständischen gerichtet waren, die es als wichtige Stellung einzunehmen suchten. Auch in einer jetzt friedlicheren und geschäftigeren Zeit hat es nicht den Rang vergessen, den es unter Karim Chân eingenommen hatte, aber es schickte sich drein und gehorchte den Bejgler-bejs des Mohammad Schâh.

Die Bewohner von Schirâs gelten als die liebenswürdigsten Perser, als die gebildetsten und als die, die das Fârssi, die persische Sprache, am reinsten sprechen. Ich füge hinzu, daß sie auch die Selbstgefälligsten sind. Ihre Stadt hat unbestritten das Recht, einen bevorzugten Platz unter allen anderen Irans einzunehmen, denn sie hat die berühmtesten Dichter Asiens, Hâfes und Sa'di, hervorgebracht. Ihr Wein ist einer der besten in der Welt, ihr Klima ist herrlich, und die sprichwörtliche geistige Regsamkeit ihrer Menschen gibt es tatsächlich. Das alles aber kann nicht ihren Anspruch rechtfertigen, über den anderen Völkerschaften stehen zu wollen. Schirâs konnte dem Verfall, von dem es betroffen wurde, nicht entgehen, seine Gewerbe sterben, seine Mauern, zum Teil von Âghâ Mohammad Chân niedergerissen, erheben sich nicht wieder. Die Einwohner merken es wohl, daß ihre Stadt heruntergekommen ist, daher sagen sie sich in ihrem Stolz, um sich zu trösten, und auch mit der Übertreibung, die ihre Ausdrucksweise kennzeichnet: »Als Schirâs Schirâs war, da war Kairo nichts als sein Vorort . . .«

Die augenblickliche Bevölkerung der Stadt zählt ungefähr zehntausend Seelen, aufgeteilt in zwölf Mahalles oder Viertel mit sechs Toren. Im Herzen der Stadt befindet sich das Ark, der befestigte Palast mit zinnenbewehrter Umfriedung, der vor einem Jahrhundert von Karim Chân errichtet wurde. Diese Anlage ist sehr weitläufig, sie umfaßt mehrere Unterkünfte, von denen einige dem Gouverneur als Residenz dienen, andere für seine Dienerschaft und für seine Truppen bestimmt sind, und in ihrer Mitte erstreckt sich ein großer Garten mit Wasserbecken. Vom Diwân-e châne aus, in dem der Bejgler-bej empfängt, fällt der Blick auf diesen Garten. An den Marmorwänden des Gebäudes sieht man Bildnisse der berühmten persischen Helden. Es sind Standbilder oder Gemälde, die Afrâsjâb, Rostam, Esfandjâr und andere bedeutende Krieger darstellen und die sich der Thronräuber anfertigen ließ, wohl um den Kampfesmut der ihnen Nachfolgenden anzufeuern. Aber neben diesen hehren Gestalten, den von Kopf bis Fuß bewaffneten Pahlawâns, öffnen sich Geheimtüren des Harems, wo in langen Nächten die Erben des tapferen Machtergreifers zwischen Lustbarkeit und Müßiggang den Ruhm vergessen.

Abgesehen von dem Basar, den Karim Chân erbauen ließ und der seinen Namen behielt, hat Schirâs nur recht Klägliches zu bieten. Die Moscheen zeigen nichts Beachtenswertes, sie können bei weitem nicht dem Vergleich mit denen in Isfahan standhalten. Die berühmteste unter ihnen heißt Schâh-tscherâgh, was mit »Königliche Lampe« oder auch »König der Lichter« übersetzt wird; besser ist die Bedeutung des persischen Namens für diesen heiligen Ort nicht wiederzugeben. Sie gilt als eines der ältesten Heiligtümer Persiens, dessen Ursprung von ganz nebulöser Ungewißheit umgeben ist. Dieses Bauwerk dient als Zufluchtsstätte den Sejeds, den Abkömmlingen des Propheten, die nicht die Mittel zum Unterhalt haben und dort von Almosen und Einkünften der Moschee leben. Sie, deren Anzahl stets beträchtlich ist, entstammen einem Dorf in der Nähe von Firusâbâd, das man Mehmân oder Gast nennt, zweifellos wegen der Bestimmung seiner Hervorbringungen.

Mit vollem Recht kann Schirâs stolz darauf sein, daß in ihm Hâfes und Sa'di das Licht der Welt erblickt haben. Die Übersetzung einiger ihrer Dichtungen hat ihren fremdländischen Ruhm in unserem Land nicht erstrahlen lassen. Ich konnte aber nicht umhin, diesen beiden herausragenden Männern am Grab die ihnen gebührende Ehrerbietung zu erweisen. Das Grab Sa'dis liegt eine Wegstunde außerhalb der Stadt, am Fuß der Berge nach Norden zu. Dorthin gelangt man auf einem tristen, knochenharten und somit schwer zu passierenden Weg. Neben einem Dörfchen, das den Namen des Weltweisen trägt, trifft man auf eine Art einsame, von der Stille umgebene Villa, deren Pforte geschlossen ist. Klopft man an, kommt ein Wächter, um aufzuschließen, und er führt den Besucher durch den Garten, wo ihm Dornen statt Blumen entgegenstarren. Mit den Worten »Schejch Sa'di« weist er auf eine offene Arkade, unter der das marmorne Grabmal zu sehen ist, das als

Zier nur ein paar berühmte Strophen des Dichters trägt. Der ist der Obhut bewundernder Verehrer anheimgegeben, die ihm zur Huldigung die Verse mit dem Kalam oder mit der Dolchspitze an die Wände geschrieben haben. Ist der Ruhm des »Golestân«-Autors auch dauerhaft, so gilt das nicht für den Marmor seines Grabes. Allen Unbilden der Natur und allen Entweihungen ausgesetzt, wird dieses schon entwürdigte Mahnmal bald nur eine Ruine sein. Es scheint, daß erst seit kurzem die Verehrung des Grabes nachgelassen hat, so daß seine Zerstörung zu befürchten ist, denn Reisende berichten, daß sie, um es zu betrachten, einen Kasten aus vergoldetem schwarzem Holz lüften mußten, der es völlig zudeckte. Neben Sa'dis Grabstätte rinnt eine klare Quelle, der die Bewohner von Schirâs eine stark heilende Wirkung zuschreiben. Sie behaupten, daß, wenn jemand einmal davon getrunken habe, er nie im Leben erkranken werde, was aber nicht den wiederholten Ausbruch einer Seuche verhindert, die jedes Jahr eine große Zahl von Bewohnern des Schirâser Bezirks dahinrafft. Das Wunderwasser wird in einem Brunnen aufgefangen, zu dem man auf einer Treppe mit mehreren Stufen hinabsteigt. Unten überspannt die Quelle ein Gewölbe aus Ziegeln, das auf einem achteckigen Gemäuer ruht. Dort gebe es Fische, sagt der Volksmund, die dem Schejch geweiht seien. Deshalb bringt man ihnen die größte Achtung entgegen.

Der Schüler des gestrengen Sa'di ist der Epikureer Hâfes, der in einem Garten mit herrlichen Zypressen, hohen Pinien und Orangenbäumen begraben liegt. Sein Gedenkstein ist eine längliche Platte aus orientalischem Alabaster, mit Arabesken und eleganten Schriftzügen anmutig versehen, die einige seiner Verse wiedergeben. In ihnen tritt der liebenswürdige Poet zutage, dessen Lieder noch heute das Entzücken der Perser erregen. Der Ort, an dem sich Hâfes' Grab befindet, bietet nicht den traurigen Anblick einer Stätte der Toten oder jener freudlosen Einsamkeit, in der Sa'dis Asche gebettet ruht. Der Garten, Hâfesije genannt, erinnert an den Dichter, der, wie es heißt, mit Vorliebe diesen Ort aufsuchte. Man versicherte mir, daß ihm das Grab am Fuße einer von ihm selbst gepflanzten Zypresse hergerichtet wurde und daß man geglaubt hat, den Manen dieses geliebten Dichters nichts Angenehmeres bereiten zu können, als ihnen als Aufenthalt jenen Platz zuzuweisen, den er zu Lebzeiten am meisten schätzte. In der Mitte dieses Gartens, in dem auch weniger berühmte Tote schlummern, deren Grabplatten den Boden zieren, steht ein Tempelchen, das ein Mollâ bewohnt, dem die Aufbewahrung einer Sammlung Hâfesscher Dichtungen, gänzlich von eigener Hand geschrieben, anvertraut ist. Der Hâfesije ist der Treffpunkt der Spaziergänger, die dort die Lieder ihres Lieblingsdichters vortragen und im Schatten blühender Zitronenbäume den Kaliân rauchen. Die Stelle, die Sa'dis sterbliche Hülle aufgenommen hat, erlebt keinen derartigen Zustrom von Belesenen, die ihm ihre Verehrung kundtun. Es scheint, daß der Charakter der beiden bemerkenswerten Männer über ihren Gräbern schwebt. Sa'di, der unerbittliche Denker, hatte einen kleinen Kreis ergebener Schüler um sich versammelt, die seine Moral nicht schreckte und die an seinen ernsten Unterhaltungen Gefallen fanden. Hâfes als echter Mann aus Schirâs war dem Vergnügen zugetan, und indem er sich an den Genüssen dieser Welt berauschte und dabei auf die dem wahrhaft Gläubigen in der anderen Welt verheißenen hoffte, feierte er sie in verführerischen Versen. Dieser sensualistische und mystische Dichter war eher zur Freude der Perser geschaffen und mußte um sich eine Menge junger Gefährten scharen, die vor der unnachsichtigen und zuweilen zynischen Denkungsweise seines Rivalen zurückwichen. Auch heute durchschreiten selten Spaziergänger die kleine Pforte zu Sa'dis Grab, während die viel größere Zahl derer, die den Weg dorthin nicht finden, sich mit witzelnder, nichtssagender Unterhaltung stundenlang am Fuße der Hâfesschen Zypresse aufhält.

Dem Sand Karim Chân verdanken diese beiden großen Poeten die ihnen würdigen Grabstätten. Er verlangte nicht nur, daß ihre Gräber kunstvoll von Steinmetzen gestaltet und der Alabaster mit einigen ihrer Verse verziert würden, er ließ auch die Bauten ringsum errichten, die die Denkmäler umschließen. Er bestimmte auch, daß das Stück Erde um beide Gräber Erträge für ihre Erhaltung einbrächte, ebenfalls für die Mollâs, denen die Aufsicht über diese verehrungswürdigen Orte und die Handschriften des Hâfes und des Sa'di oblag. Wenn man bedenkt, daß es ein verwegener Thronräuber war, der den beiden strahlenden Dichtern Persiens diese Ehre bezeugte, so hat man allen Grund, erstaunt zu sein. Doch war dieser Räuber ein großer Mann: In Zeiten der Unruhe usurpierte er die königliche Autorität zum Nutzen seines Landes, das er weise zu regieren wußte, ohne den Titel eines Schâhs annehmen zu wollen; er war ein Usurpator, der die Krone achtete, so daß er sie sich nicht aufsetzte, ein Usurpator, der zu seinem Ruhm sich mit dem Namen Wakil oder

Regent beschied. Sein Andenken ist in ganz Persien noch hoch in Ehren.

Zu den anderen Sehenswürdigkeiten in der Umgebung von Schirâs kann man zu Recht den Turm der Mamasseni oder des Mo'tamad zählen. Manutschehr Chân, der Mo'tamad, den wir als Gouverneur von Isfahan verlassen haben, war vor einigen Jahren damit beauftragt worden, eine Strafexpedition in den Bergen zwischen Schirâs und Schuschtar durchzuführen. Das ist das übliche Rückzugsgebiet der Mamasseni, deren Mordtaten und Räubereien schließlich die Justiz und die Unnachsichtigkeit der Regierung auf den Plan gerufen hatten. Als es Manutschehr Chân gelungen war, eine Anzahl Räuber gefangenzunehmen, war er, um deren Mitstreiter abzuschrecken und ihnen die Lust zu weiteren Verbrechen auszutreiben, auf den grausamen Einfall gekommen, in der Ebene von Schirâs, nahe einem der Stadttore, einen Turm errichten zu lassen, in dessen Mauern ebenso viele Nischen vorhanden waren, wie er Gefangene hatte. Dorthin wurden sie gebracht und lebendig eingemauert. In Höhe ihrer Gesichter hatte man eine Art Luke ausgespart, damit die fürchterlichen Leiden dieser gequälten, verhungernden Unglücksgestalten zu sehen waren. Ich habe dort noch Reste von Schädeln und Kleiderfetzen vorgefunden. Der an solche Vorführungen wenig gewöhnte Reisende erschaudert beim Besuch dieses Bauwerks und bei dem Gedanken an die exemplarische Bestrafung durch den Mo'tamad. Der Farrâsch, der mir den Turm der Mamasseni zeigte, sagte, daß zwei ihrer Anführer auf nicht weniger barbarische, aber kurz entschlossene Weise umgekommen seien: der eine wurde vor ein Kanonenrohr gebunden, und von dem anderen, den man halbierte, wurden beide Teile seines Körpers über dem Stadttor als warnendes Beispiel aufgehängt. Man kann sich nichts Grausameres und Abstoßenderes als diese Züchtigungen vorstellen, bei denen es mit der Bestrafung der Untaten der Schuldigen und mit der Säuberung innerhalb der Gesellschaft noch nicht sein Bewenden gehabt hat, sondern bei denen auch die Rächer, also die Richter, ihren Blutdurst zu stillen scheinen, von dem sie völlig verzehrt werden.

Am 14. Dezember wollten wir eigentlich aufbrechen, aber eins unserer Pferde war krank, also mußten wir unsere Abreise verschieben. Das kam uns sehr ungelegen, obwohl es nicht die einzige Ursache für die Verlängerung unseres Aufenthaltes in Schirâs war. Wir hatten größte Schwierigkeiten gehabt, einen Maultiertreiber anzuwerben, und als wir glaubten, einen gefunden zu haben, mit dem fest zu rechnen wäre, kam er und sagte uns, er könne nicht mitkommen. Ihm lag eben nichts an dem Dienst bei uns. Und er führte folgendes an: Die Zahl der Tiere, die zu einem Tschârwâdâr gehören, war schwerlich mit denen von uns benötigten in Einklang zu bringen, sodann wollten Maultiertreiber, die an den Karawanenweg zwischen Schirâs und Isfahan gewöhnt waren, nicht von ihrer üblichen Route abweichen; aber der triftigste Grund, der sie von unserer Unternehmung abhielt, bestand in der Unsicherheit einer Reise, die in wenig bekannte, nicht sehr einladende Gegenden führte und wo allerlei Anstrengungen und sogar vorauszusehende Gefahren zu befürchten waren. Doch stellten wir vorteilhafte Bedingungen und tägliche Auszahlung, sei es unterwegs oder bei der Rast, in Aussicht und wurden mit einem Maultiertreiber einig, der uns überallhin zu folgen gewillt war. Wir verhehlten nicht, daß die Beweggründe der vor den Abenteuern eines Zugs quer durch Fârs zurückschreckenden Tschârwâdârs von Schirâs wohlbedacht sein sollten, aber nichts, nur das Unmachbare hätte uns davon Abstand nehmen lassen. Um uns die vorgefaßte Reise zwar nicht leicht, aber doch soweit wie möglich gefahrlos zu machen, dachten wir, uns mit Empfehlungsschreiben und Anweisungen und Farmânen aller Art zu versehen. Unter solchen Schriftstücken, die wir mitführen konnten, war eins der wirksamsten bei den überall zu begegnenden großen Nomadenstämmen das Papier ihres Anführers. Er, Karim Bejg, wohnte in Schirâs und trug den Titel Il-Bagi, das heißt Oberhaupt. Er ist einer der mächtigsten Herren Persiens. Zu allen Zeiten, besonders seit dem Regierungsantritt der Kâdschâren, haben die Herrscher über Persien die Macht und die militärische Stärke der Ilijât-Anführer in der Provinz Fârs gefürchtet. Aus Mißtrauen also hält Mohammad Schâh, ebenso wie seine Vorgänger, den Chân, der alle diese Stämme befehligt, beständig bei sich in der Hauptstadt. Die Sands bekunden dieser Persönlichkeit gegenüber strikten Gehorsam, während sie sonst in völliger Unabhängigkeit vom Schâh leben. Mittels seiner undurchsichtigen Politik glaubt der Schâh von Persien, die Kara-tschâdors im Süden dadurch im Zaum zu halten, daß er ihren großen Anführer, den Chân, an seinen Thron fesselt, sozusagen als Gefangenen. Dessen Bruder und Platzhalter ist Il-Bagi. Zwischen die Stämme und den Schâh gestellt, hat er ihm gegenüber für ihre Treue zu bürgen, indem er die Aufsicht ausübt. Er ist übrigens eine bei den Ilijât hochverehrte und gefürchtete Respektsperson, deren Befehl für alle, bis zu dem letzten Nomaden, als heilig gilt. Ein Empfehlungsschreiben von Il-Bagi zu erhalten, das war in jeder Hinsicht ein beneidenswertes Gut und mußte bei den schwarzen Zelten, in denen wir mehr als einmal Aufnahme zu finden hätten, ein ausgezeichneter Freibrief sein. So stattete ich ihm einen Besuch ab. Er empfing mich außerordentlich liebenswürdig und gab mir sein Wort, mich allen Katchodâs, die seine Anweisungen anerkannten, zu empfehlen, so daß ich ihre Gastfreundschaft nur loben würde. Tatsächlich überreichte mir Il-Bagi einen Brief, den ich allen Dorfältesten oder Stammesanführern vorzeigen sollte, die zu der großen Familie der Sands gehören. Diejenigen, die ihn mir übersetzten, sagten, daß es die ehrenwerteste und zugleich nachdrücklichste Weise sei, auf die wir die guten Dienste von Obrigkeiten, an die wir uns während der Reise zu wenden hätten, in Anspruch nehmen könnten. Ich erinnere mich, daß Il-Bagi unter anderem folgendes sagte: »Fällt auch nur ein Haar vom Kopf des europäischen Attachés, dann hat es der Katchodâ, in dessen Bereich man es dem unter der Obhut des Oberhauptes Reisenden an etwas fehlen läßt, mit seinem Leben zu bezahlen.« Als Karim Bejg von seinen Stämmen sprach, sagte er mir etwas Sonderbares, dem ich kaum Glauben zu schenken vermochte. »Wir Ilijât aus Fârs stammen allesamt von Ham, Noahs Sohn, ab.« Und er fügte hinzu: »Wir sind nicht von diesem Land, wir kommen aus dem Lande Rum.« Nach der biblischen Überlieferung nun ist Ham der Stammvater der Völker Judäas und Afrikas; jedoch Rum bedeutet Römer oder Untertan des Römischen Reiches, was soll man daraus schließen? Sollten sich diese Ilijât von jüdischen Familien herleiten, die in diesen Gegenden angesiedelt wurden? Das kann nicht sein, denn sie sind Muselmanen, und die Juden haben ausnahmslos ihre Religion bewahrt. Wahrscheinlicher wäre, vorausgesetzt, Karim Bejg ist im Recht, daß die Nomadenstämme von Fârs verpflanzte Griechen sind, vielleicht Reste von Alexanders Heer. Aber wie wäre dann ihre Herkunft von Ham zu erklären, und was wird aus den geschichtlichen Überlieferungen, die Kyros und die Achämeniden aus diesen Familien, den antiken Besitzern des persischen Bodens, hervorgehen lassen? Ich war mit meinen Zweifeln in arger Bedrängnis und gestehe, daß ich mich, um mich aus der Verlegenheit zu befreien, auf das wenige Zuverlässige, das solche persischen Nachrichten verdienen, beschränkte. Ich halte also die Sand-Ilijât für die eingesessene Bevölkerung.

Der Schâhsâde, der so zuvorkommend gewesen war, durfte nicht hinter dem Il-Bagi zurückstehen. Er gab mir einen sehr dringlichen Farmân, gerichtet an den Sardâr von Kâserun. Mit solcherlei Ergänzungen zu umwegdem königlichen Siegel, das uns bislang beschützte, traten wir zuversichtlich unseren Zug nach dem Süden an und konnten unseren guten Mut auf jeden unserer Truppe übertragen.

Unsere Abreise war auf den 18. Dezember festgelegt worden. Zu unserem großen Erstaunen erblickten wir am frühen Morgen die Stadt in hitziger Erregung: die Menge versperrte die Straße, in der wir Unterkunft gefunden hatten. Schreie, die ich nicht verstand, waren da und dort zu hören. Was ich verstehen konnte, war, daß in der voraufgegangenen Nacht eine kleine Moschee vom Feuer fast völlig zerstört worden war. Darin sah ich allerdings nur einen jener Unglücksfälle, die nicht überraschen konnten und die nicht gleich eine ganze Bevölkerung in Aufregung zu versetzen brauchten, so daß sie in sichtlicher Verwirrung auf die Straße ging. Unsere Bestürzung angesichts des öffentlichen Aufruhrs sollte sich aber darauf nicht beschränken. General Séminot, der in dem Augenblick, als wir uns in den Sattel schwingen wollten, zu unserer Verabschiedung gekommen war, teilte uns mit, daß es nötig sei, so schnell wie möglich aufzubrechen, er werde uns auf einem Umweg zum Tor der Stadt begleiten, um der Volksmenge aus dem Weg zu gehen, die zusehends anschwoll und aus deren Mitte uns Feindseligkeit entgegenschlug. Schließlich berichtete mir der General von einem dummen Gerücht in der Stadt, wonach wir, die Farangis, die Schuldigen seien, die die Moschee in Brand gesteckt hätten. Wie lächerlich und widersinnig diese Erfindung auch war, mit den abergläubischen, fanatischen Muselmanen und besonders mit denen aus Schirâs war nicht zu spaßen. Wir ließen uns nicht zweimal zur Eile bewegen und ritten los, begleitet von diesem ausgezeichneten Monsieur Séminot, der uns vielleicht vor einer großen Gefahr bewahrt hat. Wir gelangten rechtzeitig ins offene Gelände und erreichten bald die Landstraße nach Bandar-Buschir.

Je länger ich über die sinnlose Anschuldigung nachdachte, die irgendwelche vom Teufel Besessenen gegen uns in Umlauf gebracht hatten, desto weniger begriff ich ihren Ursprung und ihr Ziel. Die Absicht, sagte ich mir, war wohl, uns abzumurksen, um Mohammads Himmelreich zu gewinnen. Aber aus welchem Grund, und wie konnte einer freiweg erklären, daß wir es gewesen sein sollen, die Feuer an die Moschee gelegt haben? In solche Gedanken verlor ich mich. Zwei Monate später, als wir wieder in Schirâs waren, wollte ich Einzelheiten dieses Vorfalls in Erfahrung bringen. Eine Nachforschung auf Befehl des Bejgler-bejs ergab dann folgendes: Die abgebrannte Moschee hatte einen Mann als Wächter, der seinen Vertrauensposten mißbrauchte und die gesamte Ausstattung, Lampen, Teppiche und weiteres, Stück um Stück in blanke Tumâns für sich umwandelte. Als er nicht mehr wußte, wie er seine Untaten verhüllen konnte, fiel ihm nichts Besseres ein, als das Gebäude anzustecken und unter der Asche jeden Verdacht auf seine Räuberei verschwinden zu lassen. Vielleicht hatte dieser Wächter also auch die Verantwortung für die Tat, die eines Tages aufgedeckt werden konnte, den Farangis, den Giaurs, zuschieben wollen.

Von Schirâs nach Bandar-Buschir

Am Tag, als wir von Schirâs aufbrachen, legten wir nur eine kurze Etappe von anderthalb Stunden zurück und rasteten in einem Haus, einer Art Herberge, die von den Tschârwâdârs immer aufgesucht wurde. Erst am nächsten Tag begann wirklich unsere Reise nach dem Süden. Kaum hatten wir die schlechte Unterkunft für eine Nacht verlassen, da ging es schon in die Berge hinein. Stundenlang folgten wir einem holperigen, tristen Weg. Am Ende dieser eintönigen Strecke tat sich vor uns ein enges Tal auf, in das sich ein strudelnder Fluß in Windungen und mehreren Armen ergoß. Seine Ufer säumte üppiger Pflanzenwuchs. Zwischen großen sandigen, hier und da mit Gestrüpp bedeckten Stellen zeichneten sich die jeweiligen Läufe ab, die das Wasser nahm, wenn es durch Regen und Schnee angeschwollen war.

Vor uns erhob sich auf einer Anhöhe ein viereckiger Bau, der von eingestürzten Türmen flankiert wurde. Das war, wie unsere Maultiertreiber sagten, die Karawanserei Châne-je Sinijân, neben der noch Reste eines verfallenen Dorfes zu sehen waren, das die Einwohner aufgegeben hatten. Die halb nomadisierende, halb seßhafte Bevölkerung lebte in der schönen Jahreszeit in

Zelten und suchte sich den Lagerplatz nach den jeweiligen Bedürfnissen. Nahte der Winter, dann flüchtete sie mit ihren Herden in die umfriedete Karawanserei, die kaum besser war als das übriggebliebene Dorf. Wir waren zwischen ihnen sehr schlecht untergebracht und fanden nur mit Mühe Platz. Deshalb bedauerten wir es überhaupt nicht, von diesem schrecklichen Ort fortzukommen, wo Menschen und Tiere die ganze Nacht über einen fürchterlichen Lärm vollbracht hatten. Frühzeitig trennten wir uns von dieser Herberge, mehr um schnell draußen zu sein als wegen der bevorstehenden Anstrengung des Tagesmarsches.

Während der ersten Stunden hatten wir noch wenig Schwierigkeiten, denn der Weg war gut, wenn auch bergig. Aber vor uns stand ein Gebirgszug, den uns die Maultiertreiber als einen der beschwerlichsten Übergänge nannten. Nach ungefähr vier Stunden erreichten wir eine kleine Ebene in der Art eines kreisförmigen, von Bergen umstandenen Tals, das den Namen Dastartschiân hat. Es ist aber fast ein einziger Sumpf, in dessen Mitte, in immergrüner Umrandung, ein kleiner See wie ein Spiegel blinkt. Unser Weg, obwohl er häufig von Bächen und Rinnsalen unterbrochen wurde, die den Boden aufgeweicht hatten, schien der allein gangbare in dieser Gegend zu sein. Wir ritten unter dichten Baumkronen dahin, in deren Schatten eine verfallene Wohnstätte lag. Zur Rechten ließen wir ein Dorf liegen, aus dem die Bewohner erst kürzlich weggezogen waren. Diese Entvölkerung ist, wie ich schon Gelegenheit hatte zu bemerken, auf die Ausplünderung, auf den Mißbrauch durch die Regierung zurückzuführen. Die armen Ra'ijes halten sich möglichst weit von dem Zugriff

Engpaß im Pir-e san-Gebirge

entfernt, dem sie immer wieder ausgesetzt sind und der sie entblößt.

Das Tal, besser gesagt, das morastige Dastartschiân, hatten wir bald durchquert, und wir begannen das Gebirge Pir-e san, das heißt »Alte Frau«, zu erklimmen. Sein Hang ist besonders steil, und unsere Tiere rackerten sich ab. Außerdem war der Weg mit lockerem Gestein besät, auf dem unsere Pferde bei jedem Tritt strauchelten. Abgesehen von den Schwierigkeiten des Weges boten die nacheinander erreichten Höhenlagen recht aufmunternde Anblicke. Im Gegensatz zu dem Gelände, das wir hinter uns gelassen hatten, war die Landschaft hier mit Vegetation bedeckt, die Abhänge trugen mit der ersten Frische des Herbstes überall junges Grün, Blumen und Gesträuch, in dem ein zweiter Frühling den Saft zum Treiben brachte. Große, schöne Bäume, alte Eichen, schmückten in reichem Maße die herrliche Natur dieser höher gelegenen Region.

Das bisher so schöne Wetter schlug um, als wir den Nordhang des Pir-e san erstiegen, der Himmel verdüsterte sich. Als wir den Gipfel erreichten, umgaben uns nur noch schwere schwarze Wolken. In ihrer Mitte brach ein heftiges Gewitter wie eine Explosion aus, Blitz folgte auf Blitz und beschrieb riesige feurige Kreise, der Donner schwoll ununterbrochen an. Von allen Seiten, von oben und von unten zuckte es auf, und das Echo warf das Getöse von Felsen zu Felsen bis auf den Grund der entlegensten Schlucht. Nie zuvor hatte ich einer so eindrucksvollen Unruhe in der Atmosphäre beigewohnt. Von Wolken umhüllt, so daß wir nur das Stück Boden unter uns sahen, befanden wir uns im Herzen des Unwetters, unsere Pferde scheuten und bäumten sich jedesmal auf, wenn der Himmel aufflammte. Jedoch ließen die Donnerschläge allmählich nach und verloren sich in dumpfem Grollen. Diesen Knalleffekten himmlischer Elektrizität folgte eine Sturzflut von Hagelkörnern, die uns die Sicht völlig nahm. Wir mußten uns vor den großen Eisstücken in acht nehmen, denn wenn sie einen trafen, tat das empfindlich weh. Und sofort war es sehr kalt geworden.

Wir hatten nun den Gipfel des Pir-e san überschritten und kamen aus den Wolken heraus, die hinter uns an den Felsen hängenblieben. Das Gewitter war zu heftig gewesen, als daß es lange hätte anhalten können. Ruhe stellte sich ein, und wir konnten vor uns die Hänge des Gebirges sehen, die weit nach Süden ausliefen. Der Weg abwärts war noch schwieriger als der beim Aufstieg; in einem zivilisierten Land hätte man ihn für unbegehbar gehalten, aber in Persien war er nicht schlechter als die anderen, nur war er höchst gefährlich. Die Natur hatte jedoch getan, was sie konnte, um dem Reisenden eine Entschädigung für diese Strecke zu bieten. Sie eröffnete eine großartige, beeindruckende, grenzenlose Aussicht. So weit das Auge reichte, folgte ein Plateau auf das andere, ich zählte fünf Abstufungen, die sich allmählich dem Meer zuneigten. Am Horizont, vom Dunst verhangen, so daß man es erraten mußte, aber nicht sah, ahnte man das Gestade des Persischen Golfs. Die ganze Südregion von Fârs lag unter einer strahlenden Sonne in hellem Licht, ein verblüffender Gegensatz zu der Finsternis aus Felsen und Wolken, die wir hinter uns gelassen hatten.

Der Abstieg dauerte lange, und wir rasteten auf halbem Wege in einer kleinen Karawanserei, wo wir einer entgegenkommenden Karawane begegneten, die die Überwindung des Gipfels an diesem Tag nicht für ratsam gehalten hatte. Die Maultiertreiber erklärten uns, daß, wenn man den schlimmen Paß Kotal-e dochtar bewältigt habe, man unmöglich an den Weg hinab nach Dastartschiân denken könne. Was ist mit diesem Paß Kotal-e dochtar? Er stand uns für den nächsten Tag bevor, und was die Tschârwâdârs sagten, klang gar nicht beruhigend. Kaum hatten wir die Karawanserei verlassen, sahen wir, daß sie keinesfalls übertrieben hatten. Ein gewaltiger felsiger Berg, der sich über einer bodenlosen Schlucht auftürmt, steht da vor dem Reisenden wie eine Wand. An ihr entlang verläuft im Zickzack ein schmaler Pfad, der steil abfällt, von Felsvorsprung zu Felsvorsprung. Der Stein ist abgenutzt, also glatt. Die Pferde können kaum Halt finden, und es besteht die Gefahr, daß sie bei jedem Schritt in die Tiefe stürzen. Früher war dieser Pfad etwas weniger gefährlich, damals hatte man sich darum bemüht, Stufen in die Wand zu hauen, die Zwischenräume mit Steinen auszufüllen und eine Brüstung zu errichten. Von ihr kann man kaum noch Überreste entdecken. Der von den Eisen der Tragtiere und der Pferde ausgetretene Weg bietet ihren tastenden Hufen keine Stelle, wo sie festen Halt finden könnten. Beim Aufstieg stützen und schieben die Maultiertreiber ihre Tiere, beim Abstieg halten sie sie am Schwanz zurück. Oft müssen sie ihnen die Lasten abnehmen und diese selbst Stück für Stück bis zu einem besseren Übergang tragen. Wir waren mehrmals Zeugen dieses Umladens, und dank dieser Vorsichtsmaßnahme mußten wir nichts einbüßen. Nur wenige Karawanen bewältigen diesen unheimlichen Paß, ohne einen Ballen oder sogar ein Tier zu verlieren. Auch wir mußten absitzen und unsere Pferde am Zügel führen. Die Perser, die für alles eine Legende haben, halten auch eine für diesen Ziegenpfad bereit. Sie erzählen, daß eine junge Prinzessin hoch auf dem Gipfel des Pir-e san-Berges wohnte. Ihr Geliebter, der sie täglich besuchte, gelangte, von den Anstrengungen erschöpft, immer außer Atem zu ihr, so daß sie Treppen in die Felswand schlagen ließ, die sollten ihm die Besuche leichtmachen. Nun gibt es die beiden Liebenden nicht mehr, und die Stufen sind verfallen. Diese kleine Geschichte erklärt den Namen Kotal-e dochtar, was »Stufen des jungen Mädchens« heißt.

Unsere Maultiertreiber sagten uns, daß in diesen Bergen eine andere Gefahr zu fürchten sei: die Begegnung mit Löwen und Tigern, die sich da aufhalten sollten. Das versicherten sie mir, andere bestätigten es, aber ich konnte niemanden finden, der je eins dieser Tiere gesehen hätte.

Am Fuße des Berges stießen wir auf einen Posten Râhdârs, deren Befehlshaber auf uns zukam und das Wegegeld verlangte, das die Karawanen zu entrichten verpflichtet waren. Auf meine Weigerung hin ergriff er mein Pferd beim Zügel, und seine Männer schickten sich an, mich festzuhalten. Ich zog ihm eins mit der Reitpeitsche über, so daß er losließ, und brüllte ihn wegen seines unverschämten Vorgehens, seiner Frechheit an. Die Tofangtschis, dem Aussehen nach eher Banditen als biedere Zollbeauftragte, wurden böse, und wir wären in ein Handgemenge geraten, wenn nicht Rassul Bejg eiligst hinzugekommen wäre. Er stürzte sich zwischen die Râhdârs, schimpfte und schrie, wie sie es wagen könnten, Farangis, die unter dem Schutz des Schâhs reisten, anzuhalten. Er wies den Farmân vor und nannte sie Pessewenks, Harâm-sâdes und ähnliches. Solche Benennungen, der Farmân und der Peitschenhieb, der der Hand eines Höchstgestellten in Persien würdig war, taten ihre Wirkung, und in ihrer Verwirrung brachten die Zöllner eine Entschuldigung vor.

Bald sahen wir die Ebene von Kâserun. Nach der Überquerung einer Art Viadukt, der die gefährlichen, von den Wassern eines kleinen Sees gebildeten Sümpfe zu überwinden ermöglicht, erblickten wir auch schon die vielen Palmen in den Gärten der Stadt. Zwei Stunden danach kamen wir in Kâserun an. Es unterscheidet sich beträchtlich von allen anderen Städten, die wir bisher in den verschiedenen Provinzen Persiens gesehen hatten. Mit den ausgedehnten Anpflanzungen von Dattelpalmen, die ersten, die wir sahen, bietet es einen ganz besonderen, südländischen Anblick. Sie kündigten uns, die wir von den Höhen des Pir-e san herabgestiegen waren, Garmsir, das Land der Hitze, an. Kâserun ist eine unbefestigte Stadt, deren nicht zahlreiche Bevölkerung auch einige armenische und jüdische Familien einschließt. Das Stadtinnere besteht aus einer Ansammlung von Häusern rund um den Sitz der Obrigkeit. Nach allen Seiten hin erstrecken sich geräumige Wohnstätten und herrliche Gärten, in denen unter schlanken Palmen viele Orangen-, Zitronen- und Granatapfelbäume gedeihen.

Nach unserem Aufenthalt in Kâserun folgten wir dem Weg nach Südwesten und näherten uns dem Fluß Rud-Schâpur. Dieser Teil der Ebene von Kâserun ist mit einer Art Dornengebüsch überzogen, das die Bewohner zum

Brennen abholzen und das man deswegen im allgemeinen sehr kurz hält. Jedoch kann es auch schnell in die Höhe treiben, wie es vereinzelte Schößlinge beweisen, die zufällig stehengeblieben sind. Diese tragen kleine runde, eßbare Früchte. Wir zogen lange Zeit an dem Flußbett entlang, teils sogar im Wasser oder über die mit Gesträuch bedeckten Sandbänke. Am jenseitigen Ufer gerieten wir in eine mit Kieseln besäte Schlucht, durch die unsere Tiere nur mit großer Mühe hindurchkamen. Dann waren wir auf dem direkten Weg nach Bandar-Buschir.

Nach sechs Stunden Ritt, wobei es bergauf und bergab ging, erreichten wir Chomâritsche. Die grünen Palmwipfel über den dörflichen Wohnungen wiegten sich in einem klaren Himmel. Chomâritsche befindet sich auf einer kreisförmigen, erhöht gelegenen Fläche, so daß man es von weitem erblicken kann. Wir hatten Schwierigkeiten, dort eine Unterkunft zu finden. Bei unserem Näherkommen schlossen sich schlagartig alle Türen, oder wenn wir uns Zutritt in einem Hof verschaffen konnten, fanden wir niemanden vor, das Haus schien verlassen zu sein. Beinahe mit Gewalt richteten wir uns endlich in einer leidlichen Behausung ein. Für den Ort war sie sogar vornehm mit ihrem Aussehen einer Festung, was zweifellos auf die Notwendigkeit, wie es die Einwohner verstanden, hindeutete, sich vor überraschenden Anschlägen aus dem nahen Lorestân in Sicherheit zu bringen. Wir zogen unter einem Gewölbe mit viereckigem Turm, der Schießscharten hatte und von Zinnen gekrönt war, in den Hof ein; alles schien für eine Abwehr gerüstet und für eine längere Belagerung vorgesehen zu sein. Hinten im Hof wies man uns ein großes Zimmer mit einer einzigen Tür zu, die, um die übermäßige Hitze in diesem Landstrich abzuhalten, allein Luft und Licht das Eindringen ermöglichte. Vor diesem ein paar Stufen höher gelegenen Raum war ein aus ungebrannten Ziegeln errichteter Söller, den ein Mäuerchen umgab. Das war der Platz, wo man abends nach Sonnenuntergang die Kühle suchte oder im Sommer die Nacht verbrachte. Schuppen aus Baumstämmen und Palmzweigen beherbergten die Pferde und andere Tiere.

Wir sahen in Chomâritsche zum erstenmal Datteln, die die Hauptnahrung der Bewohner darstellen. Im ganzen Süden Persiens, wo sie ausgezeichnet gedeihen, werden sie besonders groß, und ausgereift sind sie sehr süß und verlockend. Wenn der kristallisierte Zucker die braunen Früchte überzieht, läßt er sie wie Konfekt erscheinen. Unmöglich wird man etwas Leckereres und Köstlicheres finden als Datteln aus Persien. Die Perser pflücken sie, wenn sie reif und weich werden. Man legt sie übereinander, und durch den heraussickernden Saft kleben sie fest zusammen. So werden sie konserviert und ähneln Pasteten, die in Scheiben zu schneiden sind. Sie sind sehr sättigend, so daß sich in Garmsir die Ra'ijes mit ein paar Datteln und etwas Brot eine Mahlzeit zubereiten.

Hinter Chomâritsche mußten wir ein weiteres Gebirge bezwingen, das uns an den schrecklichen Pfad von Kotal-e dochtar denken ließ. Unser Zug ging über Felsen, über die sich nur Karawanen einen Weg gebahnt hatten, eine Menschenhand hatte sie offensichtlich nie begehbar zu machen versucht. Oft hatte die Natur Lükken zwischen den Felsen gelassen, und man hatte als

Verbindung kleine Mauern errichtet und sie mit losem Gestein belegt. Langsam, einzeln und zu Fuß, bewegten wir uns voran, von einer hoch aufragenden Granitmasse zur anderen, deren Gipfel sich im Himmel verloren. Zwischen all diesem Ungeformten, das Gott bei der Bändigung des Chaos vergessen zu haben schien, gähnten bodenlose Abgründe. Der Pfad mußte hier und da einen Vorsprung nutzen, um von einer Höhe zur nächsten immer wieder über einen Schlund zu führen, sei es dank einer kleinen Brücke oder einem Felsstück, das sich zwischen den Hängen eingeklemmt hatte. Dieser Weg, wenn man ihn so nennen will, war erschrekkend, zumal wenn man bedenkt, daß ein einziger Fehltritt den Sturz in die Tiefe, die man beständig zu Füßen hatte, bedeutet hätte. Diese Gefahr stand uns angesichts der zerschmetterten Gerippe abgestürzter Maultiere deutlich vor Augen. Wir beglückwünschten uns, als wir nach der Überquerung des Gebirges feststellten, daß Menschen und Tiere vollzählig waren. Unsere Tschârwâdârs mit den Maultieren hatten noch mehr Mühe als wir gehabt, von den Höhen hinabzusteigen. Abwärts bot dieser Paß einen einmaligen, auch malerischen Anblick. Man hatte hier eine Übersicht über den ganzen Verlauf des von Felswand zu Felswand wechselnden Pfades: als eine Zickzacklinie mußte er die Abgründe überwinden. Doch ist dieser Weg sehr schwer auszumachen, er verliert sich dermaßen zwischen den aufgetürmten Felsungetümen und windet sich hindurch, als wäre er ein Schlangenleib, so daß man zweifeln kann, ob er überhaupt vorhanden ist und ob sich ein Mensch ihm anvertrauen darf.

Unterwegs begegneten wir einigen Bergbewohnern,

die mit munterem, sicherem Schritt drauflosgingen. Sie schienen sich nicht um die Schwierigkeiten des Ersteigens zu kümmern. Sie hielten einen Stab mit einer Schneide am oberen Ende in den Händen. Zum erstenmal sah ich diese Waffe. Wahrscheinlich muß sie auch da, wo im Gebirge etwas Gebüsch vorkommt, zum Holzmachen gebraucht werden.

Dieser Tagesmarsch war anstrengend, aber nicht sehr lang. Nach fünf Stunden hatten wir eine schöne, palmenbestandene Fläche vor uns, auf der zwischen den Bäumen die Häuser von zwei Dörfern hervorlugten. Wir machten in dem Dorf Kenâre-tachte halt und zogen in die am Rande gelegene Karawanserei ein. Dieser Ort zeichnet sich durch den einzigartigen Anblick der sehr unterschiedlichen Wohnungen aus. Neben Häusern aus luftgetrockneten Ziegeln und mit ebenem Dach, so wie alle in Persien, sahen wir andere mit ähnlichem Mauerwerk, aber mit schrägen Dächern, die große Ähnlichkeit mit den Strohhütten in unseren Dörfern haben. Die Dächer waren mit Palmwedeln gedeckt, deren lange, schmale, trockene Blätter von fern dem Stroh glichen. Es gab auch vorübergehend aufgestellte Unterkünfte in der Art von Zelten, deren Seiten und Überdachung einzig aus Palmenzweigen bestanden. Diese Verschiedenheiten erklären sich dadurch, daß ein Teil der Einwohner in diesen Nomadenbehausungen lebt, sie im Frühjahr verläßt und, wenn es Winter wird, sie wieder aufsucht.

Uns aber verlockten weder die Laubhütten noch die Häuser in ihrem allgemein schlechten Zustand, wir stiegen lieber in der Karawanserei ab, mochte sie auch noch so vernachlässigt sein. Vor uns war dort eine Karawane aus Buschir gewesen, mit der ein Sklavenhändler Neger aus dieser Hafenstadt geholt hatte.

Als wir am nächsten Morgen weiterreisen wollten, ereignete sich etwas, was uns die fanatische Voreingenommenheit der dortigen Bevölkerung bewies. Ich hatte mit dem Lagerhalter der Karawanserei die Abrechnung der Kosten für unseren Aufenthalt zu erledigen, unter anderem für gelieferte Datteln, die er selbst in einem landesüblichen großen kupfernen Napf herbeigebracht hatte. Davon hatten wir ein paar genommen, die wir aber nicht für gut befanden; die übrigen hatten wir nicht angerührt. Diese Datteln wollte ich bei der Begleichung der Rechnung von der Summe absetzen, aber der Lagerhalter sagte, er könne sie nicht zurücknehmen, denn wir hätten sie bereits angefaßt. Höchst erstaunt und wenig an solche muselmanische Unverschämtheit gewöhnt, erwiderte ich, daß ich nicht glaubte, ihn recht verstanden zu haben, und daß ich von ihm eine Erklärung für seine Weigerung verlangte. Frech wiederholte er, ein Muselman könne nicht essen, was ein Christ durch seine unreine Berührung besudelt habe. Das war klar und anmaßend genug, ich mußte ihm meine ganze Empörung zeigen. Alle Anwesenden der Karawanserei hatten sich um uns geschart. Der Lagerhalter war ein sehr dreckiger Kerl, seine Hände starrten vor Schmutz. Ich zog meinen Handschuh aus, hielt allen meine Hand entgegen und erklärte ihm: »Du behauptest, ich habe durch meine Berührung deine Datteln besudelt. Nun sag mir, wer von uns beiden hat die sauberere Hand!« Einige von den Umstehenden lächelten, aber andere schnitten eine finstere Miene. Und ich fuhr fort: »Weil du die Datteln nicht zurücknehmen willst und vorgibst, ich hätte sie berührt, will ich sie dir bezahlen. Weil aber mein Geld beim Herausziehen aus der Tasche auch durch meine Hände geht, nehme ich an, du wünschst dir, es wäre rein, so, da nimm es!«, und dabei warf ich, was wir ihm schuldeten, in eine stinkende schwarze Lache aus Tierexkrementen und Urin. Sofort war eine zornige Aufwallung in den Gesichtern zu bemerken. Alle Muselmanen empfanden diesen Denkzettel als allzu herbe Antwort, aber ich kümmerte mich wenig um das, was in ihnen vorging. Wir brachen auf und ließen den verdutzten, fanatischen Dattelverkäufer sein Geld aus dem Kot auflesen.

Nun glaubten wir, schon weit südlich von Schirâs zu sein und die Steigungen bewältigt zu haben, aber die Gebirgsketten hatten wir noch nicht überwunden, hinter Kenâre-tachte waren wir wieder in die Berge geraten. Der Weg war jedoch weniger anstrengend, das Terrain weniger felsig. Als wir aus den Bergen heraus waren, standen wir vor einem reißenden Fluß, den es zu durchqueren galt. Seine wilden Wasser schienen tief zu sein. Vorsichtig führten wir unsere Pferde hinein, und nach längerem Tasten stießen wir endlich auf eine Furt, wo ihnen das Wasser nur bis zur Mitte des Bauches ging. Das aber ließ immerhin unser Gepäck naß werden. Also mußten wir ganz behutsam mit den Maultieren den Durchzug vornehmen.

Jenseits des Flusses verlief der Weg durch eine enge Schlucht, eine übelbeleumdete Strecke, vor der uns unsere Tschârwâdârs warnten. Hier hieß es, auf der Hut zu sein, einzeln mußten wir zwischen hohen, mit Gesträuch überwucherten Felswänden hindurch, wo es ausgezeichnete Stellen für einen Hinterhalt der Räuber geben konnte. Mit großer Vorsicht gingen wir weiter, richteten unseren Blick auf jeden Stein, auf jedes Gebüsch, auf jede Bodensenke, aber es zeigte sich keine Gefahr. Wir kamen glücklich hindurch, und bei aller Gunst des Ortes für jegliche Überraschung hatten wir es unbehelligt geschafft.

Schließlich hatten wir noch den Kamm der letzten Berge zu bewältigen. Er war der niedrigste und am leichtesten zu überwindende. Von ihm aus eröffnete sich vor uns die weite, sandige Ebene von Bandar-Buschir. Seit unserem Auszug aus der Türkei erschien zum erstenmal vor unseren Augen ein Land, das nicht von Bergen und Felsen umstellt dalag. Wir errieten ganz hinten in dem zitternden Dunst den Persischen Golf. Bis dorthin würde uns nun nichts den schnurgeraden Weg verlegen, den vereinzelte dörfliche Siedlungen und üppig grüne Dattelhaine hier und da säumten. Vor uns erstreckte sich ein Gebiet von völlig neuem Aussehen, zu dem der sanfte Hang des letzten Berges hinleitete. Von der Neuheit angezogen, ging es munteren Schrittes hinab, und bald kamen wir in das Dorf Dallâki, das an einem Fluß mit brackigem Wasser liegt.

Dort erfuhren wir, daß sich die gesamte Bevölkerung der Ebene in Aufruhr befand und untereinander in Kämpfe verwickelt war. Die wirkliche Ursache der Unruhen konnte ich nur mit viel Mühe in Erfahrung bringen. Ich fand lediglich heraus, daß es sich um eine mit Gewehrschüssen ausgetragene Auseinandersetzung zwischen einem aufsässigen Chân und dem durch den Schâh eingesetzten Befehlshaber des Bezirks handelte. Die Dörfer waren zerstritten, die einen hielten zu diesem und die anderen zu jenem; im Grunde aber, so wollte mir scheinen, verbarg sich hinter dem Schleier eines Zwistes zwischen Bevölkerungsgruppen eine angezettelte politische Verschwörung, die von auswärtigen Agenten ausging. In diesem Teil Persiens brodelte es dumpf, das hatte ich bereits bemerkt. Die syrischen Ereignisse, die ihren Widerhall in diesem entfernten Gebiet gefunden hatten, waren vergröbert und verzerrt dargestellt worden, wie es bei allen von Mund zu Mund gehenden Vorkommnissen unvermeidlich geschieht. Durch wie viele Zuträger wurden die Neuigkeiten vom Kriegsschauplatz, auf dem Ibrahim Pascha stritt, weiterbefördert, bis sie schließlich hier anlangten! Was mich nun sehr erstaunte, war, daß selbst die unscheinbarsten Leute sich über politische Vorgänge ausließen und sich mit ihnen beschäftigten. Das hatte mehrere Gründe: Zuallererst hegten die Perser Sympathie für den Pascha von Ägypten, sie wußten, daß Mohammad Ali ein Feind der Türken war, sie brauchten nicht viel, um Parteigänger dessen zu sein, der ihren ewigen Feinden gegenüberstand. Sie sprachen Gebete, daß der Pascha siegreich sein möge, und erörterten auf tausenderlei Art seinen nutzlosen Widerstand in den Libanonbergen. Ein weiterer Grund für die Aufmerksamkeit, mit der die Perser die Ereignisse jenseits der Wüste verfolgten, war die Abneigung gegen die Engländer, von denen sie wußten, daß sie in diesem Kampf mitwirkten. England hat, besonders an den Gestaden des Persischen Golfs, sich immer auf eine Weise eingemischt, daß es den Haß der Völkerschaften auf sich zog. Die Perser wissen, daß England jederzeit die Partei des Sultans gegen jenen

Pascha ergriff. Daß er jetzt die Türken gegen die Ägypter unterstützte, war in ihren Augen nach den vielen vorausgegangenen Ärgernissen, die sie nicht vergessen hatten, eine erneute Herausforderung. Alle Gerüchte, die über die Geschehnisse in Syrien im Umlauf waren, gelangten aus Bagdad oder Bombay hierher über Bandar-Buschir. Die Karawanen, die von diesem Hafen hier eintrafen, wurden auf ihrem Weg in allen Dörfern aufgeregt ausgefragt.

In der Karawanserei, wo wir uns aufhielten, bestätigte uns ein Perser, daß ein Bote aus Kairo eingetroffen sei, um im Auftrag Mohammad Alis den Schâh zu bitten, ein Bündnis mit ihm einzugehen und die Türkei anzugreifen. Nichts konnte den Persern mehr gefallen. Bei dem Gedanken, gegen die Türken zu ziehen, loderte ihr Patriotismus auf, und ihr Fanatismus steigerte sich mit dem Ruf: »Krieg den Sunniten!«

Alle diese Nachrichten oder, besser gesagt, Gerüchte riefen in uns eine ziemliche Beklemmung hervor, denn abgesehen von Übertreibungen, wußten wir genügend Bescheid, um den Ernst der Lage, die ein solcher Krieg bedeuten würde, zu begreifen. Wenn uns die Wirklichkeit auch durchschaubar war, so blieb doch Unklarheit in den Einzelheiten, und die Folgen waren nicht absehbar. Wir hatten schon sehr lange keine Briefe und Zeitungen aus Frankreich erhalten, das Neueste für uns lag mehr als sechs Monate zurück. Was war seither geschehen? Wir wollten so schnell wie möglich Buschir erreichen, wo wir zwar nicht Briefe vorzufinden hofften, aber wenigstens Gazetten aus Bombay.

Sehr früh verließen wir Dallâki, um voranzukommen. Kurz hinter dem Dorf stießen wir auf mehrere

Bäche mit heißem schwefeligem Wasser. Man sagte uns, daß die Quelle in weiter Entfernung liege, doch war trotz der zurückgelegten Strecke die Temperatur des Wassers noch hoch. Es floß durch steiniges, völlig pflanzenloses Gelände. Daneben befanden sich auch Erdölquellen. In der weiteren Umgebung war der Boden mit kleinblättrigen Kaktusgewächsen bedeckt, die hübsche Blüten trieben und Feigen ansetzten, von denen die Bewohner sagten, sie seien sehr schlecht.

Im Dorf Borâsdschân, fünf Wegstunden von Dallâki entfernt, wollten wir rasten, um tags darauf in einem strammen Ritt Buschir zu erreichen. Aber als wir uns Borâsdschân näherten, bemerkten wir, daß die Bevölkerung Waffen trug, sie schien sich auf eine Schlacht mit einem zu erwartenden Feind vorbereitet zu haben. Sobald man uns gewahrte, kündigten uns auch schon Beobachtungsposten an. Eine kleine Schar Bewaffneter kam unter Beachtung aller kriegerischen Vorkehrungen auf uns zu. Mit einiger Mühe konnten wir uns als reisende Farangis zu erkennen geben, die ihre Gastfreundschaft in Anspruch nehmen wollten. Als sie davon überzeugt waren, wurden wir zu dem Hâkem geführt, der uns zwar empfing, aber dem die Beunruhigung vor der drohenden Gefahr anzumerken war und der an anderes zu denken hatte, als Christen gegenüber Gastfreundschaft zu erweisen. Dennoch sorgte er für eine Unterkunft, die aber unzumutbar war, weil alles rundum in heller Aufregung stand und weil abzusehen war, daß uns keine Ruhe vergönnt bliebe. Wir konnten sogar in eine Rauferei verwickelt werden. Dieses Dorf zwischen Siegern und Besiegten flößte uns überhaupt kein Vertrauen ein, und da die Sonne hoch stand, entschieden wir, unser Glück anderswo zu suchen.

Unterwegs versuchte ich, die Ursache des Aufstands, in den wir hineingeraten waren, zu ergründen, und je mehr ich sah, was ich eigentlich schon wußte, erkannte ich die tiefe Meinungsverschiedenheit zwischen dem Hof in Teheran und dem englischen Außenministerium: der Aufenthalt auf persischem Hoheitsgebiet wurde der britischen Gesandtschaft verweigert, und hinsichtlich des Syrienkrieges hatten die Perser eine entgegengesetzte Auffassung zur englischen Politik. Trotz des Widerstands der persischen Obrigkeit war ein englischer Agent nach Lorestân und zu den Bachtjâren gekommen. Gleichzeitig war die Revolte des Châns von Behbahân, einer Lori-Stadt, ausgebrochen, und hatten die Unruhen im Bezirk von Buschir eingesetzt. Um das Maß vollzumachen, waren englische Streitkräfte vor der Insel Chark und der gesamten persischen Küste erschienen.

Bald erblickten wir vor uns das Dorf Hamadi, wo wir Quartier bezogen. Obwohl auch dort etwas von dem hinter uns gelassenen Brodeln zu bemerken war, schienen sich die Einwohner, die Araber sind, viel ruhiger zu verhalten. Diese ganze Gegend, nach Basra hin gelegen, ist hauptsächlich von arabischen Stämmen besiedelt, die sich zu den Persern gesellt haben. Sie bewahren als Nomaden ihre Gebräuche; das Persische beherrschen sie ebenso gut wie ihre eigene Sprache; zum Teil sind sie Sunniten, zum Teil Schiiten. Sie haben Dörfer, ohne jedoch völlig seßhaft zu sein. In der heißen Jahreszeit verlassen sie die glühenden Sandflächen des Garmsir und ziehen sich in die Berge zurück. Ihre Behausungen entsprechen ihren Gewohnheiten, sie sind ohne großen Aufwand gebaut und lassen sich leicht wieder einreißen. Mit ein paar Palmzweigen und zusammengeflochtenen Blättern, die auch einfach übereinandergelegt werden können, sind ihre Hütten bald errichtet.

Unser Aufenthalt in Hamadi war nicht lang genug, um mit Sicherheit über den Charakter dieser auf persischem Boden fremden Bevölkerung befinden zu können. Dennoch waren meine Eindrücke von diesen Arabern so, daß ich bei ihnen Eigenschaften feststellen konnte, die von denen der Perser abwichen. Sie erschienen mir viel unabhängiger, stolzer, in ihrer Gastlichkeit großzügiger als ihre Nachbarn, und aus der Art, wie sie sich über die Unruhen, die das Land ringsum erschütterten, ausdrückten, konnte ich entnehmen, daß sie mit niemandem gemeinsame Sache machten und sich neutral zwischen den beiden Parteien verhielten. Die gelinde Erregung, die unter ihnen zu bemerken war, hatte keinen anderen Grund als die Ungewißheit, in der sie sich mit ihren Herden und ihrem sonstigen Hab und Gut befanden, sie verriet keine Hinneigung zu irgendwem und keine politische Meinung. Dieses persische Küstengebiet war unter den Namen Baschestân und Arabestân lange Zeit in völliger Unabhängigkeit dem Schâh gegenüber gewesen. Noch heute ist der Gouverneur von Bandar-Buschir ein Araber, und die meisten Dörfer dieser Volksgruppe gehorchen einzig ihren Schejchs. Diese betrachten sich als Lehnsmänner und Gefolgsleute des Herrschers über Persien, aber nicht als seine Untergebenen. Übrigens hat die arabische Bevölkerung stark abgenommen.

Bei Tagesanbruch verließen wir Hamadi, und die sieben Farsach, die uns von Buschir trennten, wollten wir bald zurückgelegt haben. Wir zogen über eine sandige Ebene, die von einer Salzschicht bedeckt und sumpfig war. Besonders nach Westen zu, uns zur Rechten, dehnte sich weit das versumpfte Gelände bis zum Meer hin, und durch Verdunstung entstand eine außergewöhnliche Luftspiegelung, in der wir eine Menge Masten und Schiffe zu erblicken meinten. Auch der harte Boden zu unserer Linken stand oft unter Wasser. Vorsichtig bewegten wir uns auf einem schmalen Weg voran, auf dem man, obwohl der Sand verhältnismäßig trocken und fest war, hier und da doch spürte, daß das Wasser bis zu einer bestimmten Tiefe gedrungen war. Deswegen kam es auch vor, daß unsere Tragtiere knietief einsanken. Dieser niedrig gelegene Landstrich, wo das Meerwasser den Sand durchtränkt hatte, beherbergte zahllose Scharen von Wasservögeln und Wüstenrebhühnern. Sie sammeln sich manchmal zu Tausenden. Wenn man sie von fern heranfliegen sieht, könnte man denken, eine Wolke ziehe auf. Sie ähneln sehr den gewöhnlichen Rebhühnern, ihr Gefieder ist aber getüpfelt, und sie haben nur je drei Zehen. Sie stellen ein ausgezeichnetes Wildbret dar.

Lange bevor wir Buschir erreichten, gaukelte uns die Luftspiegelung die Nähe der Stadt vor. Dieses Trugbild ließ bei der Annäherung alle Gegenstände auf erstaunliche Weise groß erscheinen: kleine Boote im Hafen nahmen die Gestalt von Schiffen mit hohen Aufbauten an, und die armseligen Ziegelmauern der Stadt rückten bereits auf uns zu. Dann aber entzogen sie sich uns, und wir jagten ihnen mehrere Stunden hinterher, bis sie sich auflösten und die Wirklichkeit jedem Ding sein wahres Ausmaß zurückgab. Nach sieben Stunden, von Hamadi an gerechnet, zeichnete sich Bandar-Buschir sehr deutlich vor unseren Augen ab, und wir sahen, wie elendig diese Stadt war.

In Bandar-Buschir

Die Tore von Bandar-Buschir fanden wir bei unserem Eintreffen verschlossen, und so mußten wir verhandeln, um den Zutritt in die Stadt zu erreichen. Der Aufruhr, wie wir ihn in der Ebene kennengelernt hatten, herrschte auch innerhalb der Stadt. Die Einwohner fühlten sich im Schutz ihrer Mauern ebensowenig sicher wie die Ra'ijes in den Dörfern, an denen wir vorübergezogen waren. Unterhandlungen waren nötig, und Bedenken mußten mit dem Farmân des Schâhs beseitigt werden, bevor wir in die Stadt eingelassen wurden. Wir durchschritten zwischen zwei ausgedienten Kanonen mit zerbrochener Lafette das einzige Tor, das sich zum Land hin auftat. Es war von einer ansehnlichen Mannschaft Tofangtschis besetzt und führte zu einem Platz, den Palmenhütten säumten. Von da ging es in enge und völlig verlassene, scheinbar menschenleere Straßen. Die Männer standen unter Waffen und hatten ihre Häuser und Läden verbarrikadiert, als hätten sie einen Sturmangriff zu befürchten.

Wir verlangten, zum Gouverneur, Schejch Nasr, gebracht zu werden, der uns empfohlen worden war. Dieser war aber nach Schirâs abgereist, und wir mußten uns an seinen Wakil, Schejch Abdollâh, wenden, der uns ein sehr auffälliges, einst sehr schönes Haus als Quartier zuwies, das sich aber als so heruntergekommen herausstellte, daß wir es als angemessene Unterkunft nicht beziehen wollten. Wir konnten uns unmöglich in dieser Ruine ohne Fenster und Türen einrichten. Wir verhandelten gerade noch mit dem Farrâsch-bâschi des Wakils, als wir einen Mann auf uns zukommen sahen, der halb europäisch, halb persisch gekleidet war. Er grüßte uns sehr höflich, stellte sich als europäischer Agent vor und bot uns mit ausgesuchter Freundlichkeit die Aufnahme in seinem Haus an. Über die mit Herzlichkeit vorgetragene Einladung konnten wir keinen Augenblick lang nachdenken, und so folgten wir ihm in freudiger Stimmung. Unterwegs erklärte er uns in wenigen Worten, wer er war. Er hieß Âghâ Jussof Malcolm, der letzte Teil seines Namens war sichtlich entlehnt und zierte ihn wie eine Kokarde. Väterlicherseits war er Armenier, mütterlicherseits Franzose, und Engländer war er aus Berechnung. Die Ostindische Kompanie beschäftigte ihn in Buschir als nichtoffiziellen, aber vom Gouverneur anerkannten Agenten, und als solcher hatte er im Hafen die Angelegenheiten der Engländer im Auge zu behalten. Das halbpolitische Amt, das er bekleidete, gab ihm das Recht zu allen von den europäischen Attachés dieser Nation usurpierten Freiheiten. Als Konsularagent unterhielt er weitgespannte Handelsbeziehungen. Er war einer der reichen Kaufherren des Küstengebiets, und seine Verbindungen reichten nach Basra, Bombay und Maskat. Er sprach persisch, englisch, arabisch und selbstverständlich armenisch. Sein Aufzug hatte auch etwas Kunterbuntes an sich: persisch war die schwarze

Kolâh oder Lammfellmütze, englisch eine weiße Baumwollweste, wie man sie in Indien trägt, arabisch die Pantoffeln, in die er mit dem halben Fuß schlüpfte, und seine väterliche Abstammung verrieten viele Kleinigkeiten an dieser seltsamen Gewandung. Solcherart ausstaffiert und polyglott begabt, konnte Âghâ Jussof Malcolm vor Angehörige aus vier verschiedenen Ländern hintreten und einem jeden gegenüber auf eins der ihn ausweisenden Stücke seiner Kleidung verweisen. Nur wir Franzosen entdeckten nichts an ihm, was unser Land in Erinnerung hätte bringen können, es sei denn die Höflichkeit und die formvollendete Verbindlichkeit, die dieser ausgezeichnete Mensch an den Tag legte.

Âghâ Jussof, so nenne ich ihn kurz, führte uns zu einem kleinen Haus, das ihm gehörte. Er brachte uns unter, ließ herbeischaffen, was für uns erforderlich war, und sagte uns, wir sollten uns ganz heimisch fühlen. Uns überraschte seine Gastfreundschaft, die er uns ungezwungen und großmütig entgegenbrachte. Wir waren über den glücklichen Umstand, ihm begegnet zu sein, hocherfreut, auch darüber, daß wir nicht in den Trümmern des von Schejch Abdollâh als Wohnung zugewiesenen verfallenen Palastes geblieben waren.

Am Abend hatte Âghâ Jussof uns zu Ehren alles eingeladen, was er aus der Stadt und den Faktoreien des Hafens an Armeniern seines Gesellschaftskreises versammeln konnte, und ein jeder begrüßte uns auf seine Art zur Ankunft in Baschir. Keiner vergaß, uns seine Dienste anzubieten. Das Gespräch drehte sich bald um Politik, um den Krieg in Syrien. Aus der Zurückhaltung der Armenier, besonders unseres Gastgebers hinsichtlich der Rolle Englands in diesen ernsten Verwicklungen entnahmen wir unschwer, daß sie dieser Seite stark zuneigten. Ganz sicher war diese Gesellschaft den Engländern ergeben, und zweifellos war sie einer jener Vorposten, die die Engländer allerorts auf dem Erdball einrichten, wohin ihre Streitmacht noch nicht gelangt war.

Unsere Haltung angesichts dieser Ergebenheit war eine heikle Sache, dessen waren wir uns bewußt. Wir ließen es bei der gegenseitigen Behutsamkeit bewenden, hatten wir doch die geheimen Gefühle unseres Gastgebers zu achten. Schließlich mußte er sich sein Geld verdienen, das man ihm in Form von Zuwendungen zukommen ließ. Sollte ich ihm Vorwürfe machen, daß er diese Rolle unter den ihn umringenden Statisten übernommen hatte? Die Armenier sind genaugenommen keine Nation mehr, sie haben wie die Juden das gleiche wechselvolle Schicksal und das gleiche Unglück erlitten. Sie sind über den ganzen asiatischen Kontinent verstreut, irren von einem Teil zum anderen, und da, wo sie sich niederlassen, wollen sie nur von den Möglichkeiten ihrer Geschäftigkeit leben. Beschimpft von den Muselmanen, gepeinigt von der persischen Herrschaft, fühlen sie sich nicht bodenständig, auch nicht der Nation zugehörig, in deren Mitte sie die Parias sind, die niemals einbezogen werden.

Wir wollten uns nur zwei Tage in Buschir aufhalten und diese Zeit zu einer eingehenden Besichtigung der Örtlichkeiten verwenden. Bandar-Abuschehr heißt, wörtlich übersetzt, Hafen oder Stadt des Großvaters. So haben es die Araber, die Gründer, genannt. Alle Orte am Golf, die arabischen Ursprungs sind, können mit

Schiffen angelaufen werden. Hingegen hatten die Perser stets eine Abneigung gegen das Meer und die Schiffahrt. Sie zogen sich ins Landesinnere zurück oder näherten sich nur widerwillig den wellengebadeten Sandstränden und überließen es den Arabern, später den Europäern, Nutzen aus den wenigen Plätzen an der Küste zu ziehen und Häfen für die Schiffahrt und den Seehandel anzulegen. Im langen Verlauf der Geschichte der Perser treten sie, wenn nicht als Seemacht, so doch wenigstens als Seefahrer an ihrer Küste von Nord nach Süd auf. Dennoch gab es vor etwas mehr als einem Jahrhundert einen Herrscher dieses Landes, einen emporgekommenen Soldaten, bei dem, nach seiner Veranlagung und seinen Erfolgen zu urteilen, keine anderen Instinkte als kriegerische zu vermuten gewesen wären, der aber plötzlich auf den Gedanken verfiel, eine Marine zur Verteidigung der Meeresgrenzen seines Staates aufbauen zu lassen. Vielleicht nur eine flüchtige Laune, eine jener Grillen, die orientalische Despoten zuweilen heimsuchen, aber Nâder Schâh, dieser Usurpator, betrieb die Verwirklichung seines Plans doch mit großer Beharrlichkeit. Wäre er mit allem Notwendigen für sein erträumtes Werk ausgestattet gewesen, wer weiß, zu welchem Ergebnis er es gebracht hätte, möglicherweise wäre Persien eine Seemacht geworden, und seine Geschichte hätte einen anderen Verlauf genommen. Aber der Boden dieses Landes verweigert sich solch einer Neuerung, ihm fehlt es an geeignetem Holz für den Schiffbau. Abgesehen von den noch unangetasteten Wäldern in Mâsandarân konnte man damals ebensowenig wie heute auch nur einen Baum finden, aus dem ein kleiner Balken zu machen gewesen wäre.

Nâder Schâh war nicht der Mann, der vor materiellen Schwierigkeiten zurückschreckte. Seine Siege, seine Erfolge aller Art kannten kein Unmöglich. So oder so wollte er eine Marine haben, und er befahl einem englischen Ingenieur, sofort ein Schiff größten Ausmaßes zu bauen. Zu diesem Zweck ordnete der Schâh an, das benötigte Holz in den Wäldern am Kaspischen Meer zu schlagen. Die Stämme wurden, da es keine Karren gab, auf Menschenrücken in Tagesmärschen über eine Strecke von mehr als zweihundert Meilen bis zum Bestimmungsort geschleppt. Doch nach den ersten Gewaltanstrengungen, wie sie der Herrscher verlangte, und nach den anfänglichen Arbeiten am ersten persischen Schiff blieb es auf immer eine unvollendete Schöpfung, weil die Schwierigkeiten der Unternehmung dem Schâh über den Kopf wuchsen oder weil sein tragischer Tod allem ein Ende setzte. Das Schiff lag jahrelang auf Stapel, wo es als verfaulender Rumpf kaum die Bewunderung der Perser hervorrief.

Übrigens ist Buschir, das keine Reede hat, ein sehr schlechter Hafen. Das Wasser ist flach und bleibt flach bis weit aufs Meer hinaus, so daß die Schiffe fern von der Küste ankern. Dort liegen sie ungeschützt und müssen beim geringsten Windstoß die Anker lichten. Nur die arabischen Barken, Bagalo oder Battil genannt, können bis an den Hafendamm heran. Mit diesen leichten Booten mit geringer Ladefähigkeit bewältigt man nahezu ausschließlich den Handel zwischen Buschir und Basra, Bombay oder Maskat. Sie sind mit einem Deck versehen, haben am Heck eine Kajüte für den Schiffsführer und setzen ein einziges, sehr großes Segel, das an einer übermäßig langen Rahe befestigt ist. Sie bewegen sich wegen der großen Vorsicht, die die Seeleute des Golfs walten lassen müssen, schwerfällig, aber verhältnismäßig sicher, fahren immer in Küstennähe, und wenn etwas stürmischeres Wetter zu erwarten ist, legen sie entweder gar nicht ab oder suchen Zuflucht in irgendeiner kleinen Bucht. Ihre Ladefähigkeit reicht nur von dreißig bis zu hundert Tonnen. Einige von ihnen führen die englische Flagge. Acht oder zehn Kaufherren aus der Stadt betreiben diesen Küstenhandel. Sie befahren den Golf bis hin zum Indischen Ozean und befördern auch Fahrgäste, besonders nach Basra, wo diese sich Jahr für Jahr der großen Zahl persischer und indischer Pilger zur Reise nach Mekka anschließen. Die zurückkehrenden Hâdschis erregen dann in Buschir immer großes Aufsehen.

Die Handelsgeschäfte in Buschir sind sehr beschränkt. Viele Erzeugnisse werden von den Engländern eingeführt; dank ihrer Nähe und ihrer zahlenmäßig starken Flotte verfügen sie in diesem Hafen über das Handelsmonopol. Dadurch ist ein Konkurrieren unmöglich. Die Ausfuhr besteht vorwiegend aus Waren für den Gebrauch des Orientalen, als da sind Tabak für den Kaliân, Tombaki genannt, der massenhaft in Schirâs angebaut wird, Teppiche, Seiden- und Wollstoffe aus Kermân und Jasd, Baumwollartikel aus Isfahan und Kâschân. Rechnet man noch ein paar hundert Pferde hinzu, die für Indien bestimmt sind, und Waffen aller Art, dann noch eine beträchtliche Menge Wein aus Schirâs, der wie Seidenwaren und gewisse Spezereien auch für Bombay bestimmt ist, dann kennt man die hauptsächlichsten Güter des Handelsgeschäftes, das etwas Leben in den Hafen von Bandar-Buschir bringt.

Grab des Propheten Daniel

Das alles stellt nun keinen ausreichenden Anreiz für den europäischen Seehandel dar. Bei den negrophilen Ansichten im heutigen Europa würde er sich auch nicht am dortigen Sklavenhandel beteiligen, der an der Golfküste einen Hauptzweig der Handelsgeschäfte darstellt. Auf diesem Weg versorgen sich die Harems mit Eunuchen und Sklavinnen. Erstere sind die teuerste Ware: vierzig bis fünfzig Tumân, das sind fünf- bis sechshundert Francs; der Preis für Mädchen schwankt zwischen zwanzig und vierzig Tumân. Diese Ware, wenn ich mich so ausdrücken darf, wird wie jede andere besteuert, pro Kopf bedeutet das fünf oder sechs Francs Zoll. Im allgemeinen betreiben die Barken aus Maskat diesen Handel, aber es muß auch gesagt werden, daß er sich vor den Augen des englischen Indiens abspielt, sozusagen in Sichtweite der britischen Flagge, die der Schrecken der Sklavenhändler an der ostafrikanischen Küste ist. Das ist ein Widerspruch, aber auch eine Tatsache: niemand in dieser Gegend beabsichtigt, die Schiffe dieses Erwerbszweiges in Unruhe zu versetzen.

Einst war in dieser Gegend die Perlenfischerei ein Haupterwerbszweig, gleichzeitig eine einträgliche Einnahme der Küstenbevölkerung, aber die alten Austernbänke sind steril geworden, und man muß sich auf die Suche nach neuen, tiefer liegenden, aber weniger ertragreichen machen, die den Tauchern größere Schwierigkeiten bereiten. Deshalb ist nun die Ausbeute viel magerer.

Das Klima von Buschir, wie im allgemeinen des Garmsirlandes, gilt geradezu als gesundheitsschädlich, vor allem im Sommer. An dieser Küste und ebenso in der weiten Ebene von Euphrat und Tigris herrscht während dieser Jahreszeit häufig ein Wind vor, der mörderisch genannt wird. Die Luftströmungen geraten in große Bewegung, sie treiben Hitze herbei, die wirklich oftmals todbringend ist. Es ist vorgekommen, daß sich in diesen öden Gegenden Menschen nicht in Sicherheit bringen konnten und vom Wind erstickt wurden. Ursache dafür scheinen die seuchenerregenden Krankheitskeime zu sein, die der Wind aus verschiedenen Richtungen, aus verpesteten Gebieten, herweht. Man glaubt, diese Schadstoffe auf das Vorhandensein von Erdpechquellen in der Arabischen Wüste und in Mesopotamien zurückführen zu müssen. Es heißt, daß aus solchen Gruben, in denen sich das Zeug in flüssiger Form, fast in Wallung, befindet, unter Einwirkung der glühenden Sonnenstrahlen Dämpfe aufsteigen, die die Erstickung hervorrufen können.

Die Stadt selbst hat wenig Bedeutung, sie bietet das gleiche Bild wie alle Städte Persiens. Sie liegt auf einer kleinen Anhöhe, die über die Küste hinausragt und den Charakter einer Halbinsel aufweist. Sie ist in Dreiecksform angelegt, wobei zwei Seiten dem Meer zugekehrt sind und die dritte zum Land zeigt, wo eine einstmals befestigte Mauer den Abschluß bildet. Die einförmige Linienführung, wie sie die Silhouetten aller persischen Städte kennzeichnet, ist hier von Palmen unterbrochen, deren Wipfel sich über die Flachdächer erheben. Eine Besonderheit stellt die große Anzahl von Abzugsschächten dar, Bâd-schir genannt, die auch für die Luftzufuhr nach innen bestimmt sind. Sie sehen wie Schornsteine aus, sind aber viel höher und breiter. An der großen Öffnung oben findet der Luftaustausch statt. Diese Belüftungseinrichtung gibt es auch in anderen Städten

Persiens, doch besonders im Süden ist sie wegen der Hitze ganz gebräuchlich.

Das Innere der Stadt bot, als wir es in Augenschein nahmen, einen jammervollen Anblick. Ganze Ortsteile waren wie ausgestorben, die Häuser entweder verschlossen oder verkommen. Die Cholera und die Pest hatten erst kürzlich die Stadt verheert. Drei Viertel der Einwohner waren den aufeinanderfolgenden Massenerkrankungen zum Opfer gefallen. Das wenige, was man an Leben und Treiben auf den Basaren und im Hafen sah, war auf die Anwesenheit von Reisenden oder Handelskarawanen zurückzuführen.

Der Hafendamm ist der belebteste Teil der Stadt. Dort liegen die Faktoreien, wie ich sie nenne; das sind große Häuser mit Lagern und Kontoren der wichtigsten Handelsleute, die sowohl die Ausfuhr wie die Einfuhr und das Vermittlungsgeschäft in den Händen halten. In den Speichern lagern Waren aller Art und aus aller Welt: Neben Seiden- und Baumwollartikeln, verschiedenen Weinen, Spezereien, Galläpfeln, Rosenwasser, Geschmeide und sogar geprägtem Gold, alles aus den unterschiedlichen Gegenden Persiens, findet man Indisches, wie Elfenbein, Tee und Kaffee, Spiegel, Glasgeschirr und Porzellan, Gewürze, Zucker, Tuche, Seilwerk und Sklaven aus Bombay, von der Malabarküste, aus Maskat oder Basra. Vor den Faktoreien sitzen arabische Seeleute herum, sich der Geruhsamkeit und dem Rauchen hingebend, wobei sie die im Meer schaukelnden Bagalos betrachten. Das ebenfalls vorwiegend arabische Lastträgervolk ist in einem ständigen Herbeikommen und Davoneilen, immer in Bewegung, sie rempeln die Passanten an und schleppen die Bündel und Ballen zum Ver- oder Entladen. An dieser Stelle herrscht Leben in Buschir, die Bedeutung der Stadt erwächst Tag für Tag aus diesem Viertel.

Die Basare sind nicht wichtig, sie sind klein und schmutzig, dunkel, ohne Waren, höchstens sieht man in ihren armseligen Läden ein paar jüdische Trödler oder einige arme armenische Handwerker. Doch während unseres Aufenthalts herrschte eine ungewohnte Betriebsamkeit. Ich bemerkte, daß die Krämerbuden in Rüstkammern umgewandelt wurden, in denen es Säbel, Pistolen, Gewehre und all das andere Kriegsgerät der Perser gab. Der Grund für diese Auslagen war die Angst, in der der Gouverneur schwebte, es könnte sich plötzlich ein feindlicher Überfall ereignen, auf den man stündlich gefaßt war. Der Schejch hatte alle Einwohner angewiesen, sich zu bewaffnen. Beim ersten Alarm müßten sie zur Stelle sein und hätten dann alle ohne Ausnahme zu den Toren und an die Mauern zu eilen.

Diese Besorgnis, die die gesamte Bevölkerung in Spannung hielt, war allerdings etwas übertrieben. Doch es stimmte, Buschir war, wie wir erfuhren, der Zielpunkt eines in Lorestân brodelnden Aufbegehrens. Wenige Tage vor unserer Ankunft hatte der Chân der kleinen Stadt Behbahân, die an der Straße von Schuschtar liegt und seit längerem gegen die Autorität des Schâhs rebellierte, den Versuch unternommen, Buschir durch einen seiner Vertrauten einnehmen zu lassen. Dieser hatte mit ein paar wagehalsigen Männern den Handstreich vorbereitet. Der scheiterte aber wegen des unerwarteten Widerstands; der Angriff wurde abgewehrt, und sie mußten sich in ein nahe gelegenes Dorf zurückziehen, wo sie offensichtlich auf Verstärkung oder auf eine günstigere Gelegenheit warteten. Mit dieser Gefolgschaft des Aufwieglers waren die Einwohner mehrerer dem Schâh treu ergebener Dörfer, die wir in der Ebene gesehen hatten, in Scharmützel verwickelt gewesen. Das war alles sehr eigenartig. Diesem Aufruhr gegen eine Herrschaft, die keinen Anlaß dazu gegeben hatte, und diesem gewagten Angriff auf eine Stadt, die der Regierung unterstellt ist und in der ein Schejch, der das volle Vertrauen der Regierung besitzt, sein Amt versieht, lag eine verborgene Ursache zugrunde, die nicht nur in dem rebellischen Geist der Bewohner Lorestâns zu suchen war, auch nicht in der Schwäche und in der schlechten Verwaltung durch Mohammad Schâhs Regierung. Wie ich schon gesagt habe, trafen hier mehrere Faktoren zusammen, woraus zu Recht unangenehme Schlußfolgerungen zu ziehen waren. Die Vermutungen zielten auf eine für diese Region sehr gefährliche Nachbarschaft ab. Unweit von Buschir befindet sich die Insel Chark, die rechtmäßig zu Persien gehört, die aber die Engländer an sich gerissen haben. Sie unterhalten gewöhnlich auf ihr eine kleine Garnison. 1840 waren es tausend Mann, davon sechshundert Sepâhis und vierhundert Engländer, außerdem haben sie Artillerie angelandet, und es heißt, mehrere Kriegsschiffe seien vor Anker gegangen oder kreuzten zwischen der Insel und der persischen Küste. Wie die englischen Agenten in Buschir zugaben, hatte damals eine ungewöhnliche Betriebsamkeit auf der Insel Chark geherrscht. Direkt vor Buschir lag ein englischer Schoner, und jeden Tag ging ein Offizier mit seinen Matrosen an Land und nahm Verbindung zu den Vertrauenspersonen auf. Alle erweckten den Eindruck, als erteilten sie

Anweisungen oder erkundigten sich nach dem Stand der Dinge. Ein anderes Vorkommnis, das mit den hiesigen Vorgängen zusammenhing und auf das ich schon hingewiesen habe, war die vor drei Monaten erfolgte Einreise eines englischen Agenten in Lorestân, wogegen sich der Gouverneur von Isfahan ausdrücklich verwahrt hatte. Sah man all diese Anzeichen innerer Unruhe, sowohl in Persien wie in Indien, in Verbindung mit dem Krieg in Syrien, wo sich die Perser für Mohammad Ali und gegen die Engländer ausgesprochen hatten, mußte man natürlich auf den Gedanken kommen, daß eins mit dem anderen etwas zu tun hatte, also die Erregung mit den lautlosen Vorbereitungen am südlichen Ende Persiens. Dort war die Bevölkerung ziemlich sich selbst überlassen. Die Zukunft sollte mir zeigen, daß ich mich nicht getäuscht hatte.

An den Gestaden des Persischen Golfs wie auch in vielen anderen Meeresgegenden Asiens hatten die Holländer und Dänen Niederlassungen errichtet. Die Insel Chark hatte nach dem Urteil der einen zu Holland, nach dem der anderen zu Dänemark gehört. Letzteres soll auch Siedler zurückgelassen haben, was heute noch bei Einheimischen festzustellen ist, die körperliche Merkmale einer europäischen, sogar nordländischen Herkunft aufweisen. Solche Inselbewohner haben tatsächlich helles Haar und blonde Bärte. Unsere Kenntnisse von Umwälzungen in jenen weit entlegenen Gebieten sind sehr ungenau. In Dokumenten mit wahrheitsgemäßer Aussagekraft heißt es bezüglich dieser Insel: »Nachdem die Holländer oder Dänen abgezogen waren, beanspruchte eine Zeitlang keine der europäischen Mächte die Insel.« Von der französischen Marine, die eine Art Vorherrschaft auf diesen fernen Meeren ausübte, wurde Chark als ein Punkt von einiger Wichtigkeit bezeichnet. Da die Insel nicht beansprucht wurde, schien die Gelegenheit für die Gründung einer französischen Niederlassung günstig zu sein. Persien kümmerte das wenig, obwohl die Autorität des Schâhs über sie wiederhergestellt war. Frankreich hätte sich ihrer bemächtigen können, ohne daß die Perser Schwierigkeiten gemacht hätten, aber getreu seiner traditionellen Wahrung von Gesetzen zog es eine diplomatische Unterhandlung einem Handstreich vor, und so wurde zur Zeit der Regierung Karim Chân ein Abkommen geschlossen, mit dem die Insel an Frankreich abgetreten wurde. Das geschah, als die Ruhe der noch in Pomp und Pracht lebenden Fürsten Hindustans durch die großen Ereignisse gestört wurde. Ein schrecklicher Krieg war in Indien entbrannt, die Nachrichten von der Küste Madras' hatten den Kanonendonner, unter dem sich der englische Admiral Hughes seine Niederlage eingestehen mußte, bis in den tiefsten Dschungel getragen. Der Komtur Suffrein, der ganz in seinen Feldzugsplänen und den zu erwartenden Siegen seiner Geschwader aufging, hatte Chark aus den Augen gelassen, denn es ging ihm um den indischen Kontinent und nicht um einen elendigen sandigen Strand irgendwo im Persischen Golf. Zunächst blieb Chark vergessen, dann teilte es das Schicksal der übrigen französischen Besitzungen in jenen Meeren, es ging verloren. Jedoch im Jahre 1808 machte General Gardanne gemäß eingetroffener Instruktion die Rechte Frankreichs auf diese Insel wieder geltend. Der rechtlich begründete Anspruch wurde, wie es heißt, von Fath Ali Schâh anerkannt. Doch blieb die erneute Abtretung dieses Stützpunktes auf dem Papier, die Besitznahme erfolgte nie. Aller Wahrscheinlichkeit nach war nun das Auftreten des französischen Gesandten eine der Sorgen, die Sir John Malcolm bewegten, so daß dieser englische Diplomat für gute Dienste seitens Englands das Verlangen aussprach, die Insel Chark solle in englische Hände übergehen. Aus denen ist sie seither nicht wieder entronnen.

Andere Stützpunkte dort, wozu auch Buschir gehört, haben wohl den Holländern gehört, aber von deren Besetzung findet man kaum eine Spur, was annehmen läßt, daß sie weder von langer Dauer noch von militärischer Bedeutung gewesen ist. Doch im Hafen von Buschir gibt es noch ein kleines Fort, dessen Erbauung auf die Holländer zurückgehen soll und das in der Tat ein europäisches Aussehen hat. Heute ist es verfallen und hat keine Funktion mehr. Es scheint davon zu zeugen, daß die Perser nie die Absicht hatten, es für ihre eigene Verteidigung zu nutzen.

Wenn auch die Engländer das Erbe der Holländer, und sei es auch nur teilweise, angetreten haben, so besteht ihr eigener, nicht ererbter Anteil in ihrer Willkürherrschaft und in dem Einfluß, den sie nach Möglichkeit auf unauffällige Weise in allen Ländern des Persischen Golfs oder des Indischen Ozeans ausüben. In diesen Gegenden dulden sie keinen Rivalen, jede fremde Flagge erregt ihre Mißgunst. Der Handel mit diesen Ländern ist aber nicht von so großer Wichtigkeit, daß sich englische Schiffe seiner annehmen und sie von diesem Weltwinkel angezogen würden. Doch damit die englische Flagge auch an jenen Küsten nicht fehlt, hat man die Schiffseigner und Kaufherren dazu überredet, sie zu hissen. So sieht man die englischen Farben an den Masten bescheidener Bagalos und armseliger Battils, die mit arabischen Mannschaften fahren. Die Eigentümer der somit geschützten Schiffe oder Waren sind um so eher bereit, diese Fahne aufzuziehen, als sie sich einen wirksameren Schutz vor Piratenakten versprechen, auch vor Ausplünderungen durch den Zoll und andere, da es sonst, unter nationalen Erkennungszeichen, oft ein Jammern und Klagen gäbe. Man versteht, welche Bedeutung diese Schirmherrschaft haben muß, die bei allem äußeren Schein selbstloser Gewogenheit die Völker dieser Küstengebiete die Gewohnheit annehmen läßt, den englischen Wimpel und keinen anderen zu zeigen und zu achten. Es ist demnach wahr, daß kein Mittel in der Politik, und besonders bei jenen entfernten und unerfahrenen Völkern, außer acht gelassen werden darf.

Selbstverständlich dulden die Engländer neben sich keine andere Seemacht, sie handeln so, als gehörten diese Küstenzonen, Inseln oder Meere ihnen. Wie sollten sich die arabischen Schejchs mit ihren schwachen Bagalos oder die persischen Obrigkeiten, die über kein einziges Schiff verfügen, dieser Tyrannei entgegenstellen? Als Gebieter beherrscht England mühelos und unumschränkt diesen Teil der Welt samt allen seinen kleinen Anrainern. Man kennt in Europa die eifernde Gesinnung, die in der Politik Englands waltet, vor allem was Asien angeht, aber man kennt nicht die Einzelheiten, ja die Nebensächlichkeiten, mit denen es seinen Stolz über die Kleinen befriedigt und seine Macht über die Schwachen mißbraucht. Um eine Vorstellung davon zu geben, muß erzählt werden, daß vor Buschir ein

Dreimaster in Sichtweite vor Anker lag. Ich fragte, wem das Schiff gehöre. Von den völlig englandhörigen Armeniern, die sich in ihrer Eitelkeit spreizten, als wären sie von reinstem englischem Geblüt, wurde mir gesagt, daß es dem Imam von Maskat gehöre. Dieser Imam ist eine Art kleiner Sultan mit dem Titel Sejed-Sejed, also im wahrsten Sinn des Wortes ein Abkömmling des Propheten Mohammad. Seine Besitzungen am Ausgang des Persischen Golfs stellen einen kleinen, mit der Seefahrt verbundenen Staat dar, der nicht ohne Bedeutung ist. Dieser Fürst war einzig aus Ruhmsucht auf den Einfall gekommen, sich eine mit ein paar Kanonen bestückte Fregatte zuzulegen. Das war eine der Launen und Kindereien kleiner orientalischer Herrscher, die glauben, ihrer kläglichen Macht Ansehen verleihen zu müssen und auch in den Augen der Europäer an Größe gewonnen zu haben. Es scheint, daß die Engländer die Sache viel ernster genommen haben, als anzunehmen gewesen wäre, und daß sie ihr eine Wichtigkeit beimaßen, die selbst der Imam in ihr vielleicht nicht sah. Sie verboten ihm, sich so kriegerisch aufzuführen, und statt über eine so harmlose und nur auf Zurschaustellung abzielende Fregatte zu lachen, schreckten sie ihn mit der Anweisung, seine Artillerie und Munition unverzüglich an Land zu schaffen. Der arme Sejed-Sejed, der übrigens ein sehr untertäniger Diener des Generalgouverneurs von Indien ist, ließ sich das nicht zweimal sagen. Seine Fregatte ist heute nur ein schlichtes dreimastiges Handelsschiff.

Ein zweiter Vorfall, der zeigt, wie groß und wie ausschließlich der englische Einfluß ist, hat sich ebenfalls in Maskat ereignet. Für den genauen Ablauf will ich mich zwar nicht verbürgen, aber er wurde mir von denselben Armeniern erzählt, die nach meiner Meinung sehr gut die englische Politik in jenen Ländern kennen, deren Werkzeuge sie ja selbst sind. Besagter Vorfall entspricht übrigens neben anderen Äußerungen dieser allbekannten Politik, von denen einige unsere unmittelbare Nähe betrafen. Ein französisches Kriegsschiff war vor Maskat erschienen und hatte einen Handelsvertreter an Bord, der von dem Imam die Anerkennung als Konsul erwirken und die Genehmigung erhalten sollte, sich in dessen Staatsgebiet niederzulassen. Doch der Widerstand des Sejed, der den britischen Interessen gänzlich verpflichtet ist, konnte absolut nicht gebrochen werden. Wegen seiner Geldgier, die er von Zeit zu Zeit durch englische Guineen befriedigt sieht, und vor lauter Angst, er könne seiner kleinen Krone beraubt werden, ist er fest an seine Schutzmacht gefesselt. Er fürchtet nur allzusehr, durch sein Einverständnis, nämlich daß sich eine fremde Fahne auf seinem Boden entrollt, die Goldstücke einzubüßen und ein Wagnis für sein Krönchen einzugehen. Also gab er dem Vertreter Frankreichs einen abschlägigen Bescheid, und jener mußte den Rückzug antreten. Man sieht, wie England Völker und Regierungen in diesen fernen Gegenden beherrscht, einschüchtert und an der Leine führt, wie es jeden fernhält, der sich als Rivale zeigen oder der es vor den Augen seiner Sklaven entlarven könnte. Man sieht auch, wie es sich mit seinen Intrigen und mit seinem Geld Kreaturen unter der jeweiligen Bevölkerung verschafft und hörige Mittelsmänner kauft, wie es eine aufgeputschte Menge gegen ihren rechtmäßigen einheimischen Herrscher lenkt und für sich gewinnt. Dieses Doppelspiel ist den Engländern in Indien gelungen, und so geht es überall weiter, wo ihre Unverfrorenheit am Platz zu sein oder wo ihnen das Glück zu lachen scheint.

Was nun Persien angeht, so begreift man sehr wohl, daß sich Englands Begehrlichkeit auf die beiden Provinzen Fârs und Arabestân gerichtet hat. Es sind reiche Provinzen, der Boden dort ist fruchtbar und gut bewässert, und die Erzeugnisse gleichen denen Indiens. Indigo, Baumwolle und Zuckerrohr gedeihen prächtig. Außerdem wird dieses weite Gebiet von Völkerschaften bewohnt, die unter verschiedenen Namen und dank religiöser Gegensätze das Joch der persischen Herrschaft mit Ungeduld ertragen und sich im allgemeinen Zustand des Aufruhrs befinden. Die Empörung ist das normale Verhalten der Bewohner Arabestâns und Chusestâns, wo in den Bergregionen die unbezähmbaren Loris, Bachtjâren und Mamassenis leben. Und in Fârs sind es die vielen kriegerischen Stämme der Karatschâdors, die in ihrem Unabhängigkeitsdrang nur die Macht ihres jeweiligen Châns anerkennen. Der Schâh hätschelt sie eher, als daß er sie im Zaume hält, er weiß, daß er sich nicht auf sie verlassen kann, und ist deshalb genötigt, ihren Anführer ständig an seinen Hof zu verbannen, sozusagen als Gefangenen, zumindest als Geisel. Diese Nomadenbevölkerung kann sich dem Schâh entziehen und von einem Lager ins andere überwechseln. In dieser Zeit nun blieb sie dem Schâh verbunden, und die große Sandfamilie, aus deren Schoß die Begründer der persischen Monarchie hervorgegangen sind, schien der heimischen Fahne die Treue zu halten. Aber diese Treue hängt an einem Fädchen, und in der

Geschichte Persiens kam es mehr als einmal vor, daß es riß.

In Arabestân gibt es eine gemischte Einwohnerschaft, auf die die Engländer wegen deren Herkunft, Volkszugehörigkeit und Religion leicht Einfluß nehmen können. Es sind, wie ich schon sagte, die im ganzen Land zwischen dem Meer und dem Rand der Gebirge ansässigen Araber. Diese stehen nicht fest zum Schâh von Persien, sie sind vorwiegend Sunniten und folglich geschworene Feinde der Perser, die zu der Schi'a zählen. Alle diese ungleichartigen Kräfte und Bestrebungen, die keine Anhänglichkeit an den persischen Staat kennen und dessen Regierung feindlich gegenüberstehen, erwecken die Hoffnung der Engländer und nähren ihre Versuchung. Ist dieses Land erst einmal in die Knie gezwungen, dann werden sie wie die Herren befehlen, von Bombay bis Bagdad, später vielleicht von Hongkong bis Beirut. Die Anstrengungen, die sie beiderseits des Tigris bis hin zum Euphrat unternommen haben, beweisen nur zu gut, daß ihr Denken darauf ausgerichtet ist.

Die Armenier von Buschir freuten sich im Grunde ihres Herzens über die Aufstandsbewegungen, die die dortige Bevölkerung in Unruhe versetzten. Sie wartete ängstlich auf Verstärkung. Es hieß, der Il-Bagi, der Anführer der Sandstämme, würde mit zweitausend seiner Tofangtschis und mit vier Kanonen anrücken; gleichzeitig sollte der Mo'tamad, der Gouverneur von Isfahan, in die Berge der Bachtjâren vordringen, um von dort auf Schuschtar und Behbahân herabzustoßen. Die Perser zeigten sich hoffnungsvoll, sie glaubten, daß mit dieser Doppelstrategie der Aufstand beendet werden könnte, der, falls die Regierung nicht schnell handelte, noch unheilvolle Folgen zeitigen würde.

Unser Gastgeber bot uns an, uns zu den Ruinen von Rischahr zu geleiten, die sich etwa zwei Farsach südöstlich von Bandar-Buschir befinden. Wir waren davon sehr angetan, denn wenn es dort etwas Interessantes kennenzulernen gab, war Âghâ Jussof der denkbar beste Fremdenführer. Wir ritten die ganze Zeit über schütteren Treibsand, dessen wellige Oberfläche mir als das Werk der Windböen erschien. Auf diesem unwirtlichen Grund standen vereinzelt ein paar Hütten und wuchsen etliche Dattelpalmen. Nach zwei Stunden kamen wir zu dem Küstenort Rischahr oder Kal'e-Rischahr. Er wird von den Europäern gewöhnlich Holländerfort genannt, was an eine militärische und wahrscheinlich auch für den Handel vorgesehene Anlage der Holländer an diesem persischen Küstenstreifen denken läßt, aber ich muß sagen, daß ich nichts entdeckt habe, was auf irgendwelche europäische Bauten hingewiesen hätte. Man sieht umfangreiche Erdbewegungen und Trümmer, doch ohne jeglichen Hinweis, der den Ursprung oder das Alter der Arbeiten hier festlegen könnte.

Das Gelände mit diesen Überresten ist auch zu weitläufig, um die Lage einer Stadt zu erkennen. Die ansehnlichsten Anhäufungen sind so angeordnet, daß sie die Mauern darstellen könnten. Diese Spuren einer Umfriedung deuten auf eine rechteckige Anlage hin; außerhalb des durch die erhöhten Teile beschriebenen Umfangs bemerkt man eine sich hinziehende Vertiefung, die nichts anderes als ein Verteidigungsgraben gewesen sein müßte. Mauern und Gräben mochten nur nach drei Seiten hin bestanden haben, zur vierten bot das Meer Sicherheit. Dort befand sich der Hafen, und nach seiner Lage konnte man auf Grund der etwas erhöhten, von zwei aufragenden Felsblöcken gebildeten Deckung zum Schutz der Schiffe zu dem Schluß gelangen, daß diese, wenn sie hier vor Anker gingen, kleineren Ausmaßes gewesen sein mußten. Diese letzte Überlegung bestimmt mich schwerlich zu der Annahme, daß hier die Holländer über einen Hafen verfügt haben sollten, denn ihre Schiffe hätten hier nicht einlaufen können. Eher wäre zu vermuten, daß diese Reste einer sehr alten Zeit zuzurechnen sind, noch vor dem Entstehen von Bandar-Abuschehr, dessen Name rein arabisch ist.

Man hatte uns von den Sandflächen rund um Buschir gesagt, sie würden große Terrakottaurnen in sich bergen, die mit den darin aufbewahrten menschlichen Gebeinen von einigem archäologischen Interesse sein könnten. Bei unserer Suche brachte die Hacke bald aus diesem leichten Boden tatsächlich Töpferscherben an den Tag. Als wir sie untersuchten und zusammensetzten, glaubten wir zwar, Bruchstücke von Bestattungsgefäßen vor uns zu haben, doch schienen sie keiner Aufmerksamkeit wert zu sein, nichts bewies ihren Ursprung oder ihre Verwendung.

Der 1. Januar war gekommen, und wir rechneten an diesem Tag mit unserem Aufbruch, aber wir mußten schließlich den Bitten Âghâ Jussofs und der anderen Armenier nachgeben, mit ihnen gemeinsam in das Jahr 1841 einzutreten. Für die Christen in Buschir war es ein Festtag. Unser Gastgeber wollte uns unbedingt unter seinen Eingeladenen wissen. Trotz unserer Ungeduld, die Reise wieder aufzunehmen, hätten wir es an Achtung ihm gegenüber fehlen lassen und seine Gastfreundschaft schlecht entgolten, wenn wir unseren Aufbruch nicht auf den nächsten Tag verschoben hätten. Um das beginnende neue Jahr zu feiern, gab Âghâ Jussof ein großes Diner, an dem die wichtigsten Repräsentanten des armenischen Handels von Buschir teilnahmen; es waren etwa zehn. Wir nahmen Abschied von diesen Herren und statteten ihnen unseren großen Dank für die Aufnahme ab, die wir bei den meisten gefunden hatten. Aus Höflichkeit sprachen sie den Wunsch aus, uns in Buschir wiederzusehen, aber trotz aller liebenswürdigen Gastlichkeit ihrerseits spürten wir keine Lust, zu dieser dahinsterbenden Stadt zurückzukehren.

Wieder in Teheran

Zwei Monate später, nachdem wir den Rückweg über Firusâbâd, Schirâs, Persepolis nach Isfahan zurückgelegt hatten, nahmen wir zum Ausklang unseres dritten Aufenthalts in dieser Stadt Abschied von den zuvorkommenden Gastgebern und trennten uns, traurig gestimmt, von Monsieur Boré, denn wir ließen ihn leider in diesem Land zurück, wo für ihn unendlich viele Schwierigkeiten und manch Drangsal vorauszusehen waren.

Am 10. März waren wir auf demselben Weg wie damals mit dem Iltschi, und wir legten dieselben Tagesmärsche zurück. Am 14. stiegen wir vom Churond-Gebirge hinab auf Kâschân zu und sahen am äußersten Rand der Ebene im Südwesten einen breiten, kompakten rötlichen Streifen langsam in die Höhe steigen, der am oberen Saum von der Sonne erhellt wurde. In die undurchdringliche Masse fielen die Strahlen der Sonne nicht ein. Das war einer jener Wirbelstürme, der von den Reisenden so sehr gefürchtete Sam, auch Erdgewitter genannt, das sich in den endlosen Wüsten Asiens bildet. Ein schrecklicher, trockener Wind, den das unablässig aufsteigende Band nach sich zog, wühlte rings um uns Staubwirbel empor; dieses Quirlen fuhr in die

Lüfte hoch und formte Wolken, die ineinander aufgingen und das über unseren Köpfen dahinjagende Wolkenheer noch vergrößerte. Der Himmel war nicht mehr zu sehen, der Tag wurde zur Nacht, und die Sandflut schwoll immer weiter an. Uns stockte der Atem. Da half auch nicht, daß wir den Kopf einzogen, uns in unsere Mäntel verkrochen, der feine Sand, der uns mit unwiderstehlicher Gewalt entgegengeschleudert wurde, drang durch alle Kleidungsstücke. Wir sogen ihn durch Mund und Nase ein, er gelangte sozusagen durch die Poren in uns hinein. Unsere Pferde vermochten nur mit Mühe Luft zu schnappen und gingen nur widerwillig gegen den Sturm an. Wir steckten in einer dichten, rötlich getönten Hülle, in der wir kaum drei Schritt weit sehen konnten. Wir wollten so schnell wie möglich aus diesem Unwetter heraus und Kâschân erreichen, dem wir schon sehr nahe waren, doch die Dunkelheit ließ befürchten, daß ein beschleunigter Ritt nur gefährlich sein würde. Voller Schrecken sagten unsere Perser zueinander: »Bâd-e Schahrijâr!« So nennen sie die aus dem Wüstenboden hochgerissenen Sandwolken, mit denen sie durch die endlose Weite getrieben wurden.

Mit Mühe erreichten wir das Stadttor von Kâschân. Die dunklen Straßen, die lichtlosen, zum Teil geschlossenen Basare, die verlassenen Gäßchen schienen von der stickigen Luft, die unerwartet in das Land eingefallen war, geradezu niedergedrückt zu werden. Wir durchquerten schnell die Stadt, um uns in der außerhalb gelegenen Schâh-Karawanserei in Sicherheit zu bringen. Der Wirbelsturm hatte sich nicht gelegt, aber sein Wüten hatte nachgelassen. Als sich der Tag schließlich neigte, klarte es auf, und von dem schrecklichen Sam blieb nur ein dichter, aber mit den Händen nicht zu greifender Staub in der Luft hängen; ein feiner, glitzernder Sand hatte sich über alles gelegt.

Wir setzten unsere Reise ohne Zwischenfall fort und kamen am 20. März in Teheran an.

Am nächsten Tag war Bejrâm, das Nourus-Fest oder die Tagundnachtgleiche im Frühling. An diesem Tag belebt sich die Natur und zeigt sich im neuen Schmuck. Die Nachtigall beginnt wieder ihren Gesang, der Täuberich nimmt sein Liebeswerben wieder auf, und die Blüten, die sich zwischen jungen Blättern entfalten, lassen die Gärten zu einer Augenweide werden. Diesen Tag feiern die Perser. Im Serail sollte im Beisein des Schâhs auf seinem Thron ein großes Blumenfest stattfinden.

Rußlands Gesandter, der sich an die uns bereits in Isfahan erwiesene Freundlichkeit erinnerte, schlug uns vor, ihn zum Serail zu begleiten und mit ihm der Feierlichkeit beizuwohnen. Daß wir uns nicht lange bitten ließen, war klar. Wir begaben uns also zur russischen Botschaft und schlossen uns den Sekretären des Generals Duhamel an. Das Serail lag unmittelbar neben dem Gebäude der Botschaft, doch die Etikette verlangte es, daß wir beritten eintrafen. Im Gefolge der königlichen Fârraschs und der die Sondergarde des Gesandten bildenden Kosaken zogen wir in einen Hof ein, wo die königlichen Nassaktschis dem General die üblichen Ehrenbezeigungen erwiesen. Wir befanden uns in jenem Teil des Serails, der Tacht-e châne oder Thronhaus heißt. Den Namen hatte man einem kleinen, äußerst anmutigen Palast gegeben, in dem sich der Thronsaal befindet. Dieser geht auf einen mit breiten Marmorplatten belegten Hof. In dessen Mitte ist ein langgestrecktes Bassin mit fließendem Wasser eingelassen, das zu beiden Seiten von hohen Bäumen, mit Sträuchern und Blumen dazwischen, gesäumt wird. Die Mauern dieses bepflanzten Hofes tragen unterschiedlich verzierte, mosaikartig aus kleinen gebrannten Steinen zusammengesetzte Arkaden. Vor dem Thronhaus liegt ein freier Platz, in dessen Mitte ein weiteres Wasserbecken – möglicherweise auch zwei, nämlich eins in das andere übergehend – zu sehen ist. Das größere ist rechteckig, und das zweite in ihm weist eine sehr geschwungene Form auf, so wie die Perser sie ihren architektonischen Ausschmückungen üblicherweise verleihen. In dieses weiße Marmorbecken sprudelt das Wasser aus drei bronzenen Mündern, strömt über den Rand, fällt silberhell in das zweite, das flache Becken und verschwindet in einem unterirdischen Abfluß, der zu dem Kanal im Garten führt. Alles an diesem Ort ist so berechnet, daß die Luft rein und frisch ist.

Das Gebäude, in dem der Thronsaal liegt, gliedert sich in drei Teile: In der Mitte befindet sich der völlig abgeschirmte Salon des Schâhs, rechts und links sind zwei kleinere Wohnungen, die jenen Persönlichkeiten vorbehalten sind, denen vom Schâh die Ehre zuteil wurde, zur vorgesehenen Festlichkeit eingeladen zu werden. Die beiden Seitenflügel des Bauwerks haben Fenster mit recht einfach verzierten Rahmen, die mehrfarbige Glasscheiben einfassen. Der Thronsaal ist nach einer Seite hin in seiner ganzen Höhe und Breite offen und gibt den Blick nach innen frei. Zwei herrliche gewundene Säulen zu je drei Blöcken aus Marâghe-Alabaster stützen das Ganze. Die Sockel sowie die Kapitelle sind jeweils aus einem Stück, ebenso die vier bis fünf Meter hohen Säulen. Alle Teile dieser Säulen sind bemalt, aber auf eine Weise, daß das schöne Material, aus dem sie bestehen, zur Wirkung kommt. Girlanden in Grün und Gold, von Lianen und Blumen gebildet, winden sich um ihre Schäfte und verlaufen in Spiralen von unten nach oben. Rechts und links sind die Seiten mit golden eingefaßten Spiegeln verkleidet. Die Vorderfront, vor der die Säulen aufragen, ist mit Alabasterplatten verziert, die Ornamente tragen. Die mittlere Platte weist ein Relief auf, das an das Altertum gemahnt. Als Erinnerung an Persepolis stellt es einen Löwen dar, der einen Stier niederreißt. Den oberen Teil des Gebäudes beherrscht über die ganze Länge der Fassade hinweg ein hölzernes Schutzdach, dessen untere Hälfte mit Bildhauerarbeiten versehen und bemalt ist. Es soll das Innere vor den senkrecht einfallenden Sonnenstrahlen schützen. Den Abschluß des Tacht-e chânes bildet ein mächtiger Vorhang, Parde genannt, aus doppelter Leinwand mit aufgesetzten bunten Ornamenten. Dieser Vorhang wird mit Hilfe von Rollen hochgezogen, wobei er sich aufwickelt, oder man zieht und spannt ihn horizontal vermittels kräftiger Schnüre, die an den Bäumen befestigt werden. Dadurch entsteht vor dem Gebäude eine Art großes Zelt, das nur ein Dämmerlicht ins Innere dringen läßt, was den Persern unendlich gefällt, denn in ihrer Vorstellung lieben sie es, die Majestät und den Thron hinter einem geheimnisvollen Schleier zu ahnen. Das Gemach des Schâhs entfaltet all seine Pracht: Gold, Azur, Malereien, Scheiben und Schnitzwerk aller Art wetteifern in Eleganz und Reichhaltigkeit. Die Wand läßt keine Stelle unbedeckt. Überall sind Bildnisse von Herrschern, Helden, Frauen und Schlachten zu sehen; Arabesken, unterschiedlich zugeschnittene Spiegel, feines azurblaues oder goldenes Gesims verbinden alle diese Malereien miteinander. Unter einer ausladenden, recht tiefen Arkade im Hintergrund des Saals, die das Aufstellen eines Bassins erlaubt, springt ein Wasserstrahl in die Höhe und fällt als Sprühregen herab. Von oben sickern durch ein Fenster mit kleinen Rautenflächen voller grüner, gelber, blauer oder roter Blüten ein paar schwache, farbig getönte Lichtstrahlen herein. Die Decke ist in anmutig verzierte und bemalte Felder aufgeteilt. Den Fußboden bedeckt ein prachtvoller, wunderschöner, sehr weicher und sehr dicker Teppich.

Mitten in dem so geschmückten Saal steht der Tacht, der Thron. Man kann sich kaum etwas Eigenartigeres und zugleich Eleganteres als diesen Thron vorstellen. Er ist ganz aus Alabaster, wie die Säulen vor der Vorderfront. Er besteht aus einer großen Tafel, an deren erhöhtem Ende der Schâh seinen Platz hat. Dort werden Kissen aufgelegt, die ihm als Armstützen dienen und die ihrerseits von zierlich geformten Seitenlehnen gehalten werden. Dieser erhabene Sitz ist von einer etwa ein Meter hohen Galerie mit Bildsäulen und Standbildern umgeben, zu der über die Rücken zweier ausgestreckt daliegender Steinlöwen zwei Stufen hinaufführen, flankiert von zwei sphinxartigen Gestalten. Die anderen Teile des Herrschersitzes werden in der Mitte von Säulen gestützt und an den Seiten von hockenden Löwen oder Karyatiden, die Pischchedmats verkörpern, also Pagen in Haremstracht. Goldornamente lassen alle Teile des Throns hervortreten. Es besteht kein

Zweifel, daß die Idee, den Thron von menschlichen Figuren tragen zu lassen, von den Denkmälern in Persepolis herrührt, haben wir doch dort bereits Stützen des Königsthrons in Form von Menschengestalten aller Art gesehen.

Diese Beschreibung war nötig, um das Festliche, dem wir beiwohnen sollten, anschaulich zu machen. Den Gesandten Rußlands und sein Gefolge, zu dem wir auch gehörten, ließ man in einen der Seitensalons des Tacht-e chânes eintreten. Unser Blick ging hinaus in den Garten, wo dichtgedrängt die Menge jener stand, die, mit feierlichem Ernst und doch verlangend, das Wohlwollen der Majestät auf sich zu ziehen trachteten. Sie wollten ihr sehnlichst ihre Dankbarkeit erweisen oder einfach ihre Ergebenheit und Ehrerbietung darbringen. An einem solchen Tag schenken die Höflinge oder die Befehlshaber des Heeres, die Gouverneure der Provinzen oder andere Hochgestellte dem Herrscher, um dessen Gunst zu erlangen, Pferde, Kaschmirstoffe, Prunkgewänder, sie geben sogar Geld, und alles wird entgegengenommen. In dieser zusammengewürfelten Versammlung, die die persische Nation repräsentiert, stehen die Prinzen aus königlichem Geblüt dem Thron am nächsten, dann kommen die hohen Würdenträger, die ersten Offiziere der Armee und hinter ihnen die Hofmänner, die Beamten aller Art, die Dichter und schließlich die kleinen Leute.

Sobald der Herrscher im Glanz der Geschmeide und Perlen erschien, beugten sich alle Rücken, die Menge machte mehrere Kniebeugen und wiederholte ihre Sâmliks mit dem Ausdruck sichtlich tiefster Verehrung. Der Schâh verharrte reglos, schweigend, er nahm die

Huldigungen mit majestätischer Gelassenheit entgegen. Als die vom festlichen Programm geforderten Begrüßungen beendet waren, traten die Dichter auf. Und wie viele hat Persien nicht vorzuweisen! Auf hochtrabende Weise stimmten sie das Lob auf den Herrscher an. Diese kühnen Poeten scheuten vor keiner Metapher zurück, mochte sie auch noch so gewagt sein. Für ihre Vergleiche bemühten sie Sonne, Mond und die ganze Natur, und unter diesem dichten Schleier aus Schichten endlos sich überlagernder Sinnbilder war es kaum möglich, einen Gedanken zu erkennen.

Die Menge stieß mehrmals Rufe zu Ehren des Schâhs aus, sie beschwor Alis und der Imams islamische Frömmigkeit. Daraufhin ließ der Schâh, der zu keiner Zeit ein Lächeln zeigte, mehrere Geschenke und händeweise Geld an die Großen austeilen. Früher hätte er nur Gold zu geben gewagt. Dem einfachen Volk, das sich mit seiner Ehrerbietung zu den Herren gesellt hatte, warf man Tausende eigens hierfür geschlagener kleiner Silbermünzen hin, etwa im Wert zwischen fünfzehn und zwanzig Centimes das Stück. Es versteht sich von selbst, daß sich die Menge darüber herstürzte und sich um diese Geldbröckchen, den dürftigen Beweis herrschaftlicher Freigebigkeit, balgte.

Der Baron Bode, russischer Gesandtschaftsrat, den man nach Lorestân und Schuschtar gesandt hatte, war zurückgekehrt. Er war so freundlich, mir alles, was er über die Altertümer in jenem von uns nicht aufgesuchten Gebiet zusammengetragen hatte, mitzuteilen. An Hand der Zeichnungen und nach dem, was er mir sagte, konnte ich feststellen, daß die Denkmäler dieser Provinz tatsächlich wenig Interessantes bieten, wenn man sie mit dem vergleicht, was wir gesehen hatten. Mich tröstete das etwas darüber hinweg, daß wir diesen Abstecher nicht unternommen hatten, und ich bedauerte es um so weniger, als Monsieur Bode mich freundlichst ermächtigte, von seinen Mitteilungen jeden beliebigen Gebrauch zu machen. Die Veröffentlichung ist mir gestattet worden, und hinsichtlich der Lücke, die wir nicht mit eigenem archäologischen Material hatten füllen können, ist keine bittere Erinnerung bei mir zurückgeblieben, denn wir konnten den Wünschen der Wissenschaft auf solche Art Genüge tun. Ich tue das unter ausdrücklicher Berufung auf deren Dankbarkeit für den Dienst, den ihr Monsieur Bode mit unserer Vermittlung auf ehrenwerte Weise erwiesen hat.

Diesem liebenswürdigen Diplomaten verdanke ich auch noch den Vorzug, die Zeit unseres Aufenthaltes in Teheran äußerst angenehm verbracht zu haben. Er führte mich bei mehreren Persern der Gesellschaft ein, mit denen ich nicht nur zu meinem Vergnügen zusammentraf, sondern die mir auch die Möglichkeit boten, meine Studien über die Sitten in diesem einzigartigen Land zu vervollständigen. Zu den Persönlichkeiten, die mir freien Zutritt gestatteten und die ich mit größtem Fleiß aufsuchte, zählten zwei Schâhsâdes, die zu jenen Prinzen gehörten, für deren Unterhalt nach ihrer Abberufung aus hohen Stellungen, in die sie der verstorbene Fath Ali Schâh gebracht hatte, der Schâh sorgte. Einer von ihnen war Sejfoddoule Mirsâ, einstmals Bejgler-bej von Isfahan und genüßlicher Einsiedler der entzückenden Eremitage Chalwat-sarpuschide, deren sinnbetörende Eleganz ich zu skizzieren versucht habe. Der andere, mit jenem in engster Freundschaft lebend, hieß

Chosrou Mirsâ. Diese beiden im geselligen Umgang und durch ihre geistige Aufgeschlossenheit angenehmen jungen Menschen waren echte Vertreter der Anmut und der ausgesuchten Höflichkeit, was Perser von hohem Rang auszeichnet. Ihren gepflegten und zur Heiterkeit neigenden Geist erfreute nichts so sehr wie die Dichtung und die Malerei. Beide hielten es sich zugute, daß sie zeichneten und hübsche Verse schrieben. Ich wurde von ihnen, obwohl sie in mir den Europäer sahen, dank meiner Mappen voller Ansichten und Sittenbilder aus Persien bald als Freund aufgenommen. Fast jeden Tag ging ich zu ihnen, verbrachte dort mehrere Stunden und hatte bei diesen umgänglichen Prinzen die gleiche Chance wie in Tabris bei ihrem Verwandten, dem Malek Kâssem Mirsâ. Ich benutzte die Stunden des Zusammenseins zum erneuten Studium von Sitten und Gebräuchen, was mir ohne ihre Vermittlung nur unter großen Schwierigkeiten gelungen wäre. Gewöhnlich waren wir in ihrem Garten unter einem aufgespannten Zeltdach beisammen, wo ein großer Tisch aufgestellt worden war. Bei der Erörterung von tausenderlei Dingen, Persien betreffend oder Europa, die Musik oder die Dichtung, zeichneten diese, und jene trugen Teile aus dem »Schâhnâme« oder aus Sa'dis »Golestân« vor, oder man rezitierte ein paar anmutige Strophen des Hâfes.

Der Freundschaft, die mir Prinz Sejfoddoule Mirsâ entgegenbrachte, verdanke ich ein wertvolles Stück persischer Malerei. Es handelt sich um das Porträt seines Vaters Fath Ali Schâh, das ihm der Verstorbene hinterlassen hat. Es ist eine Guaschmalerei, ein Miniaturaquarell, und stellt in seiner Art das vollkommenste Stück dar, das ich in Persien zu sehen bekommen habe. Ich halte es für einen sehr bemerkenswerten Kunstgegenstand dieses Landes, der auch den Europäer ansprechen müßte. Der Prinz sagte mir übrigens, daß diese Miniatur von dem ersten Maler des verstorbenen Schâhs stammte, und fügte hinzu, daß ich schwerlich eine zweite gleichen Wertes finden würde, was mir durchaus glaubhaft schien.

Einige Tage nach dem Nourus-Fest begab sich der Gesandte Rußlands zum Schâh, um ihm seinen Dank für die Einladung zur Feier abzustatten. Da wir auch an ihr teilgenommen hatten, fragte uns Monsieur Duhamel, ob wir es nicht angebracht fänden, ihn bei diesem Besuch zu begleiten. Wir konnten nicht anders, als ihm eine bejahende Antwort zu geben, und schlossen uns dem Gefolge des Generals an. Seine Majestät empfing uns in einem kleinen Gebäude von unauffälligem Äußerem. Die Räumlichkeiten, in die wir geführt wurden, waren sehr einfach gehalten. Mohammad Schâh saß in einer Ecke am Boden unter einem offenen Fenster, das auf einen Garten ging. Er hatte ein paar Bücher neben sich, unter denen ich die Geschichte Napoleons erkannte, die ihm Monsieur de Sercey als Geschenk überreicht hatte. Auch Pistolen mit vergoldetem Schaft und eine riesige Pendeluhr, die ebenfalls zu den offiziellen Mitbringseln unseres Gesandten gehört hatten, lagen da, alles über den Boden verstreut. Seine Kleidung war von der gleichen einfachen Note wie der Raum, in dem die Audienz stattfand, so daß man, hätte nicht dieser Begegnung die peinlich genau beachtete Hofsitte zugrunde gelegen, kaum auf den Gedanken gekommen wäre, sich in Gegenwart des Schâhanschâhs zu befinden, des allzeit für den prunkvollsten Fürsten Asiens gehaltenen Monarchen. Mohammad Schâh war übrigens sehr gesprächig und überaus freundlich. Er richtete mehrmals das Wort an mich und fragte, ob ich mit den Ergebnissen meiner Reise zufrieden sei. Er sprach voller Begeisterung von Tacht-e Dschamschid, Naksch-e Rostam und Schâpur und meinte, daß er sehr gern alles, was ich von den alten Ruinen habe abzeichnen können, sehen wollte. Der Wunsch kam einem Befehl gleich, also begab ich mich ein paar Tage später wieder zum Palast. Dieses Mal war ich allein. Dennoch sah ich mich nicht weniger den Forderungen der striktesten Etikette unterworfen. Ich ritt in den Hof hinein, in dem sich die diensthabenden Offiziere aufhielten. Dort saß ich ab und zog Pantoffeln über meine Stiefel. Die Farrâschs führten mich zu einem Gartentor, wo mich der Isch-âkâssi, der Zeremonienmeister, erwartete. Er überzeugte sich davon, daß ich mich der Vorschrift gebeugt hatte; die Riesenpantoffeln, in denen meine Füße steckten, stellten ihn zufrieden, und so hieß er mich, ihm zu folgen. Wir durchquerten den Garten. Bald bemerkte ich den Schâh, der am geöffneten Fenster stand. Nach zwei, drei Sâmliks bis auf den Erdboden hinab, die der mir vorausgehende Chân vollführte, traten wir näher und brachten eine letzte Begrüßung dar, eine langsamere und noch ehrerbietigere als die anderen. Zuerst erkundigte sich der Schâh, ob ich nun bald das Land Iran verlassen würde. Das bejahte ich. Nach einigen belanglosen Fragen wollte er wissen, ob ich ihm alle meine Zeichnungen mitgebracht hätte, die er gern sehen wollte. Ich wies auf die Mappe hin, die der Palastoffizier trug, der hinter mir stand. Mohammad Schâh bedeutete dem Zeremonienmeister, mich in das Zimmer zu führen, in dem er sich aufhielt. Wir stiegen eine kleine Treppe empor, ich entledigte mich meiner Pantoffeln, der Zeremonienmeister schlug einen Türvorhang zurück, und ich befand mich unmittelbar der Majestät gegenüber. Der Schâh saß auf dem Boden, auf einem viereckigen roten Tuch mit besticktem goldenem Saum. Er lehnte sich, von Kissen umringt, gegen die Wand. Der Teppich, der auf dem Boden ausgebreitet war, hatte an den beiden vorderen Ecken so etwas wie kleine Grenzmarken aus Alabaster, mit vergoldeten Arabesken verziert. Die beiden Stücke lagen ungefähr zwei Schritt vor dem Monarchen. Ich sah, wie der Zeremonienmeister und ein Wesir herantraten, um Seiner Majestät etwas auszuhändigen, sie blieben vor den beiden Alabastersteinen stehen und beugten sich vorsichtig hinab, um sie ja nicht zu überschreiten. In der Tat bezeichneten diese beiden Gegenstände die Grenze, vor der jeder Untergebene, dem die Gunst zuteil geworden war, sich dem Schâh nähern zu dürfen, ehrfurchtsvoll zu verharren hatte. Mir fiel beim Anblick dieser beiden Steine ähnliches ein, was ich auf den Reliefs von Persepolis, den König auf seinem Thron darstellend, gesehen hatte. Dabei wurde mir klar, daß dieser Brauch, eine Grenze gegenüber denen zu ziehen, die dem Herrscher etwas zu überreichen haben, nicht neu war und sich von Zeitalter zu Zeitalter fortgesetzt haben mußte.

Ich fügte mich der Geltung dieser achtunggebietenden Scheidemarken, und als ich vom Schâh die Aufforderung erhielt, meinen Platz an seiner Seite einzunehmen, um ihm meine Zeichnungen vorzuführen und zu erläutern, war ich immer darauf bedacht, die gezogene

Grenze nicht zu verletzen. Für eine Audienz bei Hofe fiel die Sitzung ziemlich lang aus. Jedoch hatte Mohammad Schâh wie alle seine Untertanen eine ausgesprochene Vorliebe für jede Art von Zeichnungen und Abbildungen. Er fand Zufriedenstellendes in meiner Mappe und ließ sich Zeit. Die Etikette verlangte von mir zunächst Zurückhaltung, aber allmählich verhielt ich mich, vom Schâh dazu ermuntert, etwas gelöster und erzählte ihm von unserem Wanderzug, von all den Anstrengungen, von den Entdeckungen und erklärte ihm, mit welchen geschichtlichen Ereignissen wir Europäer die verschiedenen Altertümer oder Ruinen in seinem Lande in Zusammenhang bringen. Nicht immer waren wir da gleicher Meinung, weil der Schâh allzuoft das Wundersame und Sagenhafte dem historisch Belegten beimischte. In diesem Fall verhielt ich mich wie ein Höfling und hütete mich, der Majestät zu widersprechen. Doch als wohlgelaunter Fürst sparte er nicht mit Ausrufen der Anerkennung wie: »Chub! Chejli chub! Mâschallâh!«, und ich bat ihn höflichst, ihm vier Aquarellzeichnungen, die Ansichten von Isfahan wiedergaben, anbieten zu dürfen. Sie schienen ihn zu beeindrukken, und er dankte mir vielmals. Daraufhin zog ich mich zurück, wobei ich ihm versicherte, wie glücklich ich über den ehrenden Empfang sowie über die Anweisungen sei, die die Farmâne enthielten, mit denen er unsere Reise und unsere Forschungen erleichtert habe.

In Teheran begegneten wir wieder an derselben Stelle und beim selben Müßiggang alle jene Instrukteur-Unteroffiziere, von denen ich schon gesprochen habe. Sie waren ohne Beschäftigung und fast ohne Geld, demzufolge waren diese unglücklichen jungen

Ruinen des griechischen Tempels in Kangâwar

Männer genötigt, Bittgänge zu machen, um die Zuwendungen zu empfangen, die man ihnen für jeden Monat in Aussicht gestellt hatte. So verbrachten sie die Hälfte des Monats, und nur mit übergroßer Zudringlichkeit war etwas zu erhalten. Wir sahen sie in sehr niedergedrückter Stimmung, von den Persern nichts mehr erhoffend. Sie zählten uns alle Kniffe auf, deren sie sich bedient hatten, um den Schâh davon zu überzeugen, sie nicht zur Verwendung zurückzuhalten. Nichts gibt eine bessere Vorstellung vom Charakter der Perser und von ihrer Sorglósigkeit als diese zwölf oder fünfzehn Ta'limtschis, für die beträchtliche Summen, eine Last für den Staat, aufgewandt worden waren, aber deren Kenntnisse man nicht verwenden wollte, obwohl man diese Instrukteure für viel Geld aus Frankreich hatte kommen lassen. Man konnte sich auch nicht bereit finden, ihnen den Abschied zu geben. Schließlich hatten diese entmutigten jungen Leute, mit deren Laufbahn es in Frankreich vorbei war und die keine Zukunft für sich in Asien sahen, mangels Entschlußfreudigkeit des Schâhs oder seines Wesirs die Entscheidung getroffen, Persien den Rücken zu kehren. Das taten sie auch ein paar Monate später, nachdem sie mehr als drei Jahre herumgesessen hatten, ohne bei ihrer Wiederkehr nach Frankreich sagen zu können, sie hätten auch nur einem einzigen persischen Sarbâs das Waffentragen beibringen können.

Die Regenfälle der Tagundnachtgleiche hatten uns gezwungen, unseren Aufenthalt in Teheran länger als vorgesehen auszudehnen. Sobald wir der Meinung waren, das Wetter würde sich nun aufhellen, dachten wir an unseren Aufbruch. Für die Rückreise hatten wir noch keinen genauen Plan, wir wußten noch nicht, wie sie verlaufen sollte. Wir wollten wieder nach Konstantinopel zurück. Den Bosporus zu überqueren schien uns der kürzeste Weg zu sein. Wir brauchten also nur bis Trapezunt zu kommen, wo eine regelmäßige Dampferverbindung für eine schnelle Fahrt über das Schwarze Meer sorgen würde. Aber leider hatten wir mehr als einmal erfahren müssen, daß man keine Pläne schmieden sollte: In diesen halbwilden Gegenden gilt für den Reisenden das Unverhoffte, im voraus kann er mit nichts rechnen. So versteht man den Fatalismus der Türken, und oft ist das Beste, was man tun kann, sich der Vorsehung anheimzugeben. Mit derartigen Überlegungen sollten wir uns von Teheran nach Konstantinopel begeben, aber immer noch im Ungewissen, wie wir dorthin gelangen würden. Wir schlugen zwar die entsprechende Richtung ein, aber man wird sehen, welche Unterbrechungen, Hindernisse und überraschenden Abweichungen unsere Reiseroute beeinflußten.

In Unkenntnis darüber, was bis Trapezunt zu erwarten war, konnten wir uns in Teheran nur ein Ziel setzen, nämlich das nächstliegende, die Stadt Tabris. Dort wollten wir sehen, was zu tun wäre, um weiterzukommen. Um die Hauptstadt Aserbaidshans zu erreichen, mußten wir den Weg nach Sandschân über Soltânije einschlagen. Der war zwar der beste und kürzeste, aber wir kannten ihn schon, da wir ihn mit dem Iltschi entlanggezogen waren. Deshalb wollten wir lieber einen anderen einschlagen, selbst wenn er sich als der längere und schwierigere herausstellen sollte, nur um irgend etwas Neues von Persien zu sehen. Zu den Provinzen dieses großen Reiches, die wir nicht erkundet hatten, weil sie nicht zu unseren Vorhaben gehörten und weil sie außerhalb des historischen Persiens liegen, zählten Mâsandarân und Gilân, die an das Kaspische Meer grenzen. Diese Gebiete, über die ich so viele Wunderdinge gehört hatte, wo die Natur, alle anderen Landstriche übertreffend, eine der blühendsten und der verschwenderischsten ist, machten uns sehr neugierig. Wir waren ja nicht weit entfernt und brauchten, um dorthin zu gelangen, nur die Gebirgskette des Elburs, die hinter Teheran aufragt, zu überwinden. Dieser Umweg verlängerte unsere Reise um zwei Tage, und wir konnten so Tabris über Ardabil erreichen. Das klang verlockend, wir erwogen also ganz im Ernst, diesen Plan auszuführen. Ein Hindernis jedoch, auf das ich bereits angespielt habe und das sich im Orient vor dem Reisenden auftürmt, stellte sich auch hier gleich in den Weg: Es war einfach unmöglich, einen Tschârwâdâr aufzutreiben, der sich in dieser Jahreszeit bereit erklärte, uns nach Mâsandarân und Gilân zu begleiten. Von den starken Regengüssen, die unsere Abreise aus Teheran verzögert hatten, war das Land zwischen dem Gebirge und dem Gestade des Kaspischen Meeres unter Wasser gesetzt worden. Das südliche Ufer, ein schmaler Streifen nur, durchschneiden zahllose Gräben oder Rinnen, in denen sich reißende Fluten vom Elburs und von anderen in Ostwestrichtung verlaufenden Bergketten herabwälzen. Die Wassermassen fließen nicht so schnell zum Meer ab, so daß sie das Land überschwemmen. Selbst wenn das Wasser nach den Regenwochen abgelaufen ist, bleibt der bis in die Tiefe aufgeweichte Boden eine wirkliche Gefahr für die Karawanen, die auf Schritt und Tritt im Morast steckenbleiben könnten. Diese Schwierigkeit führten die Maultiertreiber von Teheran gegen einen Abstecher nach Mâsandarân und Gilân ins Feld. Natürlich mochten die von den Tschârwâdârs beschworenen Gefahren auch Übertreibungen sein, und wenn ihre Aussagen mit unseren anderwärts eingeholten Auskünften übereinstimmten, wollten wir dennoch das Vorhaben, die Provinzen unserer Neugier aufzusuchen, nicht völlig aufgeben. Wir gingen mit den Maultiertreibern einen Kompromiß ein, den wir uns als annehmbare Lösung einfallen ließen: Wir würden den Weg über den Elburs nach Rûdbâr nehmen, von dort nach Mâsandarân hinabsteigen und uns in einem der dortigen Dörfer vergewissern, wie es weitergehen soll. Mit dieser Vereinbarung zogen wir am 24. April aus Teheran hinaus.

Von Teheran zur Grenze

Als wir Teheran verließen, war unser Trupp um einen Mann ärmer, Rassul Bejg blieb zurück. Dieser tüchtige Mensch, unser Begleiter überallhin, hatte unsere Mühen und Entbehrungen stets mit gleichbleibender Geduld geteilt. Über seine Dienste und seine Treue konnten wir uns nur lobend äußern. Als wir sie ihm so großherzig wie möglich entgolten hatten, entließen wir ihn. Er hatte seinen Dienst wieder als Gholâm-e Schâh angetreten, nachdem wir ihn wärmstens seinen Vorgesetzten empfohlen hatten. Am Tag unseres Aufbruchs von Teheran ließ sich Rassul Bejg nicht davon abbringen, seinen Platz an der Spitze unseres Zuges einzunehmen, und er ritt als eigens zuständiger Jassâwol ein letztes Mal mit der schon bekannten Würde uns voran. Ein halbes Farsach von der Stadt entfernt – bis dahin hatte er uns begleitet –, verabschiedete er sich herzlich und voller Rührung. Auch wir konnten uns nur bewegt von diesem treuen und mutigen Reisegefährten trennen.

Am ersten Tag kamen wir bis Solejmânije. Tags darauf schlug das schöne Wetter, das sich längere Zeit gehalten hatte, plötzlich um. Durchnäßt von dem nicht nachlassenden Regen, erreichten wir das Dorf Kasr-e

Sing. Wir bogen von dem Reiseweg ab, den wir bei unserem Herzug mit dem Iltschi eingeschlagen hatten, ließen Kaswin rechts liegen und ritten immer geradeaus, so daß wir am dritten Tag in dem öden, menschenleeren Dorf Kara-Kobâd anlangten. Es war gut, daß wir Vorräte von Teheran mitgenommen hatten, denn an diesem verlassenen Ort war gar nichts aufzutreiben. Die folgenden Nächte verbrachten wir in Keneschkin, einem Dorf in gebirgiger Gegend, die schon die belebende Frische des Frühlings ausstrahlte, und in dem größeren Chorramdere, das in einem Tal gleichen Namens liegt, dem Tal der Wonnen. Diese Bezeichnung trägt es zweifellos wegen der zahlreichen Gärten und der Fruchtbarkeit des Bodens, der für Wohlstand sorgt. Am 30. trafen wir in Soltânije ein und machten am nächsten Tag halt vor Fath Ali Schâhs kleinem Palast, den wir bei unserem ersten Vorüberkommen nicht besichtigen konnten. Er war geräumt worden, dem Verfall preisgegeben. In diesem Gebäude, das der Schâh jedes Jahr mit seinem Hof aufgesucht hatte, waren die Säle der Fenster und Türen beraubt. Wind und Wetter ausgesetzt, waren sie zu Nisthöhlen der Vögel herabgesunken und wiesen als Spuren königlichen Aufenthaltes nur noch ein paar halbverwischte Wandmalereien auf. Es ist ein Bauwerk von geringem Ausmaß, was zu beweisen scheint, daß das Gefolge des Schâhs, wenn er sich in Soltânije aufhielt, recht begrenzt gewesen sein mußte. Das erklärt sich durch den Geschmack der Perser für das Zelt. Der Hof kampierte in der Ebene, und wie uns Berichte von Reisenden, die den Schâh gesehen hatten, überliefern, standen Fath Ali Schâhs Zelte und sein Diwân-e châne mitten unter seinen Truppen im Feldlager. Deshalb ist wahrscheinlich, daß der Palast auf der höher gelegenen Stelle nur als Ort des Zurückgezogenseins und als Andarun diente. Es heißt, Fath Ali Schâh habe die Idee gehabt, dort eine Stadt, Soltânâbâd genannt, zu gründen, und dieser Palast sollte den Mittelpunkt, sozusagen den Kern, bilden.

Unsere nächste Rast war in Sandschân. Der Mangel an Gastlichkeit, den wir an diesem Ort vor einem Jahr verspürt hatten, war mir noch gegenwärtig, und nur widerwillig machte ich mich auf die erneute Suche nach einer Unterkunft. Aber unser Tschârwâdâr ersparte uns die Unannehmlichkeit, indem er uns zu einem Haus führte, das eine Art Mehmân-chåne war, also ein Haus, in dem Reisende Aufnahme finden. Es lag außerhalb der Stadt, und wir wurden dort sehr gut untergebracht. Jedenfalls machte uns niemand das Lager streitig.

Es regnete unaufhörlich, tagelang. Als wir am 4. Mai den Kesel-Uson überschritten hatten und über den Kaflân-kuh zogen, waren wir auf einen Weg geraten, der den Tieren große Schwierigkeiten bereitete und sehr gefährlich für sie war. Einst war die Straße gepflastert gewesen, um den Übergang über das Gebirge auch in der regenreichen Jahreszeit, wenn der Boden von den Niederschlägen und der Schneeschmelze aufgeweicht war, zu ermöglichen. Aber diese Straße war angelegt worden, als die persische Regierung weitblikkender verfuhr als heute und sich um leichtere Verbindungen zwischen den verschiedenen Provinzen des Reichs kümmerte. Seither sind viele Jahre dahingegangen, und die beschädigte Straße ist nicht instand gesetzt worden. Die jetzige, am öffentlichen Wohl nicht interessierte Verwaltung hat sie so weit verkommen lassen, daß der Übergang weitaus gefährlicher geworden ist, als wenn die Straße völlig verschwunden oder nie vorhanden gewesen wäre. Die gelockerten, aufgescharrten, herausgerissenen Steine haben Löcher entstehen lassen, die bei Menschen zu Fuß und bei den Pferden und Lasttieren allenthalben Knochenbrüche verursachen können. Man muß sich unter größter Vorsicht voranbewegen. Karawanen dürfen sich dorthin nur wagen, wenn ein stockbewaffneter Maultiertreiber sie anführt, der den Boden abtastet, die Löcher aufspürt und jene Stellen wählt, wo die Tiere weiterkommen können. Die Reiter sind genötigt, abzusteigen und zu Fuß zu gehen, wobei sie gegen Fehltritte und Straucheln nicht gefeit sind. Trotz der Vorsichtsmaßnahmen ereignen sich auf dem Kaflân-kuh sehr viele Unfälle, und die Tschârwâdârs fürchten diesen Übergang ganz besonders. Nun, die persische Regierung verhält sich derart gleichgültig und unbekümmert allem gegenüber, was öffentliche Belange betrifft, daß sie die Straße nicht unterhalten, auch die Reste von früher nicht beseitigen läßt, andernfalls wäre das einem traurigen Überbleibsel, einem Chaos von Steinen, vorzuziehen. Wir hatten Glück, einigermaßen dieses mißliche Unternehmen zu überstehen, und gelangten ohne Zwischenfälle, außer ein paar Stürzen unserer Maulesel, nach Miâne. Die armen Tiere waren äußerst erschöpft, denn sie waren von Teheran ständig durch Schlamm und Morast gelaufen, und wir mußten ihnen ein paar Tage Ruhe gönnen.

Am 6. ging es weiter, wiederum auf dem Weg, den wir bereits herwärts mit dem Iltschi zurückgelegt hatten; wir übernachteten in Torkamântschâj. Am nächsten Tag kamen wir nach Tekmedâsch, wo wir erfuhren, daß das Dorf Ziel einer Strafexpedition, deren Ursache uns unbekannt blieb, gewesen war: Truppen waren entsandt worden, hatten es geplündert und nur wenige Einwohner zurückgelassen, völlig ausgeraubt und dem ärgsten Elend ausgesetzt. Wir machten daher in einer Karawanserei halt. Dann zogen wir über Sa'id-Âbâd nach Tabris, wo wir am 9. eintrafen.

Während wir uns in Tabris aufhielten, wurde der Anführer einer Bande gefürchteter Räuber hingerichtet. Für mich war das die Gelegenheit, zu beobachten, wie in Persien eine Behörde mit einem Gemisch von grausamem Durchgreifen und Schwäche vorgeht. Dieser Bandit, der lange Jahre Diebereien und weit schlimmere Untaten an den Ufern des Araxes und im ganzen Gebiet von Karabâgh begangen hatte, war der Schrekken aller Karawanen zwischen den Städten Tiflis und Tabris geworden. Die russische Regierung hatte es satt, die hinterhältigen Anschläge dieses Mannes und seiner Bande, die den Weg von Persien nach Georgiens Hauptstadt verlegte, immer nur zur Kenntnis zu nehmen, und war deshalb entschlossen, das Land von dieser Plage zu befreien. So setzte sie sich mit der Obrigkeit von Tabris ins Benehmen, denn der gesuchte Bandit, der die Kosakenposten auf dem linken Araxesufer fürchtete, wagte sich selbst nie über den Fluß auf die andere Seite. Er vertraute auf seine eingeschüchterten Landsleute sowie auf die Langmut des Gouverneurs von Aserbaidshan und schränkte seinen Wirkungskreis an der persischen Grenze ein. Aber auf wiederholtes Ersuchen des russischen Generalkonsuls in Tabris hin wurde beschlossen, diesem Straßenräuber das Handwerk zu legen. In der Tat, er wurde gefangengenommen, doch die persische Behörde war in größter Verlegenheit, als der Konsul, dem an einer Verzögerung der fälligen Bestrafung nicht gelegen war, darauf bestand, den Übeltäter hinzurichten, was der Gerechtigkeit entsprach. Die Vollstreckung des Urteils fand statt, aber nicht, ohne daß die öffentliche Ruhe gestört war und Gefahren für die Europäer heraufbeschworen wurden. War das zu glauben? Dieser Räuberhauptmann, dieser Mörder war der Liebling eines großen Teils der Einwohnerschaft von Tabris. Als er für seine zahllosen Verbrechen gebüßt hatte und als bekannt wurde, daß er sein Treiben mit dem Tode bezahlt hatte, kam es in der Stadt zu Lärm und Erregung, und ein Aufruhr war zu befürchten. Der Gouverneur hätte ihn nicht niederschlagen können. Den umlaufenden Gerüchten zufolge sollten der Konsul Rußlands und alle anderen Europäer niedergemacht werden. Man sprach schon von einem Sturm auf das russische Konsulat, Drohungen wurden öffentlich gegen alle Farangis ausgestoßen. Das Gebrodel beruhigte sich glücklicherweise; den Hunden, die an der Leiche heulten, warf man einen Knochen hin, der sie von ihrer Rache ablenkte und ihre Wut milderte: Der Gouverneur ließ nach der Urteilsvollstreckung beim russischen Konsul, der den Antrag gestellt hatte, anfragen, ob er auf der Auslieferung der Leiche bestehe. Die Antwort lautete: Es genügt, daß die Untaten des Banditen mit dem Tod gesühnt wurden. Daraufhin übergab man den Leichnam, statt ihn in einen Schacht oder irgendeinen Abgrund zu werfen, seinen Freunden, die ein feierliches, eher eines Helden oder Heiligen würdiges Begräbnis veranstalteten. Das war ein Akt der Schwäche und politisch eine Dummheit, denn es bedeutete, die Strafe als Ungerechtigkeit anzuerkennen, und es leistete der Vorstellung, der Pöbel von Tabris könne seine Macht zeigen, Vorschub. Das Gesindel brachte das wirklich zum Ausdruck, schließlich hatte man ihm die Leiche dieses gräßlichen Abgottes überlassen, nun wollte es seinen Zorn an jemandem auslassen. Da die Menge es nicht wagte, sich an dem russischen Konsul zu vergreifen und auch nicht an den anderen, wohlgemerkt unschuldigen, Europäern, fiel sie über die beiden Scharfrichter her, die das Urteil vollstreckt hatten. Diese Unglücklichen, ausführendes Werkzeug der Justiz des Bejgler-bejs, wurden in Stücke gerissen, ohne daß dieser auch nur den Versuch unternahm, sie kraft seiner Befehlsgewalt zu schützen.

Am 4. Juni verließen wir Tabris und wandten uns Urmia zu. Unterwegs sollten wir in Salmâs haltmachen und von einer Sehenswürdigkeit in diesem Bezirk Kenntnis nehmen. Am ersten Tag übernachteten wir in dem Dorf Miân am Fluß Hâdschi-su, nur zwei Farsach von Tabris entfernt, denn wir hatten nur wieder reisefertig sein und die Stadt hinter uns haben wollen. Anderntags gelangten wir bis Des-al-Chalil, nachdem wir die sumpfige Ebene, die sich bis an den Urmia-See erstreckt, durchquert hatten. Leicht kamen wir nicht voran, wir mußten schmale Übergänge auf tragfestem Grund finden, und das ging nicht immer ohne Steckenbleiben im Morast ab. Des-al-Chalil ist ein ansehnlicher Flecken, recht volkreich, und die vielen großen Gärten des Ortes verstärken dies noch eindrucksvoll. Er liegt unweit des Sees, nahe dem Fluß, den wir tags zuvor überschritten hatten. Am nächsten Tag kamen wir nach

Tassudsch, einem anderen Flecken, einer im Verfall begriffenen Kleinstadt, durch die wir schon mit dem Iltschi geritten waren. Von dort näherten wir uns dem Salmâs-Bezirk, der von Armeniern und Chaldäern bewohnt ist. Salmâs ist eine Stadt voller Ruinen und ist nur spärlich bevölkert, es ist von Dejlemân verdrängt worden. Südlich davon war das Besondere zu sehen, wovor wir haltmachen sollten: Chosrowâh. Chosrowâh ist eine der wichtigsten Siedlungen dieses Bezirks, in der nur Chaldäer leben, die allesamt katholischen Glaubens sind. Wir wurden von ihnen freundlich aufgenommen und in wunderhübschen Häusern untergebracht. Die Wohnungen sind gut geschnitten, sie sind geräumig und sauber. Ringsum liegen viele Gärten, und die angrenzenden Felder beweisen, daß der Anbau mit größerem Verständnis und mit mehr Pflege als sonstwo in Persien erfolgt. In Chosrowâh sahen wir die ersten Arâbes Persiens, zweirädrige, von zwei Büffeln gezogene Karren, deren sich die chaldäischen Bauern für ihre Transporte bedienen. Die Bevölkerung des Ortes beläuft sich auf etwa zwölfhundert Seelen, die alle im Schoß der römischen Kirche aufgehoben sind.

Monsieur Boré hat eine besondere Studie über die Christen dieser Gegend verfaßt und berichtet, daß die Einwohner von Salmâs und Chosrowâh, die ihrer Herkunft nach zu den Chaldäern rechnen, anfangs Nestorianer waren. Ungefähr vor einem Jahrhundert kam ein junger Mann, ein Chaldäer wie sie, aus Diarbekir, wo er als Färber gearbeitet hatte, und pflanzte in dem Bezirk von Salmâs einen glühenden katholischen Glauben ein, der derartig um sich griff, daß er die Kirchgänger beseelte. Der junge Neophyt, selbst ein Übergetretener dank missionierender Dominikaner, betrieb, zuerst bei seinem Adepten, die Bekehrung aller Christen seines Chaldäervolkes, unter dem sich der katholische Glaube schnell ausbreitete. Jetzt leben sie unter der geistlichen Leitung eines Bischofs, der der Patriarch des ganzen Chaldäerlandes ist.

Chosrowâh bietet für ganz Persien einen außergewöhnlichen Anblick. Aber die Einwohner werden wie alle übrigen des Reiches mit Abgaben drangsaliert, die wahrscheinlich hier noch drückender sind, weil die Untertanen zu den Christen zählen. Doch ihr entwikkelter Gewerbefleiß und ihre schöpferische, geschickte, beharrliche Arbeit mildern die aufgebürdeten Lasten und lassen die Menschen weniger elendig leben als die große Zahl der muslimischen Bevölkerung. Wir verbrachten einen ganzen Tag in Chosrowâh.

Am 10. verließen wir Chosrowâh und zogen durch die schöne, fruchtbare Ebene von Salmâs auf die niedrigen Gebirge des Südrandes zu. Sie bilden so etwas wie eine Halbinsel, deren schmale Spitze auf den See im Südosten weist. Wir drangen bald in eine Schlucht ein, die zur Straße nach Urmia führte. Der Weg war holprig, felsige Wände ragten rechts und links empor. Wir mußten einen Bach überqueren, der sich ein steiniges Bett durch das Gebirge gegraben hatte und auf den See zufloß. Nach vier Stunden kamen wir in dem Dorf Sende an. Wir hatten die erste Hälfte des Tagesmarsches hinter uns und legten auch zügig die zweite zurück, die am sandigen Ufer des Sees endete, nicht weit von der Landstraße entfernt. Zwischen dem Ausgang des Gebirges und dem See liegt das Dörfchen Dschamâlâwâ. Es hat eine sonderbare Lage zwischen der

Bergkette, die wir durchquert hatten, und einer langgestreckten, schmalen Felsenwand längs des Seeufers. Dieses einsame, schroffe Gebilde der Natur, an dem wir mehr als eine Stunde entlangritten, war von eigenartiger Form. Gezackte, senkrecht abfallende Teile wirkten wie Ruinen. In der Hoffnung, keinem Trugbild aufzusitzen, erklomm ich die Wand, um aus der Nähe zu sehen, was diese Einschnitte bedeuteten, die nach baulicher Anordnung aussahen. Aber meine Anstrengungen wurden nicht belohnt, ich erblickte nichts anderes als härteres Gestein, das der Einwirkung des Regens widerstanden hatte, so daß es steil in die Höhe ragte und den Eindruck von altem Gemäuer erweckte. Zwar fand ich an einer Stelle Spuren von Maurerarbeit, doch war sie aus jüngerer Zeit und nicht interessant. Mein anstrengender Aufstieg zu dem Gipfel der Felswand war jedoch nicht ganz nutzlos, ich wurde mit einer Sicht auf ein herrliches Panorama nach allen Seiten hin entschädigt. Fast in seiner ganzen Ausdehnung war der See zu überschauen, ebenso seine Ufer. Vor mir hatte ich das Gebiet um Marâghe und die hohen Berge des persischen Kurdistans. Rechts erhob sich die Bergkette, durch die wir auf unserem Weg nach Solejmânije gekommen waren, links breitete sich die weite Ebene von Tassudsch aus, die die Berge um Choj beherrschten. Aus der Mitte des Sees ragte eine grüne Insel, die aber keinerlei Spuren menschlichen Lebens aufwies. Im Rücken hatte ich die wilden Berge des Sandschak von Wan, wie eine unüberwindliche Mauer und ganz nahe gerückt.

Am Südende des Felsens, den ich untersucht hatte, lag das ansehnliche Dorf Cholondschi, in dem wir nächtigten. Von hier aus hatten wir nun mehrere Tage lang den See zu umrunden, der bald näher, bald entfernter in Sichtweite blieb. Hinter Cholondschi folgten wir eine gewisse Zeit dem sandigen Ufer, aber nach und nach wurde der Boden unsicher, er war aufgeweicht, und der Streifen verlor sich in der endlosen sumpfigen Fläche, die zu durchmessen gefährlich gewesen wäre. Wir nahmen den Weg am Fuße des Gebirges. Anfangs stießen wir kaum auf Siedlungen, das Land schien wenig zur Bestellung geeignet zu sein. Aber als wir die Brücke, die den Dschugulali überspannt, hinter uns gelassen hatten, betraten wir eine gänzlich andersgeartete Gegend. Die Dörfer lagen dicht beieinander, und ihr Land schien große Fruchtbarkeit zu verraten. Felder, Gärten, Tabak- und Baumwollanpflanzungen, jede Art von Bäumen vermittelten hier ein Bild von Glanz und Fülle, was uns um so mehr verwunderte, als wir es bisher selten angetroffen hatten. Diese Gegend gehört zum Urmiagebiet, das in der Tat den Ruf gediegener Erträge genießt und ebenso den einer Bevölkerung, die als die rechtschaffenste im Reich gilt, aber auch als die ungestümste. Sie setzt sich aus türkischen Stämmen zusammen, deren Ansiedlung in diesem Gebiet auf die Zeiten Tschingis Châns zurückgeht. Die Afschâr stechen unter ihnen besonders hervor, weil sie dem Schâh die besten Sarbâs stellen und weil sie für den Gouverneur der Provinz die unverbesserlichen und gefährlichsten Lutis sind.

Jenseits des Dschugulali stießen wir bald auf einen anderen Fluß. Doch zunächst legten wir am Südufer, in dem Dorf Usarlu, eine Rast ein. Wir hatten nur sechs Stunden Weg zurückgelegt, wie überhaupt seit Tabris alle Tagesmärsche kurz waren. Das kam daher, daß unsere Tschârwâdâre ihre Maultiere nur mit Gras fütterte, was für die Reisenden zwar nachteilig war, aber dem Brauch in dieser Jahreszeit entsprach. Die Mauleseltreiber behaupten, daß dieses Futter den Tieren guttue, daß es sie stark mache und vor Krankheiten schütze, die der harte Dienst unweigerlich im Gefolge habe. Wenn etwas Wahres daran zu sein scheint, so sind es die wirtschaftlichen Gründe, die eine große Rolle spielen. Im Frühjahr gibt es fast überall herrliches frisches Gras, das die Maulesel und Pferde sehr gern fressen, das nichts oder nur ein paar Schâhis kostet und eine billige Fütterung ist. Tatsache ist, daß sie bei solcher Ernährung keine langen Strecken hinter sich bringen können und daß die Etappen, die sie zurücklegen, kürzer sind, als wenn den Tieren Stroh und Gerste gegeben würde. Tatsache ist auch, daß die Treiber mit ihren Reisenden trödeln. Aber für die Orientalen bedeutet Zeit nichts, sie scheint keinen Wert zu haben, und wie viele Tage es bis zum Ziel sein werden, das kümmert sie nicht. Wir wurden das Opfer der Grünfütterung und kamen nur langsam voran. Wir waren eben gezwungen, uns dreinzuschicken, unsere Maultiertreiber sollten uns bis nach Bagdad bringen, das bedeutete eine Strecke von mehr als zweihundert Meilen, wobei sich die Hitze schon jetzt bemerkbar machte, die in der mesopotamischen Tiefebene drückend werden würde.

In Usarlu nahm uns eine alte Frau auf, die uns den größten Teil ihres Hauses für einen Tag überließ. An Aufmerksamkeit und gastfreundlicher Fürsorge ließ sie es nicht fehlen. Das Haus verriet einstigen Wohlstand. An tausend Dingen war zu erkennen, daß früher die

Wohlhabenheit ihre Annehmlichkeiten verbreitet hatte, doch die Zeiten hatten sich gewandelt und nur halbverwischte Spuren hinterlassen. Die Herrin der Unterkunft war eine Witwe, deren zwei Söhne, Dahbâschis, das heißt Unterleutnants, im Afschâr-Regiment des Schâhs Dienst taten.

Tags darauf waren wir in Urmia, nur vier Farsach von Usarlu entfernt. In der Umgebung dieser kleinen Stadt liegen so viele Dörfer, daß sie sich unter ihnen kaum hervorhebt. Ich hätte vor meinem Besuch dieser Gegend niemals geglaubt, daß es in Persien einen so dichtbevölkerten, fruchtbaren Landesteil gibt.

Wir wußten, daß in Urmia ein Franzose lebte, Monsieur Théophane, der, nachdem er die Leitung der Schule in Tabris dem Pater Fournier übergeben hatte, hierhergezogen war und eine neue eröffnet hatte, auf die er alle seine Sorgfalt verwandte. Wir ließen uns zu ihm führen. Er bewohnte ein sehr schönes Haus, das dem Arzt des Prinzen Malek Kâssem Mirsâ gehörte. Es war ein stattlicher Bau, und da uns der Arzt schon von Tabris her gut bekannt war, nahm uns Monsieur Théophane auf und teilte uns eine sehr bequeme Unterkunft zu. Wir waren gerade abgesessen, als sich schon ein Farrâsch des Prinzen, des Gouverneurs von Urmia, einfand und uns mitteilte, daß sein Herr von unserer Ankunft unterrichtet sei und ihn zu uns schicke, um uns einzuladen, in seinem Palast, etwa ein halbes Farsach außerhalb der Stadt, Wohnung zu nehmen, wofür die Vorbereitungen bereits getroffen würden. Diese Aufmerksamkeit des Schâhsâdes fanden wir sehr schmeichelhaft, und so dankten wir mit Nachdruck; jedoch verhieß das gütige gastfreundliche Angebot auch allerlei Zwang, auf den wir uns nicht einstellen wollten. Wir fürchteten, im Kreis seiner Umgebung zu stark beansprucht zu werden, wovon wir uns nicht leicht würden frei machen können. Wir lobten uns unsere Freiheit und gaben der bescheideneren, aber herzlichen Aufnahme des Monsieur Théophane den Vorzug. So beauftragten wir also den Farrâsch, seinem Herrn, dem Prinzen, unseren Dank zu überbringen und ihm auszurichten, daß wir uns unverweilt vorstellen würden, um unsere Dankbarkeit persönlich zum Ausdruck zu bringen. Aber der Schâhsâde, der uns voller Wohlwollen unbedingt die Gastfreundschaft, die wir für seinen Palast nicht angenommen hatten, erweisen wollte, schickte einen zweiten aus seiner Dienerschaft, um uns mit allen notwendigen Vorräten versorgen zu lassen. Unsere Ausgaben beliefen sich, reichlich gerechnet, auf zweieinhalb Tumân täglich, ungefähr dreißig Francs. Wir führten aber ein viel einfacheres Leben, als daß wir das jeden Tag ausgegeben hätten, es waren etwa acht oder neun Sâbkerân, zehn oder zwölf Francs. Daher konnte der Farrâsch, der während unseres Aufenthaltes in Urmia mit dem Unterhalt für uns betraut war, aus der verbleibenden Restsumme seinen Nutzen ziehen. Er wollte mit unseren Leuten teilen, zweifellos um vor seinem Herrn in besserem Licht zu erscheinen, aber als wir das erfuhren, schritten wir dagegen ein und verboten unseren Dienern, sich auch nur einen einzigen Schâhi zustecken zu lassen. Wir wollten nicht, daß man von den französischen Reisenden hätte sagen können, sie, die mitunter die Gastfreundschaft beanspruchten, nähmen Geld von den Persern an.

Wir warteten nicht auf den nächsten Tag und begaben uns zum Prinzen Malek Kâssem Mirsâ, sobald wir unsere Reisekleidung mit Angemessenerem vertauscht hatten. Er wohnte eine knappe Stunde von der Stadt entfernt, am Fuße der Berge in einer schön gelegenen, sehr hübschen Villa. Als wir bei ihm eintrafen, spielte er gerade Billard. Er war europäisch gekleidet, mit jener Einfachheit des guten Geschmacks, der dem Menschen auf dem Lande so sehr steht. Was sein Auftreten, sein ganzes Wesen, seine anmutige, freundschaftliche Begrüßung in bestem Französisch anging, so hätten wir meinen können, von einem Schloßherrn an den Ufern der Seine oder der Loire empfangen zu werden. Wären wir mit ihm allein geblieben, hätte dieser Eindruck angedauert, doch gab es in seiner Umgebung Offiziere, Mirsâs, die ihn schnell ablenkten. Der Schâhsâde machte uns Vorwürfe, weil wir nicht bei ihm wohnen wollten. Wir dankten ihm für alle seine Vorkehrungen, doch die Gründe, die wir für unseren Verbleib in Urmia anführten, schienen ihm einleuchtend zu sein, und er billigte unsere Entschuldigung. Wir trafen ihn so an, wie wir ihn ein Jahr zuvor in Tabris gesehen hatten: verbindlich, freundlich, entgegenkommend und jener Höflichkeit verpflichtet, die hochgestellte Persönlichkeiten sowohl in Persien wie in jedem anderen Land auszeichnet. Er nahm uns das Versprechen ab, den ganzen nächsten Tag mit ihm gemeinsam zu verbringen, und natürlich fiel es uns nicht schwer, ihm unsere Zusage zu geben.

Wir begaben uns tags darauf frühzeitig zum Prinzen. Der Tag erschien uns kurz, er verstrich unter Gesprächen, die der Schâhsâde wie gewohnt, geistvoll und heiter, bestritt. Wir spielten Billard, man trug uns eine

Mahlzeit auf, dann lustwandelten wir in den Gärten, schließlich zeigte er uns alle Einzelheiten seines Palastes, auch das Andarun, aber dieses Mal, nachdem sich die Frauen zurückgezogen hatten. Um die Zeit bis zum Abendessen auszufüllen, schlug er uns vor, ein Bad zu nehmen. Für Reisende konnte es nichts Angenehmeres geben; wir waren von diesem Angebot entzückt, in das wir sofort einwilligten. Abgesehen von dem Vergnügen, das wir unter den gegenwärtigen Bedingungen dort finden würden, bewies uns der Vorschlag einmal mehr, wie weit der Prinz die Vorurteile seiner Glaubensbrüder beiseite schob, denn in Persien, entschiedener noch als in der Türkei, lehnen die Muselmanen das gemeinsame Baden mit einem Christen ab. Sie betrachten sich in der Tat als besudelt, wenn sie mit einem Schwall oder mit Spritzern jenes Wassers in Berührung kommen, das die Glieder eines Giaurs gewaschen hat. Nun, ich war gar nicht erstaunt zu sehen, daß sich Prinz Malek Kâssem Mirsâ über diese dumme Voreingenommenheit hinwegsetzte, er hatte mir ja genug Beweise seiner Verachtung all dessen geliefert, was nach dem engen Fanatismus seiner Landsleute roch. Aber eines Gefühls der Überraschung konnte ich mich dennoch nicht erwehren, da er sich über die Auffassung seiner Offiziere und Diener einfach hinwegsetzte und öffentlich mit den Farangis badete. Seine Umgebung teilte sicherlich nicht seine Art, die Dinge so zu sehen, und Hoheit wurde zweifellos leise des Verstoßes gegen die muslimische Religion beschuldigt und dafür getadelt. Aber das war des Prinzen Angelegenheit, sich mit seinen Glaubensgenossen auseinanderzusetzen, wir betraten mit ungeschmälertem Vergnügen die Badehalle.

Abgesehen von den Ausmaßen, denn die erwiesen sich als kleiner, war die Badehalle wie in den öffentlichen Hammâms angelegt. Von einer gut verschlossenen Eingangskammer, die die Außenluft abfing, ging es in einen kleinen Saal mit einer Erhöhung aus Marmor und arkadentragenden Säulchen; das war der Ruheplatz, der Ort des Kejfs, wo wir unsere Kleider liegenließen und wo schon Betten aufgestellt waren, auf denen wir uns nach dem Bad ausstrecken sollten. Durch eine mit Filz abgedichtete Doppeltür betraten wir dann den Baderaum, einen kuppelüberdachten Rundbau, der im Halbdunkel lag und mit heißem Dampf angefüllt war. Alles war glühend heiß, die Luft, die Platten des Fußbodens und die Wände ringsum. Wir setzten uns auf die säuberlich gewaschenen, spiegelblanken Marmorplatten, die Badeknechte bemächtigten sich unser und begannen zu massieren, ihre Finger kneteten unsere Arme und Beine. Das war eine lang andauernde, nachhaltige Behandlung, doch mit seiner unversiegbar vergnügten Stimmung ließ sie uns der Prinz kurzweilig erscheinen; dann folgten das Frottieren, das Einseifen sowie das Abspülen mit beinahe kochendem Wasser, das über den ganzen Körper gegossen wurde. Wir überließen uns völlig der Geschäftigkeit des Badeknechts und stiegen danach in ein Becken mit sehr heißem Wasser, an das wir uns erst gewöhnen mußten, bevor wir vorsichtig eintauchten. Länger als vier oder fünf Minuten war es darin nicht auszuhalten. Etwa anderthalb Stunden waren wir dieser Temperatur und einem erstickenden Dampf ausgesetzt, so daß wir von dem einen wie von dem anderen völlig ermattet waren, sodann kamen die Bader mit kaltem Wasser, das sie uns unversehens über den Kopf schütteten und das, als es an uns herablief, im ersten Moment einen Schauer und ein beklemmendes Gefühl hervorrief. Aber nach dem ersten Zusammenzucken lebten wir auf, die Abkühlung am ganzen Körper hatte die Geister wieder geweckt und gab unseren erschlafften Gliedern neue Kraft. Das war die abschließende Behandlung. Der Schâhsâde befahl, einen Imbiß hereinzubringen, der aus sorgfältig zubereiteten Salatherzen bestand, über den ich ihn, zu meinem Erstaunen, gierig stürzen sah. Er tunkte diesen Salat in eine Art Honigwein, einen Sirup aus Essig und Honig. Ich versuchte es auch und muß gestehen, daß mir diese anspruchslose Speise gefiel, sie war erfrischend und war eine Wonne bei dem großen Durst, der sich nach der erstickenden Hitze im Bad eingestellt hatte. Nach dem Salat brachte man Kaliâns und Rosenkaffee herein. Auf den Rosengeschmack, der hervorstach, hätte ich gern verzichtet, aber ich empfand das Getränk doch als ein Labsal, weil es das Blut in Bewegung brachte. Ein solches Bad war für den Prinzen ein wahres Vergnügen, daher zog er es sehr in die Länge, und das um so mehr, als er sah, daß es uns keineswegs mißfiel. Als wir in den Saal zurückkehrten, wo wir uns abtrockneten und wieder ankleideten, machten die Kaliâns wieder die Runde, und bald war nur noch das muntere Gurgeln der saugenden Raucher zu hören.

Eine Stunde nach dem Bad hatte man ein köstliches Abendessen zubereitet. Platten mit Fleisch und gewürzten Ragouts wechselten mit süßen Speisen, Pasteten und herrlichen Scherbetten ab. Auch Wein fehlte nicht, und alle, die an dem Gastmahl teilnahmen, tranken, ohne einen Religionsunterschied erkennen zu lassen.

Während des Essens brachten uns drei Musikanten, von denen der blinde zum Harem gehörte, auf ihre bescheidene Art ein Konzert mit Mandoline, Kamântsche, die einer Viola gleicht, und Tamburin zu Gehör. Der junge Tamburinspieler sang mit solch hoher und stark näselnder Stimme, daß es geradezu als peinlich empfunden wurde. Uns gefiel diese Musik nicht, der Prinz aber schien noch nicht genügend europäisiert zu sein, da er sein Vergnügen dabei empfand. Es ist eben wahr: Mag der Löwenpelz noch so prächtig sein, die Spitze der Ohrläppchen ist doch zu sehen. Spät abends zogen wir uns zurück, und als wir uns vom Prinzen verabschiedeten, beschwor er uns, am nächsten Tag wiederzukommen, was wir nicht gut abschlagen konnten. Eigentlich hatten wir an diesem Tag weiterreisen wollen, und nur ungern verschoben wir unseren Aufbruch. Aber der Schâhsâde hatte uns so viel Gutes erwiesen, daß zu befürchten war, ihn zu kränken, wenn wir nicht ein zweites Mal das Vergnügen mit ihm teilten. Er hatte eine Jagdpartie mit einer Mahlzeit im Freien und einen langen Spaziergang auf den nächstgelegenen Berghängen über Urmia angekündigt.

Wir stellten uns am frühen Morgen bei Hoheit wieder ein. Sofort schwangen sich alle aufs Pferd, die Falkner und die Farrâschs des Zwingers liefen mit ihren Vögeln auf der Faust und mit den Hatzhunden an der Leine hinterdrein. Im freien Gelände traten die Falkner vor, und die Jagd begann. Man fing ein paar Rebhühner, und ein Hase wurde erlegt. Danach begaben wir uns zu einem hübschen Zelt, das der Prinz hatte aufstellen lassen. Das Frühstück war aufgetragen worden. Während wir auf den Schâhsâde warteten, machten wir die

Bekanntschaft einiger amerikanischer Missionare, die sich in Urmia aufhielten und denen wir bisher nicht begegnet waren. Diese etwas steifen Herren begrüßten uns leutselig. Sie lebten schon mehrere Jahre in Urmia. Sie bewohnten gemeinsam mit ihren Frauen und Kindern, also eine Gemeinschaft von etwa zwanzig Personen, ein großes Haus. Diese Mission war eine ältere Gründung und war erst kürzlich so angewachsen. Die ersten protestantischen Missionare kamen 1829 in diese Gegend. Sie waren ihrer zwei, die sich vorgenommen hatten, Armenien und Persisch-Chaldäa kennenzulernen, das religiöse Terrain zu erkunden und die Zweckmäßigkeit einer ständigen Mission hier abzuschätzen. Ob sie nun die Hoffnung gehegt hatten, unter diesen unwissenden Bevölkerungen und vermutlich wenig gefestigten Überzeugungen von ausgetretenen Pfaden wegzukommen, oder ob sie sich in den Augen ihrer Glaubensbrüder und der amerikanischen Bibelgesellschaft Ansehen erwerben wollten, sei dahingestellt, sie veranlaßten jedenfalls die von Boston, ein Missionshaus für das Chaldäerland zu gründen und zu unterhalten. Das wurde 1833 beschlossen, die Mittel waren vorhanden, aber die Anstalt begann ihre Arbeit erst 1835. Seitdem vergrößerte sie sich, und ihr Personal erreichte die Zahl derer, die wir 1841 in Urmia antrafen. Die Zahl der Beschäftigten stand aber in keinem Verhältnis zu den Ergebnissen dieser Missionsarbeit: Die Zahl der Bekehrten belief sich auf drei oder vier, und der Übertritt zu dem neuen Glauben war anzuzweifeln, wurde er doch nur als eine Möglichkeit angesehen, zu etwas Geld von den Aposteln aus Amerika zu kommen. Um ihr Ziel zu erreichen, hatten die Missionare eine Schule eingerichtet, die bislang mäßig besucht wurde, denn sie hatten sehr große Schwierigkeiten, die Kinder an sich zu ziehen. Nur eine kleine Schar hatten sie mit dem Anreiz durch häufige Pischkeschs gewonnen. Die katholische französische Schule des Monsieur Théophane machte diesen Gewissensverkäufern eine ernst zu nehmende Konkurrenz, vor allem in diesem Landstrich, wo die orthodoxen Armenier in der Überzahl sind. Zwischen diesen beiden Schulen wie zwischen den beiden Konfessionen war ein heftiger Kampf entbrannt, zwischen Hingabe hier und Bestechung dort. Bislang hatte die Auseinandersetzung einen friedlichen, einen gegenseitig achtungsvollen Verlauf genommen, aber die Bostoner Missionare waren in der Überzahl und hatten überlegenere Beeinflussungsmittel als das Haupt der französischen Schule. Es stand aber nicht zu befürchten, daß derjenige unterliegen würde, der auf nichts anderes als auf seine Überzeugungen und seinen mutigen Eifer bauen konnte.

Am 15. Juni, nachdem wir uns vom Prinzen Malek Kâssem Mirsâ verabschiedet und ihm für alle seine Gunstbezeigungen gedankt hatten, verließen wir Urmia, angeführt von einem seiner Gholâms, der uns bis Sojuk-bolâk begleiten sollte. Wir zogen am Seeufer entlang und erreichten nach vier Stunden Dschejrân. Die Gegend bot einen Anblick der Fruchtbarkeit, wieder folgte ein Dorf auf das andere. Am nächsten Tag führte der Weg noch näher an den See heran, die Gegend wurde wilder, die Feldwirtschaft nahm ab, und statt Afschâr begegneten wir fast nur noch Kurden. Als wir in Disa haltmachten, fanden wir keinen, der uns in seinen wenig verlockend aussehenden vier Wänden aufnehmen wollte. Wir ritten bis zu dem Dorf Sanmurti weiter, wo wir auch nichts Besseres antrafen und die Nacht in einem offenen Schuppen verbrachten. Das Wetter war glücklicherweise schön und recht warm, so daß wir nicht in Verlegenheit gerieten, sondern uns gut behelfen konnten. Wir kamen, wie ich schon sagte, in das Land der Kurden, und die Sicherheit erwies sich nun als zweifelhaft. Den Warnungen des Gholâms folgend, mußten wir mit unseren Leuten nachts neben dem Gepäck eine Wache aufstellen, an der wir uns auch abwechselnd beteiligten. Vielleicht ereignete sich dank dieser Vorkehrungen kein Zwischenfall.

Hinter Sanmurti schwand der See allmählich aus unserem Blickfeld. Wir sahen ihn noch zwischen zwei Einschnitten des erhöhten Uferrandes, dann kamen wir weiter ab. Vier Stunden später waren wir bei den Karapapaks, das ist eine ausgewanderte georgische Bevölkerung, die sich hier vor Jahrzehnten angesiedelt hat. Die persische Regierung wies ihr eine äußerst fruchtbare Ebene mit Namen Soldus als Grund und Boden zu. Diese ist stellenweise mit morastigen Flächen bedeckt, weil zahlreiche Bäche von den Bergen im Westen herabströmen, was für den Boden eine sehr gute Bewässerung bedeutet. In der Tat sahen wir alle Anzeichen einer mühelosen Bestellung des Landes rund um die von Karapapaks bewohnten Dörfer. Wir sollten in Âghâbejgli übernachten, dem Hauptort dieses persisch-georgischen Bezirks, und hatten dazu ein Empfehlungsschreiben an den Katchodâ in Händen. Um dorthin zu gelangen, mußten wir den Fluß Geder überschreiten, der einer der reißendsten ist, dem wir in Persien begegneten. Seine strudelnden Wasser und sein breites, tiefes

Bett stellten ein Hindernis dar, das uns sehr lange aufhielt, ehe wir wußten, wie der Übergang zu bewerkstelligen wäre. Mit unseren schwerbeladenen Maultieren war an ein Durchqueren des Flusses nicht zu denken, sie wären zweifellos untergegangen und ertrunken. Auch für uns wäre es unvorsichtig gewesen, durch den Fluß reiten zu wollen, denn es war ungewiß, ob unsere Pferde, die in diesem Fall hätten schwimmen müssen, das andere Ufer erreicht hätten. Es war ein vergebliches Suchen nach einer Furt. Nach langem Zögern, da uns auch die Leute der Umgegend keine Stelle für einen sicheren Übergang zeigen konnten, legten sich unsere Tschârwâdârs ins Zeug, und ich muß sagen, daß diese kühnen Männer, Araber aus Bagdad, in dieser Lage einen bemerkenswerten Mut und eine unbeirrbare Entschlossenheit an den Tag legten. Sie entkleideten sich, einer sprang ins Wasser und ging drauflos, solange er Grund unten den Füßen hatte, und schwamm, wo das Wasser am tiefsten war, bis er die andere Seite erreichte. Er wechselte mehrmals von Ufer zu Ufer, bis er die Stelle mit den erträglichsten Schwierigkeiten gefunden hatte. Als für den Aufbruch am hiesigen Ufer und für das Ankommen am andern Ufern alles festgelegt war, nahm jeder Maultiertreiber einen Maulesel, mit nur einem Gepäckstück beladen, auf den Rücken und stieg ins Wasser, wobei er mit einer Hand die Mähne gepackt hatte und mit der andern das Gepäckstück hielt, damit es nicht von der Strömung fortgerissen würde. Aber welche Ängste hatten wir bei diesem ersten Versuch auszustehen! Er gelang dank dem Verständnis und der Besonnenheit unserer Tschârwâdârs, das gesamte Gepäck kam unbeschadet durch die Fluten. Als alle Stücke auf der anderen Seite waren, mußten nun wir für den Übergang bereit sein, der sich noch schwieriger gestaltete als für die Lasten der Karawane. Doch unsere Pferde schwammen tüchtig, jedes von einem Maultiertreiber geführt, der sich an der Mähne festhielt und uns heil an der Böschung von Âghâbejgli absetzte. Als diese Holüberaktion abgeschlossen war, zogen wir zu dem Flecken, wo uns die Gastfreundschaft der Einwohner zuteil wurde, ohne Zutun ihres Oberhauptes, für den wir einen Brief, besser gesagt, einen Befehl in der Tasche hatten; jener aber war in einem anderen Dorf, um sich zu verheiraten.

Von Âghâbejgli zum Gebirge war es nicht weit, wir überschritten es am folgenden Tag in knapp zwei Stunden, und als wir die Tiefebene am Urmia-See hinter uns gelassen hatten, drangen wir auf holperigem Wege durch eine enge Schlucht in die Berge Kurdistans ein. Von einer höher gelegenen freien Stelle aus erblickten wir zum letzten Mal den Spiegel des großen blauen Sees in der Ferne, in nördlicher Richtung. Nach weiteren fünf Stunden gelangten wir in das Tal des Debeukur-Flusses, an dem die kurdische Kleinstadt Sojukbolâk liegt. Sie verdankt ihren Namen, der »kalte Quelle« bedeutet, dem kühlen Wasser, das, von den schneebedeckten Gipfeln herabrinnend, das Land tränkt. In dieser fast am äußeren Ende der Staaten des Schâhs gelegenen Stadt leben hauptsächlich Kurden, die seine Herrschaft anerkennen; es sind auch einige Chaldäerfamilien ansässig.

Prinz Malek Kâssem Mirsâ hatte mir ein dringliches Schreiben an den Gouverneur Chodâdâd Chân mitgegeben. Der empfing uns auf vortreffliche Weise, brachte uns gut unter und war so liebenswürdig, uns mit Tee und sonstigen Vorräten zu versorgen.

Die Neugier, die wir unter den Einwohnern von Sojuk-bolâk erregten, zeigte uns, daß es für sie nicht alltäglich war, Farangis zu erblicken. Diese Stadt in den Bergen wurde wirklich sehr selten und in großen Abständen von Europäern aufgesucht. Sie liegt abseits von allen Wegen, wenn man einmal von dem einen absieht, der von Tabris nach Bagdad führt und auf den sich Reisende und Karawanen, offen gesagt, nicht gern begeben, weil das Gebiet, durch das er verläuft, nicht ganz ungefährlich ist und weil die einheimische Bevölkerung Anlaß zu Befürchtungen gibt. Diesen Weg zwischen Persien und der Türkei beherrschen kurdische, arabische und jesidische Stämme, die unabhängig, wild und räuberisch sind, und das mehr aus Vergnügen als aus Not. Unter ihnen ist man seines Reisegepäcks überhaupt nicht sicher, ja auch nicht seines Lebens. Daraus folgt, daß Reisende und Karawanen, die sich von Persien nach Bagdad begeben, lieber den Weg über Kermânschâh nehmen. Wir waren uns der Gefahren bewußt, die die ungewöhnliche Route heraufbeschwören könnte. Aber wir hofften, daß dank dem Einfluß des Prinzen Malek Kâssem Mirsâ auf die dem Schâh unterstellten Kurdenanführer und dank deren Unterstützung wir die beiden Grenzposten, den persischen und den türkischen, ohne Behinderung durch irgendein ärgerliches Vorkommnis passieren würden.

Dem Wunsch des Schâhsâdes von Urmia pflichtgemäß nachkommend, ordnete uns Chodâdâd Chân sogleich eine Geleitabteilung zu, die ein kurdischer Bejg aus Sardascht anführen sollte. Aber da uns unsere

Maultiertreiber versicherten, daß auf dem Weg durch die Ortschaft Sardascht mit erheblichen Schwierigkeiten zu rechnen sei, bat uns der Chân, einen Tag in Sojuk-bolâk zu bleiben, damit ein anderer Führer gefunden werde, dem Vertrauen entgegengebracht werden könne. Wir verbrachten den 19. Juni in der Stadt und reisten am 20. ab, begleitet von einem Bejg aus einem der Dörfer, die an der Strecke lagen.

Wir befanden uns inmitten der Gebirgszüge, die sich kreuzen und das Land der Kurden darstellen. Jeden Tag stiegen wir weiter hinauf, den Windungen der engen Schluchten folgend, durch die der fast nicht gebahnte Weg verlief, der uns von den Höhen in die heißen, trockenen Ebenen Mesopotamiens führte. Diese Bergwelt hat ein streng urtümliches Aussehen, und die Anwesenheit von Menschen ist kaum zu merken. Doch zu unserer Überraschung stießen wir auf eine beträchtliche Anzahl Dörfer. Wir hatten, nachdem wir den Ortschaften Burân, Jelâwe und Mamakân glücklich den Rücken gekehrt hatten, Karakand als Übernachtungsplatz erreicht. Als der Âghâ dieses Fleckens uns in Begleitung unseres Dorfältesten kommen sah und erfuhr, daß wir unter dem Schutz des Befehlshabers von Sojuk-bolâk reisten, beeilte er sich, uns gut zu empfangen. Er ließ uns Tee vorsetzen und mit allem, was sonst noch nötig war, versorgen, er kam, um uns seine Aufwartung zu machen, um uns seine ausgesuchte Höflichkeit und die sprichwörtliche, allerdings nicht immer echte Gastfreundschaft des Landes zu bekunden. Er widersprach entschieden, als ich die Begleichung der Unkosten erwähnte, und zeigte sich verärgert, als ich auf der Bezahlung bestand. Letzten Endes mußten wir ihm den doppelten Preis für das Gelieferte als Pischkesch zahlen.

Zwischen Karakand und Sarâ, unserer nächsten Raststelle, war die Gegend noch menschenleerer. Zwölf oder vierzehn Dörfer zählte ich, die unweit des Weges lagen. Die Berghänge waren mit einem für uns neuartigen, buschig wuchernden und mit Blüten wie mit einem Schmelz überzogenen Kraut bedeckt. Die jungfräuliche Erde schien von großer Fruchtbarkeit zu sein, aber da die Kurden eher Hirten als Bauern sind, verlangen sie dem Boden nur das ab, was er von sich aus hervorbringt.

Wir begegneten an diesem Tag einem kurdischen Händler aus Sojuk-bolâk, der mit einem Maultiertreiber und einigen Ballen Waren unterwegs war. Er fragte uns, ob er sich uns anschließen dürfe, der größeren Sicherheit wegen, was wir ihm gern gewährten.

Sarâ war der Wohnort unseres Führers Asis Bejg. Er nahm uns gastlich auf und zeigte sich großzügig. Seiner Bitte, bei ihm ein paar Tage zu bleiben, wollten wir aber nicht nachgeben, und so ließ er uns durch seinen Bruder weiter bis Sakkes begleiten. Für den dortigen Ortsältesten hatte ich einen Brief von Chodâdâd Chân und schätzte mich überglücklich, mit dem neuen Beschützer rechnen zu dürfen, doch dann merkte ich dessen Unmut und sah die bösen Gesichter der ansässigen Bevölkerung. Er nahm sich viel Zeit, auf die Empfehlung des Befehlshabers von Sojuk-bolâk zu reagieren, entschloß sich aber schließlich, uns einen Begleiter bis nach Mirehdeh, dem nächsten Nachtlager, zu stellen. Hinter jenem größtenteils verfallenen Sakkes überquerten wir mehrmals den Tschakatu, der sich durch die Berge windet, und kamen in Mire-deh an. Der Âghâ dieses Dorfes empfing uns gastfreundlich und höchst zuvorkommend. Er überzeugte sich selbst davon, daß es uns auch an nichts fehle. Solch ein liebenswürdiger Umgang erstaunte mich sehr, ich hatte mir von den Kurden eine ganz andere Vorstellung gemacht, doch die Aufnahme, die wir in all diesen Dörfern fanden, stand im völligen Widerspruch zu Kurdistans Ruf und zu dem, was man uns bei unserer Abreise aus Tabris mit auf den Weg gegeben hatte. Unsere Befürchtungen, die wir hinsichtlich des Ausgangs unserer Reise gehabt hatten, waren schließlich etwas übertrieben gewesen, auch wenn man gestehen muß, daß sie wirklich abenteuerlich gewesen war. Es muß auch gesagt werden, daß die Art und Weise, wie man uns bis dahin, mit wenigen Ausnahmen, begegnet war, ausschließlich dem Schutz zuzuschreiben war, unter dem wir von Urmia und Sojukbolâk an gestanden hatten. In Kurdistan haben die Häupter der Stämme und die Bejgs oder Âghâs der Dörfer die größte Achtung voreinander, und bei der Abreise von dem einen genügt für den Reisenden die Empfehlung an den anderen, um sich unterwegs einer Gastfreundschaft zu erfreuen, die er ohne diese Gefälligkeit nicht finden würde.

Von Mire-deh ging es auf einem langen Waldweg den Tschakatu entlang weiter, dem wir fast bis an seine Quelle folgten. So erreichten wir bald den Gipfel des Berges Chân, und über einen steilen Abhang gelangten wir in ein Tal, das von einem anderen Wasser durchflossen wurde, an dem die Häuser des Dorfes Bânah standen. Seit einigen Stunden bemerkten wir, vor allem an den Südhängen, daß die Landschaft ein gänzlich anderes

Gepräge annahm. Statt düsterer Felsen hier und da, die grün bedeckt waren, aber kaum über die allgemeine Trockenheit hinwegtäuschen konnten, trugen die Berge einen kräftig wuchernden Pflanzenwuchs, zu dem eine Vielzahl jener Eichen zählte, die die Galläpfel hervorbringen, und auch Gesträuch, das Gummiharz liefert. Wenn wir bis dahin den wohltuenden Schutz des Chodâdâd Chân verspürt hatten, mußten wir nun feststellen, daß er nachließ. In diesem äußersten Grenzgebiet Persiens, einer undeutlich umrissenen Region, die von einer unbotmäßigen Bevölkerung bewohnt ist und sich weder dem Schâh noch dem Sultan unterordnet, konnten wir nicht mehr mit der Geltung einer Empfehlung durch die Bejgs rechnen, die uns aufgenommen hatten. Der Älteste von Bânah verhielt sich uns gegenüber so, als wollte er uns beweisen, daß wir an einem Punkt außerhalb des wirksamen Einflusses der persischen Herrschaft angelangt waren. Unter dem Vorwand, sein Dorf sei das letzte in Persien, bestand er auf ein Durchzugsrecht und wollte uns eine Abgabe auferlegen. Um sein Ziel zu erreichen, suchte er Präzedenzfälle anzuführen. Er erklärte, ein englischer Offizier habe dreißig oder vierzig Tumân entrichtet. Wir bezweifelten stark, daß es wirklich irgendeinen Europäer gegeben haben sollte, der die Schwäche gehabt hätte, einer solchen Erniedrigung nachzugeben, und wir wollten die Schmach nicht auf uns nehmen, indem wir einer Regelung zustimmten, der man sich unmöglich unterwerfen konnte. Wir weigerten uns, das Erpresserrecht anzuerkennen, das der Katchodâ von Bânah angeblich ausübte. Er versuchte, unseren Widerstand mit Einschüchterung und sogar mit Gewalt zu brechen, aber vergebens. Trotz bewaffneter Banditen, die er beauftragte, uns den Weg zu verlegen, erzwangen wir den Übergang, ohne daß wir der Forderung nachgegeben hätten. Zwar ging es nicht ohne ein paar Schläge ab, die wir verteilten oder einsteckten, aber wir überschritten die Grenze.

Als letzte Erinnerung, die wir aus Persien mitnahmen, muß festgehalten werden, daß der Auszug aus Bânah nicht dazu angetan war, den Übertritt in ein anderes Land zu bedauern. Als wir abends in Bestar, der ersten Station auf ottomanischem Territorium, ankamen, standen wir noch unter dem sehr unerfreulichen Eindruck der Szene, die sich am Morgen beim Verlassen des letzten persischen Dorfes abgespielt hatte.

Nachwort

Reisenden, die im vergangenen Jahrhundert Iran besuchten, bot sich die einmalige, unwiederbringliche Chance, ein Land des Orients im Übergang und Umbruch zu erleben, und die besondere Bedeutung der in jenen Jahrzehnten verfaßten Erlebnisberichte besteht darin, daß sie eine zeitgeschichtliche Situation dokumentieren. Noch war Iran ganz und gar geprägt durch die Leistungen seiner alten materiellen Kultur, durch die Lebensregeln und Lehren des schiitischen Islam, durch Sitten, Maximen und Umgangsformen einer weit zurückreichenden ethischen Tradition, durch die Pflege und Bewahrung seiner glanzvollen klassischen Poesie, aber auch durch die verderblichen Wirkungen einer nie endenden despotischen Herrschaftsführung.

Wer Iran seinerzeit bereiste, gelangte in ein orientalisches Königreich, das sich in seinem Zustand von den Jahren der Herrschaft Abbâs' des Großen im frühen 17. Jahrhundert eigentlich nur durch einen dramatischen Niedergang unterschied. Die große Krise des Landes im 18. Jahrhundert, der Siegeszug der afghanischen Ghilzâ'i-Stämme, der der alten Dynastie der Safawiden ein Ende setzte, die unablässigen blutigen Eroberungszüge des Feldherrn und selbsternannten

Königs Nâder Schâh und schließlich die mit äußerster Grausamkeit geführten Stammeskriege zwischen den Herrschern der Sand- und der Kâdschâren-Dynastie hatten verwüstete und entvölkerte Dörfer und zu Dörfern geschrumpfte Ruinenstädte hinterlassen. Es ist ganz wörtlich zu nehmen, wenn man liest, daß Âghâ Mohammad Chân, der Begründer der im 19. Jahrhundert regierenden Dynastie der Kâdschâren, eine Pyramide von Totenschädeln vor der Stadt Bam als sein grauenvolles Siegesmonument hinterließ.

Solche Exzesse einer unvorstellbaren Grausamkeit prägten das Bild Irans im ganzen 19. Jahrhundert, und wohl kein Reisender konnte ihre Wirkungen übersehen. Flandin spricht auf fast jeder Seite seines Berichts von verwüsteten Dörfern, verlassenen Ruinen, verkommenen Karawansereien und verfallenen Prunkbauten aus einer besseren Zeit.

Und doch – in seinen sozialen Strukturen, technischen Mitteln, Rechtsformen und Lebensregeln unterschied der Iran des 19. Jahrhunderts sich nicht wesentlich von der Blütezeit unter Abbâs dem Großen, und der soziale Zustand in jener Epoche des 17. Jahrhunderts hatte sich seit einem Jahrtausend islamischer Herrschaft nur wenig geändert und hatte selbst Traditionen der vorislamischen Zeit bewahrt. Es ist nicht ohne Grund, wenn Kenner der Geschichte Irans von einer Kontinuität des Geschehens über die Jahrtausende hinweg sprechen, unbeschadet tiefgreifender religiöser Veränderungen, politischer Umbrüche und fremder Eroberungen. Eine wirkliche Alternative zu den althergebrachten Strukturen hat erst – und dies seit dem 19. Jahrhundert – das Eindringen der europäischen

Mächte in den iranischen Raum gebracht. Auch in der heutigen Islamischen Republik wäre es nicht möglich, die Allgegenwart der modernen Einrichtungen und Lebensformen im Land wieder rückgängig zu machen.

Für Europäer, die Iran im 19. Jahrhundert bereisten, bedeutete der Einfluß der europäischen Mächte Schutz und Förderung. »Waren es bis dahin Unternehmungen einzelner, die allerdings oft im Auftrage eines Mäzens, eines Herrschers oder einer wissenschaftlichen Gesellschaft ausgeführt wurden, so begann jetzt die quasi imperiale Phase, in der umfangreiche Missionen, zum Teil unter militärischer Begleitung und als Hoheitsträger ihres Landes, die noch unentdeckten Landstriche der Erde zu durchziehen und als Einflußsphäre zu markieren begannen«, bemerkt dazu Karl Klaus Walther.*

Vergleicht man Berichte jener Zeit mit denen früherer Reisender, so gewinnt man den Eindruck, daß nie zuvor sachkundigere und zutreffendere Beschreibungen von Land und Leuten gegeben wurden. Das ist gewiß kein Zufall. Es ist das positive Ergebnis einer intensiven Durchdringung der nichteuropäischen Welt durch die Abgesandten Europas.

Flandins Reisebeschreibung erschien im Jahre 1851 als zweibändiger Teil eines siebenteiligen Werkes unter dem altertümlich-umständlichen Titel »Voyage en Perse de MM. Eugène Flandin, Peintre, et Pascal Coste, Architecte, attachés à l'Ambassade de France en Perse, pendant les années 1840 et 1841, entrepris par ordre de M. le Ministre des Affaires Étrangères d'après les in-

* J. J. Morier, Reisen durch Persien in den Jahren 1808 bis 1816. Rütten & Loening, Berlin 1985, S. 569.

structions dressées par l'Institut, publié sous les auspices de M. le Ministre de l'Intérieur« (Reise nach Persien der Herren Eugène Flandin, Maler, und Pascal Coste, Architekt, Attachés der 1840 und 1841 auf Befehl des Herrn Ministers der Auswärtigen Angelegenheiten nach den Anweisungen des Instituts unternommenen Gesandtschaft Frankreichs nach Persien, veröffentlicht mit dem Beistand des Herrn Ministers des Inneren). Unter den Reiseberichten, Landesbeschreibungen und Orienterzählungen des vorigen Jahrhunderts gehört es zu den weniger bekannten Büchern. Daß es Beachtung und Anerkennung verdient, möge die hier vorgelegte, gekürzte deutsche Übertragung beweisen.

Der heutige Leser des Reiseberichts von Flandin sieht sich mit dem Problem konfrontiert, daß der Autor die Kenntnis einer komplizierten zeitgeschichtlichen Situation voraussetzt, die nur noch der Spezialist zu überblikken vermag: die wechselhaften Beziehungen zwischen Iran und den europäischen Staaten im 19. Jahrhundert.

Nicht um seiner selbst willen war Iran seit dem 16. Jahrhundert in den Interessenkreis der in die Weiten Asiens, Afrikas und Amerikas vordringenden europäischen Mächte gezogen worden, wie er denn auch nie zu einer regelrechten Kolonie geworden ist. Er gewann Bedeutung als Partner gegen das türkische Reich und als Land auf dem Wege nach Indien und wurde in die Auseinandersetzungen um die Herrschaft über Indien immer wieder verwickelt. Diese Auseinandersetzungen nahmen globale Ausmaße an, als Napoleon Bonaparte am 19. Mai 1798 zu seinem ägyptischen Feldzug aufbrach, der eigentlich als erster Schritt zur Eroberung Indiens gedacht war. Seine Worte nach der Niederlage bei Akko (1799): »Wäre Saint-Jean-d'Acre gefallen, so hätte ich der Welt eine andere Gestalt gegeben und wäre Kaiser des Morgenlandes geworden« deuten an, daß er weit über Ägypten hinausreichende Ziele verfolgte, die die englischen Herren Indiens, den Schah von Iran und den osmanischen Sultan in gleicher Weise beunruhigten.

Napoleons ägyptische Expedition öffnete in der Tat den Engländern Iran, deren Ostindische Kompanie im Jahre 1800 eine Gesandtschaft unter dem Gouverneur von Bombay, John Malcolm, an den Hof des Schahs entsandte. Sie brachte nicht nur 1801 einen Vertrag mit Iran zustande, der sich gegen die afghanische und die französische Bedrohung Irans richtete, bewirkte auch den ersten jener Iran benachteiligenden Handelsverträge, die zum Ruin der persischen Wirtschaft beitrugen. Flandin hat ihre traurige Wirkung bemerkt, als er das Land bereiste, und heftig verurteilte er Englands Mitschuld an dieser Entwicklung. Zum Niedergang der persischen Gewerbe, dessen Zeuge er 1840 und 1841 wurde, hat der Vertrag von 1801 nicht unerheblich beigetragen. Den englischen und indischen Kaufleuten wurde damals von einer leichtfertigen und unfähigen iranischen Regierung das Recht eingeräumt, sich in den Häfen des Landes anzusiedeln und steuerfreien Handel zu treiben. Englisches Tuch, Eisen und Stahlprodukte durften zollfrei importiert werden. Ohne Mühe konnten diese Erzeugnisse der britischen Industrie sich auf dem persischen Markt durchsetzen, die einheimischen Konkurrenten ruinieren und das Land von einer kolonialen Weltmacht abhängig machen.

Fixpunkt und Hauptanliegen der iranischen Außenpolitik war damals die Rückgewinnung Georgiens. Seinerzeit hatte die Unterwerfung Georgiens die Herrschaft der Kâdschâren über Iran vollendet, und Âghâ Mohammad hatte danach den Titel Schah angenommen. Die christlichen Georgier erhoben sich aber bald schon wieder gegen die persische Herrschaft und unterstellten sich dem Schutz des Zaren, der das Land 1801 in Besitz nahm. Für die Kâdschâren war das mehr als der Verlust einer entlegenen Grenzprovinz, es bedeutete für sie einen Anschlag auf ihre Herrschaft über das ganze Reich.

Napoleon gelang es erst 1806, den übermächtigen Einfluß Englands auf die iranische Außenpolitik zu erschüttern. Eine Delegation, die er 1802 aus Syrien nach Iran entsandte, wurde kühl empfangen, eine zweite Gesandtschaft fand im Jahre 1805 mit dem Tod ihres Leiters ein glückloses Ende. Erst der französische Diplomat Pierre-Amédée Jaubert, der 1806 am Hofe in Soltânije eintraf, vermochte die Abneigung Fath Ali Schâhs gegen die französische Nation von »Königsmördern« zu überwinden und, iranische Verstimmungen über die Haltung Englands ausnutzend, eine Vereinbarung mit Persien zu erzielen, die sogar die Zusicherung Frankreichs einschloß, Iran bei der Rückeroberung des 1801 an Rußland verlorenen Georgiens zu unterstützen. Die iranische Seite sprach ihre Bereitschaft aus, mit einem französischen Expeditionsheer gemeinsam Indien zu erobern. Als realisierbar erwies sich aber nur ihre Zusage, die Beziehungen zu Großbritannien abzubrechen. Darüber wurde im Mai 1807 ein Präliminarvertrag zwischen Frankreich und Iran in Finckenstein in Ostpreußen abgeschlossen, wo Napoleon gerade die

Unterwerfung Preußens vollendet hatte. Noch im selben Jahr schickte Napoleon General Gardanne mit 70 Offizieren nach Iran, die das persische Heer nach dem Vorbild der siegreichen französischen Streitmacht ausbilden sollten.

Währenddessen hatte Napoleon aber auch in Tilsit mit Zar Alexander Frieden geschlossen und in einer Konvention die einander berührenden Interessen abgesteckt. Von Georgien war darin in keiner Weise die Rede, was Iran nur als einen Bruch der ihm von den Franzosen gemachten Zusagen deuten konnte. Frankreich hatte sich als ein noch unzuverlässigerer Bundesgenosse erwiesen als England, das sich ja nie zu Hilfeleistungen bei der Rückgewinnung Georgiens bereit erklärt hatte. Die kurze Episode der französisch-persischen Entente fand damit ein ruhmloses Ende. Das Steuer des in den Strudel europäischer Machtpolitik geratenen iranischen Staatsschiffes wurde erneut herumgerissen.

Für Iran war Frankreich nun kein Partner mehr, bis im Jahre 1840 jene französische Delegation, der auch Eugène Flandin angehörte, lose diplomatische Beziehungen wiederherstellte.

Frankreichs Fehlschlag in Iran war Englands Chance. Die Briten hatten sich inzwischen entschlossen, ihre Kontakte zum iranischen Hof direkt und nicht über die Vermittlung der Ostindischen Kompanie zu regeln. Bereits im Jahre 1808 nahm als Repräsentant der britischen Krone Sir Harford Jones mit der iranischen Seite Kontakt auf und schloß 1809 einen Präliminarvertrag, der Iran und England zu Bündnispartnern gegen Frankreich und Rußland machte und den Persern Militärberater und Subsidien gegen Rußland zusagte. Jones' Berater in sprachlichen und landeskundlichen Dingen war jener James Justinian Morier, dem wir eine ausgezeichnete Beschreibung seiner Reisen durch Iran* und den klassischen persischen Schelmenroman »Die Abenteuer des Hadschi Baba aus Isfahan«** verdanken.

Morier begleitete und beriet auch den persischen Gesandten Hâdschi Mirsâ Abdo l-Chân, der 1809 und 1810 in England weilte, um Einzelheiten und Bedingungen der englischen Zahlungen an Iran auszuhandeln. Ebendieser Hâdschi Mirsâ ist es auch, der als Urbild des Titelhelden in Moriers Roman gedient hat.

Daß europäische Vertragspartner im ersten Jahrzehnt des 19. Jahrhunderts sich in ihren Zusagen an die iranische Seite überboten und ihre Versprechungen von Mal zu Mal steigerten, mochte bei Fath Ali Schâh die Illusion genährt haben, »Mittelpunkt des Weltalls« oder wenigstens Herr einer Großmacht zu sein, wie es Iran in alten Zeiten war. Wie wenig dies zutraf, zeigt die skrupellose Unterordnung der Beziehungen aller europäischen Staaten zu Iran unter ihre europäischen Interessen. Die wechselnden Allianzen in den napoleonischen Kriegen führten Iran immer wieder mit den jeweiligen Gegnern Rußlands zusammen. Daher überrascht es nicht, daß Englands Freundschaft zu Iran nur bis zu Napoleons Überfall auf das Reich des Zaren im Jahre 1812 währte.

Ohne Englands Hilfe gerieten die Kaukasuskriege gegen Rußland, in die Persien sich eingelassen hatte, zu

* J. J. Morier, a.a.O.

** J. J. Morier, The Adventures of Hajji Baba of Ispahan (1824); dt. Die Abenteuer des Hadschi Baba aus Isfahan. Dieterich'sche Verlagsbuchhandlung, Leipzig 1962.

vernichtenden Niederlagen. In den 1813 zu Golestân und 1828 in Torkamântschâj geschlossenen Friedensverträgen verlor Iran neben Georgien seine sämtlichen weiteren Besitzungen im und am Kaukasus, unter anderem Armenien. Es wurde auf jene Linie zurückgedrängt, die die heutige Grenze zwischen Iran und der Sowjetunion bildet. Außerdem räumten die Verträge den Bürgern Rußlands Handels- und Vermögensrechte auf iranischem Boden ein, die selbst das England im Jahre 1801 Gewährte übertrafen. Die Niederlagen gegen Rußland zwangen Iran die Muster jener ungleichen Verträge auf, in denen sich in den folgenden Jahren immer mehr ausländische Mächte Privilegien gleichen Ausmaßes zugestehen ließen.

Noch als Flandin durch Iran reiste, galt Rußland neben der Türkei als der Hauptfeind des Landes. Flandin hat das nicht verschwiegen, zugleich aber die größte Schuld am Niedergang Irans dem englischen und indischen Handel gegeben. Das wird nicht lediglich ein aus antibritischem Ressentiment geborenes Vorurteil gewesen sein. In die südlichen Provinzen Persiens, die damals ohnehin hinter den Nordprovinzen zurückgefallen waren, dürften in der Tat mehr englische als russische Waren gelangt sein. Gerade hier aber lag der Schwerpunkt der wissenschaftlichen Arbeiten Flandins.

Die Entsendung der französischen Delegation, der Flandin angehörte, an den persischen Hof fiel in eine Zeit, da sich Frankreich erstmals seit den napoleonischen Kriegen wieder die Chance bot, neben Rußland und England eine eigene Rolle im Mittleren Osten zu spielen. Rußland war und blieb Persiens Erbfeind, auch wenn Iran nach dem letzten verlustreichen Krieg von

1826 bis 1828 allen Hoffnungen auf eine Wiedergewinnung der Kaukasusprovinzen entsagen mußte. Mit England war Persien bei dem Versuch, die strategisch wichtige Grenzstadt Herât dem unter britische Protektion geratenen, zerfallenden Afghanistan zu entreißen, in Kollision geraten. Als 1833 die persischen Heere Herât belagerten, kamen die Engländer den Verteidigern zu Hilfe und verhinderten einen leichten Sieg der Perser. Da zudem 1833 der persische Heerführer und 1834 Fath Ali Schâh starben, mußte die Kampagne ergebnislos abgebrochen werden. Am Hofe in Teheran aber hinterließ die Haltung Englands Verbitterung und Groll. Der englische Einfluß schwand dahin. Als Frankreich sich der Gunst der Stunde versah und nach mehr als dreißig Jahren diplomatischer Abstinenz einen Botschafter an den persischen Hof sandte, da durfte es wohlwollende Aufnahme erhoffen. Nicht nur vermochte England – geschweige denn Rußland – die französische Mission nicht zu hintertreiben, der englische Gesandte war, wie Flandin nicht ohne Genugtuung berichtet, damals sogar aus Teheran gewichen. Dafür hatten die Engländer die persische Insel Chark im Golf besetzt, und Flandin erfuhr in Südpersien von den bedrohlichen Flottenbewegungen der Briten vor der Küste.

Fath Ali Schâhs Thron bestieg 1834 sein Enkel Mohammad Mirsâ, der Iran noch als Mohammad Schâh regierte, als Flandin das Land bereiste. Die Amtsgeschäfte versah sein fortschrittsfeindlicher Großwesir Hâdschi Mirsâ Âghâssi, der allen Bestrebungen nach einer Reform und nach Modernisierung des iranischen Staatswesens ein vorläufiges Ende setzte und auch einen Erfolg der französischen Gesandtschaft hintertrieb. Das Bild des Königs wie des Wesirs hat Flandin mit der Kunst des schreibgewandten Malers gezeichnet. Aber ein Politiker war Flandin nicht, und die Motive ihres Handelns hatte er wohl nicht durchschaut.

Eine Hinwendung Irans zu Frankreich, wie Napoleon sie für kurze Zeit erreicht hatte, vermochte die französische Delegation über dreißig Jahre später nicht mehr zu bewirken. Den Rang einer Weltmacht hatte Frankreich verloren. Sein Gesandter wurde mit kaum verhohlener Geringschätzung behandelt und mit Artigkeiten abgespeist. Frankreichs Schwäche war in gewissem Sinne aber auch die Stärke der Mission. Als Abgesandte eines Landes, dessen Macht und Einfluß nicht bedrohlich waren, wurden Frankreichs Lehrer, Ärzte und Ingenieure gern in Dienst genommen. Wenn auch nicht gleich, so wurden doch in den Jahren der 1848 beginnenden Herrschaft Nâsereddin Schâhs Franzosen zu Lehrern des Dâro l-fonun, des »Polytechnikums«, das 1852 gegründet wurde. Das Französische behauptete sich als europäische Bildungssprache Irans, in französischer Gestalt drangen moderne Begriffe auch ins Persische. Die Delegation, der Flandin angehörte, hat, wenn ihr auch unmittelbarer Erfolg versagt blieb, zu dieser Entwicklung doch beigetragen.

Dies aber ist eine spätere Erscheinung, der zögernde, noch wenig wirksame Beginn einer Einführung europäischer Kenntnisse und Techniken, der schließlich der Modernisierung des Landes den Weg ebnete. Der Leser verläßt Iran mit Flandin und seinen Begleitern im Jahre 1841, in einer der dunkelsten Perioden der Geschichte Irans im 19. Jahrhundert.

In jenen Jahren setzte aber auch mit der Erhebung

der schiitischen Sekte der Ismailiten unter Führung ihres Âghâ Chân eine Reihe von religiös motivierten Volksaufständen ein, deren Höhepunkt zweifellos die Bâbi-Bewegung war und deren wichtigstes Ergebnis die Entstehung der Babâ'i-Religion wurde. Über die Anfänge dieser Vorgänge macht Flandin Angaben aus der Sicht der Gegner, die zu den historisch wertvollsten Nachrichten seines Werkes zählen. Die geschichtliche Dimension dieser Ereignisse konnte er freilich noch nicht erahnen.

Grundsätzlich kann man feststellen, daß die französischen Diplomaten weniger erfolgreich waren als die Wissenschaftler, die sie begleiteten. Ihre Aufgabe war es, die Kenntnisse von einem exotischen Land des Orients zu mehren und auf den Stand der Zeit zu heben. So leistete Frankreich sich den Architekten Pascal Coste und den Maler Eugène Flandin in seiner diplomatischen Mission.

Verpflichtend mochte hier das Vorbild Napoleons gewesen sein, der sich auf dem Ägyptenfeldzug von Gelehrten begleiten ließ, die das Land von den Altertümern bis zur Fauna untersuchten und reiche Wissensschätze heimbrachten. Gehörte zu den Ergebnissen dieser unmittelbaren Berührung mit ägyptischer Kultur nicht auch die erste Entzifferung der Hieroglyphen durch Jean-François Champollion?

Den gelehrten Ertrag der Reise Flandins und Costes ausführlich zu würdigen ist hier nicht der Ort, um so weniger, als ihre Beschreibungen und Zeichnungen heute überwiegend von wissenschaftsgeschichtlichem Wert sind. Eine Erkenntnis oder Entdeckung, wie sie Champollion gelang, wurde ihnen nicht zuteil. Immerhin sind die Beschreibungen Flandins so exakt und seine ästhetischen Urteile so treffend, daß es leicht ist, die von ihm dargestellten archäologischen Objekte auf Grund unserer heutigen Kenntnisse zu identifizieren, selbst ohne Zuhilfenahme der Zeichnungen. Als ein Beispiel für viele sei der Bericht über die kleine, doch wichtige sassanidische Fundstätte Naksch-e Radschab bei Persepolis angeführt.

Drei Reliefs, so sagt Flandin (tatsächlich beschreibt er alle vier vorhandenen), sind hier in den steil aufsteigenden Fels gehauen. Nach unserem heutigen Wissen stellen sie zweimal König Schâpur I. (241–272 n. Chr.) zu Pferde, seinen Vater, König Ardaschîr I. (226–241 n. Chr.), und den zoroastrischen Hohenpriester Kerdir dar. Flandin vermochte die Personen auf den Reliefs noch nicht zu identifizieren. Um so bemerkenswerter ist aber seine treffende Feststellung, das Relief Ardaschîrs sei von geringerer Qualität in der künstlerischen Ausführung, »was entweder auf das Kindheitsstadium der Kunst oder auf ihren Niedergang zu einem beklagenswerten Verfall hinweist«. Wir wissen nunmehr, daß die erste beider Möglichkeiten zutrifft, denn Ardaschîr war der Begründer der Sassanidendynastie. Die wichtige mittelpersische Inschrift des Kerdir machte Flandin als erster bekannt.

Gelegentlich hätte Flandins gewissenhafte Beschreibung archäologischer Objekte die spätere Forschung vor Fehlinterpretationen bewahren können, hätte man sie nur aufmerksam gelesen. So versäumte es Flandin nicht, in seiner Schilderung der Frauengestalt auf dem Relief König Narsehs (293–302 n. Chr.) in Naksch-e Rostam auf den »die Hände [genau gesagt: eine Hand] verhüllenden Ärmel« hinzuweisen, ein deutliches Zeichen inferioren Ranges und dienender Funktion, was die Deutung der weiblichen Person als Göttin Anâhitâ ausschließt und sie als Gattin des Königs, Schâpurduchtag, identifizierbar macht.*

Am größten ist der Wert der Beschreibungen und Zeichnungen Flandins, wenn sie uns Monumente des iranischen Altertums in einem Zustand besserer Bewahrung zeigen, als das heute der Fall ist. Das gilt für eines der wenigen großen hellenistischen Baudenkmäler auf iranischem Boden, die Reste eines Artemis-Tempels in Kangâwar bei Kermânschâh in Westiran (in dieser Auswahl nicht beschrieben). Flandin wie auch sein Zeitgenosse Sir Henry Layard sahen noch die über die Terrasse des Tempels sich erhebenden, in die Mauern von Wohnbauten eingefügten antiken Säulen. Später wurden auch diese Reste zerstört und niedergerissen.

Um den an archäologischen Details weniger interessierten Leser nicht allzusehr zu überfordern, wurden in dieser Auswahl die wissenschaftlichen Berichte um die Darstellung der Reise zu den Fundstätten in Westiran verkürzt.

Flandins Urteil in wissenschaftlichen Dingen ist das eines gebildeten Amateurs im besten Sinne. Da natürlich nicht alle seine Anmerkungen und Abhandlungen zur Geschichte Irans, zum Verhältnis zwischen Moslems und Christen und kaum eine seiner etymologischen Spekulationen vor dem Fortschritt des Wissens

* Vgl. dazu A. Sh. Shahbazi, Studies in Sasanian Prosopography; in: Archäologische Mitteilungen aus Iran, 16, 1983, S. 265 bis 268.

Bestand haben, gereicht es seinem tausendseitigen Werk zum Vorteil, daß der Übersetzer auf ihre Wiedergabe weitgehend verzichtet hat.

Eine Ausnahme bilden Fälle, in denen Landeskunde und gesunder Menschenverstand Flandin zu überzeugenden Erkenntnissen von großer Klarheit geführt haben. Er dürfte der erste gewesen sein, der in den Reliefbildern der zur Audienz erscheinenden Vornehmen und tributbringenden Abgesandten vieler Völker Darstellungen der Neujahrs- oder Nourus-Feier am Hofe des Großkönigs erkannte.

Flandins größtes Handikap im Verkehr mit den Menschen des Landes war seine Unkenntnis der persischen Sprache. Er hat das nicht verschwiegen. Der Fachmann kann aber auch diesem Mangel interessante Seiten abgewinnen. Er erkennt vulgäre neben hochsprachlichen Wortformen, und er bemerkt, daß Flandin das Persische bisweilen in einer turkisierenden Intonation vernommen haben muß. Diese Eigenarten seiner Wiedergabe persischer Wörter und Namen werden aber in der deutschen Übersetzung zugunsten einer vereinheitlichten und normalisierten modernen persischen Wiedergabe unterdrückt. In diesem Zusammenhang wurde eine Berichtigung falscher Schreibungen persischer Wörter und Namen versucht. Wertvolle Hilfe leistete mir dabei wie immer mein Lehrer und Freund Bozorg Alavi.

An ihre Grenzen gelangt Flandins Schilderung orientalischer Menschen und Verhältnisse, wo es gilt, von der Erscheinung zum Wesen vorzudringen. Das beste, was man sagen kann, ist, daß der Autor die geschundenen und gebrochenen Menschen des Volkes mit Teilnahme betrachtet und daß er unter den Gebildeten Freunde findet, die er versteht. Es trifft auch zu, daß er den Phänomenen einer fremden Kultur mit einem großen Maß aufgeschlossener Duldsamkeit begegnet. Letzten Endes bleibt sein Urteil aber doch durch seine französische, abendländische, katholische Erziehung bestimmt, und daran mißt er das Fremde, statt es aus sich selbst zu beurteilen. So ist es Flandin versagt geblieben, die Mentalität der persischen Nation als ein Resultat ihrer Geschichte zu begreifen. Zu tieferen Einsichten gelangten zwei Zeitgenossen Flandins, deren Werke nicht ohne Grund von der europäischen Orientalistik oft zitierte Zeugen sind: James Justinian Moriers schon erwähnter Roman »Die Abenteuer des Hadschi Baba aus Isfahan« (1824) und Jacob Eduard Polaks »Persien, das Land und seine Bewohner« (1865).

Flandins Urteil in politischen Dingen entspricht seiner Einsicht in die Denk- und Verhaltensweise fremder Völker. Es ist von unbedingter, naiver Loyalität gegen sein Land und seine Kirche bestimmt und führt ihn bisweilen zu grotesken Schlüssen: die Engländer hätten seit vierzig Jahren nichts anderes getan, als Iran zu verkleinern und sein Volk zu berauben, französische Offiziere hingegen organisierten die Armee des Schahs, befestigten seine Städte und lehrten die Perser, Kanonen zu bauen. Napoleon hätte ausschließlich die Befreiung des asiatischen Kontinents im Sinn gehabt. So einfach ist oder zeigt sich das Weltbild des Autors. Den Streit zwischen den Parteiungen der armenischen und chaldäischen Christen tadelt Flandin verständlicherweise. Seine ganze Sympathie haben natürlich die Katholiken, die ja selbst das Schisma in die Gemeinschaft der monophysitischen und nestorianischen Christen trugen.

Flandins Stärke als Schriftsteller sind die bildhafte Ausdruckskraft und die Beobachtungsschärfe des Malers. Daß sie sich in der sachkundigen Darstellung bemerkenswerter architektonischer Denkmäler, der Moscheen, Brücken und Staudämme, der antiken Ruinen und Felsbilder am besten bewährt, wird nicht überraschen, aber sie erschöpft sich nicht darin. Ich habe nie eine einfühlsamere Beschreibung der landschaftlichen Vorzüge der Umgebung von Persepolis und der idealen Lage ihrer Palastbauten gelesen. Die Schilderung des lebhaften Treibens im Basar von Isfahan, des Kommens und Gehens in den Karawansereien, der erquikkenden Rast im Tschehel-sotun-Palast und seinen Gärten entspricht den stimmungsvollen Zeichnungen, die Flandin von allen diesen Szenen hinterlassen hat, in kongenialer Weise. Es ist zu begrüßen, daß die deutsche Ausgabe einige von ihnen enthält. Wer sich für Flandins Zeichnungen gründlicher interessiert und wer Gelegenheit findet, seine Tafelbände, heute die Rarissima weniger traditionsreicher Bibliotheken, durchzublättern, dem sei empfohlen, die Genrebilder des zeitgenössischen Iran mit den wissenschaftlichen Zeichnungen antiker Denkmäler zu vergleichen. Es ist, als ob zwei Meister ihres Faches am Werke waren, ein Maler, der lebensvolle, anmutige, detailreiche Stimmungsbilder schafft, und der sich aufs Wesentliche beschränkende, mit photographischer Akribie arbeitende Architekt. In den Reisebeschreibungen kommt vor allem der Maler, doch in gewissem Maße auch der Architekt zu Wort.

Nur wenige werden zu Flandins Iranbuch greifen, um

aus ihm wissenschaftliche Erkenntnis zu schöpfen. Wer jedoch in ihm unterhaltsame Entrückung in ein exotisches Land sucht, der wird durchaus auf seine Kosten kommen. Flandin wußte spannend zu erzählen. Er hatte eine literarische Ader, und man gewinnt den Eindruck, er habe seinen Alexandre Dumas gut gelesen. Daher hieße es, den Charakter seines Berichts zu verkennen, wollte man ihn als eine reine Tatsachenschilderung nehmen – nicht daß Flandin seine Erlebnisse erfunden hätte, aber sie sind zu unterhaltsam erzählt und wohlpointiert, um von literarischer Stilisierung unberührt zu sein.

Deutlich stilisiert ist die Konzentration der Handlung aufs Wesentliche. Das Wesentliche ist in der Regel Eugène Flandin selbst und was er mit Freunden und Feinden, berühmten Männern und absonderlichen Gestalten erlebt. Flandin tritt uns als hochgebildeter, ritterlicher, edel gesinnter Sohn seines großen Volkes entgegen. Er besteht in Ehren so manches Abenteuer, wie es ein Romanheld nicht besser hätte meistern können.

In Tabris verschafft er sich nächtlichen Zutritt zum Harem des Prinzen Malek Kâssem Mirsâ und erfreut sich am Tanz der »irdischen Huris«. In Kom erregt sein Versuch, in die Grabmoschee der Fâtima einzudringen, peinliches Aufsehen und Ärger. Die Beispiele ließen sich mehren. Am meisten beeindruckt aber wohl der edle Beistand, den Flandin seinem Freund, dem Sekretär der russischen Gesandtschaft in Isfahan, im Kampf gegen eine Schar von Banditen leistet.

Bedenkt man, daß Flandin eigentlich nur ein Mitglied der französischen Gesandtschaft von bescheidenem Rang und dienender Funktion war, so wirkt das fast völlige Verschweigen seiner Begleiter, selbst des Gesandten, um so erstaunlicher. Auch als er zur archäologischen Erkundung mit dem Architekten Pascal Coste den südlichen und westlichen Iran bereist, fällt der Name des Gefährten doch äußerst selten. Die Beschränkung auf das Selbsterlebte wird in diesem Reisebericht auch zur Selbstbeschreibung.

Für ein Meisterstück literarischer Gestaltung halte ich die Schilderung der archäologischen Fundstätten von Naksch-e Rostam, Naksch-e Radschab und Persepolis, in der das wissenschaftliche Anliegen der Reise seinen eigentlichen Ausdruck findet. An sich ist die Beschreibung der Bauwerke, Skulpturen und Felsbildnisse dieses Kernlandes der altiranischen Geschichte gelungen, doch hätte die unvermeidliche Häufung der Objekte, die Schilderung immer neuer Kunstwerke und Inschriften unweigerlich ermüden müssen. Flandin hat das offenbar auch so empfunden, denn er läßt der wissenschaftlichen Beschreibung immer wieder spannende Abenteuerschilderungen folgen, der Belehrung die verdiente Unterhaltung.

Ein Kabinettstück ironisch pointierter Erzählweise ist die Schilderung der komischen Gestalt und der Marotten des schon genannten Wesirs Hâdschi Mirsâ Âghâssi.

Flandins ganz auf die eigene Person bezogener Bericht kontrastiert auf das merkwürdigste zu dem wenigen, was wir sonst von ihm wissen. Den Künstlern dürfte er als der wissenschaftliche Zeichner, den Archäologen als der talentierte Amateur erschienen sein. Beide haben ihn nicht als einen der Ihren gewürdigt, und die Nachwelt, so scheint es, hat ihn zu Unrecht vergessen. Jedenfalls findet sich keine neuere Darstellung der Archäologie, der Geschichte Irans oder der Reiseliteratur, die ihn mehr als nur knapp erwähnt. Der große *Larousse encyclopédique* von 1970 kennt nicht einmal seinen Namen.

Am 15. August 1809 wurde Eugène-Napoléon Flandin in Neapel geboren, wo sein Vater im Heer Joachim Murats, des von Napoleon zum König von Neapel gemachten Marschalls, Dienst tat. Der Sohn zeigte früh Neigung und Talent zur Malerei und Zeichenkunst. Er ging in die Schule Horace Vernets und trat seit 1836 mit Stoffen hervor, die ihn für sein späteres Werk prädestinierten: Genre- und Landschaftsbilder, orientalische Motive. Die Kritik spendete seinen Schöpfungen karges Lob. »Sie haben vor allem das Verdienst, getreulich ausgeführt zu sein«, heißt es in einem Urteil. Erfolgreich war er vor allem mit italienischen Motiven, dem »Blick auf die Piazetta und den Dogenpalast von Venedig«, der »Seufzerbrücke« (in Venedig) und dem »Strand bei Neapel«. Die Teilnahme am französischen Nordafrikafeldzug gegen Constantine von 1837 brachte ihm die erste Begegnung mit einem islamischen Land. Bilder vom Kampf um Constantine und aus der Umgebung der Stadt Algier sind die Frucht dieser Zeit. Eines der patriotisch gestimmten Gemälde erwarb König Louis-Philippe, und dieser Umstand dürfte den Namen des Malers in höchsten Kreisen bekannt gemacht haben.

Eine Aufgabe, die seinen weiteren Weg bestimmte, wurde Flandin 1839 gestellt. Die französische Regierung entsandte eine diplomatische Mission unter Édouard de Sercey an den persischen Hof, und der

Académie des Beaux-Arts wurde Gelegenheit gegeben, Fachleute mitzuschicken, die unter dem Schutz des Königs von Frankreich Erkenntnisse sammeln und Entdeckungen machen sollten. Die Wahl fiel auf den Architekten Pascal Coste und auf Flandin. Die Reise währte vom 30. 10. 1839 bis zum 1. 12. 1841. Am 31. 5. 1840 trennten Coste und Flandin sich von der diplomatischen Gesandtschaft und bereisten auf der Suche nach berühmten und unentdeckten Altertümern Irans den Westen (Bisotun, Kasr-e Schirin) und Süden (Persepolis und Umgebung, Bischâpur, Dârâbgerd, Firusâbâd).

Über die Ergebnisse berichtete Flandin 1851 in Wort und Bild in dem »Voyage en Perse« genannten Werk, einem zweibändigen Reisebericht, begleitet von sechs Bildbänden mit 665 Tafeln, die zwischen 1843 und 1854 erschienen.

Noch bekannter wurde Flandin als Zeichner einer Expedition Paul-Émile Bottas nach Chorsabad (1843 bis 1846), deren Gewinn Material über die Monumente des alten Assyrien in großer Fülle war. Ihr unvergessenes Ergebnis aber ist die Entdeckung und erste Freilegung von Teilen des alten Niniveh. In dem fünfbändigen Jahrhundertwerk »Monuments de Ninive découverts et décrits par Botta, mesurés et dessinés par Flandin« (1849–1850) sind die Ergebnisse der Expedition aufgezeichnet.

Daneben gab Flandin, seiner schriftstellerischen Neigung folgend, über die Ausgrabungen in Niniveh eigene Berichte, die seinerzeit gern gelesen wurden. Sein Erfolg als Maler und Erzähler ermutigte ihn, 1853 ein weiteres Werk, »L'Orient«, vorzulegen, das Bilder und Beschreibungen verschiedener Länder enthält. Ihm folgten bis 1874 vier weitere Teile. Sogar eine »Histoire des chevaliers de Rhodes« (Geschichte der Ritter von Rhodos), des später als die Malteser bekannten Johanniterordens, schrieb Flandin (1867–1873).

Seit 1853 beteiligte sich der Maler Flandin auch wieder an Ausstellungen im »Salon«, und hier verbinden sich die künstlerischen Aspirationen seiner Jugend mit der Erfahrung und den Erlebnissen seiner Orientreisen. »Blick auf das Goldene Horn und auf Stambul«, »Die große Moschee von Isfahan«, so die Titel zweier Gemälde, die in dieser Zeit entstanden. Manche seiner Bilder haben noch heute ihren Platz in französischen Museen. 1876, das genaue Datum ist nicht bekannt, verstarb Flandin in Tours.

Unter den neueren Künstlern und Gelehrten kenne ich nur einen, der sich für das Schaffen Flandins interessiert hat: Sâdek Hedâjat, den Meister der modernen persischen Novellistik. Er hat ihn zum Helden seiner Kurzerzählung »Der Feueranbeter« *(Âteschparast)* gemacht, die er, aus Frankreich zurückgekehrt, 1930 in seinem Novellenband »Lebendig begraben« *(Sende be gur)* veröffentlichte. Eigentlich fühlte aber auch Hedâjat sich nur von der Szene des Reiseberichts angesprochen, die seinem patriotischen Enthusiasmus für die alte zarathustrische, vorislamische Religion Irans treffenden Ausdruck verlieh. So läßt er Flandin selbst im Angesicht der altpersischen Königsgräber sagen: »Ich erinnere mich deutlich, daß ich einmal gegen Sonnenuntergang mit Vermessungsarbeiten am Tempel beschäftigt war. Die Trockenheit der Luft und die Hitze der Sonne hatten mich ausgedörrt. Plötzlich bemerkte ich, daß zwei Personen auf mich zukamen, deren Kleidung sich von der bei den Iranern üblichen unterschied. Als sie sich genähert hatten, sah ich, daß es zwei betagte, aber rüstige, kraftvolle Männer mit hellen Augen und bemerkenswerten Gesichtszügen waren. Ich fragte sie einiges. Es stellte sich heraus, daß sie Kaufleute aus Jasd waren und aus dem Norden des Landes kamen. Wie die meisten Einwohner von Jasd waren sie Zarathustrier, das heißt, sie beten das Feuer an, so wie die Könige von Persien es einst taten. Sie hatten eigens einen Umweg gemacht, um zu dem alten Feuertempel zu pilgern. Ihr Bericht war noch nicht zu Ende, da begannen sie schon, kleine Stücken Holz, Reiser und trockenes Laub zusammenzutragen und in Gestalt einer Feuerstätte aufeinanderzuschichten. Während ich ihnen verdutzt zusah, entzündeten sie das trockene Holz und begannen laut zu beten und in einer eigenartigen Sprache zu murmeln, die ich noch nie gehört hatte. Vielleicht war es die Sprache Zarathustras und des Awesta, vielleicht auch die Sprache, die in Keilschriftzeichen in die Wände gehauen ist.

Während die beiden Geber (so bezeichnen die Moslems die Zoroastrier) vor dem Feuer ihre Gebete verrichteten, hob ich den Kopf und sah, daß das über dem Grabmal in die Felswand gegrabene Bild der Szene ähnlich war, die sich vor meinen Augen zutrug. Ich erschrak, mir war, als ob die Menschen auf dem Felsen über dem Grab des Darius wieder lebendig geworden und nach einigen tausend Jahren herabgestiegen waren, um vor meinen Augen die Erscheinung ihres Gottes anzubeten. Ich war erstaunt, daß diese alte Religion nach so langer Zeit und trotz des Eifers der Moslems, sie zu vernichten, noch Anhänger zählte, die sich heimlich, doch unter freiem Himmel vor dem Feuer zu Boden warfen.

Die beiden Geber entfernten sich. Ich blieb allein. Die kleine Feuerstätte brannte noch. Ich weiß nicht, wie es dann geschah, ich fühlte mich von einer religiösen Stimmung übermannt. Steinerne Stille herrschte. Wie ein gelblich glimmender Schwefelball erhob sich der Mond über den Bergrand und übergoß den Rumpf des großen Feuertempels mit blassem Licht. Ich fühlte mich um zwei-, dreitausend Jahre zurückversetzt. Ich hatte meine Nationalität, meine Umgebung, mich selbst vergessen. Vor mir sah ich die Asche, vor der sich die beiden geheimnisvollen alten Männer zu Boden geworfen, die sie angebetet und gepriesen hatten. Sacht kräuselte eine blaue Rauchsäule durch die Luft, die zerklüfteten Felsen warfen düstere Schatten, der Himmelsrand verschwand im Dunkel, die Sterne über mir funkelten und blinzelten, vor mir war das erhabene Schweigen des Tales. Inmitten dieser geheimnisvollen Trümmer und alten Feuertempel schienen mich die Welt, die Seelen aller Entschlafenen, die Macht ihrer Gedanken, die über den zerklüfteten Gräbern und Felsen schwebten, in ihren Bann zu zwingen und leibhaftig vor mir zu erscheinen. Da ich nicht mehr Herr meiner selbst war, beugte ich, der ich an nichts glaubte, vor der Asche, aus der der blaue Rauch sich erhob, willenlos mein Knie zur Erde und betete an! Ich wußte nicht, was ich sagen sollte. Ich hatte auch nicht das Bedürfnis, Gebete zu murmeln. Wahrscheinlich dauerte es nicht einmal eine Minute, und ich hatte mich wieder gefaßt, doch die Erscheinung Ahura Mazdâs hatte ich angebetet, so wie vielleicht die Könige des alten Iran das Feuer angebetet hatten! In diesem Augenblick war ich ein Feueranbeter. Nun denke von mir, was du willst. Vielleicht ist es nur eine Schwäche des menschlichen Herzens . . .«

Daß Hedâjat Flandin getreulich nacherzählt, ist offensichtlich. Er hat sein Bekenntnis in eine Naturszene von eindrucksvoller Schönheit gestellt. Durch wenige leichte Umformulierungen, Ausschmückungen und Weglassungen macht er mit großem Geschick Flandin, den lebensfrohen Abenteuersucher, den eifrigen Patrioten und guten Katholiken, zu einem melancholischen, einsamen und glaubenlosen Helden jener Welt, in der er selbst lebte und litt. »Ich konnte mich des Eindrucks einer religiösen Empfindung nicht erwehren«, schreibt Flandin. »Da ich nicht mehr Herr meiner selbst war, beugte ich, der ich an nichts glaubte, vor der Asche . . . mein Knie zur Erde und betete an!«, sagt Hedâjats Flandin.

Ich ziehe es vor, Flandin so zu nehmen, wie er sich selber gesehen und gezeichnet hat. Als solcher möge er in die Zahl der Reiseschriftsteller zurückkehren, die unsere Phantasie und unser Wissen seit unserer Jugend in die romantische, abenteuerliche und großartige Welt des Orients geleiten. Für lange, unverdiente Nichtbeachtung des wackeren Franzosen leistet die hier vorgelegte Übertragung *amende honorable.*

Werner Sundermann

Worterklärungen

Âb-ambâr	Zisterne.
Amârat	Gebäude.
Andarun	Das Innere; der für die Frauen bestimmte Teil des Hauses, Harem.
Âschpas	Koch.
Bâgh	Garten.
Barât	Schutzbrief.
Bej	(türk.) Herr; Titel von Zivil- und Militärbeamten.
Bejgler-bej	(türk.) Herr der Herren; Provinzstatthalter, Gouverneur.
Bejrâm	(türk.) Bezeichnung für die beiden größten islamischen Feste, das Fest des Fastenbrechens (kleines B.) und das Opferfest (großes B.).
Chabar deh!	Achtung! Vorsicht!
Chub, chejli chub!	Gut, sehr gut!
Darwisch	Armer; Mitglied einer mystischen islamischen Ordensgemeinschaft.
Diwân-e châne	Audienzraum, Beratungszimmer.
Emâmsâde	Nachkomme eines Heiligen; hier: Heiligengrab.
Estekbâl	Feierlicher Empfang, Empfangszeremonie.
Fantasia	Arabisches Reiterkampfspiel.
Farangestân	Frankenland; Europa.
Farangi	Franke; Europäer.

Farmân	Befehl, Erlaß.
Farrâsch	(arab.) Teppichbreiter; (Haus-)Diener.
Farrâsch-bâschi	Haushofmeister, Kammerherr.
Farsach	Längenmaß von ungefähr 6 km.
Frawahr	In der Lehre der Zoroastrier das außerkörperliche Doppelwesen der menschlichen Seele; auch Ahnengeist.
Gholâm	Jüngling, Diener, Sklave.
Gholâm-e schâh	Diener des Schahs.
Giaur	Ungläubiger (verächtliche Bezeichnung der Nicht-Moslems).
Hâdschi	Ehrentitel eines Mannes, der eine Pilgerreise nach Mekka gemacht hat.
Hâkem	Gouverneur.
Hakim	Arzt.
Hakim-bâschi	Oberster Arzt, Leibarzt.
Hammâm	Öffentliches Bad.
Harâm-sâde	Bastard.
Ilijât	Nomadenstämme.
Iltschi	(türk.) Gesandter.
Jâ Ali!	O Ali! (leidenschaftlicher Kampfruf).
Jassâwol	(türk.) Berittener Gardist, Leibgardist.
Kabâb	Am Spieß gebratenes Hammelfleischstückchen.
Kadak	Eine Art Baumwolleinen.
Kalam	Schreibrohr.
Kaliân	Wasserpfeife.
Kaliântschi	Pfeifenträger und -besorger.
Karâwol	Wache, Wächter.
Katchodâ	Dorfältester.
Kolâh	Mütze (Kopfbedeckung ohne Krempe).
Konak	(türk.) Herrenhaus, Palast.
Luti	Gaukler, Bandit.
Madrasse	Religiöse Schule, an der vornehmlich islamisches Recht gelehrt wird.
Mahalle	Stadtviertel.
Manghal	Kohlenbecken.
Mansel	Rastplatz.

Marabut	Aus (arab.) Marbut: (durch ein Gelübde) gebunden; frommer Einsiedler, Dorfheiliger.
Mâschallâh!	(arab.) Wie Gott will!, bravo!, Gott bewahre!
Mehmân	Gast.
Mehmândâr	Betreuer, Wirt; hier: offizieller Betreuer vornehmer ausländischer Gäste des Königs.
Mehr	Mithras, eine kämpferische Gottheit des vorislamischen, zarathustrischen Iran.
Mejdân	Platz.
Mirsâ	Prinz (wenn dem Namen folgend), Sekretär, Schreiber (wenn dem Namen vorangehend).
Moharram	Name des ersten Monats des islamischen Kalenders.
Mollâ	Islamischer Geistlicher und Gelehrter.
Mo'tamad	Kurzform des höfischen Ehrentitels Mo'tamad od-doule, »Vertrauter des Reiches«.
Nâjeb	Stellvertreter; hier: Attaché.
Pahlawân	Held, Athlet.
Pessewenk!	(türk.) Lude, Zuhälter (als grobes Schimpfwort gebraucht).
Pischchedmat	Hausdiener, Kellner.
Pischkesch	Geschenk, Trinkgeld.
Polou	Gericht aus gekochtem und gedünstetem Reis, dem Fleisch, Früchte, Gewürze usw. zugefügt werden.
Râhdâr	Wegzolleinnehmer, oft gleichbedeutend mit Wegelagerer.
Ra'ije	Herde; bezeichnete die Untertanen des Königs, besonders die Dörfler.
Sâbkerân	Kleine, veraltete Silbermünze.
Sadschâde	Gebetsteppich.
Sâmlik	(türk.) Empfangsraum; hier: feierliche Begrüßung.
Sandukdâr	Kämmerer, Schatzmeister.

Sarbâs	Soldat.
Sardâr	Befehlshaber; hier etwa: General.
Schâhi	Kleine, veraltete Kupfermünze.
Schâhsâde	Prinz.
Scharâb	Wein.
Sepâhi	Krieger, Soldat.
Ta'limtschi	Instrukteur, Ausbilder.
Tofangtschi	Schütze, Musketier.
Tombaki	Eine in Iran angebaute Tabaksorte, die aus der Wasserpfeife geraucht wird.
Tschâdor	Den ganzen Körper bedeckendes, auch den Kopf umhüllendes dunkles Frauengewand.
Tschâpâr	Kurier, Bote.
Tschârwâdâr	Maultiertreiber.
Tschârwâdâr-bâschi	Karawanenführer.
Tschenâr	Platane.
Tschobok	Wasserpfeife.
Tumân	(türk.) Zehntausend; große Goldmünze.
Turâ	(Flandin zufolge) Teil des königlichen Kopfputzes.
Wakil	Vertreter, Bevollmächtigter.
Wallâh!	Bei Gott!, fürwahr!
Wejh, wejh!	O weh, o weh!

Verzeichnis der Abbildungen

Alle Illustrationen stammen von Eugène Flandin. Die Bildvorlagen für diese Ausgabe befinden sich im Besitz von Bozorg Alavi (Berlin) und der Akademie der Wissenschaften zu Berlin.
Aufnahmen: Dietmar Riemann, Berlin

Zur Umschrift persischer Wörter

Die Umschrift persischer Wörter soll 1. den Regeln der deutschen Orthographie möglichst nahe bleiben und 2. dem in früheren Veröffentlichungen des Verlages befolgten Verfahren entsprechen. Daher wird von dehnbaren (»langen«) Vokalen nur das a durch Zirkumflex (ˆ) gekennzeichnet. Die Vokale i und u sind immer lang, e und o immer kurz. Fast alle persischen Wörter sind endbetont. Besonderheiten des persischen Konsonantensystems bleiben in der Regel unberücksichtigt. Gh ist die stimmhafte Entsprechung unseres ch und klingt etwa wie das -g- von »sage« in der Berliner Mundart. Der in persischen Wörtern bedeutungsbestimmende Gegensatz zwischen stimmhaftem und stimmlosem s wird nur in intervokalischer Position gekennzeichnet: s = stimmhaftes, ss = stimmloses s.

Inhalt